Inhalt

Vorwort
Julia Schneewind 5

Das Innere Team – Ein Bild für meine tägliche Arbeit
Thorsten Landowsky 7

1 Gefühle, Stress und psychische Gesundheit – Persönlichkeitsbildung von Erzieherinnen
Julia Schneewind, Andrea Föhring und Eileen Chiles 13

1.1 Zur Einstimmung 15
1.2 Die Situation der Erzieherinnen 16
1.3 Was ist Stress? 18
1.4 Warum brauche ich soziale und emotionale Kompetenz? 39
1.5 Wie gelange ich zu psychischer Gesundheit? 46
1.6 Psychische Gesundheit in Zeiten professionellen Handelns 65

2 Psychomotorik ist kein Kinderspiel – Mit Leib und Seele für einen bewegten Arbeitsalltag
Rupert Schoch 73

2.1 Zur Einstimmung 75
2.2 Leben – Lieben – Leiben 76
2.3 Zur Rolle der Leiblichkeit: Zwischenmenschlichkeit ist Zwischenleiblichkeit 78
2.4 Psychomotorik: mit Leib und Seele 84
2.5 Rhythmus: Grundprinzip lebendiger Systeme 95
2.6 Resonanz: stimmige Beziehungsqualitäten 106
2.7 Perlen erzieherischer Tätigkeit und ihr Nutzen für die Persönlichkeitsstärkung 119

3 Ernährung – Die Basis für ein starkes, aktives Leben
Eva-Maria Schröder 129

3.1 Zur Einstimmung 131
3.2 Ein kleiner Ausflug in die Ernährungslehre 132
3.3 Die vollwertige Ernährung: So sollte sie aussehen 153
3.4 Täglich gesund ernähren mit Obst und Gemüse 157
3.5 Mit Kindern gesundes Essen entdecken und genießen: Ideen rund um Kräutergarten, Gemüse und Fertiggerichte 159
3.6 Tipps für Ihren persönlichen Ernährungsalltag 168

4 **Eine Sprache, die die Seele nährt – Die Kraft der Sprache in der Elementarpädagogik**
Mechthild R. von Scheurl-Defersdorf 173

4.1 Zur Einstimmung 175
4.2 Die Kraft der Sprache in der Elementarpädagogik 177
4.3 Interview mit einer Erzieherin 179
4.4 Die konkrete Anwendung im Alltag 182

5 **Sich gesund fühlen, heißt stark zu sein – Gesundheit fördern durch betriebliche Gesundheitsförderung**
Petra Büchter 215

5.1 Zur Einstimmung 217
5.2 Die gesundheitliche Situation von Erzieherinnen: ein Überblick 218
5.3 Was ist Gesundheitsförderung? 220
5.4 Von der Gesundheitsförderung zum betrieblichen Gesundheitsmanagement 223
5.5 Betriebliche Gesundheitsförderung in der Kita ganz praktisch 226
5.6 Der Prozess der Veränderung 234
5.7 Und zum Schluss: Grundregeln 244

6 **Zum Vertiefen** 247

6.1 Materialien 248
6.2 Literaturtipps 256
6.3 Verwendete Literatur 259
6.4 Die Autoren dieses Buches 264

Vorwort

Liebe Leserin, lieber Leser[1],

wir freuen uns, dass Sie unser Buch in den Händen halten und sich die Zeit nehmen, um sich mit dem Thema „Persönlichkeit stärken – gesund bleiben" zu beschäftigen. Das vorliegende Buch ist ein Werk verschiedener Autorinnen und Autoren, die für Sie eine große Bandbreite an Anregungen zusammengestellt haben.

Die Person, die diese komplexen Vorstellungen und Ansprüche umsetzen soll, sind Sie. Der Druck, der auf Erzieherinnen lastet, ist sehr hoch. Gleichzeitig sind die Arbeitsbedingungen in Kindertageseinrichtungen nicht besser geworden; die Bezahlung, die Rahmenbedingungen für gesundes Arbeiten und die Qualifikation der Mitarbeitenden sind weiterhin deutlich verbesserungswürdig, damit ein qualitativ hochwertiges Arbeiten möglich ist.

Da der große Umbruch wohl noch etwas auf sich warten lässt, möchten wir Sie mit unseren Ideen in Ihrem Alltag unterstützen. Sowohl die Erfahrung mit Erzieherinnen als auch unterschiedliche Untersuchungen haben gezeigt, dass Sie Ihren Beruf sehr engagiert und motiviert ausüben, gleichzeitig jedoch durch die Arbeitsbedingungen und an Sie gestellten Erwartungen sehr stark belastet sind. Diese Diskrepanz beinhaltet das Risiko, den Anforderungen – zum Beispiel Neues im Kitaalltag aufzubauen, während übliche Aufgaben weitergehen – langfristig nicht gewachsen zu sein, aber auch keinen Weg zu sehen, die Anforderungen anders zu bewältigen.

Die im Buch präsentierten Inhalte sind kein Allheilmittel gegen jeden Stress, sie werden die Frustration nicht aus Ihrem Leben zaubern. Auch können die Anregungen bei anhaltenden psychischen Problemen keine professionelle, therapeutische Hilfe ersetzen.

Unser Buch möchte Ihnen jedoch als Wegweiser dienen, um die Reflektion Ihrer Persönlichkeit als Teil Ihres professionellen Handelns zu verinnerlichen. Die präsentierten Tipps für die Praxis, die Sie in jedem Kapitel finden, werden ergänzt durch Ausführungen aus wissenschaftlicher Perspektive. Wir möchten Sie durch die Fülle der Beispiele und Ideen nicht erschlagen; das Buch ist nicht dazu gedacht, dass Sie es in einer Woche durchgearbeitet haben und täglich fünf neue Dinge ausprobieren. Wir verstehen das Buch eher als eine Art Adventskalender auf dem Weg zu beständiger Kraft und Gesundheit. Jeden Tag, jede Woche können Sie ein neues Türchen im Prozess der Persönlichkeitsstärkung öffnen, ganz so, wie es für Sie selbst möglich ist, neue Herausforderungen anzugehen. Ihr Rhythmus bestimmt die kommende Lesereise.

Damit Sie sich nicht allein auf die Reise begeben müssen, wird Sie das „Innere Team" begleiten. Das Innere Team wurde erfunden von Friedemann Schulz von Thun, einem Experten im Bereich der Kommunikationspsychologie. Das

[1] *Im vorliegenden Buch sprechen wir zur besseren Lesbarkeit meistens von Erzieherinnen, meinen jedoch die männlichen Kollegen gleichermaßen.*

Innere Team besteht aus all jenen Bedürfnissen, die in uns selbst sind, sich zu verschiedenen Situationen und Themen äußern, miteinander zu diskutieren und zu kämpfen. Diese Methode für die Auseinandersetzung mit unseren verschiedenen inneren Stimmen möchte Ihnen Thorsten Landowsky ans Herz legen, sodass Sie auf der Lesereise gestärkt und unterstützt sind.

Nach der Begegnung mit dem Inneren Team beschäftigen wir, Andrea Föhring, Eileen Chiles und ich, uns im ersten Kapitel mit den Themen soziale und emotionale Kompetenz (Welche Rolle spielen Gefühle bei der Stärkung der Persönlichkeit?), Stress (Was ist das überhaupt und wie gehe ich damit konstruktiv um?) und psychische Gesundheit (Wie komme ich zu einem stabilen inneren Zustand?).

Im zweiten Kapitel werden wir in die Welt der Psychomotorik eintauchen. Rupert Schoch erschließt mit uns den Körper, die Bedeutung von Bewegung, Rhythmus und Resonanz für unser Wohlergehen und kommt am Ende darauf zurück, was für Kinder elementar ist und was wir für uns neu entdecken können: das Spiel.

Eva-Maria Schröder ist für den kulinarischen Aspekt unserer Reise zuständig und gibt im dritten Kapitel einen Einblick, welche Rolle die Ernährung für unser Wohlbefinden spielt.

Das vierte Kapitel widmet sich der Sprache und ihrer Bedeutung für unser Wohlbefinden. Mechthild von Scheurl-Defersdorf beantwortet quasi als Dolmetscherin unserer Reise die Frage: Wie kann ich durch den bewussten Umgang mit meiner Sprache dazu beitragen, dass ich mich gut fühle und das kommunizieren kann, was mir bedeutsam ist?

Petra Büchter öffnet im fünften Kapitel auf unserer Reise unsere Perspektive hin zum Team und zur Einrichtung, in der wir uns bewegen. Sie erläutert den Sinn und Ablauf von Gesundheitszirkeln, sodass Sie Anregungen erhalten, wie Sie sich auch mit Ihren Kolleginnen und Kollegen mit den Themen Gesundheit und Persönlichkeit beschäftigen können.

Wie Sie sehen, unsere Reise hat verschiedene Stationen bzw. Aspekte und betrachtet uns als Menschen ganzheitlich: wie wir unser Inneres, unsere Seele pflegen können, wie wir durch Bewegung und Ernährung unseren Körper umsorgen können, welche Rolle die Kommunikation mit uns und anderen für unsere Zufriedenheit spielt und wie wir im Zusammenspiel mit anderen unsere Gesundheit fördern und erhalten können.

Ich wünsche Ihnen mit unserem Buch eine genussvolle Wanderung zu sich und Ihrer Persönlichkeit: mit schönen Ausblicken, anregenden Zwiegesprächen, geschmackvollen Pausen, spürbarem Körpereinsatz und entspannenden Erkenntnissen.

Julia Schneewind

Das Innere Team – Ein Bild für meine tägliche Arbeit

Thorsten Landowsky

In Teams zu Spitzenleistungen

Jede von Ihnen kann sich heutzutage unter dem Begriff Team etwas vorstellen. Einrichtungen und Organisationen werden in Teams organisiert und Sportmannschaften werden zu Teams geformt, um Spitzenleistungen zu erbringen. Teams sind immer Zusammenschlüsse mehrerer Personen mit all ihren Charaktermerkmalen. Manchmal ist es eine Herausforderung, die Meinungen aller Teammitglieder ernst zu nehmen, ihre Persönlichkeiten anzuerkennen und respektvoll mit ihnen umzugehen, z. B. wenn Sie sich über die eine oder andere Kollegin ärgern oder einfach anderer Meinung sind. Besonders herausfordernd ist es dann, wenn Sie auch innerlich nicht einig mit sich selbst sind. Sie kennen das vielleicht.

Äußere Bühne vs. innere Bühne

Stellen Sie sich einmal vor, dass Sie Auseinandersetzungen immer auf zwei unterschiedlichen Bühnen austragen: Auf der einen Bühne findet das Gespräch mit den Kolleginnen statt, die Sie fast täglich treffen. Auf der anderen Bühne treffen die unterschiedlichen Seelen aufeinander, die in Ihrer Brust wohnen. Diese innere Bühne können nur Sie sehen und hören, anderen Menschen bleibt sie verborgen. Sie führen also zwei Auseinandersetzungen gleichzeitig: eine nach außen und eine nach innen.

Diese innere Bühne hat Friedemann Schulz von Thun, ein Hamburger Kommunikationspsychologe, genauer betrachtet, um den Akteuren ein Gesicht und einen Namen zu verleihen[1]. Entstanden ist das Modell des Inneren Teams, dessen Mitglieder unser Handeln und unser Kommunikationsverhalten beeinflussen. Bei diesen Mitgliedern handelt es sich nicht um neurobiologisch bestätigte Anteile Ihres Gehirns, sondern eher um ein Bild, eine Metapher, die zum Verständnis des inneren Dialogs und damit zur Selbstklärung beiträgt. Selbstklärung ist hilfreich, wenn wir uns in undurchsichtigen Situationen einen Überblick über unser Innenleben verschaffen wollen, bevor wir in das Gespräch mit anderen gehen. Denn je klarer ich mir selbst bin, desto verständlicher kann ich mich meinem Gegenüber mitteilen.

Nach Schulz von Thuns Verständnis befindet sich das Innere Team im Dialog, abwägend, streitend oder harmonisch, je nachdem, wie es von uns geführt wird. Die Teammitglieder spiegeln unsere unterschiedlichen Persönlichkeitsanteile wider, die sich von Zeit zu Zeit zu Wort melden. Es wohnen mehrere Seelen in unserer Brust und die Not daran ist, dass diese fast nie „ein Herz und eine Seele“ sind. Wir können jedoch Einfluss darauf nehmen, wie sich unsere inneren Teammitglieder verstehen – wir müssen sie nur kennen.

Verworrene Kommunikationssituationen entzerren

In meiner Tätigkeit als freiberuflicher Trainer und Teamcoach verwende ich das Innere Team, um verworrene Kommunikationssituationen zu entzerren. Aber nicht nur im Seminar ist das Innere Team ein hilfreiches Mittel, sondern auch in der Selbstklärung hat es mir gute Dienste geleistet. Stehe ich selbst vor

[1] *Schulz von Thun werden Sie eventuell durch das Kommunikationsmodell mit den vier Ohren und Schnäbeln kennen. Sehr empfehlenswert ist dazu sein Buch „Miteinander reden Band 1: Störungen und Klärungen“. Im Anhang finden Sie alle Informationen dazu.*

einer Entscheidung, kann ich sicher sein, dass sich unterschiedliche Stimmen in mir zu Wort melden. Im Folgenden ein kleines Beispiel.

Beispiel

Auf die Frage, ob ich einen Beitrag für dieses Buch schreiben möchte, hörte ich in mir ein klares und entschiedenes: „Jein!"

Beim genaueren Hinhören konnte ich folgende Stimmen identifizieren:

- *„Ich fühle mich geehrt."*
- *„Das Innere Team ist ein tolles Thema."*
- *„Meine anderen Aufgaben könnten darunter leiden."*
- *„Das bekomme ich hin."*
- *„Ich brauche eine gute Struktur für den Beitrag."*
- *„Was kann ich einer Erzieherin schon erzählen?"*
- *„Schuster, bleib bei deinen Leisten. Du bist Trainer und kein Autor."*
- *„Bekomme ich das zeitlich hin?"*

Jede dieser Aussagen spiegelt einen Anteil meiner Persönlichkeit wider. Mit dem Modell des Inneren Teams kann ich diesen Anteilen einen Namen und ein Gesicht geben und mein Inneres Team so zu dieser Entscheidungssituation befragen. Ihre Stimmen könnten sich zu derselben Frage völlig anders anhören.

Die innere Pluralität macht uns aus.

Diesen ständigen inneren Dialog oder Austausch nehmen wir manchmal bewusst wahr, manchmal hören wir ihn nicht. Je nachdem, wie komplex uns eine Entscheidung erscheint, melden sich viele oder wenige Mitglieder unseres Teams. Und wenn Sie jetzt denken, dass es ja total anstrengend sei, ständig im Dialog mit sich selbst zu stehen, dann sage ich: Stimmt! Und es ist genau diese innere Pluralität, die mich als Menschen ausmacht! Einfach ist es nicht.

Um in Kontakt mit Ihren inneren Stimmen zu kommen, lade ich Sie nun zu einer kleinen Übung in drei Schritten ein. Nehmen Sie sich für den ersten Schritt ein paar Minuten Zeit, bevor Sie mit dem Lesen fortfahren. Sie benötigen ein Blatt Papier und einen Stift.

TIPP FÜR DEN ALLTAG

Erster Schritt

Welche Stimmen melden sich in mir, wenn ich an das Elterngespräch denke, das ich mit den Eltern von Enno (Paul, Charlotte, Elisa, Emma, Magnus … oder anderen Eltern, die mich herausfordern) führen werde?
Lassen Sie Ihren Gedanken freien Lauf und notieren Sie alle Sätze, die Ihnen in den Sinn kommen. Sortieren Sie nicht aus, weil Sie denken, dass der eine oder andere Satz albern ist. Alle Sätze haben Ihre Berechtigung.

Wenn Sie sich die aufgeschriebenen Sätze jetzt ansehen, werden Sie vielleicht überrascht sein, dass Sie eine große Vielfalt an Äußerungen in sich haben. All diese Sätze stammen von Ihren inneren Teammitgliedern.

Welche Stimme hat sich hervorgetan?

Sie werden im ersten Schritt dieser Übung bemerkt haben, dass sich eine Aussage oder Stimme besonders deutlich, laut und/oder als erstes gemeldet hat.

Mit dieser Stimme möchte ich gerne beginnen, dem Inneren Team ein Gesicht und einen Namen zu geben. In meinem Beispiel mit dem Buchbeitrag war die dominante Stimme in mir: „Ich fühle mich geehrt.“ Diese Aussage habe ich einem Teammitglied zugeordnet, das ich den „gefragten Experten“ nenne. Dieses Mitglied sehen Sie in der Abbildung unten.

Nach und nach kann ich jeder Aussage meines Beispiels ein Teammitglied zuordnen und ihm ein Gesicht und einen Namen geben.

TIPP FÜR DEN ALLTAG

Zweiter Schritt

Wie könnten die Teammitglieder heißen, die meine Sätze gesagt haben? Zeichnen Sie eine Figur mit einem überdimensionierten Körper und platzieren Sie die Mitglieder Ihres Inneren Teams in diesem Körper. Eine Vorlage dazu finden Sie in Kapitel 6.1 Materialien dieses Buches auf Seite 248.

Ich habe die Mitglieder meines Inneren Teams zu diesem Buchbeitrag in die nachfolgende Zeichnung eingefügt.

Das Innere Team ist vorläufig komplett.

Spätmelder brauchen einen Platz

Das Innere Team ist – wenn es keine Spätmelder mehr gibt – komplett. Spätmelder sind Stimmen, die sich beim weiteren Auseinandersetzen mit dem Thema zu Wort melden können. Sie können diese jederzeit nachtragen. In diesem Zustand ist das Innere Team noch unsortiert und es ist nicht möglich, eine Dynamik zwischen einzelnen Mitgliedern zu erkennen. Dazu benötigen wir eine Gruppierung der Mitglieder, mit den Worten von Schulz von Thun „eine Struktur zweiter Ordnung“. Das heißt, wir überlegen, welches der erwähnten Teammitglieder das Sagen hat. Diese Stimme meldet sich meist zuerst zu Wort. Dieses Mitglied steht auf unserer inneren Bühne im Vordergrund. Wir kennen dieses Mitglied gut und lassen es auch gerne zu Wort kommen. Wer steht diesem Teammitglied zur Seite? Wer ist ein Widersacher? Welche anderen Beziehungen gibt es noch? Wer versteckt sich und darf nicht zu Wort kommen und wer ist dominant? Wer wird weggeschlossen und darf nichts dazu sagen?

TIPP FÜR DEN ALLTAG

Dritter Schritt

Wer gibt in meinem Inneren Team den Ton an und steht gerade ganz vorne auf der Bühne? Welche Allianzen gibt es? Welche Konflikte sehe ich? Wer darf nicht zu Wort kommen und wird weggeschlossen? Wer ist schüchtern und versteckt sich? Zeichnen Sie eine weitere Person mit einem überdimensionierten Körper und versuchen Sie herauszufinden, welche Abhängigkeiten zwischen Ihren Teammitgliedern bestehen. Zeichnen Sie unterschiedlich große Teammitglieder, um deren Gewicht deutlich zu machen. Blitze symbolisieren Konflikte, Linien können Verbindungen und Allianzen darstellen.

Allianzen im Inneren Team

Allianzen und Konflikte

Aus der Darstellung wird deutlich, dass es eindeutige Allianzen gibt. In meinem Beispiel bildet der „gefragte Experte" mit dem „begeisterten Anwender" eine starke Allianz. Diese beiden bekommen zusätzlich noch Energie von einem „grenzenlosen Optimisten". Sie geben gemeinsam den Ton an. Ungläubig werden diese drei vom „zweifelnden Kritiker" beäugt. Er spricht aus der Überzeugung, dass ich für diese Aufgabe eventuell nicht qualifiziert bin. Der zweifelnde Kritiker hat gemeinsam mit dem „professionellen Trainer" einen Gegenpol zu dem Dreiergespann aufgebaut. Eine unliebsame Stimme in meinem Team ist der „Organisator". Er hat ebenfalls einen Verbündeten, den „ermahnenden Realisten". Allerdings können die beiden sich nur schwer gegen das Dreiergespann am vorderen Bühnenrand durchsetzen. So geschieht es gelegentlich, dass ich dazu neige, dem Optimisten viel Platz einzuräumen, unabhängig davon, ob beispielsweise gerade die Zeit für Optimismus bleibt oder ob es Zeit zum zügigen Arbeiten ist.

Wie steht es mit Ihren inneren Stimmen?

Nutzen Sie Ihr Inneres Team!

Mit dieser kurzen Einführung in das Innere Team möchte ich Ihnen eine wirkungsvolle Methode vorstellen, damit Sie in Zukunft im Rahmen einer inneren Teamsitzung Ihren inneren Stimmen Gehör verleihen können. Lernen Sie Ihre Teammitglieder kennen und nutzen Sie sie vor herausfordernden Gesprächen! Vor den folgenden Kapiteln sehen Sie jeweils ein Beispiel für ein Inneres Team, das sich mit einem dem Buchbeitrag verwandten Thema beschäftigt. Ich lade Sie ein, das Innere Team als Ihr Beraterteam wertzuschätzen – andere kaufen sich teuer eine Unternehmensberatung, Sie aber haben Ihre Berater im Haus!

1 Gefühle, Stress und psychische Gesundheit – Persönlichkeitsbildung von Erzieherinnen

1.1 Zur Einstimmung

1.2 Die Situation der Erzieherinnen

1.3 Was ist Stress?

1.4 Warum brauche ich soziale und emotionale Kompetenz?

1.5 Wie gelange ich zu psychischer Gesundheit?

1.6 Psychische Gesundheit in Zeiten professionellen Handelns

Das Innere Team diskutiert zum Thema „Soll ich in Urlaub fahren?".

1.1 Zur Einstimmung

Tue deinem Leib Gutes, damit deine Seele Lust hat, darin zu wohnen.
Theresa von Ávila (1515–1582)

Erzieherinnen und Erzieher sind einer Vielzahl von Anforderungen ausgesetzt, sodass der Rat von Theresa von Avila nicht leicht umzusetzen ist. Sie als Erzieherinnen gehören zu einer Berufsgruppe, deren psychische berufliche Belastungen weder gesellschaftlich bewusst noch anerkannt sind. Sind die körperlichen Belastungen, wie zum Beispiel einseitiges Heben, nicht erwachsenengerechtes Mobiliar in den Einrichtungen oder Belastungen durch häufige Infektionskrankheiten, in den letzten Jahren schon in die öffentliche Beachtung vorgedrungen, so werden doch psychische Belastungen, die durch die berufliche Tätigkeit als Erzieherinnen hervorgerufen oder gefördert werden, wenig bis gar nicht beachtet. Der vorliegende Beitrag widmet sich der Beschreibung der beruflichen Situation der Erzieherinnen aus dem besonderen Blickwinkel der psychischen Gesundheit. Berufsspezifische psychische Belastungen der Erzieherinnentätigkeit werden beschrieben und mögliche Ressourcen aufgezeigt.

Dieses Kapitel umfasst sechs Unterkapitel. Im gleich folgenden zweiten wird eine Analyse der beruflichen Situation der Erzieherinnen vorgenommen. Darauf aufbauend fokussiert das dritte Unterkapitel alltagspraktische Erfahrungen. Berufliche Belastungen werden im täglichen Gespräch häufig unter dem Begriff „Stress" kommuniziert, daher erläutern wir hier für Sie, welche Faktoren für Erzieherinnen den größten beruflichen „Stress" auslösen. Im Anschluss setzen wir die Beobachtungen aus dem Alltag in Beziehung zu wissenschaftlichen Erkenntnissen. Schließlich werden Ihnen praktische Übungen vorgestellt, wie Sie selbst in Ihrem Alltag mit Stress umgehen und ihn unter Umständen auch reduzieren können. Im vierten Unterkapitel erläutern wir das Konzept der sozialen und emotionalen Kompetenz aus dem Blickwinkel der Erzieherin. Im Vordergrund steht nicht die Vermittlung sozialer und emotionaler Kompetenzen an die Kinder, sondern die Reflektion eigener Kompetenzen und der Umgang mit ihnen im Rahmen einer professionellen Erziehungs- und Bildungsarbeit. Besondere Beachtung erfährt an dieser Stelle auch der Begriff „Emotionsarbeit". Wir erleichtern Ihnen den Zugang zum Thema mit einem Beispiel aus der Praxis, welches aus wissenschaftlicher Sicht erklärt wird. Die psychische Gesundheit ist Thema des fünften Unterkapitels. Hier werden Sie mit Begrifflichkeiten rund um die psychische Gesundheit vertraut gemacht. Ein Beispiel aus der Praxis zeigt, wie die psychische Gesundheit im Alltag schnell aus der Aufmerksamkeit verschwinden kann. Die praktischen Beobachtungen werden wissenschaftlich erklärt und zum Ende dieses Teils nennen wir Ihnen Möglichkeiten, um der eigenen psychischen Gesundheit etwas Gutes zu tun. Den Abschluss des Kapitels bildet die Frage, wie psychische Gesundheit in Zeiten gefördert werden kann, in denen von dem pädagogischen Fachpersonal sogenanntes professionelles Handeln gefordert wird. Wir werden darauf eingehen, warum sowohl die physische, aber auch in besonderem Maße die psychische Gesundheit von Erzieherinnen im Berufsalltag und für die Beziehungs- und Bildungsarbeit mit Kindern so wichtig ist.

Nach der Lektüre werden Sie nicht nur die Konzepte zu emotionaler Kompetenz, Stress und psychischer Gesundheit kennen, sondern Sie haben auch einen umfassenden Eindruck davon, welche Faktoren der Begriff „psychische Gesundheit" umfasst, welche Rolle soziale und emotionale Kompetenzen bezüglich der psychischen Gesundheit einer Person spielen und welche Bedeutung die psychische Gesundheit der Erzieherinnen für ihre Beziehungen zu den von ihnen betreuten Kindern und die Bildungsarbeit hat. Ziel unserer Ausführungen ist es, Sie darin zu unterstützen, Ihre eigene psychische Gesundheit einzuschätzen, zu erhalten oder zu fördern.

Wertschätzung Ihrer Arbeit

Die im vorliegenden Buch erläuterten wissenschaftlichen Grundlagen dienen Ihnen auch dazu, gegenüber skeptischen Personen eine fundierte Argumentationshilfe zur Verfügung zu haben. Wir möchten Sie ermutigen, z. B. gegenüber dem Träger der Einrichtung für gesunde Arbeitsbedingungen einzutreten – und dazu gehört eben nicht nur, dass in Kindertageseinrichtungen Möbel vorhanden sind, die die körperliche Belastung des Personals reduzieren. Auch Ihre seelische Gesundheit ist von zentraler Bedeutung und es ist Teil der Wertschätzung Ihrer Arbeit, wenn gut für Sie gesorgt wird, sodass Sie langfristig qualitativ hochwertige Arbeit leisten können. Meistens bedeutet es jedoch, dass Sie den ersten Schritt gehen und für sich selbst sorgen, indem Sie Ihre Bedürfnisse deutlich machen. Von sich aus kommt kaum ein Arbeitgeber auf die Mitarbeitenden zu und fragt: Was kann ich dafür tun, um deine Arbeitsleistung wertzuschätzen, um deine Gesundheit zu erhalten und um dich langfristig als qualifizierte, zufriedene Mitarbeiterin an meine Einrichtung zu binden? Sorgen Sie selbst gut für sich und Ihre Gesundheit – wie ein passender Werbespruch sagt: Weil Sie es sich wert sind.

1.2 Die Situation der Erzieherinnen

Mehr, besser, anders

Die berufliche Situation von Ihnen als Erzieherin ist zu Beginn des 21. Jahrhunderts kompliziert geworden. Verschiedene Anforderungen kommen zusammen. Die Kindertagesbetreuung soll in Deutschland ausgebaut werden, die Qualität der Bildungs- und Betreuungsangebote soll angehoben werden, die Ausbildung des pädagogischen Personals soll verändert werden. Unklar ist bisher, wo die Entwicklungen genau hinführen werden – klar ist nur: mehr, besser, anders soll es werden.

Widersprüchliche Signale (z.B. Kitaausbau und Fachkräftemangel, Studium und gleichbleibend geringes Gehalt) tragen dazu bei, dass Erzieherinnen häufig nicht wissen, an welcher Front sie zuerst kämpfen sollen. Die Kompetenzen, die sie als pädagogische Fachkraft heute benötigen, beziehen sich nicht nur auf die Arbeit mit den Kindern, sondern auch auf die Auseinandersetzung mit dem Berufsfeld, in dem sie agieren. Neben Eigeninitiative, Zielstrebigkeit, Zuverlässigkeit und Innovationsbereitschaft wird von Erzieherinnen auch gewünscht, dass sie resistent gegenüber Belastungen sind und sich als reif für die beruflichen Anforderungen sehen. Sie sollten kindgerecht erklären können und selbst Lernbereitschaft zeigen, sie sollten authentisch, empathisch, reflektionsbereit sein und auch in rechtlichen Fragen versiert. Neben der inneren Balance und der Ich-Stärke, die Erzieherinnen mitbringen sollten, müssen sie individualdiagnostisch arbeiten und gut mit Eltern, Teammitgliedern und Vorgesetzten umgehen können. Auch die Ausführungen der Bosch-Stiftungen (2008) zeigen auf, dass an eine professionelle pädagogische Fachkraft sehr hohe Erwartungen gestellt werden, insbesondere ihre reflexiven und sozio-emotionalen Kompetenzen betreffend. An Institutionen werden aktuell ebenfalls neue Anforderungen gestellt. So sollen Bildungsinstitutionen und die darin arbeitenden Personen die jeweils geltenden Bildungs- und Orientierungspläne umsetzen, verschiedene Ausgangslagen von Kindern berücksichtigen und ausgleichen, Halt bieten und die Übergänge unterstützend gestalten, mit Eltern, anderen Fachkräften und Dritten zusammenarbeiten und neue Aufgaben bewältigen. Welche neuen Aufgaben sind hiermit gemeint?

Von Wehrmann (2008) fasst zusammen:
Eine Erzieherin hat die Aufgabe, Konzepte für die aktive und unterstützende Familienarbeit zu entwickeln, Sprachstandserfassungen bei Kindern durchzuführen, gezielte Trainings für Sprachfähigkeit oder sozio-emotionale Kompetenzen durchzuführen oder einzuleiten, pädagogische Forschungsergebnisse, Positionen und Forderungen der (Fach-)Öffentlichkeit kritisch zu betrachten und angemessen in die Praxis einfließen zu lassen. Darüber hinaus sollte eine Erzieherin neue Konzepte entwickeln und fundiert begründen können, die individuellen Bildungsgeschichten von Kindern fördern, Kindertageseinrichtungen effizient und dienstleistungsorientiert aufbauen und leiten sowie auch für die Kinder der Altersgruppe null bis drei ein qualitativ hochwertiges Bildungs- und Betreuungskonzept umsetzen.

Bei der Betrachtung der Aufgaben wird deutlich, dass die Aufgabenfelder zum einen sehr komplex sind, zum anderen, dass der „ganz normale Wahnsinn" in der Gruppenarbeit mit bis zu 25 Kindern darin nicht explizit berücksichtigt wird. Fraglich ist, ob die Zunahme der Aufgaben und die gesteigerten Erwartungen an die Bildungseinrichtung „Kindertageseinrichtung" von den Erzieherinnen mit den vorhandenen Ressourcen überhaupt umsetzbar sind. Ist das alles zu schaffen …

- wenn der Personalschlüssel gleich bleibt?
- wenn die Qualifikation gleich bleibt?
- wenn die Anerkennung für die Arbeit fehlt?
- wenn das Gehalt bei zunehmender Arbeit nicht angehoben wird?

Und dabei gesund bleiben?

Anforderungen steigen, Rahmenbedingungen werden nicht besser. Wie bleiben Sie dabei gesund?

Es ist fraglich, ob es unter den vorhandenen Bedingungen möglich ist, Kindern Bildungschancen zu bieten, oder ob in den Kindertageseinrichtungen eher an der Tagsordnung steht, Bildungsstress zu bewältigen. Die Landschaft der Kindertageseinrichtungen ist sehr heterogen, ebenso wie die tatsächlichen Kompetenzen der dort arbeitenden Personen, sodass die Frage nach der Qualität von Bildungsarbeit überhaupt nicht klar zu beantworten ist. Sicher ist jedoch, dass schwierige Arbeitsbedingungen für das Personal negative Auswirkungen auf die zu betreuenden Kinder, aber auch auf die Betreuenden selbst haben.

FAZIT

Die Aufrechterhaltung der eigenen psychischen Gesundheit stellt unter den genannten Bedingungen eine große Herausforderung dar. Wenn berufliche und private Belastungen zusammentreffen und Erzieherinnen irgendwann das Gefühl haben, dass, egal was sie tun, irgendwer schon etwas daran auszusetzen haben wird, können erste Anzeichen von Resignation entstehen. Reaktionen wie mangelnde Freude, weniger Engagement, automatisiertes Arbeiten oder die „innere Kündigung" können sich auch zu klinisch relevanten Krankheiten wie Depressionen steigern, die mit gravierenden Einschränkungen der Lebensqualität der Betroffenen einhergehen. Wichtig ist, die eigene Psyche – ähnlich wie den eigenen Körper – gut zu kennen und Veränderungen wahrzunehmen, bevor diese zu großen Beeinträchtigungen führen. Darüber hinaus sollte jeder Mensch über Strategien verfügen, wie er seiner Psyche etwas Gutes tun kann, aber auch wissen, was er seiner Psyche abverlangen kann, ohne dass sie Schaden nimmt.

1.3 Was ist Stress?

Stress meint eine allgemeine Belastung

„Heute ist aber wieder ein besonders stressiger Tag!" Diese oder ähnliche Aussagen hat jeder von uns schon etliche Male gemacht. Wir bringen damit zum Ausdruck, dass wir uns an diesem Tag oder von einer Situation belastet oder unter Druck gesetzt fühlen. Und so meint der Begriff „Stress" eine allgemeine Belastung. Diese Belastung kann körperlich oder psychisch sein. Der Begriff „Stress" wird zunehmend zur Beschreibung extremer Belastungen benutzt, denen der Mensch heutzutage ausgesetzt ist. Dazu gehören Ärger, Zeitdruck, Angst durch Häufung tragischer Ereignisse, aber auch nervöse Anfälligkeiten, Erschöpfung oder seelischer Druck. Lazarus (1966) verstand unter Stress jedoch nicht nur die belastenden Momente, sondern auch die Reaktion auf diese. So gehört für Lazarus die Flucht, das Ausweichen, Leugnen oder das Beseitigen einer Belastung zum Stress dazu.

Was die Wissenschaft zu Stress sagt

Belastende Situationen allein verursachen noch keinen Stress. Eine besondere Belastung löst in unserem Körper allerdings ein Alarmsignal aus. Adrenalin wird vermehrt ausgeschüttet, Blutdruck, Herzfrequenz und Blutzuckerspiegel steigen. Der Körper bereitet sich auf Flucht oder Kampf vor. Diese sinnvolle

Reaktion wird problematisch, wenn durch Häufung von Terminen oder privaten und beruflichen Belastungen unser Körper dauerhaft in Alarmbereitschaft ist. Fehlen in solchen Zeiten Erholungspausen, kann unser Körper nicht mehr zu seinem ursprünglichen Zustand zurückfinden. Kraftreserven werden aufgebraucht, die Konzentration sinkt und die Anfälligkeit für Infektionskrankheiten steigt. Trotz Stress und damit verbundener Alarmbereitschaft des Körpers reduziert sich die Leistungsfähigkeit mehr und mehr. Hinzu treten die körperlichen Folgen der andauernden Alarmbereitschaft. Dauerhaft erhöhter Blutdruck, Herzfrequenz und Blutzuckerspiegel führen zu Arterienverkalkungen. Ein erhöhtes Risiko für Durchblutungsstörungen, Herzerkrankungen, Schlaganfälle und Infarkte ist die Folge.

Unterscheidung von positivem und negativem Stress

Stress wird allgemein unterschieden in positiven Stress (sogenannten Eustress) und negativen Stress (Disstress). Positiver Stress wird von den Betroffenen als motivierend, anregend und leistungssteigernd empfunden. Negativer Stress bewirkt genau das Gegenteil. Er laugt uns aus, erschöpft uns, demotiviert und erzeugt Angst oder das Gefühl, gehetzt zu sein. Welche Belastung oder Forderung von jemandem als positiv oder negativ empfunden wird, ist individuell verschieden. So kann ein Sportler die Erwartungen seiner Fans als Rückhalt empfinden oder als starke Belastung. Auch kann die Ausprägung des Stresses sich von Tag zu Tag unterscheiden. Eine Anforderung kann an einem Tag als Leistungsanreiz verstanden („Mir traut jemand etwas zu!") und am anderen Tag als Überforderung wahrgenommen werden („Dafür bin ich doch gar nicht ausgebildet!"). Manche Menschen brauchen auch ein gewisses Stresslevel, um überhaupt produktiv zu werden. Sie beginnen erst kurz vor einem Abgabetermin Tag und Nacht durchzuarbeiten und eine Arbeit fertig zu stellen.

Wenn wir also über die Auswirkungen von Druck, Anforderungen und Ansprüchen sprechen, sollten wir auch immer überlegen, wann wir diese Anforderungen als positiv und wann als negativ empfinden. Ebenso sollte mitgedacht werden, welchen Einfluss eine Person selbst auf den empfundenen Stress hat. Was steuert sie selbst zur Aufrechterhaltung des Stresses bei und welche Funktion hat der Stress für sie?

„Jetzt erst recht!" oder „Mir wächst das alles über den Kopf!"

In der Abbildung zur Stresswahrnehmung können Sie nachvollziehen, dass das Zusammenspiel von beruflicher und privater Belastung die Wahrnehmung der Belastung beeinflusst. So ist die Organisation des 70. Geburtstages der Mutter für sich allein genommen vielleicht keine Überforderung, wird aber zu dieser, wenn in der gleichen Zeit die Weiterbildung zur Fachanleiterin mit einer Abschlussarbeit beendet werden soll. Je nach Persönlichkeitsstruktur, Vorerfahrungen und aktueller Verfassung werden die Anforderungen ein „Jetzt erst recht!" oder ein „Mir wächst das alles über den Kopf!" auslösen. Diese Empfindungen beeinflussen den Umgang mit der aktuellen Belastung, aber auch – je nachdem, wie die Situation im Nachhinein beurteilt wird – den Umgang mit zukünftigen Belastungssituationen. Überwiegt im Nachhinein der Stolz auf die eigene Leistungsfähigkeit und Organisationsfähigkeit, erntet man Anerkennung im Kollegen- und Verwandtenkreis, werden in Zukunft solche Situationen eher mit Lust angegangen. Überwiegen jedoch die Erschöpfung und das Gefühl, nur mit letzter Kraft das Ziel erreicht zu haben, oder ist man mit der eigenen Leistung unzufrieden, wird man in Zukunft solche Stresssituationen versuchen zu vermeiden.

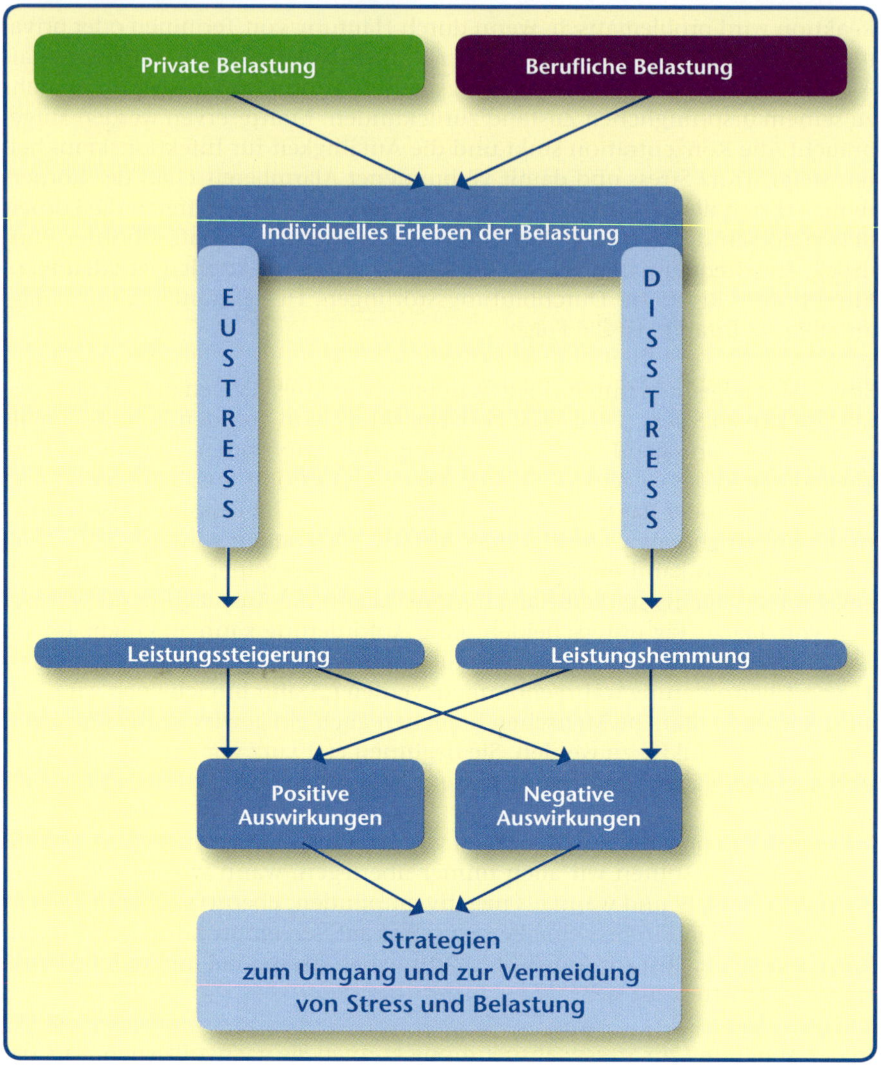

Stresswahrnehmung

Auf den ersten Blick erscheint vielleicht paradox, dass eine Leistungssteigerung negative Auswirkungen haben kann und eine Leistungshemmung teilweise positiv erlebt wird. Dies ist im Sinne des „Krankheitsgewinns" zu erklären. Erhalten Sie z. B. über den negativen Stress, den Sie erleben und über den Sie Ihrer Umwelt berichten, viel Zuwendung und Aufmerksamkeit, kann dies für Sie eine solche Bedeutung erlangen, dass Sie lieber den Stress in Kauf nehmen, als auf die Anerkennung Ihres Umfeldes zu verzichten. Ähnlich kann eine Leistungssteigerung als negativ erlebt werden, weil Sie z. B. merken, dass Sie vielleicht in der Lage sind, vielen Anforderungen auf hohem Niveau gerecht zu werden, jedoch keine Zeit mehr haben, um Ihr Hobby auszuüben oder in Ruhe mit der Familie Zeit zu verbringen. Dieses Resümee wird, wenn es von Ihnen ehrlich gezogen wird, großen Einfluss auf den Umgang mit zukünftigen Belastungen haben.

Stress am Arbeitsplatz wird gemeinhin als unangenehmer, intensiver Spannungszustand definiert. Der Stress ist unangenehm, wenn eine drohende oder bereits eingetretene Situation besteht, die sehr wahrscheinlich nicht vollständig kontrollierbar ist und deren Vermeidung der betroffenen Person wichtig erscheint (Greif 1991, S. 1 ff.). Häufige Folgeprobleme bei Stress am Arbeitsplatz sind Gereiztheit, psychosomatische Beschwerden wie Kopf- und Rückenschmerzen und allgemein erhöhte gesundheitliche Beeinträchtigungsrisiken, die dazu führen, dass eine gestresste Person schneller erkrankt. Die Folgen für den Arbeitgeber sind offensichtlich. Nicht genug, dass Sie als gestresste Erzieherin nicht entsprechend Ihres eigentlichen beruflichen Könnens reagieren, Ihr Infektionsrisiko steigt auch noch rapide an, sodass die Wahrscheinlichkeit eines krankheitsbedingten Ausfalls steigt. Dies erhöht wiederum den Stress für die verbleibenden Erzieherinnen. Eine Abwärtsspirale entsteht (siehe Abbildung unten).

Folgeprobleme bei Stress am Arbeitsplatz sind Gereiztheit, psychosomatische Beschwerden

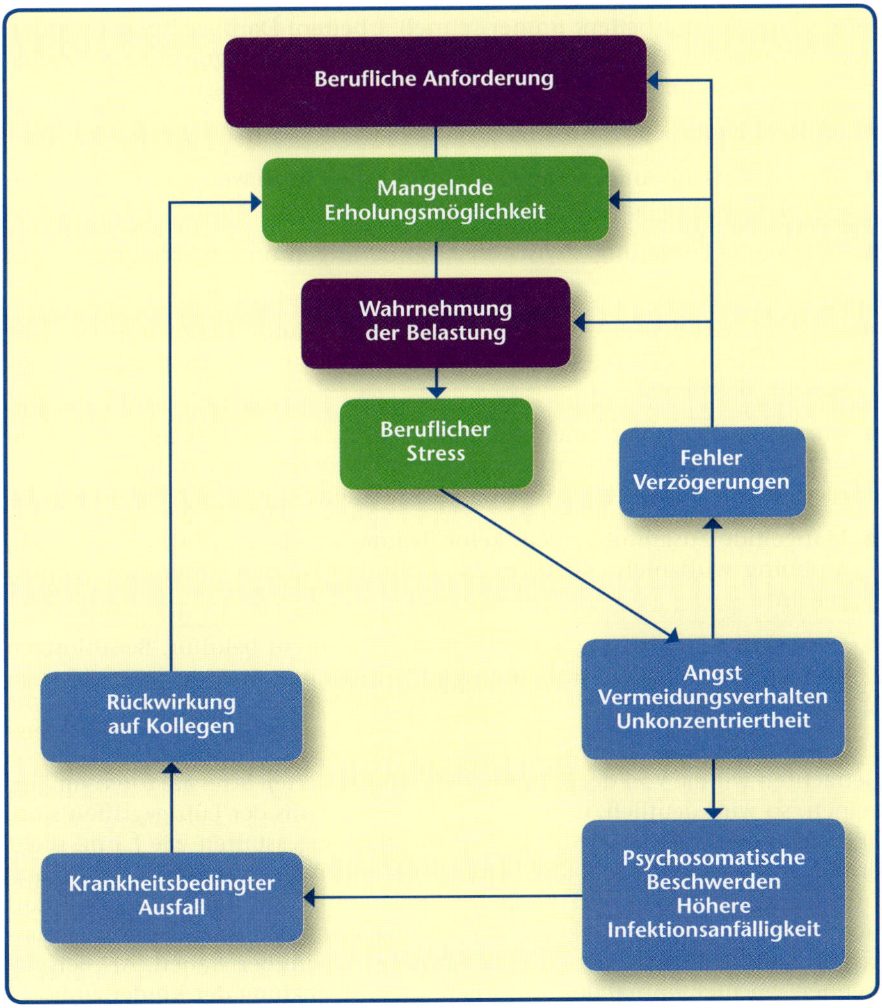

Selbsterhaltender Stress

Wie in der Abbildung zu sehen ist, kommt neben der Wahrnehmung der Belastung auch dem Punkt der mangelnden Erholungsmöglichkeiten eine hohe Bedeutung zu. Grund genug, um dem beruflichen Stress die Stirn zu bieten und Strategien zu entwickeln, wie man Stress vorbeugt, in Stresssituationen reagiert und sich danach wieder regeneriert. Im folgenden Abschnitt wollen wir zuerst den Ursachen von Stress, den sogenannten Stressoren, auf den Grund gehen.

Ursachen von Stress

Immer stark sein, immer nett und freundlich sein

Die Ursachen für Stress finden Sie zum einen auf der persönlichen Ebene. Dazu gehören Beziehungsprobleme, negative Erlebnisse, Alltagssorgen, finanzielle Belastungen, fehlende Balance oder die eigenen Ansprüche, die uns selbst unter Druck setzen: den Haushalt managen, Kontakte zu Freunden und Familie halten, die Kinder in der Schule unterstützen, Familienfeste vorbereiten und dabei immer perfekt sein, immer stark sein, immer nett und freundlich sein, immer hart arbeiten, immer schnell arbeiten! Darüber hinaus können neben konkreten Anforderungen auch die Rahmenbedingungen am Arbeitsplatz Ursachen für Stress sein (vgl. Zimbardo/Gerrig, 2004):

Zu viel Arbeit in zu wenig Zeit verbunden mit nicht ausreichenden Ressourcen

- Schlechte Rahmenbedingungen: Räumlichkeiten, Arbeitszeiten, Mobiliar.
- Unangemessene Anforderungen: zu viel Arbeit in zu wenig Zeit verbunden mit nicht ausreichenden Ressourcen.
- Mangelnde Förderung: Zwischen Anforderungen und Ausbildung besteht eine Diskrepanz.
- Destruktive Führung: Vorgesetzte verhalten sich autoritär und respektlos; sie wertschätzen Leistungen nicht, sondern kritisieren destruktiv. Vorschläge werden abgeblockt.
- Intransparente oder uneinheitliche Werte: Einzelne Gruppen werden ungleich behandelt. Verstöße gegen zentrale Werte werden nicht sanktioniert, Fairness und Respekt werden missachtet.
- Mangelnde Zusammenarbeit: keine Teamarbeit, keine Zeit für Austausch, Mobbing wird nicht sanktioniert, Konflikte werden unter den Teppich gekehrt.
- Destruktive Beurteilung: Gute Leistung wird nicht belohnt, Bezahlungen für gleiche Leistungen sind ungleich, Beurteilungs- und Vergütungssystem sind intransparent.

Betrachten wir die von der Wissenschaft identifizierten Stressfaktoren im Einzelnen, so wird deutlich, dass sie in keiner Weise aus der Luft gegriffen sind. Die schlechten Rahmenbedingungen in Kindertagesstätten wie Lärm, nicht erwachsenengerechtes Mobiliar, starke Belastungen durch schweres Heben und Infektionskrankheiten sind durch den Erzieherinnenstreik 2009 in den Fokus der Aufmerksamkeit gerückt worden. Weniger bekannt sind die unangemessenen Anforderungen, denen Erzieherinnen gegenüber stehen. Als Beispiel nennen wir hier einmal den Anspruch, die Entwicklung der Kinder zu beobachten und zu dokumentieren und den Entwicklungsstand alle sechs Monate mit den Eltern zu besprechen. In einer Gruppe von 20 Kindern hieße das, dass

Sie jeden Tag ein Kind z. B. 20 Minuten lang beobachten müssten, um innerhalb von vier Wochen die Entwicklung jedes Kindes zumindest einmal genau beobachtet und dokumentiert zu haben. In dem halbjährlichen Elterngespräch könnten Sie dann auf sechs standardisierte Beobachtungen zurückgreifen und valide Aussagen machen. Realistisch ist eine solche Anforderung nicht. Ebenso unrealistisch wirkt der Anspruch, halbjährliche Elterngespräche zu etablieren. Um dies umzusetzen und eine (stressende) Häufung für die Erzieherinnen zu vermeiden, müssten in der beschriebenen Gruppe jeden Monat vier Elterngespräche stattfinden, damit unter Berücksichtigung von Ferien und Krankheitsausfall jede Familie einmal im halben Jahr die Gelegenheit zum Elterngespräch erhielte. Erzieherinnen, die im Rahmen ihrer Ausbildung gelernt haben, wie wichtig die Beobachtung und Dokumentation ist und welche Bedeutung der Erziehungspartnerschaft mit den Eltern zukommt, werden sich von den unrealistischen Anforderungen unter Druck gesetzt fühlen. Ihre Entlastung kann nur über eine Korrektur der Ansprüche, eine Verbesserung der Rahmenbedingungen oder durch eine Ablaufänderung erfolgen.

Entlastung erfolgt nur über eine Korrektur der Ansprüche.

Die zwischen Ausbildung und Anforderungen bestehende Diskrepanz, die ebenfalls als Stressor empfunden wird, erklärt vielleicht, warum Erzieherinnen eine so immense Fortbildungsbereitschaft zeigen. Fühlen sich Personen durch berufliche Anforderungen stetig überfordert, führt dies zu einem Resignationsverhalten. Die Erzieherin (oder der Erzieher) bekommt den Eindruck, sie könne ja sowieso keinen Unterschied machen. Das Anstreben von professioneller Expertise ist in diesem Fall als konstruktives Verhalten der Erzieherin zu bewerten, die einer erneuten Überforderungssituation entgegensteuern möchte. Aber auch die positive Diskrepanz zwischen Ausbildung und Realität kann als Stressor wirken, wie wir bereits gesehen haben. Können in der Praxis die während der Ausbildung verinnerlichten Ansprüche nicht umgesetzt werden, führt dies nicht selten zu einer generellen Infragestellung des Gelernten oder der Praxis.

Diskrepanz zwischen Ausbildung und Anforderungen

Die letzten Punkte (mangelnde Zusammenarbeit, destruktive Führung und Beurteilung) treffen für Sie als Erzieherinnen möglicherweise nur eingeschränkt zu. Im Allgemeinen berichten Erzieherinnen über gute Zusammenarbeit mit ihren Vorgesetzten und Kolleginnen, wenngleich auch viel beklagt wird, dass in den Teams wenig Zeit für einen strukturierten professionellen Austausch über die Kinder zur Verfügung steht. Themen wie Mobbing oder uneinheitliche Werte werden allerdings auch von Erzieherinnen angesprochen. Aus diesem Grund widmen wir diesen Punkten zu einem späteren Zeitpunkt mehr Aufmerksamkeit.

Erzieherinnen berichten über gute Zusammenarbeit.

Ein gravierendes Problem hingegen stellt die Bezahlung der Erzieherinnen dar. Mehr als die Hälfte der Erzieherinnen und Erzieher ist unzufrieden mit der Bezahlung und der gesellschaftlichen Wertschätzung ihres Berufs (GEW, 2007). Dazu kommt, dass besondere Qualifikationen, die durch Weiterbildungsmaßnahmen erworben wurden, nicht vergütet wer-

den. Außerdem beklagen Erzieherinnen mangelnde Karrierechancen. Die Problematik der finanziellen Einstufung studierter und nicht studierter Erzieherinnen wird sich in den kommenden Jahren noch verschärfen, wenn mehr und mehr Erzieherinnen mit Bachelor-Abschluss in den Kitas eingesetzt werden und mit den staatlich anerkannten Erzieherinnen mit Fachschulausbildung konkurrieren.

Die von wissenschaftlicher Seite identifizierten Stressfaktoren können also zu großen Teilen auf den beruflichen Kontext der Erzieherinnen übertragen werden. Dies bedeutet, dass Erzieherinnen durch ihre berufliche Tätigkeit massiv Faktoren ausgesetzt sind, die das Entstehen von Stress begünstigen. Im folgenden Abschnitt ergänzen wir die aus wissenschaftlicher Sicht identifizierten Stressfaktoren durch Faktoren, die von Erzieherinnen genannt worden sind.

Stress von Erzieherinnen im Besonderen

Bei verschiedenen größeren und kleineren Befragungen (GEW, 2007; Schneewind/Föhring, 2009; Böhmer/Näpel, 2010) konnten verschiedene Stressfaktoren für die Arbeit in Kindertagesstätten identifiziert werden, die im Rahmen eines Workshops von den anwesenden Erzieherinnen nochmals bestätigt wurden.

Was ist für Sie der größte Stressfaktor bei der Arbeit?

- Der Lärmpegel in den Einrichtungen.

Immer gehetzt sein

- Zeitmangel und Zeitdruck, der Umstand, immer gehetzt zu sein.
- Die permanente Unterbrechung der Handlungsabläufe.
- Probleme im Team und Konflikte mit Kolleginnen.
- Die Herausforderung, unterschiedliche pädagogische Ansichten im Team unter einen Hut zu bringen.
- Ansprüche, die erfüllt werden sollen – und die Diskrepanz zwischen Anspruch und Rahmenbedingung: individuelle Förderung, Beobachtung und Entwicklung von Förderplänen von 25 Kindern.
- Nicht-Nein-Sagen-Können.
- Erledigung von organisatorischen Aufgaben, die zu Störungen im Spiel mit den Kindern führen.

Allen Kindern gerecht werden

- Allen Kindern mit unterschiedlichen Kompetenzen, sozialen und familiären Hintergründen gleichermaßen gerecht zu werden.

Die von den Erzieherinnen angesprochenen Stressfaktoren kommen Ihnen mit Sicherheit bekannt vor. Einige Faktoren kann man vielleicht durch eine Umstrukturierung der Arbeitsabläufe mildern oder vermeiden, andere sind durch das besondere berufliche Profil einer Erzieherin bzw. eines Erziehers bedingt. Im Folgenden wollen wir daher unsere Aufmerksamkeit auf den Umgang mit Stress richten.

Umgang mit Stress

Drei Strategien zum Umgang mit Stress können betrieblich erfolgreich eingesetzt werden. Zum einen können vor der Entstehung von Stress durch gezielte Maßnahmen mögliche Stressoren ausgeschlossen oder vermindert werden; zum anderen können die Reaktionen in einer akuten Stresssituation verändert werden; und schließlich kann der Stressabbau, die Regeneration, beeinflusst werden.

Für die Stressprävention ist eine genaue Ursachenanalyse wichtig. Fragen Sie sich: Was genau löst das Gefühl von Zeitdruck, Hilflosigkeit, Angst oder Nervosität in mir aus? Beobachten Sie sich: Wie äußert sich der Stress bei Ihnen? Wie reagieren Sie? (Beachten Sie dazu auch das Selbstinterview auf Seite 60). Wenn Sie die Ursachen für Ihr Unwohlsein identifiziert haben, können Sie sich überlegen, ob Sie eine Möglichkeit haben, an diesen Ursachen etwas zu ändern, oder ob sie mit der Situation anders umgehen könnten.

Wie äußert sich der Stress bei Ihnen? Wie reagieren Sie?

Überlegen wir zuerst, welche Möglichkeiten Sie haben, eine Stress auslösende Situation zu vermeiden. Eine klare Ziel- und Prioritätensetzung erleichtert häufig die Entscheidung, ob ein Anliegen verfolgt werden sollte oder nicht. Besonders wenn Sie durch die vielen Aufgaben im Arbeitsalltag überlastet sind, hilft es, wenn Sie sich die eigentlichen Ziele einer Veranstaltung, einer Maßnahme oder eines Ablaufes verdeutlichen. Das eigene Handeln und gegebenenfalls das Ablehnen einer zusätzlichen Aufgabe lässt sich vor diesem Hintergrund souveräner erklären. Ebenso hilft eine Prioritätensetzung dabei, die eigene Arbeit sinnvoll und gut zu strukturieren und zu planen. Um beim bereits angesprochenen Beispiel Dokumentation und Beobachtung zu bleiben: Durch eine klare Einordnung der Priorität dieser Anforderung können Sie diesen Punkt entweder eindeutig jeden Tag (!) in den Gruppenalltag integrieren oder aber die Umsetzung dieses Punktes als weniger wichtig einstufen. In beiden Fällen erreichen Sie, dass Sie die Anforderung nicht mehr stressen kann. Entweder, Sie räumen der Anforderung den Raum ein, den Sie für nötig halten, oder Sie einigen sich darauf, den Punkt als weniger wichtig zu betrachten und nehmen ihm damit den belastenden Einfluss.

Ablehnen einer zusätzlichen Aufgabe

Eine andere Maßnahme zur Vermeidung von Stresssituationen kann die Optimierung von Arbeitsvoraussetzungen sein. Was ist damit gemeint? Wenn Sie sich z. B. dadurch gestresst fühlen, dass Sie bestimmte Projekte mit den Kindern umsetzen wollen, wofür Sie Materialien benötigen – seien dies nun Musikinstrumente, Gartengeräte, Sportgeräte oder der Chemiebaukasten – und die Beschaffung der Materialien im täglichen Ablauf ohne die Vernachlässigung der Aufsichtspflicht kaum gelingen kann, sollten Sie die Materialien am Vortag bereitstellen. Wenn dies nicht gelingt, sollten Sie nicht versuchen, das Versäumte aufzuholen, sondern die Aktivität aufschieben und die Materialien am selben Tag noch für den nächsten Tag bereitstellen. Eine andere Möglichkeit besteht darin, älteren Kindern einen Auftrag zu geben („Ihr beiden holt jetzt mal eine Schüssel Mehl aus der Küche."). Dies kann aber nur umgesetzt werden, wenn Sie einschätzen können, dass dadurch nicht neue Stresssituationen entstehen, weil Sie z. B. den Verbleib der Kinder erkunden oder das verschüttete Mehl im Flur aufwischen müssen.

TIPP FÜR DEN ALLTAG

Erzieherinnen müssen nicht alles können.

Erzieherinnen haben häufig das Gefühl, an vielen Fronten gleichzeitig zu kämpfen. Daraus resultieren Stress und Überforderung. Durch eine vertrauensvolle Beziehung zu Kooperationspartnern können Aufgaben delegiert werden und Überlastungen vermieden werden. Aus diesem Grund sollten Erzieherinnen über ein gutes Netzwerk an Logopädinnen, Ergotherapeutinnen und anderen professionellen Helfern verfügen. Zum einen werden sie selbst entlastet, wenn z. B. die Sprachförderung eines Kindes in professionelle Hände gelegt wird, zum anderen werden auch die Eltern entlastet, wenn die Erzieherin ihres Kindes ihnen eine Person empfehlen kann, die ein Problem des Kindes nicht nur professionell einschätzen, sondern auch helfen kann. Schließlich profitiert am meisten das Kind, dessen Entwicklungsverzögerung, Sprachproblem oder motorisches Problem sich nicht manifestiert, sondern rechtzeitig behoben wird. Erzieherinnen müssen nicht alles können. Die Einschränkungen der eigenen Zuständigkeiten können als sehr befreiend empfunden werden.

Haben Sie als Ursache Ihres Unwohlseins in einigen Situationen mangelndes Wissen oder diffuse Kenntnisse identifiziert, liegt eine Weiterbildung auf der Hand. Hilfreich und bereichernd ist es häufig problematische Situationen als „Praxistest" mit in Weiterbildungen hineinzunehmen. Damit überfordern Sie die Anbieter der Weiterbildung nicht, sondern bereichern die Veranstaltung durch besondere Anschaulichkeit und Realitätsnähe. Nur Mut! Gute Weiterbildnerinnen lieben solche Situationen!

Zu guter Letzt möchten wir es nicht versäumen, auf die Bedeutung betrieblicher Arbeitskreise hinzuweisen (Lesen Sie dazu auch das Kapitel 5 ab Seite 215). Diese wirken in vielerlei Hinsicht. Zum einen dienen sie als „Selbsthilfegruppe" dem Erleben, dass man nicht die Einzige ist, die mit bestimmten Anforderungen Probleme hat. Zum anderen kann man in Teambesprechungen gut verbindliche Abläufe festlegen, die dann von allen gemeinsam umgesetzt werden. Zusätzlich dienen die Besprechungen auch der Nutzung bestimmten Expertenwissens einzelner Kollegen. Bei Problemen mit Kind Oskar kann vielleicht Kollegin Laura helfen, die gerade eine Weiterbildung in Bewegungsförderung gemacht hat usw. Letztlich ist es sinnvoll, Teambesprechungen für die Vorstellung jeglicher struktureller Änderungen im Gruppenalltag zu nutzen, um die Transparenz in der Einrichtung zu gewährleisten und einen eventuellen Transfer zu ermöglichen.

Stressreaktionen

In vielen Fällen können Stresssituationen nicht vermieden werden. Abläufe lassen sich nicht immer so optimieren, dass alles „rund" läuft, und nicht zuletzt wird Ihr Arbeitsalltag durch kleine Individuen bestimmt, die sich nicht in Schemen und Abläufe pressen lassen, die Bedürfnisse haben, die sich von einem Tag zum anderen unterscheiden und häufig nicht vorhersehbar sind. In diesen Situationen benötigen Sie Möglichkeiten, mit einer Stresssituation so umzugehen, dass Sie weniger belastet sind. Eine Möglichkeit der Stressbewältigung ist dabei z. B. die Kurzentspannung. Ein kleines Innehalten, Durchatmen, Lächeln wirken oft schon Wunder. Techniken wie Autogenes Training können Sie mit Kindern in Stresssituationen zusammen durchführen. In einigen Kin-

Kurzentspannung: ein kleines Innehalten

dergärten werden mit den Kindern sogar Yoga-Techniken eingeübt. Auch Kinder fühlen sich durch Lärm, Zeitdruck, häufige Unterbrechungen beansprucht und nutzen in besonders belastenden Situationen gern Entspannungsmöglichkeiten. Entspannungsphasen sind auch eine gute Möglichkeit, Übergänge zwischen Bewegungsangeboten und Angeboten, die eine höhere Konzentration erfordern, oder Mahlzeiten zu gestalten. Eine weitere Technik, die Emotional Freedom Technique, eignet sich ebenfalls sehr gut, um sie sowohl für sich als auch für die Kinder anzuwenden. Diese Technik stellen wir Ihnen auf Seite 64 vor.

Worin besteht das belastende Moment?

Eine kurze Situationsanalyse kann bei der Bewertung einer belastenden Situation helfen. Was genau passiert gerade? Worin besteht das belastende Moment? Worüber ärgere ich mich und wie kann ich mit meinem Ärger konstruktiv umgehen? Wer ist Ziel meines Ärgers? Diese Fragen können Ihnen dabei helfen, dass Sie in schwierigen Situationen nicht von negativen Gefühlen überrollt werden. Das Gefühl von Hilflosigkeit, das Stresssituationen oft begleitet, hat weniger Möglichkeiten, von Ihnen Besitz zu ergreifen, und Sie schützen sich und andere davor, ungerechtfertigtes Ziel von Zornesausbrüchen und Anfeindungen zu werden.

Scheuen Sie sich nicht, um Hilfe zu bitten.

Wenn es Ihnen gelingt, Anforderungen positiv umzudeuten, nutzen Sie diese Fähigkeit ausgiebig. Wenn Ihnen dies noch nicht gelingt, überlegen Sie, was ein Vorteil der gegenwärtigen Situation sein könnte. Ebenso wichtig ist es, in belastenden Situationen Unterstützung zu suchen. Diese kann durch Kolleginnen, aber auch durch Eltern oder Kinder erfolgen. Scheuen Sie sich nicht, um Hilfe zu bitten. Sie geben den Kindern ein gutes Beispiel, dass es richtig ist, eigene Grenzen zu sehen und um Hilfe zu bitten, bevor man gar nicht mehr kann. Auch ist es für Kinder eine wichtige und schöne Erfahrung, helfen zu können. Und dies gilt nicht nur für Kinder. Genau wie Sie jemandem antworten: „Das ist doch kein Problem, das mach ich gern!“, reagieren Ihre Kolleginnen und die Eltern der Kinder auf ein Hilfegesuch in den seltensten Fällen ablehnend.

Verständnis und Gesprächsbereitschaft

Rührt Ihre Belastung vor allem von Konflikten mit Kollegen, Eltern oder Vorgesetzten her, versuchen Sie diese Konflikte zu lösen. Auch hier ist eine genaue Analyse häufig von Vorteil. Worin besteht unser Konflikt? Welche Interessen verfolge ich, welche Interessen verfolgt der oder die andere? Gibt es für mich Möglichkeiten, auf die andere Person zuzugehen? Was passiert, wenn wir unseren Konflikt nicht beilegen? Je tiefgreifender Konflikte sind und je engagierter sie ausgetragen wurden, desto schwieriger sind sie zu lösen. Erwarten Sie also nicht zu viel vom ersten Gespräch. Werben Sie um Verständnis und um Gesprächsbereitschaft. Bis zur Lösung eines Konfliktes ist es manchmal ein weiter Weg.

Stressabbau

Stress manifestiert sich vor allem, wenn Erholungszeiten fehlen. Eine Belastung allein löst meist noch nicht das Gefühl von Überforderung, Zeitdruck und Hilflosigkeit aus. Erst wenn sich viele Belastungen überlagern und eine Anspannung nicht mehr abgebaut werden kann, wird eine Forderung zur Überforderung und Stresssymptome treten auf. Zur Vermeidung von Stress als Dauerzustand ist es daher wichtig, seinen engsten Verbündeten, den eigenen

Körper, nicht aus dem Auge zu verlieren (Lesen Sie dazu auch das Kapitel 2 ab Seite 73). Sport, körperliche Tätigkeiten, wie z. B. Gartenarbeit, gezielte Entspannung, wie z. B. Theater- oder Saunabesuche, tragen zur Erhaltung der Leistungsfähigkeit auch unserer Psyche bei. Soziale Kontakte ermöglichen uns, Abstand zum beruflichen und privaten Alltag zu erlangen. In Gesprächen mit Verwandten und Freunden werden Erlebnisse des Tages be- und verarbeitet. Eigene Einschätzungen von Situationen und Problemen werden überprüft, revidiert oder in ein anderes Licht gerückt. Nicht selten sorgt einfach die Möglichkeit, Erlebnisse mit anderen besprechen zu können, für Erleichterung. Unterschätzen Sie nicht die Bedeutung der körperlichen Fitness und der sozialen Kontakte. Auch wenn Sie meinen, Ihnen fehle die Zeit, um sich mit Ihren Freunden zu treffen oder um regelmäßig joggen oder schwimmen zu gehen: Versuchen Sie aktive Erholungszeiten in Ihren Wochenplan einzuarbeiten und verteidigen Sie diese Freiräume gegen jegliche Streichungen. Besonders in Zeiten großer Belastung ist es wichtig, auch Zeit für Aufarbeitung, Erholung, Ablenkung und Schlaf zu haben, da sonst die physische und psychische Leistungsfähigkeit schnell erschöpft ist. Achten Sie auf Erschöpfungssignale Ihres Körpers und reduzieren Sie Belastungen, bevor Sie ganz zusammenbrechen.

Bedeutung der körperlichen Ertüchtigung und der sozialen Kontakte.

Erschöpfungssignale ihres Körpers

Stress durch Weiterbildungen

Erzieherinnen bilden eine Berufsgruppe, die eine große Fortbildungsbereitschaft mitbringt. Das Konzept des lebenslangen Lernens haben Vertreterinnen dieses Berufsstandes in sehr vielen Fällen verinnerlicht. Die Diskussion um die Akademisierung des Erzieherinnenberufes knüpft an diese Fortbildungsbereitschaft an. Zum einen wird durch verschiedene Akteure angestrebt, dass die Ausbildung des pädagogischen Personals für Kindertagesstätten an Fachhochschulen und Universitäten stattfindet, zum anderen sollen praktisch tätige Erzieherinnen in den kommenden Jahren in großer Zahl nachqualifiziert werden, um vergleichbare Abschlüsse (B. A.) der Mitarbeiterinnen zu erhalten. Eine massive Nachqualifikation des derzeit tätigen pädagogischen Personals in Kindertageseinrichtungen stellt die Einrichtungen und ihre Mitarbeiter vor einige Probleme, die sich zu großen Belastungen ausweiten können. Studierende des berufsbegleitenden Studiengangs Elementarpädagogik der Fachhochschule Osnabrück berichten in der Evaluation von Schwierigkeiten, die durch das Studium hervorgerufen werden. Viele Studierende sind besonders belastet durch den zeitlichen Aufwand des Teilzeitstudiums, denn sie unterschätzen die Phasen des eigenständigen Selbststudiums. Um an den Präsenzveranstaltungen teilnehmen zu können, nutzen sie Bildungs- oder Jahresurlaub, unbezahlte Freistellungen und Überstunden. Die Arbeit der Erzie-

Besondere Belastung durch den zeitlichen Aufwand eines Teilzeitstudiums.

herinnen besteht zum Großteil in der Kinderbetreuung während der üblichen Öffnungszeiten der Kita. Überstunden können nur schwer angesammelt werden und Fehlzeiten von Kolleginnen können durch andere Mitarbeiterinnen auch nur schwer ausgeglichen werden. Besonders in kleineren Einrichtungen sehen sich die Mitarbeiterinnen daher häufig vor unüberwindlich scheinende Probleme gestellt. Einige Erzieherinnen konnten oder mussten ihre wöchentliche Arbeitszeit reduzieren, um am Studium teilnehmen zu können. Diese Studierenden nehmen nicht unerhebliche finanzielle Einbußen in Kauf, um ein Studium zu absolvieren, von dem sie sich zurzeit noch keinerlei finanziellen Vorteil versprechen können. Die persönliche Belastung, die durch die Reduktion des ohnehin nicht üppigen Erzieherinnengehaltes erzeugt wird, kann die Entstehung von Stresssymptomen begünstigen. Haben die Studierenden dann nach der ersten enthusiastischen Phase das Gefühl, dass sie durch Studium, Arbeit und Familie so belastet sind, dass sie niemandem mehr gerecht werden, kann das zum vorzeitigen Abbruch des Studiums führen – und im schlimmsten Fall zum Burn-out. In diesem Fall wird das Gefühl von Überforderung und Zeitdruck nicht selten von Versagensgefühlen abgelöst.

Die Aufnahme einer Weiterqualifikation, die sich über einen langen Zeitraum hinzieht, sollte von Ihnen daher im Vorfeld kritisch geprüft werden.

TIPP FÜR DEN ALLTAG

Entscheiden Sie sich für eine langfristige Weiterbildung, können Sie versuchen, diese langfristig vorzubereiten. Vereinbaren Sie z. B. mit Ihrem Arbeitgeber, dass Sie bereits in dem Jahr vor der Weiterbildungsmaßnahme Überstunden ansammeln können, die Sie dann nachträglich abbummeln. Vielleicht ist es Ihnen auch möglich, einige Urlaubstage aufzusparen. Bereiten Sie familiäre Verpflichtungen detailliert vor.

So lassen sich viele Stresssituationen vermeiden, indem Termine oder Besorgungen bereits lange vor ihrer Fälligkeit erledigt bzw. zumindest in Terminplanungen ehrlich einbezogen werden. Konkrete Absprachen mit dem Partner verhindern, dass Ihr Privatleben neben dem Studium im Chaos versinkt. Klären Sie Fragen der Kinderbetreuung (hier mal die der eigenen Kinder!) vorab. Vielleicht sind Ihre Kinder bereits alt genug, um einige Wege selbstständig zu bewältigen, und Ihre neue Aufgabe ist eine gute Gelegenheit, um sie in die Selbstständigkeit zu entlassen? Welche Aufgaben können Großeltern oder Freunde übernehmen? Sind die Beziehungen zu diesen helfenden Händen so tragfähig, dass Sie sie auch im dritten Studienjahr noch um Hilfe bitten können? Wenig hilfreich sind Ansätze nach dem Motto: „Das ergibt sich“ oder „Das kriegen wir schon irgendwie hin“. In einigen Fällen ist es sicher auch besser, sich nach reiflicher Überlegung gegen eine Weiterbildung zu entscheiden oder diese auf einen späteren Zeitpunkt zu verschieben, wenn z. B. die familiären Verpflichtungen etwas weniger stark sind oder das Weiterbildungsangebot den eigenen Möglichkeiten besser entspricht. Dies kann z. B. durch die vermehrte Anwendung von Online-Angeboten passieren, die den Studierenden ermöglichet, zu selbstgewählten Zeitpunkten, also z. B. auch abends oder zuhause, Aufgaben zu erledigen, für die sonst Präsenzzeiten an der Hochschule erforderlich gewesen wären. Nicht unterschätzen sollten Sie den Arbeitsauf-

Sind die Beziehungen zu diesen helfenden Händen so tragfähig, dass Sie sie auch im dritten Studienjahr noch um Hilfe bitten können?

wand eines Weiterbildungsstudiums. Die Anteile des Selbststudiums machen einen Großteil des Studiums aus und werden durch Präsenzzeiten an der Hochschule nicht abgedeckt.

Beispiel: Stress!

Das Spielzeugauto landet mit einem lauten Scheppern auf dem Laminat. Sofort beginnt Lukas zu weinen. Der Zweijährige hat sich erschreckt. Gleichzeitig verleiht Gerrit seinem Ärger darüber Ausdruck, dass Max sein Spielzeugauto entwendet und auf den Fußboden geworfen hat. Die Erzieherin versucht den Streit der Jungen zu schlichten und Lukas gleichzeitig zu trösten. Sie ertappt sich bei dem Gedanken: „Wenn nicht gleich alle aufhören zu weinen und zu streiten, dann schreie ich!" Wo ist überhaupt ihre Kollegin? Natürlich, sie zeigt gerade einem interessierten Elternpaar die Kita. Solche Führungen dauern, selbst, wenn man sich beeilt, gern eine halbe Stunde. So lange muss die Erzieherin die Gruppe allein betreuen. Die Dokumentation der Entwicklung von Sandra, der Vierjährigen, die erst seit fünf Wochen in der Gruppe ist, wird wieder warten müssen. Dabei weiß die Erzieherin, wie wichtig genaues Beobachten und Dokumentieren der Entwicklung der ihr anvertrauten Kinder ist.

„Wie verbringen wir jetzt die Zeit bis zum Mittagessen?", fragt sich die Erzieherin. „Nach draußen gehen schaffe ich nicht mehr. Bis ich alle Kinder angezogen habe, bleibt kaum noch Zeit zum Spielen auf dem Hof, selbst wenn die Kollegin zum Ausziehen der Kinder schon wieder da sein sollte. Und eigentlich ist heute ja sowieso der Tag für das Projekt ‚Naturwissenschaft in der Kita'. Was war denn heute dran?" Die Erzieherin bedeutet den Kindern aufzuräumen und liest in der Zwischenzeit die Anweisungen für das Projekt. Dabei wird sie mehrfach unterbrochen. Sie benötigt verschiedene Materialien um kleine Experimente durchzuführen. Alle Materialien sind eigentlich in der Kita vorhanden. Aber sie kann jetzt schlecht die Gruppe allein lassen, um in der Küche Wasser, Becher, Salz und Löffel zu holen. Frustriert legt sie die Anweisungen für die Experimente zur Seite und konzentriert sich wieder auf die Gruppe. Die kleine Susi weint. Sie hat in die Hose gemacht.

„Meine Schuld!", denkt die Erzieherin. „Wann habe ich Susi das letzte Mal auf den Topf gesetzt?" Nun muss sie aus dem Badezimmer schnell die Wickelunterlage holen, Susi säubern, umziehen und das alles im Gruppenraum. Die Intimsphäre der Dreijährigen zu wahren, kann sich die Erzieherin leider nicht leisten, wenn sie auf den Rest der Gruppe achtgeben will.

Endlich kommt die Kollegin von der Hausführung zurück. Mit einem Blick erfasst sie die Situation und übernimmt die Aufsicht über die Gruppe. Die Erzieherin kann Susi im Badezimmer säubern und umziehen. Sie nutzt die Einzelsituation, um mit dem Kind kleine Lieder zu singen und sie am Bauch zu kitzeln. Susi lacht laut und umarmt ihre Erzieherin „Wenigstens das gelingt mir noch", denkt die Erzieherin. „Oft bin ich so ausgelaugt und eilig, dass ich nur noch mechanisch wickeln kann, dabei ist mir die Bedeutung der Einzelsituation doch so bewusst."

Nach der Arbeit fällt es der Erzieherin schwer, abzuschalten. Die eigenen Kinder werden angewiesen, alleine auf ihrem Zimmer zu spielen. Neben den täglich anfallenden Haushaltsarbeiten erstellt die Erzieherin eine Liste mit den Zutaten, die sie am nächsten Tag für die Durchführung des Experiments aus dem Naturwissenschaftsprojekt benötigt. Gleichzeitig denkt sie darüber nach, unter welchen Bedingungen einige ihrer Gruppenkinder wohl jetzt den Abend zu Hause verbringen werden – und wie es wohl ihren Kindern geht.

Analyse des Beispiels

- Stressfaktoren
  - Die Raumbedingungen sind ungünstig. Anstelle eines schallschluckenden Teppich- oder PVC-Fußbodens ist der Gruppenraum mit Laminat ausgelegt. Dies sorgt für zusätzliche Lärmquellen, anstatt den bereits vorhandenen Geräuschpegel zu reduzieren.
  - Die Raumaufteilung gewährleistet keinen Raumwechsel (z. B. ins Bad), ohne die Aufsicht über die Kinder zu verlieren.
  - Die Gruppe ist altersmäßig heterogen. Kinder, die eigentlich in eine Krippengruppe gehören, werden gemeinsam mit älteren Kindern betreut.
  - Betreuungsfremde Aufgaben (z. B. Kita-Führungen) werden von den Erzieherinnen mit erledigt.
  - Ansprüche an die Qualität der eigenen Arbeit werden als unerreichbar wahrgenommen.
  - Die Erzieherin wird in ihrer Arbeit häufig unterbrochen.
  - Kenntnisse aus der Ausbildung können kaum umgesetzt werden.
  - Vorbereitungen werden unentgeltlich nach der Arbeit erledigt.
  - Die Erzieherin kann nach der Arbeit nicht abschalten.

- Ressourcen
  - Ein gutes Verständnis zwischen den Kolleginnen.
  - Ausbildungsinhalte wurden verstanden und möchten umgesetzt werden.
  - Ein Außengelände ist vorhanden und kann in den täglichen Ablauf mit einbezogen werden.

- Möglichkeiten
  - Ein standardisierter Tagesablauf muss geschaffen werden: Regelmäßigkeiten im Tagesrhythmus tun den Kindern gut und entlasten die Erzieherinnen.
  - Die kleinsten Kinder in der Gruppe geben den Takt vor. Langfristig sollte die Einrichtung einer eigenen Krippengruppe angestrebt werden, damit die älteren Kinder nicht immer Rücksicht nehmen müssen und alle Kinder nach ihrem Bedarf gefördert werden können.

  - Externe Aufgaben sollten mit Hinweis auf die Aufsichtspflicht abgelehnt werden. Wenn dies nicht möglich ist, sollte ein System etabliert werden, wie kurzfristig Unterstützung durch andere Erzieherinnen angefordert werden kann (z. B. zum Anziehen der Kinder)
  - Feste Zeiten für betreuungsfremde Aufgaben (Kitaführungen, Elterngespräche, Vorbereitungen usw.) müssen eingeplant werden.
  - Das Außengelände sollte häufig genutzt werden. Die Kinder toben sich draußen aus, essen besser, schlafen besser und der Lärmpegel ist für die Erzieherinnen leichter auszuhalten.

TIPP FÜR DEN ALLTAG

Nein-Sagen

Situation:
„Ute, Familie Schmidt möchte sich die Kita ansehen. Kannst du sie gerade mal kurz führen?" – Eine Standardsituation, die dadurch gekennzeichnet ist, dass eine Arbeitsanweisung als Frage verpackt ist und die Gefragte das Gefühl bekommt, sie hätte auch „Nein" sagen können.

Reaktion:
Wie reagieren Sie in solchen Situationen? Ärgern Sie sich, dass Sie immer zu allem „Ja" sagen? Dann möchten wir Ihnen mit dieser Übung helfen, sich auf Situationen dieser Art vorzubereiten. Sammeln Sie im Vorfeld Argumente, aus welchen Gründen Sie diese Aufgabe nun nicht ausführen können:

- Sie dokumentieren gerade die Entwicklung von Max;
- wenn Sie jetzt die Gruppe verlassen, können die Kinder vor dem Essen nicht mehr draußen spielen;
- die Umsetzung des Projektes X ist ohne Ihre Anwesenheit nicht möglich usw.

Überlegen Sie sich einen Gegenvorschlag:

- Sie helfen der Kollegin die Kinder anzuziehen, danach können Sie Familie Schmidt die Kita zeigen;
- Familie Schmidt soll einen Termin vereinbaren, zu dem eine Führung besser möglich ist;
- fassen Sie Kitaführungen generell zu einem Termin zusammen und hängen Sie die Zeiten der nächsten drei Führungen im Eingangsbereich aus.

Üben Sie das Nein-Sagen im Rollenspiel mit einer Freundin.

Instruktion:
- Bleiben Sie in der Situation freundlich aber unnachgiebig.
- Zeigen Sie keinen „vorauseilenden Gehorsam".
- Begründen Sie Ihre Ablehnung mit sachlichen Argumenten.
- Suchen Sie im Nachhinein das Gespräch mit der Leiterin, um eine langfristige Lösung zu erarbeiten und häufigere Konfrontationen zu vermeiden.

Burn-out als pathologische Form von Stress

Ein Phänomen, das aus anderen Berufen bekannt ist, ist das Burn-out-Syndrom. Von Burn-out Betroffene finden sich insbesondere in Berufen, die ein hohes persönliches soziales Engagement erfordern. Burn-out ist insbesondere gekennzeichnet durch innere Erschöpfung. Diese äußert sich dadurch, dass die Betroffenen jegliches inneres Interesse an ihrer Tätigkeit verlieren, von Selbstzweifeln geplagt werden, äußerlich ruhelos wirken und vollkommen hoffnungslos und desillusioniert sind.

Was die Wissenschaft zu Burn-out sagt

Zuerst beschrieben wurde das Phänomen Burn-out bei Menschen, die in sozialen Berufen tätig sind. In Deutschland wurde die Gefährdung der „hilflosen Helfer" seit einer Veröffentlichung von Schmidbauer (1977) diskutiert und verstärkt in den Blick genommen. Burn-out beschrieb demnach ein Phänomen des vollständigen Motivationsverlustes bei helfenden Berufen, der durch berufliche Enttäuschung und persönliche Überforderung hervorgerufen werde.

Gefährdung der „hilflosen Helfer"

Burisch (2006) nähert sich dem Begriff Burn-out, indem er beschreibt, wie Betroffene Ziele verfolgen, die kaum mehr verwirklichbar erscheinen. Die Anstrengungen, die unternommen werden, um das schwindende Ziel noch zu erreichen, werden immer verzweifelter und führen zu einem tiefgreifenden Erschöpfungszustand. Da die Loslösung vom ursprünglichen Ziel trotz massiver Erschöpfung kaum möglich erscheint, treten Hilflosigkeit und Ohnmachtsgefühle hinzu. Erfolgt schließlich unter hohen persönlichen Kosten die Aufgabe des wichtigen Zieles, wird dies von den Betroffenen nicht selten als desillusionierend empfunden. Häufig geht die Aufgabe des Zieles mit einer Selbstkonfrontation einher, die hinterfragt, welche Gründe ursprünglich dazu geführt haben, sich dieses Ziel zu stecken.

Die Anstrengungen führen zu einem tiefgreifenden Erschöpfungszustand.

Burisch (2006) beschreibt, dass die Burn-out-Forschung vor allem mit einem gravierenden Hindernis zu kämpfen hat: dem Fehlen einer allgemeingültigen handhabbaren Definition. Das intuitive Verständnis von Burn-out wurde von einem anderen Forscher, Richard Bolle (1982), auf dem Punkt gebracht, der sagte, Burn-out sei wie Pornographie – er sei nicht sicher, ob er es definieren könne, aber wenn er es sehe, erkenne er es.

Eine für unsere Zwecke anwendbare Definition stammt hingegen von der bekannten Burn-out-Forscherin Christina Maslach:

> ***Burn-out ist …***
> *… ein Syndrom emotionaler Erschöpfung, Depersonalisierung und persönlicher Leistungseinbußen, das bei Individuen auftreten kann, die in irgendeiner Art mit Menschen arbeiten. Es ist eine Reaktion auf die chronische emotionale Belastung, sich andauernd mit Menschen zu beschäftigen, besonders, wenn diese in Not sind oder Probleme haben.*
> *(Maslach, 1982, zitiert nach Burisch, 2006, S. 17)*

Die Risikofaktoren für die Ausbildung eines Burn-out-Syndroms im Erzieherinnenberuf liegen vor allem in der emotionalen Belastung der Erzieherinnen. Besonders Erzieherinnen, die mit Kindern zu tun haben, die in irgendeiner Art und Weise in Not sind und denen sie nicht helfen können, haben ein erhöhtes Risiko, ihr großes Engagement mit einem Burn-out-Syndrom zu bezahlen.

Trotz der weit verbreiteten emotionalen Erschöpfung von Erzieherinnen leiden jedoch nur sehr wenige von ihnen unter einem Burn-out-Syndrom. Schützende Faktoren sind hierbei vor allem die guten Beziehungen zu den Kollegen und die Freude an der Arbeit mit den Kindern. Dies führt dazu, dass Erzieherinnen nur selten Reaktionsweisen zeigen, die in einer umfassenden Definition von Schaufeli & Enzmann (1998) genannt werden.

Burn-out ist …

… ein dauerhafter, negativer, arbeitsbezogener Seelenzustand „normaler" Individuen. Er ist in erster Linie von Erschöpfung gekennzeichnet, begleitet von Unruhe und Anspannung (distress), einem Gefühl verringerter Effektivität, gesunkener Motivation und der Entwicklung disfunktionaler Einstellungen und Verhaltensweisen bei der Arbeit. Diese psychische Verfassung entwickelt sich nach und nach, kann dem betroffenen Menschen aber lange unentdeckt bleiben. Sie resultiert aus einer Fehlanpassung von Intention und Berufsrealität. Burn-out erhält sich wegen ungünstiger Bewältigungsstrategien, die mit dem Syndrom zusammenhängen, oft selbst aufrecht.

(vgl. Schaufeli/Enzmann, 1998, S. 36).

Erzieherinnen betrachten die ihnen anvertrauten Kinder nicht als persönlichkeitslose Schreihälse.

So fehlen bei Erzieherinnen trotz emotionaler Erschöpfung meist die disfunktionalen Einstellungen und Verhaltensweisen bei der Arbeit. Das heißt, Erzieherinnen betrachten die ihnen anvertrauten Kinder eben nicht als persönlichkeitslose Schreihälse, sondern finden in den meisten Fällen trotz Druck und Erschöpfung, schlechter Bedingungen und Desillusionierung noch einen individuellen Zugang zu den Kindern, der sie vor einem endgültigen Ausbrennen schützt.

Beispiel: Burn-out

Ein Erzieher, der ursprünglich seinen Beruf gewählt hat, um mit Kindern zu arbeiten, Kontakte zu knüpfen, Einfluss zu nehmen, Selbstverwirklichung zu finden und die Welt zu verbessern, realisiert nach einigen Jahren hohen Engagements im Beruf, dass er in seinem Arbeitsalltag in den Rahmenbedingungen gefangen ist und viel weniger Einfluss nehmen kann als erhofft. Er bemerkt, dass er bei Weitem davon entfernt ist, seine hehren Ziele von Förderung, Gleichbehandlung und Bildung der Kinder umsetzen zu können und die Welt zu verbessern. Die Erreichung des ursprünglichen Zieles wird nun mit einem erhöhten Engagement versucht anzusteuern. Er engagiert sich in Weiterbildungskampagnen, bietet Elternkurse an, arbeitet Forschungsstellen zu und informiert Politiker über die Bedingungen seiner Arbeit und ihre Auswirkungen. Dies führt zu einer Einschränkung seiner sozialen Kontakte. Nach Feierabend arbeitet er nun häufig länger, um seinen eigenen Ansprüchen gerecht zu werden. Die Wochenenden verbringt er auf Tagungen und Weiterbildungsveranstaltungen. Zeit für Erholungen bleibt ihm keine mehr. Trotz seines hohen Engagements erlebt er keine Fortschritte bezüglich der Erreichung seines ursprünglichen Zieles. Im Gegenteil. Je mehr er sich engagiert, weiterbildet und politisch engagiert, desto weniger schafft er es, den Kindern der Kita seine volle Aufmerksamkeit zu schenken und seine Bildungsarbeit sinnvoll strukturiert und effektiv vorzubereiten. Er bemerkt stattdessen, dass er die Kinder als „Fälle" sieht und meint, er könne bei den Kindern ja sowieso nichts ausrichten.

Warum haben Sie sich für diesen Beruf entschieden?

Wie jeder Mensch, der in eine berufliche Krise gerät, haben Sie sich sicher auch schon einmal die Frage gestellt, warum Sie sich ursprünglich einmal für den Beruf der Erzieherin entschieden haben. Welche Hoffnungen und Wünsche haben Sie mit diesem Beruf verbunden? Welche pragmatischen Gründe haben Ihre Entscheidung damals beeinflusst? Welche Ihrer Wünsche und Hoffnungen haben sich verwirklichen lassen? In welchen Punkten sind Sie vielleicht enttäuscht worden?

Die Auseinandersetzung mit Hoffnungen, Wünschen, Zielen und Enttäuschungen schützt davor, dass man sich in Projekten und Tätigkeiten überengagiert und irgendwann von seinen enttäuschten Hoffnungen überschwemmt wird. Eine realistische Prüfung oder auch nachträgliche Bewertung von Wünschen und Hoffnungen trägt dazu bei, realistische von unrealistischen Vorstellungen zu trennen und sich auch detaillierter mit gegenwärtigen Zukunftsvorstellungen auseinanderzusetzen.

Eine realistische Prüfung

TIPP FÜR DEN ALLTAG

Sind Sie Burn-out-gefährdet?

Überlegen Sie sich, aus welchen Gründen Sie sich für die Ergreifung des Erzieherinnenberufes entschieden haben. Welche Hoffnungen und Wünsche verbanden Sie mit dem Berufswunsch? Welche Zweifel hatten Sie? Schreiben Sie Hoffnungen und Zweifel getrennt auf. Wie bewerten Sie die Situation heute? Welche Wünsche sind in Erfüllung gegangen? Welche Träume mussten Sie aufgeben? Trauern Sie einem bestimmten unerfüllten Wunsch immer noch hinterher? Wie viel Energie sind Sie bereit aufzubringen, damit er in Erfüllung geht?
Die Antworten werden Ihnen helfen, Ihre eigene Burn-out-Gefährdung einzuschätzen.

In einer baden-württembergischen Studie unter 947 Erzieherinnen fand Rudow (2004) heraus, dass etwa 10 % der Erzieherinnen von Burn-out-Erkrankungen betroffen sind. Besonders die Leiterinnen der Einrichtungen tragen ein hohes Erkrankungsrisiko. Viele Erzieherinnen berichten von psychosomatischen Beschwerden und emotionaler Erschöpfung. Besonders hingewiesen wird im Zusammenhang mit dem Burn-out-Syndrom jedoch immer wieder auf die protektiven Faktoren. Erzieherinnen berichten über einen guten Zusammenhalt im Kollegium und vor allem empfinden sie ihre Arbeit mit den Kindern als sinnvoll und schön. Darüber hinaus berichten Erzieherinnen, dass sie bei der Arbeitseinteilung große Entscheidungsspielräume haben. Auch dies wirkt sich positiv auf den Schutz vor Burn-out aus. In Einrichtungen, in denen die Erzieherinnen weniger stark an Entscheidungen zu Arbeitszeiten und Arbeitsweisen beteiligt werden, steigt auch die Gefahr des Burn-out als einer besonderen Form des beruflichen Stresses an.

Große Entscheidungsspielräume bei der Arbeitseinteilung

Mobbing als relationale Form von Stress

Wie bereits beschrieben, empfindet die Mehrzahl der Erzieherinnen die Beziehungen zu ihren Kolleginnen als wenig belastend und nimmt das Team in der Regel als unterstützend wahr. Doch gibt es auch Ausnahmen. Mobbing, als relationale Ausprägung von Gewalt, kommt besonders häufig in Einrichtungen des Bildungs- und Gesundheitswesens und damit auch in Kitas vor. Betroffen von Mobbing sind insbesondere Mitarbeitende, die entweder auffällig oder neu im Team sind. Auffälligkeiten müssen sich nicht immer nur auf Geschlechterfragen (z. B. der einzige Mann im Team) beschränken. Häufig führen auch Sonderregelungen, die z. B. aufgrund eines Weiterbildungsstudiums getroffen wurden, dazu, dass eine Mitarbeiterin aus dem Team in irgendeiner Art und Weise ausbricht. Müssen die Kolleginnen durch diese Sonderregelungen ebenfalls Änderungen in ihrem Arbeitsalltag hinnehmen und ist dies even-

Mobbing als relationale Ausprägung von Gewalt

tuell etwas unglücklich vermittelt worden, kann dies zur Auslösung von Mobbingprozessen ausreichen.

Was die Wissenschaft zu Mobbing sagt

Bedürfnis nach Zugehörgkeit

Die ersten Forschungen zum Thema Mobbing wurden von Olweus (1978) im Kontext Schule durchgeführt. Olweus konnte belegen, dass die soziale Zugehörigkeit zu einer Gruppe ein zentrales menschliches Bedürfnis ist. Schuster (2007) führt aus, dass das Bedürfnis nach Zugehörigkeit Vorraussetzung ist, dass sich Menschen einem weiteren Motiv, der Leistung, zuwenden. Sie folgert, dass Menschen erst ihre volle Leistungsbereitschaft erreichen, wenn sie keine Gefahr in ihrer (sozialen) Umwelt befürchten. Schuster weist insbesondere darauf hin, dass Personen, für die traditionelle Bindungen wie Familie, Gemeinden und Vereine ihren Stellenwert verloren haben, ein besonderes Bedürfnis nach Zugehörigkeit in ihrer Arbeitsgruppe haben.

Vermeidung nachweislicher Schädigungen

Personen, die schon einmal Mobbing-Situationen erlebt haben, können bestätigen, wie perfide teilweise die Angriffe sind. Besonders in der Vermeidung *nachweislicher* Schädigungen besteht gerade die Spezialität dieser besonderen Art der Gewalt.
Olweus (1978) definierte daher zentrale Elemente, die herangezogen werden, um einzuschätzen, ob eine Mobbingsituation vorliegt. Um von Mobbing zu sprechen, müssen die Angriffe auf die Person über einen längeren Zeitraum (ca. 6 Monate) wiederholt (ca. wöchentlich) auftreten. Charakteristisch ist darüber hinaus ein Ungleichgewicht der Macht oder Stärke zwischen Angreifer und Opfer. Ist das Opfer unterlegen, endet der Konflikt nicht, sondern zieht sich weiter hin. Einen hohen Stellenwert hat ebenfalls die Schädigungsabsicht. Die Angriffe erfolgen mit der Absicht, dem Opfer zu schaden, ohne dass dies nachgewiesen werden kann. Das Opfer soll gedemütigt werden, sich schwach fühlen, unterlegen sein. Die Angriffe können verbal und körperlich erfolgen. Relationale Angriffe sind ebenfalls möglich. Dies bedeutet beispielsweise, dass Freundschafts- und Arbeitsbeziehungen des Opfers gezielt manipuliert werden. Informationen z. B. zu Teambesprechungen oder wichtigen Änderungen im Ablauf werden nicht weitergetragen oder aber so mitgeteilt, dass sie das Opfer zu spät erreichen müssen. Gerüchte werden verbreitet oder Gespräche unterbrochen, wenn das Opfer hinzukommt.

Demütigung des Opfers

> ***Mobbing ist …***
> *eine Folge von Konflikten, die sich bei schlechter Arbeitsorganisation und daraus resultierendem Stress häufen und von der Führungskraft nicht richtig gehandhabt werden.*
> *(Leymann, 1993, zitiert nach Schuster, 2007, S. 151)*

Ursprünglich wurde angenommen, jeder könnte das Opfer von Mobbing werden; die Arbeiten von Leymann ergaben allerdings, dass besonders eine in irgendeiner Weise deutliche Andersartigkeit oder Schwäche eine Person in den Fokus rücken lässt. Olafsson und Johansdottir (2004) zeigen, dass besonders Personen mit passivem Bewältigungsstil („Ich halte das schon aus.") zunehmend Opfer von Mobbing werden. Schuster (2007) ergänzt dieses Bild durch differenziertere Analysen, die bereits für Mobbing in Schulen vorliegen. Diese zeigen, dass Personen mit ungünstigen Sozialisationsbedingungen, die z. B.

durch eine unsicher-ambivalente Beziehung zu ihren Eltern hervorgerufen wurden, zu internalisierendem Problemverhalten neigen, deren depressive Tendenzen nicht immer nur als Folgen, sondern auch als Ursachen der Mobbingerfahrungen gewertet werden können. Andere Forschungsarbeiten (z. B. Schuster 1999) beschreiben einen Opfertypus, der in erster Linie durch eine erhöhte Aggressivität auffällt. Diese Personen haben in ihrer Kindheit eher Erfahrungen mit unsicher-vermeidenden Bindungserlebnissen gemacht. Die Bedeutung der Erkenntnisse über Opfererfahrungen im Kindesalter wird ersichtlich, wenn man bedenkt, dass die Wahrscheinlichkeit steigt, Opfer von Mobbing am Arbeitsplatz zu werden, wenn man schon als Kind häufig Opfer von Hänseleien usw. wurde.

Von Mobbing Betroffene sind in der Regel starken psychischen Belastungen ausgesetzt, die sich auch auf die Qualität ihrer Arbeit auswirken. Viele Opfer entwickeln psychosomatische Beschwerden, die in besonders schweren Fällen auch zur Berufsunfähigkeit führen können. Auch die Täter sind gedanklich häufig so mit dem Mobben beschäftigt, dass ihre Arbeitsqualität ebenfalls sinkt. Ratschläge, das Mobbing nicht so ernst zu nehmen oder einfach nicht zu beachten, sind wenig hilfreich. Eine besondere Verantwortung zur Bekämpfung von Mobbing kommt den Vorgesetzten in einer Einrichtung zu. Ihnen obliegt es, Mobbing zu unterbinden und gegebenenfalls zu sanktionieren. Sofern die Leitung selbst in den Mobbingvorgang verstrickt ist, ist es natürlich schwierig, hier Unterstützung zu finden. Bei größeren Institutionen ist die Einrichtung eines unabhängigen Mobbingbeauftragten sicherlich sinnvoll.

Besondere Verantwortung des Vorgesetzten

Aufgrund der sehr engen Zusammenarbeit sind Mobbingkonflikte in Kindertageseinrichtungen jedoch besonders kritisch. Vorgesetzte haben nur bedingt Möglichkeiten, Opfer und Täter räumlich und zeitlich voneinander zu trennen. In vielen Fällen bleibt den Opfern daher häufig nur ein Wechsel in eine andere Einrichtung. Leiterinnen von Einrichtungen sollten jedoch versuchen, durch frühzeitiges Eingreifen eine solche Eskalation eines Konfliktes zu verhindern, da im Falle einer Kündigung des Opfers und des Verbleibens der Täterin/des Täters im Team die anderen Teammitglieder häufig ebenfalls Angst entwickeln, nun als nächstes Opfer ausgewählt zu werden.

Beispiel: Mobbing

Sandra hat sich lange auf ihren richtigen Berufsstart gefreut. Als sie die Stelle in der Kita am Löwenwall bekommt, ist sie so glücklich wie lange nicht mehr. Mit dem ersten richtigen Arbeitsvertrag kann sie endlich auf eigenen Beinen stehen, eine kleine Wohnung finanzieren und unabhängig von ihren Eltern leben. Die Kolleginnen im Team wirken nett und freundlich. Sie arbeiten alle schon viele Jahre zusammen und sind sicherlich 15 oder 20 Jahre älter als Sandra. Sandra kommt bei den Kinder sehr gut an und freut sich über die positive Rückmeldung der Eltern. Im Rahmen ihrer Ausbildung hat Sandra einen Schwerpunkt zum Themenbereich Naturwissenschaft und Technik besucht und baut nun in der Kita dazu ein neues Angebot auf. Insbesondere die Jungen sind begeistert und wollen am liebsten nur noch mit Sandra zusammen sein. Zu Beginn des Kitajahres sind die Kolleginnen noch begeistert von der jungen, neuen Kollegin. Aber im Laufe des Jahres beginnt sie die überschwängliche und extrovertierte Art von Sandra zu nerven. Technik hier, Experiment da. Als Sandra an einer Teambesprechung krankheitsbedingt fehlt, tauschen sich die Kolleginnen untereinander aus. Jeder fällt eine Episode ein, in der Sandra ihrer Meinung nach ihre Kompetenzen überschritten hat und die Erfahrung der älteren Kolleginnen nicht ausreichend wertschätzte. Als Sandra in den Kindergarten zurückkehrt, ist der Technikschwerpunkt aus der täglichen Arbeit verschwunden. Sie vermisst Arbeitsmaterialien und ihre Kolleginnen sind plötzlich viel zu beschäftigt, um sich zu erinnern, wo die Materialien in der Zwischenzeit hingeräumt worden sind. Sandra ist irritiert.

In den folgenden Wochen bemerkt sie, wie sich die Kolleginnen bedeutungsschwere Blicke zuwerfen, wenn sie den Raum betritt. Gespräche werden unterbrochen, Informationen, die alle Kolleginnen betreffen, werden nicht weitergegeben. Sandra zieht sich zurück und traut sich schon lange nicht mehr, ihren Technikschwerpunkt weiter durchzusetzen. Sie liegt nächtelang wach und grübelt, sie ist blass geworden und still. Selten blitzt ihre alte Begeisterung für ihre Arbeit noch hervor. An den meisten Tagen muss sie sich hingegen sogar zwingen, zur Arbeit zu gehen.

TIPP FÜR DEN ALLTAG

Rollenspiel Mobbing

Schreiben Sie verschiedene Rollen auf Kärtchen und verteilen Sie diese im Kollegenkreis. Folgende Rollen sollten vergeben werden:

- Opfer,
- Täterin,
- zwei Unterstützerinnen der Täterin.

Geben Sie den einzelnen Personen eine kleine Geschichte, die z. B. der oben beschriebenen Situation der Erzieherin Sandra entspricht, und führen Sie ein kleines Rollenspiel durch (ca. 5 Minuten).

Überlegen Sie danach gemeinsam:

- Wie haben sich die einzelnen Personen in ihrer Rolle gefühlt?
- Wie haben sich das Opfer, die Täterin, die Unterstützerinnen gefühlt?
- Wie wurde die Situation empfunden?
- Welchen Handlungsspielraum hatten die Personen?
- Konnten Sie an ihrer Situation etwas ändern?
- Wollten sie etwas ändern?
- Wie haben sich die Außenstehenden gefühlt?
- War die Situation gut auszuhalten?

Am Ende erarbeiten Sie gemeinsam, was Sie im Kollegium tun können, um Mobbing aktiv vorzubeugen. Legen Sie Regeln fest, die die gegenseitige Achtung und den Respekt vor den Eigenarten und Vorlieben der anderen betonen.

FAZIT

Stress entsteht, wenn berufliche und private Belastungen überhandnehmen. Eigenen und fremden Anforderungen kann nicht mehr entsprochen werden und die Erholungszeiten reichen nicht mehr aus, um die Belastungen auszugleichen. Die gestresste Person fühlt sich überfordert, überlastet, und hilflos.
Unser Ziel in diesem Kapitel war es, dass Sie Ihre berufliche Belastung besser einschätzen können und eventuell Strategien gefunden haben, wie Sie mit stressenden Faktoren so umgehen können, dass sich Ihre Belastung reduziert. Besonders die ehrliche Analyse von Stress auslösenden Situationen – seien es Konflikte im Kollegenkreis, Aufgaben, denen Sie sich nicht gewachsen fühlen, Zeitdruck, Mobbing oder besondere Belastungen durch Weiterbildungen – wird Ihnen helfen, die Belastung auszuhalten, weil Sie sie für sinnvoll halten (z. B. eine Weiterbildung) oder die Prioritäten so zu setzen, dass Ihre Belastung abnimmt.

1.4 Warum brauche ich soziale und emotionale Kompetenz?

Wir wissen durch Erkenntnisse der Neurobiologie sowie der Entwicklungspsychologie, dass Menschen von Geburt an lernfähig, wissbegierig und mit intuitiven Kompetenzen ausgestattet sind. Menschen (große und kleine!) lernen am besten aktiv handelnd und in einer respektvollen, authentischen und zugewandten Atmosphäre. Die Forschung zu Spiegelneuronen (lesen Sie dazu auch das Kapitel 1.5 ab Seite 46) hat eindrücklich aufgezeigt, welche Rolle eine möglichst optimal auf die persönlichen Bedürfnisse der Kinder abgestimmte Betreuung sowie spiegelnde, empathische Rückmeldungen in der frühen Kindheit spielen. Diese empathische Betreuung kann nur eine Person leisten, die selbst mit sich zufrieden ist. Natürlich ist nicht jeder Mensch täglich in gleicher Weise zufrieden und ausgeglichen. Auch von Erzieherinnen wird nicht erwartet, niemals schlechte Laune, Traurigkeit, Unzufriedenheit oder Stress zu empfinden. Jedoch ist für die Bildungsarbeit wichtig, dass die Kinder nicht in einer Atmosphäre ihre Tage verbringen, in denen das Betreuungs- und Bildungspersonal dauerhaft hart an der Grenze der eigenen Kapazität läuft. In einer solchen Atmosphäre ist jeder Bildungsplan, jedes ausgeklügelte Förderkonzept sinnlos, denn die Stimmung, der die Kinder ausgeliefert sind, ist eher bedrohlich als vertrauenserweckend.

Spiegelnde, empathische Rückmeldungen

Nur wenn Sie als Erzieherin selbst bereit sind, sich auf innere Auseinandersetzungen einzulassen, und emotionale Stabilität aufweisen, werden Sie in der Lage sein, die Bildungs- und Entwicklungsprozesse der Kinder zu unterstützen. Insbesondere in der frühen Kindheit, in den ersten drei Lebensjahren des Kindes, ist die Bindung und Beziehung zur Erzieherin die Grundvoraussetzung für erfolgreiche Lern- und Entwicklungsprozesse. Trotz der Einführung von Bildungs- und Orientierungsplänen stehen nicht einzelne Fachgebiete im Vordergrund der Bildungsarbeit, z. B. Mathematik oder Englisch, sondern immer die Entdeckung und Erschließung der Welt im ko-konstruktiven und sozialkonstruktivistischen Lernprozess (vgl. Fthenakis, 2003/2009; Völkel, 2006). Und dazu gehört für das Kind die Erzieherin, die als Begleiterin an der Seite des Kindes steht.

Sich auf innere Auseinandersetzungen einlassen und emotionale Stabilität aufweisen

Was die Wissenschaft zu sozialen und emotionalen Kompetenzen sagt

Demonstration von Selbstwirksamkeit in sozialen Transaktionen

Für die psychische Gesundheit ist es wichtig, über ein gesundes Selbstwertgefühl zu verfügen sowie über soziale und emotionale Kompetenz (vgl. Petermann/Wiedebusch, 2008; Schneewind, 2008). Emotionale Kompetenz definiert Saarni als „die Demonstration von Selbstwirksamkeit in sozialen Transaktionen, welche Emotionen hervorrufen“ (Saarni in: von Salisch, 2002, S. 210f.). Selbstwirksamkeit wird verstanden als die Fähigkeit eines Individuums, ein erwünschtes Ergebnis zu erzielen. Es ist allerdings nicht allein ausschlaggebend, ob man über die objektiven Fähigkeiten verfügt, um eine Handlung kompetent auszuführen, vielmehr muss man selbst subjektiv auch davon überzeugt sein, diese Fähigkeit zu besitzen (vgl. Saarni in: von Salisch, 2002, S. 207). „Versager“ kann es im Bildungsbereich „Gefühle“ nicht geben, denn jeder Mensch kann ein stabiles Selbstwertgefühl entwickeln, wenn ihm die Möglichkeit gegeben wird, sich zu erproben, ein Ziel zu entwickeln und es zu erreichen: gemäß seinen individuellen Fähigkeiten und Eigenschaften.

Schlüsselfertigkeiten für die emotionale Kompetenz

Saarni (1999/2002) benennt die folgenden Schlüsselfertigkeiten für die emotionale Kompetenz:

- **Bewusstsein über eigene Emotionen:** Die Grundlage für die Ausbildung emotionaler Fähigkeiten ist das Vermögen, Gefühle bei sich wahrnehmen, unterscheiden und benennen zu können. Dazu gehört die Entwicklung innerer Konzepte von Wünschen, Gefühlen und Bedürfnissen. Kinder, die ihre Gefühle kennen, können besser mit anderen Menschen verhandeln, können sich in Konflikten besser behaupten. Sie weisen außerdem sozial kompetenteres Verhalten auf.
- **Emotionswissen und -verständnis, Erkennen des mimischen Emotionsausdrucks anderer Personen:** Das Wissen über Emotionen bezieht sich auf das Verständnis der eigenen Emotionen und der Gefühlszustände anderer. Dieses Wissen ist entscheidend für wirksame Kommunikation und zwischenmenschliche Verhandlungen. Emotionen anderer auf Grundlage von mimischen, gestischen und verbalen Ausdrucksweisen erkennen zu können, ist ein weiterer Aspekt emotionaler Kompetenz. Die Fähigkeit, sich durch Gesten und Mimik über Gefühle zu verständigen, entwickelt sich von Geburt an, da die Kommunikation zwischen Eltern und Kind zu Beginn vor allem nonverbal stattfindet. Später kommt die verbale Auseinandersetzung noch hinzu. Menschen, die im Beziehungsaufbau Probleme haben, sind häufig nicht in der Lage, soziale Signale und Hinweise korrekt zu „lesen“, ihnen fehlt das Verständnis nonverbaler Kommunikation. Denn zum Verständnis des anderen gehört die Fähigkeit, die Gefühle anderer richtig interpretieren zu können bzw. übliche situationsbedingte Ursachen von Emotionen einbeziehen zu können.
- **Sprachlicher Emotionsausdruck:** Gefühle in Worte zu fassen, ist ein weiterer Aspekt der emotionalen Kompetenz. Es geht nicht nur um die Wahrnehmung des Gefühls, sondern auch darum, die innere Vorstellung ausgestalten zu können. Menschen benötigen das Wissen über das Vokabular der Gefühle und die Fähigkeit, Ausdruckswörter der eigenen (Sub-)Kultur verwenden zu können. Das Sprechen über innere Zustände beginnt mit 18 bis 20 Lebensmonaten und die Menge an „Gefühlsworten“ wächst

sprunghaft an. Kinder sind spätestens mit 36 Monaten in der Lage, „Gefühlszustände bei sich selbst und bei anderen zu benennen, sich auf vergangene und zukünftige Emotionen zu beziehen, angemessene Vorläufer und Konsequenzen von Emotionen anzugeben und vorgestellte Emotionen spielerisch auszudrücken" (Klann-Delius, 2002, S. 97 f.). Etwa mit vier Jahren können Kinder erzählen und haben die Fähigkeit der sozialen Perspektivenübernahme ansatzweise ausgebildet. Die Grundvoraussetzungen für eine reflektierende Arbeit im Bereich emotionaler Bildung sind damit gegeben.

- **Selbstgesteuerte Emotionsregulation:** Es gibt nicht nur angenehme, sondern auch unangenehme Gefühle. Im Rahmen der Entwicklung emotionaler Kompetenzen geht es daher auch um die Selbstregulationsfähigkeit, also darum, belastende Gefühle und damit verbundene problematische Situationen bewältigen zu können. Allerdings gehört dazu auch die Regulation positiver Gefühle. Denn auch zu große Freude und Überschwang können die Umgebung verstören und zu Disharmonie mit anderen führen. Emotionsregulation bezieht sich auf zwei Punkte: zum einen auf die Regulierung des eigenen subjektiven Erlebens von Gefühlen (Dauer und Intensität) und zum anderen auf die Handhabung des eigenen Gefühlsausdrucks anderen gegenüber. Zur Entwicklung der emotionalen Kompetenz gehört auch die Erkenntnis, dass der innere emotionale Zustand nicht notwendigerweise dem nach außen hin gezeigten Ausdrucksverhalten entspricht. Über das eigene Ausdrucksverhalten der Gefühle können die Selbstpräsentation und damit die Umwelt beeinflusst werden.

Der innere Zustand entspricht nicht notwendigerweise dem Verhalten.

Emotionale Selbstwirksamkeit entsteht dann, wenn man das eigene emotionale Erleben akzeptiert und sich im Allgemeinen so fühlt, wie man sich fühlen möchte. Dies steht in Zusammenhang mit der Selbstregulationsfähigkeit. Im Laufe der Entwicklung bildet sich das Bewusstsein aus, dass Struktur und Natur zwischenmenschlicher Beziehungen durch die Art und Weise bestimmt werden, wie Gefühle kommuniziert werden. Zur Interaktion mit anderen gehört das angemessene emotionale Agieren und Reagieren. Die Fähigkeit, sich selbst zu verstehen, ein lebensgerechtes Bild der eigenen Persönlichkeit – inklusive Wünschen, Ängsten und Fähigkeiten – zu entwickeln und dieses Wissen im Alltag zu nutzen, ist für ein erfolgreiches, gesundes und zufriedenes Leben in sozialen Zusammenhängen bedeutsam. Das Vermögen, Beziehungen eingehen zu können, gründet in der Fähigkeit, sich anderen Menschen nahe und verbunden zu fühlen, Gefühle, Motive und Anliegen anderer verstehen und Konflikte lösen zu können.

Sich anderen Menschen nahe und verbunden fühlen

Studien zeigen, dass warmes, unterstützendes, engagiertes und freundliches Verhalten der Erzieherinnen direkten Einfluss auf die Empathiefähigkeit der Kinder hat (Ulich et al., in: von Salisch, 2002, S. 121). Reagieren Erzieherinnen selbst stets sehr prosozial, haben Kinder ein gutes Lernbeispiel. Um diese Fähigkeiten aber tatsächlich entwickeln zu können, benötigen Kinder zudem die Möglichkeit, sich zu erproben. Dies können sie nur, wenn die Erzieherinnen den Kinder z. B. die Chance geben, ein anderes Kind zu trösten, statt selbst schnell „alles in die Hand" zu nehmen (Ulich et al., in: von Salisch, 2002, S. 124).

Erzieherinnen fördern die emotionale Entwicklung (vgl. Petermann/Wiedebusch, 2008),

- wenn sie sich ihrer eigenen und der Gefühle des Kindes bewusst sind,
- wenn sie differenziert über Gefühle reden können und dem Kind helfen, Gefühle zu benennen,
- wenn sie negative Gefühle als Gelegenheit werten, Gespräche über den Umgang mit Ärger oder Traurigkeit zu führen,
- wenn sie das Kind im Umgang mit negativen Gefühlen unterstützen, indem sie Regulationsstrategien und angemessene Verhaltensweisen vermitteln sowie Problemlösungen aufzeigen.

Soziale Kompetenz, also die Beachtung sozialer Regeln im Umgang mit anderen, setzt sich zusammen aus Empathiefähigkeit, der Kompetenz zur Perspektivenübernahme, Problemlösefertigkeiten, der Fähigkeit zu Kooperation, Teamarbeit, Konfliktbewältigung, Kritikfähigkeit, Toleranz und der Übernahme von Verantwortung – für sich selbst und andere.

Vorbilder, die selbst emotional und sozial kompetent handeln

Damit die Ihnen anvertrauten Kinder emotionale und soziale Kompetenz erlangen können, müssen Sie als Vorbild auch emotional und sozial kompetent handeln. Darüber hinaus sollten Sie einige Grundregeln beachten und eine positive Grundhaltung sich selbst und anderen gegenüber verinnerlichen. Das ist nicht nur für Ihre psychische Stabilität, sondern auch für die Kinder hilfreich. Das Erleben von gruppendynamischen Prozessen in der Kita fördert diese Fähigkeiten. Denn die Entwicklung von emotionalen und sozialen Kompetenzen greift ineinander: Wer mit sich selbst zurecht kommt (emotionale Ebene), kann auch mit anderen zusammen sein (soziale Ebene). Soziale und emotionale Kompetenzen sind für das Zusammenleben in einer Gemeinschaft unverzichtbar. Erst emotionale Fähigkeiten ermöglichen eine gegenseitige Rücksichtnahme oder lassen uns in Diskussionen die Argumentationen unseres Gegenübers tatsächlich nachvollziehen und verstehen. Erzieherinnen, die über gute emotionale Kompetenzen verfügen, fühlen die Verzweiflung einer Mutter, die aufgefordert wird, ihr weinendes Kind in der Kita zu belassen und zu gehen. Sie werden nicht nur versuchen, das Kind zu beruhigen, sondern auch ein freundliches Wort für die Mutter übrig haben.

Freundliches Wort für die Eltern

Beispiel: Soziale und emotionale Kompetenzen

Die zweijährige Lisa kommt seit drei Monaten in die Kindertagesstätte. Nach einer unproblematischen Eingewöhnungszeit zeigt Lisa seit einer Woche verstärkte Ablöseschwierigkeiten in der Bringsituation. Sobald die Mutter beginnt, Lisa die Jacke auszuziehen, fängt Lisa herzzerreißend an zu weinen. Die Mutter bleibt bisher konsequent. Sie redet leise auf Lisa ein, versucht sie zu beruhigen, zieht sie jedoch weiter aus, bringt sie in den Gruppenraum und geht.

Erzieherin Sonja beobachtet die Interaktion von Mutter und Kind mit Sorge. Sie kennt Kinder wie Lisa, die nach der Eingewöhnungszeit begriffen haben, dass die Kindertagesstätte kein Ausnahme-Freizeitvergnügen ist, und nun alle Register ziehen, um ihre Mutter wieder allein für sich zu haben. Daher macht ihr Lisas Weinen auch nicht viel aus, zumal sich Lisa in der Interaktion mit den Kindern bisher immer schnell wieder beruhigt hat. Doch die Mutter scheint diese Situation zu belasten.

Als Lisas Mutter das Kind nachmittags abholt, bittet sie diese daher um ein Gespräch in der kommenden Woche. In dem Gespräch erfährt Sonja, dass es der Mutter schon am Abend beim Zubettgehen vor dem nächsten Morgen und der Bringsituation graut. Sie macht sich Vorwürfe, weil sie so egoistisch ist und den Wiedereinstieg in den Beruf schaffen will. Sie erzählt, dass Lisas Verhalten sie so belastet, dass sie sich kaum auf ihren Beruf konzentrieren kann.

Sonja räumt der Mutter viel Raum und Zeit ein, um von ihrer Not und ihren Zweifeln zu erzählen. Dann erzählt sie, wie der Tag in der Kita weitergeht, wenn die Mutter gegangen ist. Sie nimmt ihr die Angst, dass Lisa den ganzen Tag weinend an der Tür stehen und nach ihrer Mutter rufen könnte. Im Gegenteil, sie erzählt, dass Lisa besonders gern mit dem Bobby-Car durch den Raum braust und sich gut mit Marco versteht. Die beiden zeigen sogar schon so etwas wie „miteinander spielen". Sonja erzählt Lisas Mutter, wie gut die Kita ihrer Tochter tut. Sie lernt sich einzufügen, Regeln zu befolgen und mit anderen Kindern zu interagieren und all dies bereitet ihr offensichtlich Freude und tut ihr gut.

Lisas Mutter ist erstaunt. So hatte sie die Kita bisher nicht betrachtet. Für sie stand im Vordergrund, dass Lisa gut betreut ist, aber sie auch wieder berufstätig sein kann. Schließlich spricht Sonja Lisas Mutter Mut zu. Sie erzählt von den Kindern, die sich genau wie Lisa verhalten haben und dass dieses Verhalten wieder nur eine der vielen Phasen ist, die vorübergehen, die man aushalten muss als Eltern.

Sonja verabredet mit Lisas Mutter, dass sie die abendlichen Schuldgefühle damit bekämpft, dass sie sich in Erinnerung ruft, wie gut es Lisa in der Gruppe bereits gefällt. Lisas Mutter fühlt sich durch Sonja verstanden. Statt der „Das müssen Sie in den Griff bekommen"-Vorwürfe, mit denen sie gerechnet hatte, als sie zum Elterngespräch gebeten wurde, ist ihr Sonja mit Verständnis und Einfühlungsvermögen begegnet. Sie kann sich nun gut vorstellen, dass Sonja Lisa auch in schwierigen Situationen gerecht werden wird, da sie selbst so eine gute Begegnung mit der Erzieherin hatte. In den kommenden Wochen kann Lisas Mutter die schwierige Situation weiter gut meistern, ohne von Schuldgefühlen überschwemmt zu werden.

Analyse des Beispiels

Sonja nimmt die Not der Mutter wahr. Sie erkennt, dass die Mutter große Schwierigkeiten hat, ihr bisher richtiges Verhalten langfristig aufrechtzuerhalten, wenn sie keine Unterstützung erfährt. Sie ist bereit, diese Unterstützung anzubieten. Durch das Anbieten eines geschützten Rahmens und genügend Zeit bekommt die Mutter die Möglichkeit, mit einer „Fachfrau" über ihr Problem zu sprechen. Sonja gelingt es, eine warmherzige zugewandte Atmosphäre zu schaffen. So kann Lisas Mutter Sonjas Unterstützung wahrnehmen und begreift diese nicht als Angriff oder Zurechtweisung. Lisas Mutter fühlt sich verstanden und unterstützt und kann mit ihrem Kind klarer und resoluter umgehen, da sie weiß, dass Sonja ihr keine Schuld an Lisas Verhalten gibt. Darüber hinaus ist die klare emotionale Atmosphäre zwischen der Mutter und der Erzieherin für das Wohlbefinden von Lisa sehr wichtig und hilft Lisa, die Scheu vor der Kita zu überwinden.

TIPP FÜR DEN ALLTAG

Sich durchsetzen

Situation:
In der Elternratssitzung wurde Ihnen die Aufgabe zugeteilt, das Konzept der Einrichtung zu erklären. Während Sie sprechen, werden Sie von einem Elternratsmitglied unterbrochen mit dem Hinweis, das Konzept wäre hinlänglich bekannt.

Reaktion:
Übergehen Sie den Einwand und reden Sie einfach weiter. Lassen Sie die Unterbrecherin nicht ausreden. Wenn die Unterbrechung andauert, weisen Sie darauf hin, dass Sie von der Leiterin der Einrichtung gebeten worden sind, das Konzept vorzustellen. Es gibt mehrere neue Mitglieder im Elternrat und es ist wichtig, dass alle Elternratsmitglieder mit dem Konzept vertraut sind.
Wenn Sie sich über die Unterbrechung ärgern, äußern Sie dieses.

Instruktion:
- Sagen Sie laut und deutlich was Sie wollen.
- Probieren Sie es mehrmals, wenn es auf Anhieb nicht klappt.
- Reden Sie kurz.
- Schauen Sie die Unterbrecherin an.
- Bleiben Sie freundlich.
- Vermeiden Sie Diskussionen über den Inhalt dessen, was Sie sagen.
- Vermeiden Sie Vorwürfe.
- Sagen Sie, wie Sie die Situation empfinden.

Energiespendende und energiefressende Emotionen

Manchmal wünschen wir uns, keine Emotionen zu haben, weil wir uns vorstellen, so wäre das Leben vernünftig, klar und frei von Störungen. Aber: In einer Welt ohne Gefühle würden wir im Chaos versinken, die niederen Instinkte würden uns und unseren Umgang miteinander beherrschen, wir wären nicht in der Lage, Entscheidungen zu treffen. Wir brauchen die Gefühle als Wegweiser durch unser Leben!

Gefühlsthermometer

Virginia Satir, die bekannte Familientherapeutin, beschreibt in ihrem Buch „Meine vielen Gesichter“ auf spielerische Weise die Auseinandersetzung mit uns selbst (ähnlich, wie Sie es bereits schon beim Inneren Team kennen gelernt haben). Darüber hinaus erläutert sie das sogenannte Gefühlsthermometer, auf dem wir die Temperatur in Form von energiespendenden und energiefressenden Gefühlen ablesen können. In welchem Zustand befinden wir uns? Sind wir in einem emotionalen Zustand, der uns Energie gibt oder nimmt?

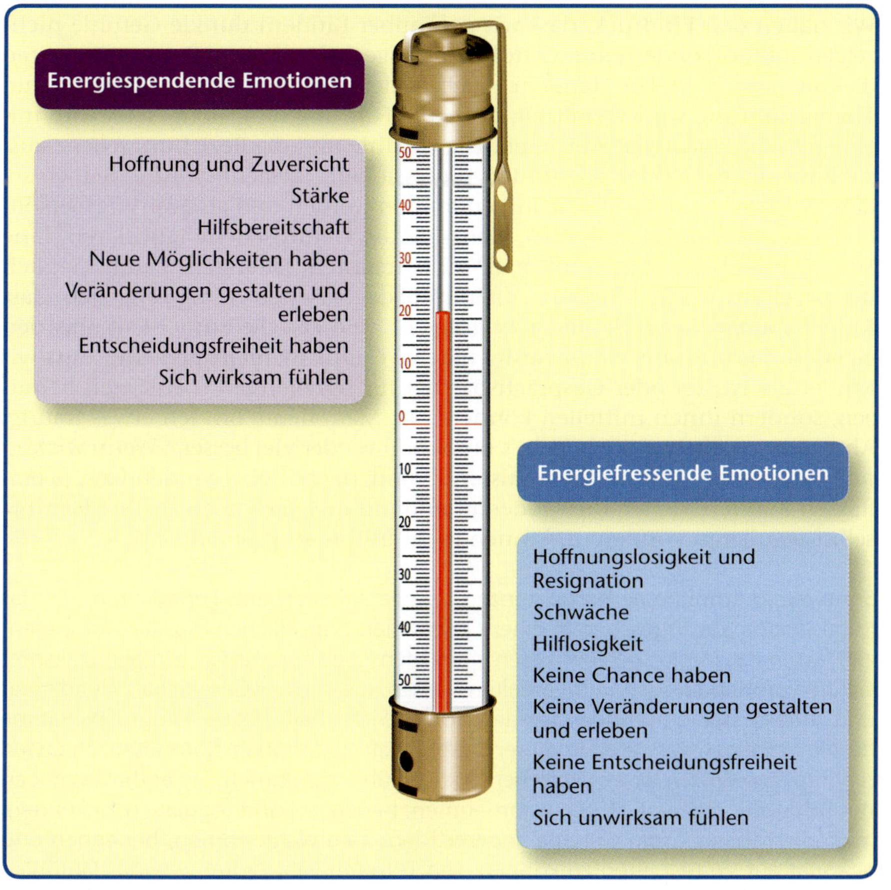

Das Energiethermometer (vgl. Satir, 2009, S. 23)

Unterscheidung von hellen und dunklen Gefühlen

Schneewind und Landowksy (2003) führten in dem von ihnen entwickelten Programm zur Förderung der sozialen und emotionalen Kompetenz („Kindergarten plus“) die Unterscheidung von hellen und dunklen Gefühlen ein. Helle Gefühle sind die häufig auch als positive Gefühle bezeichneten Emotionen wie Freude, Glück, Stolz, Mut. Dunkle Gefühle sind hingegen Emotionen wie Ärger, Wut, Trauer, Angst. Diese dunklen Gefühle könnten missverstanden werden als energiefressende Emotionen. Als energiefressende Gefühle werden jedoch solche Zustände verstanden, die ohne Ausweg sind. Entwickelt sich z. B. Angst zu einem Dauerzustand, ist sie natürlich energiefressend. Sofern jedoch die Angst signalisiert „Achtung, hier lauert Gefahr, achte auch dich!“ ist Angst wichtig und richtig.

TIPP FÜR DEN ALLTAG

Sonne oder Wolken?

Sie kennen das sicher für die Arbeit mit den Kindern: In Form von Wetterzuständen wird die Befindlichkeit der Kinder dargestellt. Wenn ich traurig bin, klebe ich mein Bild auf die Wolken, wenn ich froh bin, klebe ich mein Bild auf die Sonne. Diese Art der Darstellung von emotionalen Zuständen tut auch uns Erwachsenen gut. Vielleicht möchten Sie für sich oder im Team ein Gefühlsthermometer erstellen, um auch ohne viele Worte signalisieren zu können: „Die Arbeit tut mir heute gut“ oder „Heute frisst unsere Zusammenarbeit meine Energie“.

Vorgesetzte werden als unecht wahrgenommen, wenn sie die Gefühlsebene ignorieren.

Wir haben den Eindruck, dass wir gegenüber Kindern dunkle Gefühle nicht zeigen sollten, sondern immer froh und ausgeglichen sein müssen. Wir werten dies als professionelles Handeln. Auch in der psychologischen Literatur zum Thema Führung wird vermittelt, dass gute Führung oft gleichgesetzt wird mit einem sachorientierten Auftreten. Die Gefühle und die Beziehungsebene auszublenden, erscheint als besonders professionell. Tatsächlich ist es jedoch so, dass Vorgesetzte als unecht wahrgenommen werden und als Führungspersönlichkeiten wenig Erfolg haben, wenn sie die Gefühlsebene ignorieren. Eine Situation mal „ganz unemotional" zu betrachten, ist erstens kaum möglich und zweitens wenig hilfreich. Auch im pädagogischen Alltag zeigt sich, dass Kinder spüren, wenn es uns nicht gut geht, und erst die Ehrlichkeit über den eigenen Zustand uns glaubwürdig macht. Damit ist nicht gemeint, dass wir Kinder als Tröster oder Gesprächspartner für schwierige Lebenslagen benutzen, sondern ihnen mitteilen können: „Ja, Max, heute bin ich etwas traurig. Aber morgen, das weiß ich, geht's mir schon wieder viel besser." Wenn wir vermitteln können, dass Gefühle Zustände sind, die wir überwinden bzw. beeinflussen können, lernen die Kinder an und mit uns, dass auch sie ihre Gefühle selbst regulieren können und ihnen nicht hilflos ausgeliefert sind.

FAZIT

Soziale und emotionale Kompetenzen sind Fähigkeiten und Fertigkeiten, die das Miteinander von Menschen in einer Gesellschaft ermöglichen. Soziale Kompetenzen fassen das implizite Regelwissen eines Menschen zusammen. Ein gemeinsames Gefühl von Handlungen und Verhaltensweisen, die in einer Gesellschaft als adäquat und angemessen empfunden werden, schafft Sicherheit und Handlungsspielräume für die einzelnen Personen in dieser Gesellschaft. Emotionale Kompetenzen fassen das implizite Wissen eines Menschen über Gefühle zusammen. Sie enthalten neben der Fähigkeit, eigene Gefühle wahrnehmen, benennen und regulieren zu können, auch die Fähigkeit, die Gefühle anderer Menschen wahrnehmen, benennen und adäquat auf sie reagieren zu können. Hinzu treten Fähigkeiten wie das Einfühlen in andere Menschen, was auch unter dem Begriff „Empathiefähigkeit" bekannt ist.

1.5 Wie gelange ich zu psychischer Gesundheit?

Personen, die in einer tragfähigen Partnerschaft leben, können berufliche Belastungen besser kompensieren.

Ähnlich wie bei der körperlichen Gesundheit sind Menschen auch psychisch unterschiedlich stark belastbar. Dies hängt in erster Linie mit ihren Vorerfahrungen zusammen. So sind insbesondere Erfahrungen in der frühen Kindheit prägend für das Beziehungsverhalten im späteren Leben. Hat ein Mensch in der frühen Kindheit vorwiegend gute Erfahrungen mit seinen Bezugspersonen gemacht, bleibt er in den meisten Fällen den Rest seines Lebens zuversichtlicher und sicherer als ein Mensch, der in den ersten Lebensjahren vor allem mit ambivalentem oder unzuverlässigem Verhalten seiner Bezugspersonen konfrontiert worden ist. Ähnlich verhält es sich mit Personen, die in einer tragfähigen Partnerschaft leben. Auch sie können berufliche Belastungen besser kompensieren als Personen, deren Beziehung stark belastet ist. Diese Menschen reagieren auf psychische Belastungen weit stärker als andere. Das bedeutet aber nicht, dass sie „empfindlich" sind. Gerade im Bereich der psychischen Gesundheit sollte die Unterschiedlichkeit der Menschen ernst genommen und berücksichtigt werden, denn sie lässt sich nicht standardisieren und in zumutbar und unzumutbar einteilen.

Was die Wissenschaft zu psychischer Gesundheit sagt

Wichtig im Konzept der psychischen Gesundheit ist die Unterscheidung zwischen psychischer Belastung und psychischer Erkrankung. So ist es richtig, dass psychische Belastungen zu psychischen Erkrankungen führen können. Jedoch geht nicht jeder psychischen Erkrankung eine besondere psychische Belastung voran. Das geringe Wissen über psychische Krankheiten und die geringe Anerkennung psychischer Erkrankungen als „echte" Krankheiten führen jedoch dazu, dass viele der Betroffenen zu lange versuchen, ihre Erkrankung durch Disziplin, Hausmittel oder Verdrängung in den Griff zu bekommen. Die Betroffenen verstehen nicht, wieso es ihnen so schlecht geht, sie können sich nicht erklären, „was mit ihnen los ist". Psychisch belastende Erlebnisse werden häufig zwar zur Kenntnis genommen, jedoch in ihrer Tragweite nicht begriffen. Genauso wenig werden psychisch belastende Arbeitsbedingungen als krankmachend verstanden.

Geringes Wissen über psychische Krankheiten

Beispiel: Psychische Gesundheit

Manja und Erika sind zwei Erzieherinnen, wie sie gegensätzlicher nicht sein können. Während Erika „mitten im Leben" steht, für jeden ein offenes Ohr hat und in jedem Raum, den sie betritt, die Sonne aufgehen lässt, kann sich Manja nur schwer für Projekte begeistern. Sie ist oft traurig, niedergeschlagen und strahlt diese Mattigkeit auch aus. Kein Wunder, dass sich die Kinder der gemeinsamen Gruppe eher Erika anschließen. Manja empfindet die Zuwendung der Kinder zu Erika als Ablehnung ihrer Person. Auch sie weiß, dass Erika durch ihre fröhliche Art die Kinder begeistern kann und mitreißt, aber so sehr sie sich auch vornimmt, ebenso begeisterungsfähig zu sein wie Erika, es will ihr einfach nicht gelingen. Zuhause grübelt Manja häufig stundenlang darüber nach, wie sie die Zuneigung der Kinder gewinnen könnte. Sie schläft schlecht und hat keinen Appetit mehr.

Auch die Leiterin der Einrichtung hat Manja schon auf ihre getrübte Stimmung und Mattigkeit angesprochen. Manja hat ihr von der erst kurze Zeit zurückliegenden Trennung von ihrem Freund erzählt, aber auch vor der Trennung konnte sie sich zu gar nichts mehr aufraffen und fühlte sich im Kindergarten schon völlig „fehl am Platz". Die Leiterin ist froh, mit Erika wenigstens einen „Motor" in der Gruppe zu haben. Manja hat sie in dieser Hinsicht bestätigt, aber insgeheim neidet sie Erika ihre Position in der Gruppe und ihre fröhliche Ausstrahlung.

Analyse des Beispiels

Manja und Erika zu vergleichen ist naheliegend, aber wenig hilfreich. Tun wir es doch, fällt auf, dass Erika „mit sich im Reinen" ist. Sie ruht in sich und ist mit sich und ihrer Situation zufrieden. Daher ist es für sie nicht schwierig, ihre innere Ruhe und Gelassenheit auf die Kinder zu übertragen und eine positive Ausstrahlung zu haben. Erikas inneres Wohlbefinden ermöglicht ihr einen ungezwungenen Kontakt zu den Kindern ihrer Gruppe und darüber den Aufbau echter Beziehungen. Da sie in ihrer Persönlichkeit authentisch ist, können die Kinder zu ihr Vertrauen fassen, sie als Modell anerkennen und von ihr lernen. Manjas Auftreten zeichnet sich durch depressive Elemente aus: Sie kann sich zu wenigen Aktivitäten aufraffen, ist traurig, appetitlos, schläft schlecht, ist ständig erschöpft, kann ihrer Arbeit und ihrem Leben kaum noch Positives abgewinnen. Hinzu kommt die momentane persönliche Belastungssituation durch die Trennung vom Lebensgefährten. Manja fühlt sich abgelehnt durch Personen, die ihr früher Zuneigung entgegengebracht haben: ihr ehe-

maliger Freund und auch die Kinder des Kindergartens. Sie ist nicht mehr in der Lage, Berufliches und Privates sauber zu trennen. Ihre persönliche Belastung erschwert ihr den Zugang zu den Kindern und hindert sie daran, ihrem Erziehungs- und Bildungsauftrag nachzukommen.

Was kann man tun?

Manja würde es wahrscheinlich helfen, wegen ihrer gedrückten Stimmung einen Arzt aufzusuchen. Ihre Traurigkeit, Labilität, Antriebsgestörtheit, Schlafstörungen und Appetitlosigkeit deuten auf eine klinische Depression hin. Erika und die Leiterin der Einrichtung können Manja helfen, indem sie die Depression als Krankheit anerkennen und Manja versichern, dass sie auch eine längerfristige Krankschreibung nicht als „im Stich lassen" empfinden. In einer bestenfalls stattfindenden Psychotherapie könnte Manja krankmachende Strukturen identifizieren und an ihrer Veränderung arbeiten, sodass sie nach ihrer Erkrankung wieder mit Freude ihrer Arbeit nachgehen kann.

Depressionen als Krankheit anerkennen

Was ist Gesundheit?

Eine Definition von Gesundheit wird immer schwieriger sein als eine Definition von Krankheit. Kann man bei Krankheiten Symptome aufzählen, ist Gesundheit gerade durch die Abwesenheit dieser Symptome gekennzeichnet. So ist es nicht verwunderlich, dass Gesundheit lange durch die „Abwesenheit von Krankheit" definiert wurde. Seit einigen Jahren setzt sich jedoch das Konzept durch, dass körperliche und psychische Gesundheit nicht allein durch die

Abwesenheit physischer und psychischer Krankheiten definiert werden kann. Gerade im Bereich der psychischen Gesundheit wäre der Bereich der psychischen Beeinträchtigungen, die keinen Krankheitswert haben, aber die Gesundheit bereits beeinträchtigen – wie ihr Name bereits ausdrückt – sonst eine Grauzone. Im Jahr 1986 einigte man sich in der World Health Organization (WHO) daher auf eine Definition von Gesundheit, die positiv beschreibt, was unter dem Begriff zu verstehen ist.

> *Um ein umfassendes körperliches, seelisches und soziales Wohlbefinden zu erlangen, ist es notwendig, dass sowohl einzelne als auch Gruppen ihre Bedürfnisse befriedigen, ihre Wünsche und Hoffnungen wahrnehmen und verwirklichen sowie ihre Umwelt meistern bzw. verändern können.*
> *(WHO, 1986)*

Becker (1982) kommt in seiner Definition ohne die an der Idealnorm des „absoluten Wohlbefindens" orientierte Forderung der WHO aus.

Psychische Gesundheit ist …
das Überwiegen der protektiven, kompensatorischen Anteile und der Umweltstabilisierungen im individuellen System einer Persönlichkeit gegenüber den konstitutionellen Vulnerabilitäten und den Umweltbelastungen (vgl. Becker, 1982; Becker/Minsell, 1986).

Bemerkenswert an Beckers Definition ist die Ausdrücklichkeit, mit der er von schützenden (protektiven) und kompensatorischen Anteilen spricht. Damit kommt zum Ausdruck, dass psychische Gesundheit immer auch eine Frage von persönlichen Anteilen in Auseinandersetzung mit der jeweiligen Umwelt ist. So ist verständlich, dass dieselbe Belastung, der zwei Menschen ausgesetzt sind, nicht zu denselben psychischen Reaktionen führt. Verfügt eine Erzieherin zum Beispiel über eine Persönlichkeit, die durch Familie und Kolleginnen anerkannt und gestärkt ist, wird sie mit Kritik durch Eltern an ihrer Arbeit anders umgehen als eine Kollegin, deren gesamtes Handeln in ihrem persönlichen und beruflichen Umfeld überwiegend in Frage gestellt wird. Bei der ersten Erzieherin überwiegen die protektiven und kompensatorischen Anteile gegenüber den Belastungen, wohingegen bei der zweiten Erzieherin die Vulnerabilitäten (Verletzlichkeiten) und Belastungen überwiegen und nicht zu ihrer psychischen Gesundheit beitragen. Becker (1982) sowie Becker und Minsel (1986) nennen Kriterien und Indikatoren, die zur persönlichen Stabilisierung beziehungsweise Krankheitsentstehung beitragen. Diese orientieren sich z. B. an Persönlichkeitstheorien, unterliegen jedoch auch der ständigen Auseinandersetzung mit den Grundwerten und Normen der Gesellschaft und ihren Veränderungen. In Beckers Sinne ist es also nachvollziehbar, dass die mangelnde gesellschaftliche Anerkennung, die Erzieherinnen in ihrem Beruf erfahren, Auswirkungen auf ihr Wohlbefinden und damit auf ihre psychische Gesundheit hat.

In diesem Buch verstehen wir also unter psychischer Gesundheit das überwiegende psychische Wohlbefinden unter Abwesenheit von psychischen Erkrankungen und Beeinträchtigungen.

Psychische Erkrankung

In Abgrenzung zur psychischen Gesundheit versteht man unter psychischen Erkrankungen psychische Gesundheitsprobleme und -belastungen sowie Verhaltensstörungen, die die Betroffenen stark beeinträchtigen. Menschen, die an psychischen Erkrankungen leiden, zeigen ein Verhalten, das so stark von gesellschaftlich definierten Normen abweicht, dass es Krankheitswert erreicht. Je nach Erkrankung geht dieses abweichende Verhalten z.B. mit starker Verzweiflung (Depression), Vergesslichkeit (Demenz), Ängsten (Phobie), Essstörungen (Anorexie, Bulimie) oder anderen konkreten psychischen Symptomen und diagnostizierbaren psychischen Störungen wie Schizophrenie einher.

Der psychische Zustand von Menschen wird durch eine Vielzahl von Faktoren bestimmt. Werden einige Erkrankungen vor allem biologisch (z.B. genetisch, geschlechtlich) determiniert (z.B. Autismus), sind andere Erkrankungen stark von individuellen Faktoren (z.B. persönliche Erfahrungen) abhängig. Das kann beispielsweise eine posttraumatische Belastungsstörung sein, die meist nach existenzbedrohenden Erlebnissen auftritt. Familiäre und soziale Faktoren (z.B. Anforderungen oder gesellschaftliche Normen) können Erkrankungen wie Essstörungen hervorrufen, und wirtschaftliche und Umfeldfaktoren (z.B. sozialer Status und Lebensbedingungen) mögen schon manche depressive Erkrankung beschleunigt haben. Erinnern wir uns jedoch an Beckers Definition von psychischer Gesundheit (s.o.), so liegt bei fast allen psychischen Erkrankungen ein Überwiegen der Vulnerabilitätsfaktoren und Umweltbelastungen vor. Psychische Erkrankungen können in ihrem Schweregrad durch protektive (schützende) und kompensatorische (ausgleichende) Anteile sowie unterstützende Umwelteinflüsse stark beeinflusst werden.

Die Akzeptanz von psychischen Erkrankungen ist noch immer geringer als die Akzeptanz physischer Erkrankungen. Dabei ist die Verbreitung psychischer Krankheiten hoch. Mehr als 27% der erwachsenen Europäer leiden Schätzungen zufolge mindestens einmal im Leben unter psychischen Störungen. Die am meisten verbreiteten psychischen Störungen in der EU sind Angst und Depression. So rechnet man damit, dass bis zum Jahr 2020 Depressionen in den Industriestaaten die zweithäufigste Ursache von Erkrankungen sein werden (Kuhn, 2006), die Depression ist also auf dem Weg zur Volkskrankheit Nr. 1.

Psychosomatische Erkrankung

Eine interessante Zwischenstufe zwischen physischen und psychischen Krankheiten bilden die sogenannten psychosomatischen Krankheiten. Psychosomatische Krankheiten sind körperliche Erkrankungen, die durch psychische Belastungen hervorgerufen werden. Dabei müssen physische Gründe für die Erkrankung ausgeschlossen sein. Als typische psychosomatische Erkrankungen sind beispielsweise Belastungskopfschmerzen zu nennen oder Erkrankungen des Magen-Darm-Traktes. Auch haben psychisch belastete Personen häufig ein erhöhtes Risiko für Herz-Kreislauferkrankungen oder Anspannungsschmerzen z.B. im Rücken- oder Nackenbereich.

Alle Menschen sind nicht nur einem allgemeinen Risiko ausgesetzt, von psychischen Erkrankungen betroffen zu sein, sie sind zusätzlich auch einem berufsspezifischen Risiko ausgesetzt. So ist die Wahrscheinlichkeit hoch, dass eine Erzieherin im Laufe ihrer 40-jährigen Berufstätigkeit zu irgendeinem Zeitpunkt an einer psychischen oder psychosomatischen Erkrankung leiden wird. Eine erhöhte Sensibilität für dieses Thema kann dafür sorgen, dass eine Erkran-

kung zu einem frühen Zeitpunkt festgestellt wird, sodass die Erkrankungsdauer verringert und das Leiden der Erzieherin verkürzt werden kann.
Im folgenden Abschnitt werden nun die berufsspezifischen psychischen Belastungen in den Blick genommen. Ihre genaue Analyse ermöglicht den Umgang mit berufsspezifischen Risiken, um krankmachenden Mechanismen und Abläufen vorzubeugen, sie zu erkennen und gegebenenfalls zu ändern.

Psychische Belastungen von Erzieherinnen

Erzieherinnen üben einen Beruf aus, in dem sie all das kompensieren sollen, was andernorts nicht oder schlecht passiert. Sie sollen an die nächste Generation die Werte vermitteln, die die Gesellschaft für sich selbst schon abgeschafft hat. So sollen Erzieherinnen z. B. darauf achten, dass sich die Kinder in ihrer Obhut gesund ernähren, viel Obst und frisches Gemüse essen, möglichst aus Bioanbau und fair gehandelt. Dazu darf diese Ernährung nicht mehr kosten als die substanzlose Fastfood-Fertignahrung, von der sich ein Großteil der Gesellschaft mittlerweile ernährt. Gleichzeitig sollen im Kindergarten die Kinder angehalten werden, sich viel und ausdauernd zu bewegen, ihre Körperlichkeit zu entdecken und sich bei jedem Wetter an der frischen Luft aufzuhalten, wobei viele Eltern und andere Erwachsene diese Ziele weder selbst umsetzen noch ihre Kinder bei der Umsetzung dieser Ziele unterstützen, sondern im Gegenteil, die Kinder für den Rest ihres Lebens ermahnen, sie sollen still sitzen, nicht zappeln und besser im Haus bleiben, als im Regen im Sandkasten zu spielen.

Diese Beispiele lassen sich endlos fortsetzen. Denken wir zum Beispiel an das Erlernen der Sprache, an den Erhalt und die Förderung der kindlichen Neugier, an die Freude an der Musik und dem Singen usw. Die Erzieherin bzw. der Erzieher hat die Aufgabe erhalten, all die Dinge zu fördern und zu entwickeln, wofür in unserer Gesellschaft schon lange kein oder nur wenig Raum ist.
Einerseits sind Empathie, Geduld, Freundlichkeit und Zugewandtheit „nichts wert“, andererseits werden sie als „Schlüsselqualifikationen“ gehandelt, ohne die eine Ausübung des Berufes nicht mehr möglich erscheint. Besonders in traditionellen Frauenberufen (Krankenpflege, Kinderbetreuung) ist diese Tendenz deutlich spürbar. Die Anforderungskataloge für junge Menschen, die sich für eine Erzieherinnenausbildung entscheiden, lesen sich wie eine Liste von „Wünsch Dir was“. Freundliche, gebildete, reflektierte, musikalische junge Menschen streben mit größter Motivation völlig uneigennützig die Tätigkeit in einem unterbezahlten Beruf an, der durch große Belastungen gekennzeichnet ist, die zwar allgemein bekannt sind, deren Änderung jedoch unter Missachtung geltender Arbeitsschutzgesetze mit Verweis auf die klammen Kassen der Kommunen immer wieder verschoben wird.

Diskrepanz zwischen Anspruch und Realität

Die psychische Belastung durch die Diskrepanz zwischen den Ansprüchen und der Realität in den Kindergärten wird von Erzieherinnen dann auch als besonders groß eingeschätzt. Genau wie finanzielle Unsicherheiten und Sorgen einer Familie ein Entwicklungsrisiko für Kinder darstellen, sind immer neue Einsparforderungen der Kommunen bei gleichzeitig steigendem Anforderungskatalog eine starke Belastung für Erzieherinnen. Haben sie mit großen Anstrengungen das geforderte Einsparungsziel erreicht, wurden mit viel Eigeninitiative die

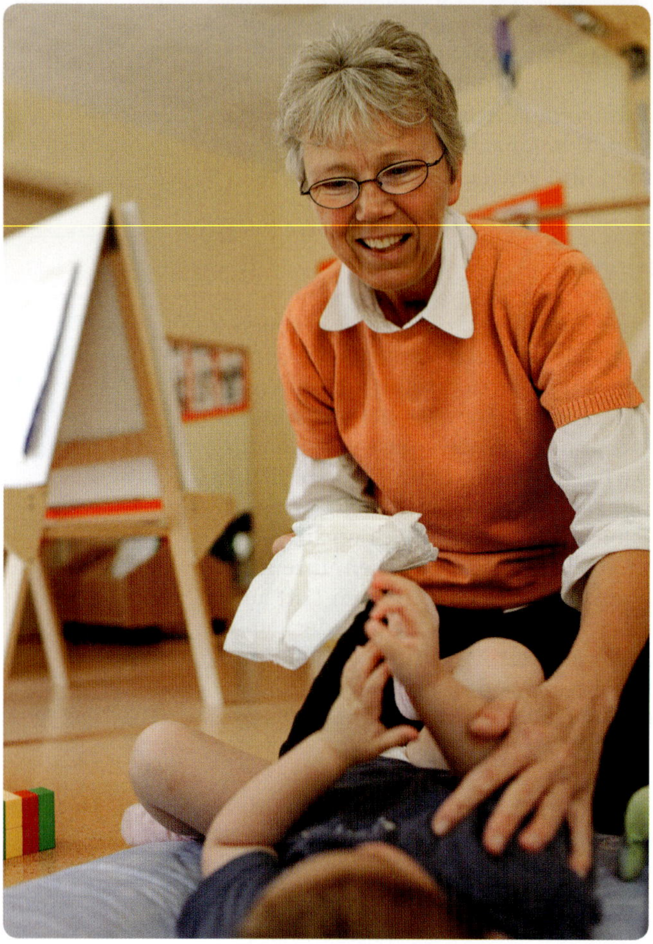

dringend benötigten Renovierungsarbeiten im Gruppenraum durch Eltern und Erzieherinnen am Wochenende durchgeführt und dadurch die Renovierungsarbeiten praktisch kostenlos erbracht, stehen bald darauf die nächsten Einsparungen an und die Erzieherinnen fühlen sich wie Hamster, die im Laufrad gefangen gehalten werden.

Hinzu tritt, dass die Diskrepanz zwischen Darstellung und Wirklichkeit von Erzieherinnen als belastend wahrgenommen wird. Besonders wenn es um Werbung für die Einrichtung geht. So stehen Erzieherinnen z. B. in Gesprächen mit Eltern, die ihre Kinder in der Einrichtung anmelden wollen, vor der Qual der Wahl. Erzählen sie wahrheitsgemäß, dass sie selbst die Integration des noch nicht einmal zweijährigen Kindes in die altersgemischte Gruppe mit einem Altersdurchschnitt von viereinhalb Jahren nicht empfehlen würden? Oder haben sie die Mahnung der Leiterin im Kopf, die auf der letzten Mitarbeiterversammlung ihren Mitarbeiterinnen zu verstehen gegeben hat, dass eine Änderung des Personalschlüssels nur indirekt über die Aufnahme von mehr Kindern unter drei Jahren erreicht werden könne? Wie antworten Erzieherinnen Eltern auf die Frage, ob sie im Gruppenalltag Zeit finden werden, das Kind zu wickeln, zu füttern und mit ihm das Laufen zu üben?

Ehrlichkeit statt professioneller Lügen

Kleine Unaufrichtigkeiten führen zu Gewissensbissen. Sie führen dazu, dass Erzieherinnen ihre Arbeit nicht länger mit Herz und Verstand ausführen können, sondern das Herz vom Verstand trennen. Eine solche Trennung ist auf Dauer ungesund. Die Erzieherinnen beginnen ihr Verhalten, von dem sie wissen, dass es ethisch nicht vertretbar ist, vor sich und vor anderen zu rechtfertigen. „Was bleibt mir denn anderes übrig?“, fragen Sie. „Die Bedingungen sind nun einmal so.“ „Daran kann ich ja auch nichts ändern.“ Natürlich, da haben Sie recht.

Versuchen Sie ehrlich zu bleiben und nehmen Sie dann die nächste soziale Kompetenz zu Hilfe. Äußern Sie Verständnis und Empathie für die Eltern, die sich unter diesen Bedingungen gegen oder für Ihre Einrichtung entscheiden. In vielen Orten haben Eltern schlicht keine Wahl. Das wissen Sie, das wissen auch die Eltern. Wenn Sie aber ein Betreuungsverhältnis von Beginn an ehrlich anfangen, können Sie fortan auch ehrlich mit den Eltern arbeiten. Sie können sie zu unterstützendem Verhalten anregen, das Sie in der Einrichtung vielleicht nicht leisten können, ohne sich bloßzustellen oder Äußerungen wie „Aber wir haben Sie doch vor Beginn der Betreuung gefragt, ob Sie das leisten können!", zu provozieren.

Versuchen Sie auch Ihre Vorgesetzten von dieser Haltung zu überzeugen. Je einheitlicher Sie in Ihrer Einrichtung vorgehen, desto wirkungsvoller wird Ihr Handeln auch nach außen z. B. dem Träger gegenüber sein. Achten Sie darauf, nicht nur darauf zu fokussieren, was Sie unter den derzeitigen Umständen alles nicht leisten können. Stellen Sie auch in den Vordergrund, was in Ihrer Einrichtung gut läuft. So können Sie Eltern darauf aufmerksam machen, dass sich die Kinder in Ihrer Einrichtung jeden Tag mindestens zwei Stunden an der frischen Luft aufhalten oder ein regelmäßiger Tagesablauf eingehalten wird, der den Kindern Orientierung und Stabilität bietet. Solche Dinge kosten nichts, entlasten im Alltag und tun den Kindern wirklich gut.

Umgang mit Unter- und Überforderung

Als weitere Faktoren psychischer Belastungen sind Unterforderung und Überforderung zu nennen. Die erfahrene Erzieherin, die als Zweitkraft in einer Gruppe eingesetzt ist und über keinen Entscheidungsspielraum verfügt, kann genauso resigniert reagieren wie die junge Studienabsolventin, die aufgrund ihres Studienabschlusses eine Leitungsposition bekleiden soll, ohne jemals über einen langen Zeitraum in einer Kita gearbeitet zu haben und sich detailliert mit den Abläufen auszukennen. Solche Konstellationen führen nicht selten zu sozialen Konflikten, die sich negativ auf das persönliche Wohlbefinden, aber auch auf die berufliche Leistungsbereitschaft auswirken.

Erfahrene Kräfte, deren Wissen und Erfahrungen nicht berücksichtigt werden, reagieren leicht resignierend nach dem Motto: „Na, dann macht mal. Wir werden ja sehen, wie weit ihr damit kommt." Führen die Entscheidungen der anderen dann tatsächlich in eine Problemlage, ist eine Reaktion im Sinne von „Ich hab's ja gleich gesagt" nicht unwahrscheinlich. Dies erleichtert die Zusammenarbeit unter keinen Umständen. Auch hier ist bei aller Verletztheit ein behutsamer ehrlicher Umgang mit der Situation günstiger als die Konfrontation. Auch die junge Leiterin bekleidet eine unangenehme Position. Die wenigsten Menschen sind von sich so überzeugt, dass sie ohne Selbstzweifel eine Leitungsposition einnehmen, für die sie sich nicht ausreichend qualifiziert fühlen. Häufiges Grübeln ist dann die Folge. Die Personen spüren die Zweifel der erfahrenen Mitarbeiterinnen, sie fühlen die unausgesprochene Kritik und nur in den seltensten Fällen haben sie den Mut, ehrlich mit ihrer Situation umzugehen. Im Grunde können sie nur bei den Mitarbeitenden um Verständnis und Unterstützung werben, aber dazu gehört eine gehörige Portion Mut. Wer von uns hat sich schon jemals vor ein Team gestellt und eigene Schwächen preisgegeben? Doch was ist genaugenommen die Alternative? Dauerhafte psychische Belastungen führen zu psychischer Ermüdung, chronischer Erschöpfung oder permanentem negativem Stress. Eine ehrliche Konfrontation der Kolleginnen und/oder Leitung der Einrichtung mit der beruflichen Belastung ist eine klare Aufforderung zur Positionsbestimmung. Ist das Team bereit, die offen erbetene Unterstützung zu leisten? Wenn es bereit ist, hat man eine Arbeitsbasis geschaffen, die auch offen ist für weitere Nöte und Probleme der Mitarbeiterinnen. Ist das Team nicht bereit, die Unterstützung zu leisten, ist es sinnvoller, sich nach einer anderen Stelle umzusehen, ohne erst in einen Burn-out oder eine Depression schlittern zu müssen. Ein Team, das nach einer ehrlichen Bitte um Hilfe nicht bereit ist, Unterstützung zu gewähren, wäre auch nicht bereit gewesen, diese Unterstützung ohne die Bitte um Hilfe zu erbringen.

Eltern

Erzieherinnen berichten, dass sie die Zusammenarbeit mit den Eltern als belastend empfinden und dass diese Hilflosigkeit in ihnen auslöst. So werden Eltern häufig als Personen wahrgenommen, die einerseits an den pädagogischen Fähigkeiten der Erzieherinnen zweifeln oder zu einer Zusammenarbeit mit den Erzieherinnen nur wenig Bereitschaft zeigen. Eine angenommene oder konkret geäußerte Kritik an den professionellen Fähigkeiten führt jedoch fast zwangsläufig zu unguten Gefühlen, Grübeln und Gedankenkreisen. Wichtig ist hier, sich selbst darüber klar zu werden, welche Erfahrungen mit Eltern bisher gemacht worden sind. Woher rühren die Ängste, die Eltern könnten Sie als unqualifiziert wahrnehmen? Haben sich Eltern konkret beklagt? Welche Rolle spielen meine eigenen beruflichen Zweifel? Fühle ich mich selbst ausreichend qualifiziert? Wichtig ist aber auch die Frage nach den Erwartungen. Was erwarte ich von den Eltern? Wie äußert sich eine gute Beziehung zu den Eltern der Kinder in der Praxis? Je konkreter eine Erzieherin diese Fragen beantworten kann, desto leichter wird ihr der Umgang mit Eltern werden. So kann für den einen Erzieher ein „vertrauensvoller Umgang“ darin bestehen, dass Eltern sich nicht konkret erkundigen, was das Kind den Tag über gespielt hat, mit wem es zusammen war und ob es gut oder nicht so gut gegessen hat. Eine andere Erzieherin deutet dieses Verhalten als Desinteresse. Andersherum können Eltern, die sich nach diesen Dingen erkundigen, als kontrollierend und störend empfunden werden, wohingegen sie von anderen Personen als interessiert beschrieben werden. Wichtig ist es, Eltern mit ihrem Verhalten auch als Individuen wahrzunehmen. In den seltensten Fällen urteilen sie wirklich hart und in der Absicht zu verletzen. Wie viele Eltern haben die Erfahrung gemacht, dass ihre Handlungen, Gefühle und Bedürfnisse im Rahmen der Kita zurückgesetzt wurden? Eltern haben ihre eigene Geschichte mit der Institution Kita und manche sind vielleicht zu Recht etwas zurückhaltender und kritischer.

Hinweis

Rollenkonfusion

In diesem Zusammenhang möchten wir auf eine interessante Konstellation hinweisen. In den letzten Jahren ist es vielerorts üblich geworden, mit den Eltern der Kinder ein quasi vertrautes Verhältnis zu pflegen. Eltern und Erzieherinnen duzen einander, Eltern werden in Feste des Kindergartens (Weihnachten, Fasching, Ostern, Sommerfest, Laternenumzug usw.) mit einbezogen. Einige Eltern halten sich bei diesen Aktivitäten zurück, manche engagieren sich sehr stark. Dies muss nicht mit ihrer generellen Einstellung der Kita gegenüber korrelieren. Einige Eltern suchen einfach weniger Anschluss. Sie haben einen Freundeskreis und benötigen eine Kinderbetreuung, und keine neuen Freunde. Ein allgemein professionellerer Umgang würde wahrscheinlich viele Erzieherinnen entlasten. Sie müssen mit den Eltern der von Ihnen betreuten Kinder keine Freundschaft schließen! Genauso wenig wie die Eltern verpflichtet sind, mit Ihnen Freundschaften zu schließen.

Ständige Aufmerksamkeit unter schwierigen Umständen

Zu den zwischenmenschlichen Problemen und den psychischen Belastungen durch die Rahmenbedingungen treten allgemeine Belastungen, die direkt mit dem Erzieherinnenberuf verbunden sind. So tragen Erzieherinnen nicht selten die Verantwortung für 15 oder 20 Kinder. Häufig arbeiten Erzieherinnen unter dem gesetzlich vorgeschriebenen Personalschlüssel und tragen damit für mehr Kinder Verantwortung, als eigentlich zumutbar ist. Solche Situationen kommen zustande, wenn Einrichtungen eine unrealistische Personalplanung haben, die Fehlzeiten wie Urlaub, Krankheit oder Weiterbildungen nicht vorsieht, und wenn in Institutionen kein Konzept vorhanden ist, wie diese Zeiten personell überbrückt werden. Hinzu kommt, dass in vielen Einrichtungen Erzieherinnen Aufgaben übernehmen, die nicht zu ihren eigentlichen Aufgaben gehören. Typische Aufgaben sind hier z. B. Gärtnerarbeiten, Führungen durch die Einrichtung oder Küchen- und Reinigungsdienste. Zentrale Aufgaben einer Erzieherin wie z. B. Dokumentationen, Beobachtungen, Elterngespräche oder Planungen der täglichen Aktivitäten sind dagegen im Aufgabenspektrum der Erzieherinnen selten explizit aufgeführt und geraten im Alltag schnell in den Hintergrund.

Häufige Unterbrechungen und Störungen

Die Aufmerksamkeit der Erzieherinnen wird durch häufige Unterbrechungen und Störungen gefährdet. So beschreiben Erzieherinnen einhellig, dass Bring- und Abholsituationen zu den stressreichsten Situationen des Tages gehören. Auch Forscher können mit ihren Anliegen den Rhythmus eines Kindergartens stark stören, indem sie hospitieren oder Programme einführen, deren Durchführung von den Erzieherinnen in Zukunft zusätzlich zum normalen Alltag zu bewältigen ist. Die Unterbrechungen durch die Kinder kommen noch hinzu. Dabei stehen diese bei der Tätigkeit der Erzieherinnen ja eigentlich im Vordergrund. Kinder, die auf die Toilette müssen, sich gestoßen haben, die miteinander Konflikte austragen oder die Schwierigkeiten mit der Ausführung einer Aufgabe haben, benötigen für kleine Zeiträume die volle Zuwendung ihrer Erzieherin bzw. ihres Erziehers. Gerade in diesen Krisensituationen lernen die Kinder, wie mit Störungen umgegangen werden kann. Erleben sie ihre eigenen Unzulänglichkeiten als große Störungen im Gruppenablauf, werden sie sich mehr und mehr zurücknehmen, bis sie keine Bedürfnisse mehr äußern und nach außen gut angepasst funktionieren. Oder sie stören so sehr, bis ihre Bedürfnisse endlich wahrgenommen werden, und erkämpfen sich so die Aufmerksamkeit, die sie eigentlich benötigen.

Die Belastung durch Unterbrechungen besteht im Allgemeinen darin, dass ein schneller Aufmerksamkeitswechsel gefordert ist und der oder die Unterbrochene Schwierigkeiten hat, nach der Unterbrechung die Beschäftigung wieder aufzunehmen und die Konzentration auf die unterbrochene Aufgabe wieder so herzustellen, wie sie vor der Unterbrechung bestanden hatte. Je nach psychischer Verfassung kann mit Unterbrechungen jedoch unterschiedlich umgegangen werden. Insgesamt haben Erzieherinnen eine Vielzahl von Arbeitsaufgaben zu bewältigen, von denen viele gleichzeitig verfolgt werden müssen, aber immer auch Aufgaben unerledigt liegen bleiben. Menschen, für die das Erreichen von konkreten Zielen zum Wohlbefinden gehört, können unter solchen Bedingungen leicht ein Gefühl von Stress entwickeln, da die einzelnen Aufgaben nie abgeschlossen werden – sondern im Gegenteil immer neue endlose Aufgaben dazukommen.

Zeitmanagement

Erzieherinnen haben in ihrem täglichen Arbeitsablauf nur wenige Möglichkeiten, Pausen zu machen. So bedingt der Ablauf in der Kita, dass möglichst immer zwei Erzieherinnen eine Kindergruppe betreuen. Externe Unterbrechungen sorgen bereits für eine Häufung von Situationen, in denen eine Erzieherin die Gruppe allein betreuen muss. Daher sind in nur wenigen Abläufen Pausen für die Erzieherinnen integraler Bestandteil. Während des Mittagsschlafes der Kinder sind Erholungszeiten auch kaum umzusetzen, da einerseits eine Schlafwache bei den Kindern verbleibt und andererseits viele liegengebliebene Aufgaben erledigt werden. So wird während des Mittagsschlafes die Dokumentation nachgeholt, der Gruppenraum aufgeräumt, der Tisch für die Nachmittagsmahlzeit vorbereitet. Dann sind die ersten Kinder wieder wach und müssen angezogen und betreut werden, sodass die schlafenden Kinder nicht geweckt werden. Die Situation in den Kindertageseinrichtungen spiegelt diese Beschreibung wider, denn nur die wenigsten Einrichtungen verfügen über einen hellen freundlichen Pausenraum, der den Erzieherinnen eine Rückzugsmöglichkeit bietet.

Auch nach der Arbeit berichten Erzieherinnen über Schwierigkeiten abzuschalten und sich auf ihr Privatleben zu konzentrieren. Dies wird zum einen insofern beeinflusst, dass die berufliche Tätigkeit dadurch gekennzeichnet ist, dass häufig Aufgaben unerledigt bleiben und keine Vorbereitungen für den nächsten Tag während der Arbeitszeit getroffen werden können. Zum anderen haben Erzieherinnen tiefe Einblicke in die Lebensbedingungen ihrer Kinder und deren Eltern. Erzieherinnen, die Kinder betreuen, die z. B. in ihrem häuslichen Umfeld vernachlässigt werden, haben in den meisten Fällen Schwierigkeiten, sich emotional abzugrenzen und ihren Feierabend zu genießen. Diese Erzieherinnen benötigen dringend Unterstützung, mit ihrem Wissen und Erleben umzugehen.

Emotionsarbeit

Als letzten Faktor der typischen psychischen Belastungen des Erzieherinnenberufs möchten wir die sogenannte Emotionsarbeit nennen. Unter Emotionsarbeit wird Arbeit verstanden, die den professionellen Ausdruck von Emotionen als Teil der Arbeit vorsieht. Als typisches Beispiel gelten hier Stewardessen, deren immer freundliches Lächeln nicht Ausdruck ihrer ständigen guten Laune ist, sondern vom Unternehmen verlangt wird. Emotionsarbeit beinhaltet also, dass Beschäftigte Emotionen nach außen verkörpern, die sie im Inneren nicht spüren. Am Beispiel einer Erzieherin heißt dies, dass sie zum Beispiel fröhlich sein sollen, obwohl es ihnen heute nicht gut geht. Sie sollen Begeisterung mimen, obwohl sie sich langweilen. Aber auch der Ausdruck negativer Emotionen kann Teil der Emotionsarbeit sein. So müssen Erzieherinnen z. B. auch vorgeben ärgerlich zu sein, obwohl sie über eine Tat eines Kindes eigentlich herzlich lachen könnten. Emotionsarbeit ist schwere Arbeit. Ihre Ausübung setzt ein großes Maß an Professionalität und Reflektionsbereitschaft voraus. Wird Emotionsarbeit verlangt, ohne dass offen darüber gesprochen wird, dass es sich dabei um einen Teil der Arbeit handelt, und wird im Gegenteil sogar verlangt, dass die Mitarbeiterinnen wirklich allen Ernstes immer fröhlich, interessiert oder angemessen ärgerlich sind, wenn sie diese Emotionen verkörpern sollen, dann wird Emotionsarbeit zu Schwerstarbeit. Emotionsarbeit setzt entgegen der Forderung nach dem authentischen Erleben professionelles Handeln (s.u.) voraus. Insbesondere möchten wir darauf hinweisen, dass Emotionsarbeit keine „unehrliche" Handlung beinhaltet, sondern professionelle Handlungen. Die Reaktion der Erzieherinnen auf das Kind erfolgt im Rahmen ihrer professionellen Tätigkeit wohl dosiert.

Berufsspezifischer Umgang mit Belastungen

Wie eine Belastungssituation wirkt, hängt auch von der persönlichen Wahrnehmung und Bewertung der Belastung ab. Die Qualität und Intensität der Wahrnehmung und ihre Bewertung sind auch von den persönlichen Erfahrungen, Eigenschaften und Fähigkeiten abhängig. Bei der Bewertung der Belastung sind zwei Zugänge möglich. Die quantitative Beurteilung geht von Häufigkeiten aus: je größer die Zahl der gemessenen Belastungen, desto dringender der Handlungsbedarf. Die qualitative Beurteilung beinhaltet, wie stark jemand – subjektiv betrachtet – durch eine Belastung leidet.
Haben Sie z. B. eine psychische Belastung erkannt und für sich einen Handlungsbedarf identifiziert, stehen Sie vor der schwierigen Aufgabe, eine Handlung auszuwählen und auszuführen, von der Sie sich eine Verbesserung Ihrer Situation versprechen. Dies ist nicht so einfach. In der Regel ist es leichter, eine Belastung zu beschreiben und einen Handlungsbedarf festzustellen, als eine Veränderung der Situation einzuleiten und durchzuhalten.

Warum ist das so? Zum einen gibt es keine Patentrezepte, vielmehr müssen Lösungsansätze erarbeitet und angepasst werden. Diese beziehen in den meisten Fällen andere Personen mit ein. Sie müssen sich öffnen und Einblicke in Ihre Intimsphäre erlauben, denn psychische Probleme sind immer intim (!) und Sie begeben sich dadurch in eine angreifbare Position. Ein vertrauensvolles Miteinander hilft in einer solchen Situation natürlich sehr. Ist dieses nicht gegeben, fällt der Schritt der Öffnung, der eine Veränderung einleitet, umso schwerer und ist in vielen Fällen schlicht unmöglich. Gleichzeitig verlangen Sie in einem solchen Prozess von den anderen Personen ebenfalls eine Positionsbestimmung. Im Gegensatz zum Handelnden haben die anderen Personen sich ihre Position im Vorfeld jedoch nicht lange überlegen können. Reagieren Sie also verständnisvoll auf Zurückhaltung. Hinzu kommt, dass Veränderungen in der Regel prozesshaft sind. Sie dauern längere Zeit und können nicht durch Schnellschüsse erreicht werden. Langwierige Entwicklungen passieren nicht in kurzer Zeit, auch wenn dem Betroffenen die Lösung auf der Hand zu liegen scheint. Dies bedeutet, dass die Belohnung für die eigene Handlung länger dauert, als wir im Allgemeinen hoffen. Teams, die an einem gesunden Arbeitsklima interessiert sind, sollten daher einen professionellen Austausch miteinander pflegen. Dieser kann durch eine externe Person moderiert werden, er kann aber auch in der Teamrunde entstehen. Dabei ist zu beachten, dass ein professioneller Austausch von Ehrlichkeit und Verbindlichkeit lebt. Die Gespräche finden während der Arbeitszeit mit *allen* Mitarbeitenden statt. Es ist daher unumgänglich, einen verbindlichen Termin zu finden, zu dem alle Teammitglieder ohne Ausnahme teilnehmen können. Zu diesen Terminen können dann Absprachen getroffen werden, wie belastende Situationen geändert werden können. Dabei gilt der Beteiligungsgrundsatz: Wer gefragt wird, an Veränderungsprozessen beteiligt ist und einbezogen wird, identifiziert sich mit dem Vorhaben und bringt sich anschließend intensiver ein. Kooperation miteinander und gegenseitige Unterstützung sind Teil der Lösung eines Problems. Dies löst beispielsweise bei einer Erzieherin, die ein Problem einbringt, das Gefühl aus, mit dem Problem nicht allein gelassen zu werden, sondern Unterstützung und Hilfe in Anspruch nehmen zu dürfen und zu können.

Psychische Probleme sind immer intim.

Veränderungen sind in der Regel prozesshaft.

Wer an Veränderungsprozessen beteiligt ist, identifiziert sich.

Hinweis

Eine regelmäßige Teamrunde, in der es nicht nur um die üblichen Absprachen, Projektplanungen usw. geht, etabliert insgesamt ein Instrument, in dem wertschätzend ohne Angst über Probleme und Schwierigkeiten im Rahmen der Arbeit gesprochen werden kann. Dies ist besonders wichtig, damit ein Ansprechen von Schwierigkeiten einen geschützten Rahmen erhält und nicht das Gespräch an sich schon Angst auslöst.

Erzieherinnen beschreiben immer wieder, dass das soziale Miteinander im Kollegenkreis eine Ressource ist, von der sie im Arbeitsalltag sehr profitieren. Bei der Aufrechterhaltung der psychischen Gesundheit kommt es nun darauf an, diese Ressource auch in schwierigen Zeiten für sich nutzbar zu machen. So steht am Anfang dieser Nutzbarmachung die Frage, wie belastbar die Beziehung zu den Kolleginnen wirklich ist. Handelt es sich um eine gut laufende Schönwetterbeziehung? Oder hat die Kollegin mit mir bereits härtere Zeiten durchgestanden und mich auch in schwierigen Zeiten unterstützt? Habe ich die Kollegin eventuell in schwierigen Situationen unterstützt oder hängengelassen?

Habe ich die Kollegin in schwierigen Situationen unterstützt?

Eine weitere wichtige Ressource des Arbeitsplatzes Kindertagesstätte ist der – im Allgemeinen – recht hoch eingeschätzte Handlungsspielraum. Erzieherinnen berichten überwiegend, dass sie bezüglich ihres Arbeitsablaufes und dem Inhalt ihrer Arbeit viel Entscheidungsfreiraum haben. Eine Einbeziehung der Mitarbeiterinnen z. B. bei Planung und Einteilung der Arbeitszeiten wird von den Mitarbeitenden besonders positiv empfunden. In Betrieben, wo der Einbezug der Mitarbeiterinnen nicht passiert, wird dies als zusätzliche Belastung wahrgenommen.

Zehn Schritte für psychische Gesundheit

Wir haben Ihnen nun verschiedene Aspekte erläutert, die die psychische Gesundheit gefährden. Wir haben diesem Thema viel Raum gegeben, damit Sie für sich deutlich herausfinden können, wodurch möglicherweise Ihre psychische Gesundheit gefährdet ist.

Im Folgenden möchten wir Ihnen nun 10 Schritte für die Erhaltung der psychischen Gesundheit erläutern, die unter anderem in einem Projekt der Gesundheitsdirektion des Kantons Zug (Schweiz) zusammengestellt wurden. Bitte wundern Sie sich nicht, dass wir die Anrede hier von Sie auf Du umgestellt haben. Wir wünschen uns, dass Sie sich selbst immer wieder diese Schritte in Erinnerung rufen – und da Sie sich selbst nicht Siezen, sondern mit sich per Du sind, haben wir dies hier ausnahmsweise vorweggenommen. Vielleicht kopieren Sie diese Seite und hängen sie an Ihren Badezimmerspiegel oder in den Schrank in der Kita.

Hinweis

Wohlfühlwochen in der Kita für Klein und Groß!

Diese zehn Schritte können auch schon Kinder gehen. Vielleicht möchten Sie diese mal mit den Kindern und für die Kinder ins Kinderleben übersetzen.

TIPPS FÜR DEN ALLTAG

Zehn Schritte für Ihre psychische Gesundheit

Sie können diese Schritte jeden Tag gehen. Am Anfang Ihres Weges ist es für Sie vielleicht erstmal möglich, pro Woche einen neuen Schritt zu gehen. Denken Sie immer daran: Mit sich selbst sind Sie Ihr ganzes Leben lang zusammen – jeden Tag und jede Sekunde. Achten Sie gut auf sich, denn nur wenn Sie selbst gut zu sich sind, werden auch die anderen Menschen wertschätzend mit Ihnen umgehen.

- **Nehmen Sie sich selbst an:** Reden Sie niemals schlecht über sich selbst. Genießen Sie Ihren Erfolg und Ihr Glück. Notieren Sie die Qualitäten, die Sie besonders und einzigartig machen. Denken Sie daran, dass Fehler und Enttäuschungen manchmal ein Segen sind, denn sie sagen Ihnen vielleicht, dass Ihre Ziele nicht die Richtigen waren. Nie ein Schaden ohne einen Nutzen!
- **Bleiben Sie aktiv:** Treiben Sie regelmäßig Sport und ernähren Sie sich bewusst und ausgewogen.
- **Bleiben Sie mit Ihren Freunden in Kontakt:** Pflegen Sie Freundschaften – auch wenn es so erscheint, dass Ihnen dafür Zeit, Raum und Muße fehlen. Ein gemütliches Abendessen oder ein gemeinsamer Spaziergang mit Ihnen wohlgesonnen Menschen wirkt wunderbar.
- **Tun Sie etwas Kreatives:** Kultivieren Sie gesunde Freuden und Leidenschaften. Ob Töpfern, Singen, Tanzen, Klavierspielen, Malen, Stricken usw. – aus Freude und ohne Leistungsdruck etwas Neues zu gestalten, tut Ihnen gut.
- **Lernen Sie etwas Neues:** „Als ich ein Kind war, wollte ich schon immer …" Suchen Sie sich ein anregendes Hobby und entdecken Sie sich wieder neu. Erfüllen Sie sich Ihre Träume!
- **Bitten Sie um Hilfe:** Stellen Sie fest, dass Sie in Notlagen Hilfe erhalten können!
- **Entspannen Sie sich:** Schlafen Sie sieben bis acht Stunden jede Nacht, ruhen Sie sich täglich aus, entspannen Sie täglich. Schalten Sie den Fernseher ab! Nehmen Sie ein gemütliches Bad, genießen Sie die Tasse Tee in Ruhe, gehen Sie bewusst und beschwingt zum Briefkasten.
- **Reden Sie darüber:** Denken Sie daran, dass Sie nicht allein sind. Vielleicht geht es anderen ähnlich? Suchen Sie den Austausch mit anderen und stellen Sie fest, dass ein Gespräch mit anderen gut tut, um den inneren, destruktiven Gedankenkreislauf anzuhalten.
- **Beteiligen Sie sich:** Gestalten Sie Ihre Umwelt mit. Üben Sie an sich und anderen konstruktive Kritik. Wenn Sie das Gefühl haben, die Kontrolle über eine Situation zu verlieren, dann distanzieren Sie sich körperlich von der Situation.
- **Geben Sie sich niemals auf und entwickeln Sie eine optimistische Sichtweise:** Denken Sie immer daran: Sie sind wunderbar, einmalig und eine Bereicherung für diese Welt!

Tun Sie sich jeden Tag etwas Gutes und verteidigen Sie diese Zeiten!

Neben den zehn Schritten, die wir Ihnen hier ans Herz legen, stellen wir Ihnen außerdem noch das Interview mit sich selbst als Methode vor. Damit Sie sich Ihrer inneren Haltung und Einstellungen bewusst werden können, ist es notwendig, Ihr Verhalten, besonders im Umgang mit Mitmenschen (Partner, Kinder, Freunde, Kollegen usw.) zu reflektieren. Um einen vertieften Einblick in die eigene Innenwelt zu bekommen, ist der Mut zur Selbstoffenbarung Voraussetzung. Denn nicht nur persönliche Stärken, sondern auch Schwächen können zum Vorschein kommen und ein neues Verständnis für die gegenwärtige Situation oder Befindlichkeit – ob positiv oder negativ – schaffen. Besonders bei Konflikten oder auftretenden Problemen ist die Selbstreflexion unverzichtbar. Sie ist der erste Schritt zur Lösung.

Selbstreflexion ist unverzichtbar.

Wie reflektiere ich mein Verhalten? Selbstreflexion bedeutet nicht, die eigenen Vorstellungen, Überzeugungen und Fantasien mithilfe passender Argumente zu bestätigen. Das Reflektieren seines eigenen Verhaltens kann geübt werden. Ein hilfreiches Reflexionsinstrument ist ein strukturiertes und systematisches Interview mit sich selbst. Dabei werden beispielsweise Wünsche, Ziele, Stärken und Schwächen herausgearbeitet, die vorher nicht so stark präsent waren.

Anhand von strukturierten und gezielten Fragen ist das „Selbstinterview" lösungsorientiert und ermöglicht, den gegenwärtigen Zustand und die daraus resultierende Befindlichkeit mit anderen Augen zu sehen. Intrapersonelle Konflikte werden eventuell zum ersten Mal deutlich, oder es zeigt sich, inwiefern ein momentaner negativer Zustand zum Teil selbst verschuldet ist.

Intrapersonelle Konflikte werden deutlich.

Das „Selbstinterview" dient nicht der Selbstdarstellung, es soll vielmehr eine Möglichkeit bieten, Erkenntnisse zu sammeln und auf ihnen aufzubauen. Die intensive Auseinandersetzung mit Ihrer inneren Einstellung kann somit ein Fundament für eine Diskussion schaffen, in der eigene Intentionen klar geäußert und dargestellt werden können. Das zu Beginn des Buches vorgestellte Innere Team ist eine Variante des Selbstinterviews. Im nächsten Abschnitt wird Ihnen nun ein anderes Beispiel eines „Selbstinterviews" präsentiert, das mit konkreten Leitfragen arbeitet. Beweggrund für dieses Interview ist die momentane berufliche Unzufriedenheit unserer Protagonistin.

Ein Fundament für eine Diskussion schaffen

Beispiel: Das Interview mit sich selbst

Josephine B. ist 32 Jahre alt und seit sieben Jahren mit Markus verheiratet. Sie haben zwei Kinder, Jakob ist acht und Aaron fünf Jahre alt. Josephine B. arbeitet seit einem Jahr in einer Kindertagesstätte 25 Stunden in der Woche, sie hat vor zehn Jahren ihren Abschluss zur staatlich anerkannten Erzieherin gemacht. Insgesamt hat Josephine aufgrund ihrer Mutterschaft fünf Jahre Berufserfahrung. Im folgenden Text fasst Josephine ihre Gefühle und ihren Beweggrund für das „Selbstinterview" zusammen.

Josephine B.: Ich frage mich, ob ich vielleicht zu lange aus dem Beruf raus bin. Die Arbeit mit Kindern macht mir unheimlich viel Spaß, aber die Atmosphäre im Team fühlt sich manchmal angespannt an. Im Grunde ist es positiv, aber es gibt viele Situationen, in denen ich mich ausgeschlossen fühle. Viele Erzieherinnen im Team kennen sich seit Jahren und sind auch außerhalb des Kitaalltags miteinander befreundet. Ich würde gerne einige Dinge verändern, weiß aber nicht, wie, und möchte nicht aufgrund meiner Meinung ausgeschlossen werden. Ich verspreche mir, mithilfe des „Selbstinterviews" Lösungswege und Möglichkeiten zu finden, um meinen momentanen Gemütszustand zu verbessern.

1. Welche Themen nehme ich nach Feierabend mit nach Hause?
Das kommt immer darauf an. Manchmal grüble ich noch lange über bestimmte Elterngespräche, besonders wenn unterschiedliche Ansichten vorhanden sind. Ich denke dann viel darüber nach, welche Argumente für meine Einstellung sprechen und wie ich in einer positiven Art und Weise den Eltern meine Ansicht nahebringen kann. Manchmal empfinde ich die vorhandene Distanz im Kitaalltag zu den Kolleginnen als angenehm. Ich konzentriere mich dann voll und ganz auf die Kinder und nehme aktiv am Geschehen teil, dabei fühle ich mich gut. Oftmals nehme ich diese Tatsache jedoch auch als negatives Gefühl mit nach Hause und frage mich, ob ich mir das nur einbilde.

2. Woran denke ich zuletzt, wenn ich einschlafe?
Was morgen alles ansteht und ob ich schon alles im Terminplaner stehen habe. Welche privaten und beruflichen Termine anstehen und wofür ich dann zuständig bin. Was ich Leckeres zum Abendessen mache.

3. Woran denke ich als erstes, wenn ich aufwache?
Frühstück machen! An die ganz normale morgendliche Routine mit zwei Kindern. An einen guten Start in den Tag für uns alle, mit einem gemütlichen Frühstück. Beim Frühstück denke ich darüber nach, was ich bei der Arbeit vorbereiten oder eventuell für die Arbeit besorgen muss.

4. Woran erkennen meine Kolleginnen, dass ich ausgeglichen bin?
An meiner Körperhaltung und meiner Mimik. An meiner aktiven Beteiligung im Kitaalltag und meiner aufgeschlossenen Art. Positive Grundstimmung!

5. Wie würden Kolleginnen meine momentane Stimmung beschreiben?
Da ich sehr großen Wert darauf lege, meine innere Krise nicht im Berufsalltag auszuleben, weiß ich nicht, inwiefern meinen Kolleginnen vorhandene Unstimmigkeiten auffallen. Ich könnte mir vorstellen, dass sie mich manchmal als distanziert wahrnehmen, da ich bei vielen Gesprächen nicht dabei bin und mich lieber mit den Kindern beschäftige.

6. Was soll anders werden?
Die Gestaltung des Tagesablaufes mithilfe aller Fachkräfte und klar strukturierte Aufgaben. Nicht so viele Privatgespräche bei der Arbeit, stattdessen aktive Arbeitshaltung, um den Kindern viele Impulse bieten zu können. Die manchmal angespannte Atmosphäre soll aufgelöst werden (gemeinsame Gesprächsthemen suchen).

7. Welche meiner Fähigkeiten können behilflich sein?
Authentizität ist mir sehr wichtig und ich überlege schon lange, ob ich meine Empfindungen offen ansprechen sollte. Ich befürchte jedoch, dass dies auf Unverständnis stößt und die Situation eventuell verschlimmert. Anhand der bestehenden Freundschaften ist eine Außenseiterrolle ja vielleicht irgendwie vorprogrammiert, oder? Ehrlichkeit, Offenheit und Einfühlungsvermögen sollten mir doch dabei helfen, das Problem zu lösen.

8. Wie könnte ich erreichen, dass sich nichts ändert?
Indem ich nichts anspreche und alles weiterläuft wie bisher!!!

9. Wenn sich über Nacht meine Probleme in Luft auflösen würden, woran würde ich dies am folgenden Tag merken?
An einem herzlichen Miteinander im Team, welches nicht so von persönlichen Launen abhängt. Keine negativen Gedanken in Bezug auf Arbeit, sondern ein Gefühl von Zugehörigkeit und Ausgeglichenheit. An einer strukturierten und klaren Arbeitsteilung für wirklich fruchtbare Arbeit.

10. Woran würden meine Kolleginnen merken, dass mein Problem sich in Luft aufgelöst hat?
An meiner Ausgeglichenheit und meiner konstanten positiven, zugewandten und herzlichen Stimmung. An meiner Ausstrahlung und aktiven Anteilnahme am Kitageschehen.

Persönliches Resümee: Was hat mir dieses Interview nun gezeigt?
Nachdem ich mein „Selbstinterview“ einige Male gelesen habe, ist mir deutlich geworden, dass ich einerseits schon eine ganz klare Meinung habe und auch genau weiß, was sich ändern müsste, um nicht nur die Atmosphäre im Team, sondern auch die Qualität der pädagogischen Betreuung zu verbessern. Ich bin aber andererseits unsicher, ob es mir überhaupt zusteht, alle diese Ansprüche zu haben.

Ich nehme mir sonst nie so intensiv Zeit, meine Gedanken aufzuschreiben.

Die Fragen waren für mich angenehm zu beantworten. Ich nehme mir sonst nie so intensiv Zeit, meine Gedanken aufzuschreiben. Gerade das Aufschreiben der Antworten fordert einen auf, in die Tiefe zu gehen und sich intensiv mit seinen Gefühlen auseinanderzusetzen und einfach eigene Gedanken zu sammeln.

Besonders Frage Nr. 8, die kürzeste Frage mit der kürzesten Antwort, hat so was wie einen Aha-Effekt in mir ausgelöst. Die Antwort ist sehr klar und logisch, sie zeigt mir, wie ich weiter vorgehen muss. Meine Unsicherheit in Bezug zur Teamzugehörigkeit muss ich überwinden, um meinen eigenen Werten treu zu bleiben. Es wird deutlich, dass ich etwas bewegen muss, wenn ich etwas ändern möchte.

If you do what you always did, you will get what you always got.

If you do what you always did, you will get what you always got. Ich muss einen angemessenen Zeitpunkt finden, um meinen Kolleginnen meine Gefühle zu offenbaren und ihnen zu schildern, wie ich meine Position in der Kita sehe. Das ist dann mein Beitrag und alles andere kann sich daraus entwickeln, positiv oder negativ. Die Dinge sind dann jedoch für mich klarer und ich habe meinen Standpunkt eingenommen, dies wird viel zu meiner Zufriedenheit beitragen.

Nun sind Sie dran: Führen Sie Ihr eigenes Selbstinterview (Vorlage auf Seite 249), schreiben Sie Ihre Antworten offen und ehrlich auf. Welches Resümee können Sie ziehen?

Wie klappt's im Alltag?

Die psychische Gesundheit ist eine sehr persönliche Angelegenheit, die sich jedoch sehr stark auf den beruflichen Alltag auswirkt und eben auch durch diesen gefährdet werden kann. Damit Sie Ihre psychische Gesundheit erhalten und verbessern können, ist es zum einen notwendig, gut zu sich selbst zu sein. Zum anderen können verschiedene Maßnahmen im Arbeitsalltag helfen, Ihre psychische Gesundheit zu fördern.

Wer hat welche Aufgabe im Team?

Es ist wichtig, dass Aufgaben klar strukturiert sind. Wer hat welche Aufgabe im Team? So vermeiden Sie, dass Sie sich für alles und jedes zuständig fühlen. Darüber hinaus ist es sinnvoll, Projekte zu reduzieren. „Kleine Forscher", „Early English" usw. müssen Sie nicht parallel durchführen. Konzentrieren Sie sich auf ein Projekt und lösen Sie sich von der Angst, dass Sie „draußen" sind, wenn Sie die Teilnahme an einem Projekt absagen. Es wird noch viele Projekte geben, an denen Sie sich beteiligen können! Was Ihnen zu viel ist, ist den Kindern auch zu viel! Suchen Sie den Diskurs mit dem Träger. Laden Sie Trägervertreter ein, bei sich zu hospitieren. Dokumentieren Sie konkret, was wie lange dauert und wo die Probleme liegen, wenn diese und jene Aufgaben „mal eben" noch mit erledigt werden sollen. Hier können Sie z. B. eine Praktikantin nicht in der Gruppenarbeit einsetzen, sondern lassen Sie sie eine Woche nur dokumentieren, was getan wird und wie lange das dauert. Dies wird allen Beteiligten die Augen öffnen. Dokumentieren Sie, wenn es z. B. nicht möglich ist, Pausen zu machen. Planen Sie feste Zeiten für organisatorische Aufgaben ein. Die Bertelsmann-Stiftung empfiehlt, 25 % der normalen Arbeitszeit für Elterngespräche, Dokumentationen, Vorbereitungen und Organisation vorzusehen.

Feste Zeiten für organisatorische Aufgaben einplanen

In Anbetracht der immer höher werdenden Ansprüche bei gleichbleibend relativ schlechten Rahmenbedingungen ist es unerlässlich, im Team zu klären: Was ist uns wichtig? Was können wir wann leisten? Wo können wir mit unseren Kapazitäten noch mithalten? Statt vielen einzelnen Projekten und der Hetze nach Bildung wäre insbesondere für die Betreuung der unter Dreijährigen eher das Motto „Langsam, eins nach dem anderen!" erstrebenswert. Sofern eine Kita sich entschließt, lieber ein Projekt weniger durchzuführen, das den vorhandenen Ressourcen entspricht, aber dafür etwas Ruhe und Bezogenheit in die Gruppe bringt, wird das die Entwicklung der Kinder eher fördern. Auch Kinder müssen lernen – z. B. durch ihre Vorbilder in der Kita – dass nicht alles auf einmal geht, dass „gut zu sich sein können" eine wichtige Kompetenz ist in einer Welt, die von uns verlangt, immer schneller, höher, weiter, besser zu sein, als wir gerade sind. Sich-seiner-selbst-bewusst-Sein ist ein Bildungsziel, das für viele weitere Kompetenzen Grundlage ist: Das Bewusstsein der eigenen Kompetenz, die vorhandenen Fähigkeiten und Ressourcen zu entwickeln, sollten Erzieherinnen bei sich und damit auch bei den Kindern fördern. Die psychische Gesundheit der Erzieherin und ihr Mut, sich zu beschränken, sind zentraler Bestandteil der Bildungs- und Entwicklungsarbeit, denn Sicherheit, Zuversicht und verlässliche Beziehungen zu psychisch stabilen, sich ihrer selbstbewussten und – meistens – ausgeglichenen Personen sind die Basis für Lernen und Entwicklung.

* Achtung, Teufelchen Angst spricht: „Dann sagen die Leute wieder, ihr macht ja nichts!"
** Das Teufelchen hat keine Angriffsfläche mehr

So zeigen auch die Abbildungen Engelskreis und Teufelskreis, dass Innehalten und Reduzieren langfristig zu mehr Bildungserfolg führen als immer neue Vorhaben. Geben Sie sich und den Kindern Raum für Beziehung.

TIPP FÜR DEN ALLTAG

Emotional Freedom Technique

Neben den kopflastigen, organisatorischen Anregungen möchten wir Ihnen nun zum Schluss noch eine handfeste Methode vorstellen, die für die Aktivierung Ihrer Ressourcen geeignet ist: die *Emotional Freedom Technique* (EFT, vgl. Wells/Lake, 2006). Diese Klopftechnik aktiviert verschiedene Energiepunkte des Körpers und dient dazu, sich zu entspannen, festgefahrene Gedankenkreisläufe zu unterbrechen und negative Überzeugungen zu bannen. Ängste oder Sorgen sind häufig so bedrohlich, weil sie diffus sind und wie allgegenwärtig wirken. Klopfen erdet und gibt Ihnen dadurch Halt. Die hier ganz kurz beschriebene Klopftechnik möchte nur als Anregung dienen, dieses Feld für sich und für die Arbeit mit Kindern zu entdecken. Auch für Kinder ist es hilfreich, durch das Spüren des eigenen Körpers und der eigenen Kraft geerdet zu werden oder sich selbst Halt zu geben.

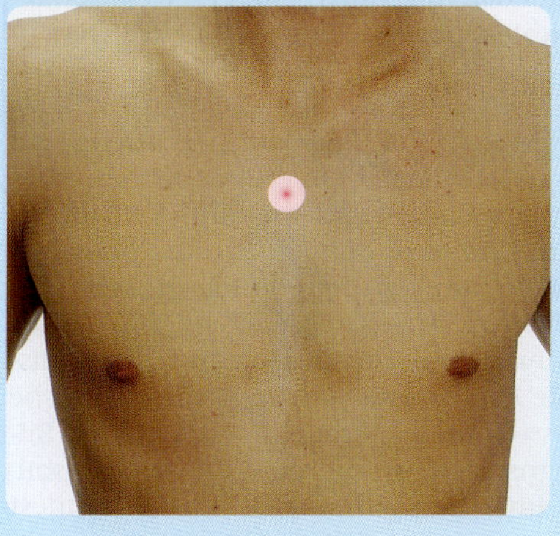

Sie können zum Beispiel jeden Morgen auf Ihren Energiepunkt, den Sie auf der Abbildung markiert sehen, klopfen. Hierzu ballen Sie die rechte Hand, als wollten Sie einen Stein in der Hand festhalten. Dann klopfen Sie leicht, aber deutlich spürbar den Energiepunkt auf der oberen Brust. Das Klopfen wird mit einer positiven, Mut machenden Formulierung gesprochen. Ein schöner Satz, den Sie beim Klopfen sprechen können, lautet: „Ich liebe, glaube und vertraue, bin dankbar und mutig."

FAZIT

Die psychische Gesundheit ist zentraler Bestandteil von Bildungs- und Bindungsarbeit. Sie als Erzieherin sind durch verschiedene Faktoren nicht nur körperlicher, sondern auch psychischer Gefährdung ausgesetzt. Wir haben verschiedene Aspekte diskutiert: die Rolle von gutem Zeitmanagement, die Anstrengungen durch Emotionsarbeit, die Belastung durch häufige Unterbrechungen und die Schwierigkeit, dabei so aufmerksam zu sein, wie es der Beruf erfordert. Wir haben über die Vermischung von Rollen gesprochen (Erzieherin, Freundin oder Kummerkasten der Eltern, Elternersatz und Bürokauffrau) und auch Herausforderungen im Hinblick auf die Zusammenarbeit mit den Eltern thematisiert. Zentral sind auch der Umgang mit Unter- und Überforderung sowie die Überwindung der Diskrepanz zwischen Anspruch und Realität. Außerdem haben wir über die Auswirkung von professionellen Lügen berichtet und die Erhaltung Ihrer psychischen Gesundheit. Neben den Herausforderungen haben wir Ihnen verschiedene Anregungen präsentiert, die Sie dabei unterstützen können, gut für sich zu sorgen und so die Belastungen des Alltags positiv und erfolgreich zu meistern. Ihre Aufgabe für heute: Denken Sie nur an sich und daran, was für ein wertvoller und liebenswerter Mensch Sie sind.

1.6 Psychische Gesundheit in Zeiten professionellen Handelns

Lernen und Bildung sind in der aktuellen Debatte häufig das Ziel der Arbeit in Kindertageseinrichtungen. Hier steht jedoch nicht das Erlernen von Wissen im Vordergrund, das auf die Schule vorbereitet, sondern das Lernen im Sinne von Entwicklung. Und Entwicklung findet dort statt, wo wir Menschen uns wohl fühlen. Dies gilt für kleine und große Menschen in gleicher Weise. Für eine gesunde Entwicklung des Menschen sind ein respektvoller Umgang, gewaltfreie Kommunikation und Feinfühligkeit von zentraler Bedeutung. Nachdem in den vorhergehenden Kapiteln Aspekte erläutert wurden, die quasi als „Anwendungen" für Sie selbst gedacht sind – und davon ausgehend auf Ihre

Respektvoller Umgang, gewaltfreie Kommunikation und Feinfühligkeit

Umgebung wirken – so möchten wir auf den folgenden Seiten Konzepte erläutern, die Ihre psychische Gesundheit unterstützen, indem Sie für ein angenehmes Klima in Ihrem Umfeld sorgen.

Eine starke Persönlichkeit, emotionale Stabilität, Reflexionsvermögen und psychische Gesundheit sind für Sie – nicht in erster Linie als Erzieherin, sondern als Mensch, der auch außerhalb der Kindertageseinrichtung existiert – Schätze, die Sie sich bewahren sollten. Und – wir können es nicht oft genug betonen – diese Schätze sind auch die Grundlage der Bildungsprozesse, die Sie mit den Kindern umsetzen. Verschiedene Autoren (z. B. Krenz, 2007/2008; Müller-Timmermann, 2007) weisen im Zuge der momentanen Bildungsdiskussion vermehrt darauf hin, dass die Dimensionen einer gesunden Psyche Grundlage für die Entwicklungsprozesse sind. Weiterbildungen, Studium, Bildungspläne, Projekte – all dies läuft ins Leere, wenn nicht die „Herzensbildung" des pädagogischen Personals im Vordergrund steht oder zumindest immer auch ein Teil der Weiterqualifizierungen ist. Damit ist nicht gemeint, dass wir zu vergangenen Ideen zurückkehren wie: Solange die Erzieherinnen einfach lieb mit den Kindern spielen, ist das an Kompetenz vollkommen ausreichend. Nein! Es geht um ein Bewusstsein, eine innere Ausgeglichenheit und Authentizität.

Herzensbildung

Bewusstsein, innere Ausgeglichenheit und Authentizität

Von unterschiedlichen Gremien werden Professionsstandards für Erzieherinnen formuliert – auch wir haben im Rahmen des Projektes „Professionalisierung, Transfer und Transparenz im frühpädagogischen Praxis- und Ausbildungsfeld" (http://nifbe.de/pages/das-institut/professionalisierung.php) unser Verständnis von professionellem Handeln formuliert. Eine gekürzte Version möchten wir Ihnen als Grundlage der folgenden Ausführungen vorstellen.

Was die Wissenschaft zu professionellem Handeln sagt

Abwesenheit von Zufälligkeit

Unter professionellem Handeln verstehen wir zuallererst die Abwesenheit von Zufälligkeit. Die Handlungen, die eine Erzieherin in ihrem professionellen Kontext versieht, seien sie mit Kindern, Eltern oder Kolleginnen, Trägern, Vertretern der Jugendhilfe oder anderen, müssen von bewussten Entscheidungen geprägt sein. Diese wissenschaftlich basierte Urteilsfähigkeit ermöglicht den Erzieherinnen bestenfalls, unerwartete Situationen analysieren und bewältigen zu können (Souveränität), über das einfache Wissen hinaus Strukturen und Prozesse zu verstehen (Befähigung) und ein durch Wissen begründetes Selbstvertrauen (professionelle Haltung). Mithilfe dieser Trias sollten Erzieherinnen in der Lage sein, ihren beruflichen Anforderungen gerecht zu werden (vgl. Pasternack, 2009).

Wissenschaftliche Erkenntnisse in die Praxis übertragen

Die Fähigkeit, wissenschaftliche Erkenntnisse aus der Pädagogik und der Entwicklungspsychologie in die Praxis zu übertragen, ist dabei integraler Bestandteil der wissenschaftlich basierten Urteilsfähigkeit. Erzieherinnen sollten dabei grundsätzlich in der Lage sein, wissenschaftliche Arbeiten lesen, verstehen und einschätzen zu können. Dabei sollten sie wissenschaftliche von pseudowissenschaftlichen Aufsätzen unterscheiden können.

Eine professionelle Arbeit in der Kita setzt voraus, dass Erzieherinnen über große Methodenkompetenz verfügen, sodass gerade über die individuelle Behandlung der Kinder und die individuelle Methodenauswahl eine Homogenisierung der kindlichen Bildungschancen (nicht Homogenisierung der Handlungen!) erreicht werden kann.

Methodenkompetenz

Die Bedeutung der persönlichen Eignung für den Erzieherinnenberuf ist mehrfach herausgestellt worden. Unser Professionsverständnis sieht weniger eine bestimmte Persönlichkeitsstruktur als besonderes Eignungsmerkmal vor als vielmehr die Auseinandersetzung mit der eigenen Persönlichkeit und Biografie. Professionelle Erzieherinnen sollten verstehen, warum sie in bestimmten Situationen auf bestimmte Art und Weise reagieren. Sie sollten wissen, dass sie bei bestimmten Themen Schwierigkeiten haben, objektiv zu bleiben, sie sollten die Grenzen ihres eigenen Handelns kennen und sich in diesen Situationen Hilfe holen. Professionelles Handeln bezieht immer auch das Wissen um die eigenen Grenzen und die Fähigkeit der Einforderung von Unterstützung mit ein.

Reflexionsarbeit

Ein wichtiger Punkt des professionellen Handelns ist die Reflexionsarbeit. Erzieherinnen sollen grundsätzlich den Anspruch haben, ihr eigenes Handeln kritisch zu hinterfragen und zu reflektieren. Waren die Handlungen adäquat? Aus welchen Gründen hat sich eine Situation in eine bestimmte Richtung entwickelt? War das Handeln bewusst oder intuitiv? Dies beinhaltet keineswegs, sich auf Situationen zu beschränken, in denen man nicht Herr der Lage war. Im Gegenteil ist die Auseinandersetzung mit gelungenen Situationen oft fruchtbringender, da man in späteren Situationen wieder besser eine gelungene Situation nachahmen kann und einen Zuwachs an professioneller Kompetenz erfährt.

Professionelles Selbstbild

Ein Wandel von einem „emotional getragenen Berufsverständnis" hin zu einem „professionellen Selbstbild", das „fachliches Wissen und Können als unverzichtbaren Anteil integriert", wird von Kahle bereits 1999 als vollzogen beschrieben (Kahle, 1999, S. 18, zitiert nach König/Pasternack, 2008, S. 20). Pasternack (2008) weist darauf hin, dass es für diesen Wandel also keine Verankerung der Erzieherinnenausbildung an den Hochschulen bedurfte. Den größten Unterschied zwischen der Fachschulausbildung und einem Studium stellt wahrscheinlich die Befähigung dar, sich selbst Wissen anzueignen, die vielleicht im Rahmen der Ausbildung noch nicht gefordert wurde und somit nicht gelehrt werden konnte. Diese Fähigkeit und ein forschender Habitus wird Hochschulabsolventen eher zugesprochen als Fachschulabsolventen. Oevermann (2005) beschreibt Professionalität mit einer Polarität von Routine und Krise. So können Professionelle auf Basis ihres routinierten Wissens – und gegebenenfalls darüber hinaus erworbenen Wissens – Krisen aktiv bewältigen und nicht nur schematische Lösungen anwenden, wobei sie auch in der Lage sein sollten, standardisierte Lösungen für häufige Probleme zu kennen und anzuwenden.

Verantwortung für eigenes Handeln übernehmen

Entscheidend ist jedoch, dass jede Erzieherin, die den Anspruch des professionellen Handelns an sich stellt, die Verantwortung für ihr eigenes Handeln übernehmen will und muss. Aus dieser Verantwortungsübernahme leiten sich all die anderen Ansprüche (z. B. Reflexion, Biografiearbeit, Methodenkompetenz usw.) ab. Eine Person, die selbst ihre Handlungen verantwortet, wird diese automatisch hinterfragen und einen Hunger nach Weiterbildung entwickeln oder sich Unterstützung suchen, wenn sie an eigene Grenzen stößt. Und so sollte diese Verantwortungsübernahme – das „Denken auf eigene Rechnung" (Ebert, 2002) – in jeder Ausbildung als Ziel definiert sein.

Bedeutung der psychischen Gesundheit für die Bildungsarbeit

Es ergibt sich hier ein doppelter Bildungsauftrag: Sofern ich selbst psychisch stabil bin, gut zu mir selbst bin und für mich selbst erlerne, meine Ressourcen gut einzusetzen, mir selbst bewusst zu sein, kann ich auch Kindern – fern jedes Förderprogramms – soziale und emotionale Kompetenzen, ein gesundes Selbstbewusstsein und Selbstwertgefühl vermitteln. Daher möchten wir unsere Ausführungen mit drei Blitzlichtern beenden, in denen wir pädagogische Konzepte bzw. psychologische Erkenntnisse präsentieren, die wir für die psychische Gesundheit von Ihnen und den Kindern unerlässlich finden.

Blitzlicht 1: Gewaltfreie, respektvolle Kommunikation

- Die Grundhaltung für psychische Gesundheit lautet:
  - Ich bin wertvoll.
  - Andere sind wertvoll. Hinterfragt wird nur das Verhalten, nicht der Mensch.
  - Alle Menschen können reifen, wachsen, sich entwickeln, kompetent und kreativ sein.
  - Alle Menschen können auf eigenen Beinen stehen und für sich selbst sprechen.
  - Jeder Mensch ist einmalig.

Kongruent kommunizieren

Diese Grundhaltung äußert sich in der Kommunikation! Das bedeutet, dass ich in meinen Kommunikationsprozessen das Selbstwertgefühl und die Bedürfnisse des anderen achte, den anderen motiviere, Abwehrmanöver des anderen nicht mit Abwehr beantworte, Rückmeldungen anstrebe und annehme sowie kongruent kommuniziere (Worte, Körper, Gesichtsausdruck, Stimmlage, Verhalten stimmen überein).

Welche Regel ist für uns besonders wichtig?

Für die Arbeit im Team eignen sich auch die folgenden Regeln. Sie können diese beispielsweise zum Ausgangspunkt für eine Teambesprechung machen. Welche Regeln werden bei uns bereits eingehalten? Welche Regeln missachten wir? Welche Regel ist für uns besonders wichtig? Wie können wir zusammen daran arbeiten, respektvoller miteinander umzugehen?

- Grundsätze für den respektvollen Umgang miteinander:
  - Deine Welt ist anders als meine. Jeder Mensch hat seine eigene Wirklichkeit, die Wahrnehmung von Situationen unterscheidet sich individuell. Versuchen Sie sich in Ihr Gegenüber hineinzuversetzen.
  - Jeder Mensch will gehört werden. Schenken Sie Ihren Mitmenschen Beachtung und Gehör. Geben Sie Ihrem Gegenüber auf jede Frage eine Antwort – und sei es nur: „Ich weiß es nicht. Ich kann diese Frage im Moment nicht beantworten."
  - Seien Sie zuverlässig. Die Einhaltung von Verabredungen ist die Grundlage für ein vertrauensvolles Miteinander.

- Gefühle sind immer wahr. Respektieren Sie das Gefühl des anderen, auch wenn Sie es nicht teilen können.
- Zeigen Sie Ihrem Gegenüber Anerkennung und Wertschätzung. Würdigen Sie die Leistung und Bemühungen des anderen. Nehmen Sie den alltäglichen Einsatz des anderen nicht einfach als selbstverständlich hin.
- Bitten Sie um Entschuldigung und verzeihen Sie den anderen Ihre Fehler. Kein Mensch ist fehlerlos und perfekt.
- Seien Sie ehrlich mit sich und den anderen. Lügen zerstören die Achtung vor sich und vor anderen.
- Was du nicht willst, dass man dir tu, das füg auch keinem andern zu.

(vgl. Hansen, 2008, S. 29)

Anerkennung und Wertschätzung

Hinweis

Vielleicht möchten Sie diese Regeln umformulieren – z. B. in „Wir sind ehrlich miteinander", „Wir bitten um Entschuldigung und verzeihen Fehler" – und sie gut sichtbar in der Einrichtung aufhängen. Auch hier gilt wieder: Diese Grundsätze für das respektvolle Miteinander sind sowohl für Sie als auch für die Kinder von Bedeutung!

Blitzlicht 2: Feinfühligkeit

Das neuseeländische Curriculum „Te Whariki", das den frühpädagogischen Einrichtungen des Landes als Bildungs- und Orientierungsplan dient, hat im Rahmenkonzept unter anderem die Kompetenz der Feinfühligkeit in den Mittelpunkt gestellt. Es wird davon ausgegangen, dass Erzieherinnen „neben einem großen Interesse für das, was Kinder sagen und tun, auch die Zeit und Muße haben sollten, um sich auf intensive Weise mit ihnen auseinandersetzen zu können" (Remsperger, 2008, S. 5). In den deutschen Bildungs- und Orientierungsplänen sind Kompetenzen wie Feinfühligkeit oder Empathie nur am Rande erwähnt und stellen keine explizite Grundlage für das pädagogische Handeln dar. Bedauerlich ist darüber hinaus, dass in der Realität häufig wenig Zeit bleibt, um mit den Kindern intensiv ins Gespräch zu kommen und sich über die Gedanken, Anliegen und Interessen der Kinder auszutauschen. Nun sind pädagogische Konzepte nicht Thema dieses Buches. Aber die Arbeit an der eigenen psychischen Gesundheit ist Teil der pädagogischen Arbeit. Feinfühligkeit im Umgang miteinander tut auch Erwachsenen gut. Wir möchten Sie daher ermutigen, die folgenden Fragen und das Konzept der Feinfühligkeit sowohl für die Arbeit mit den Kindern anzuwenden, jedoch auch für sich und die Arbeit im Team aktiv zu nutzen. Denn wenn wir nur mit den Kindern feinfühlig wären, nicht jedoch mit uns und miteinander, wären wir für die Kinder unglaubwürdig.

Wenn wir nur mit den Kindern feinfühlig wären, nicht jedoch mit uns und miteinander, wären wir für die Kinder unglaubwürdig.

Als Anregung möchten wir Ihnen daher hier eine Übersicht aus den sogenannten „Teaching Stories" mit auf den Weg geben. Hierbei werden Fragen der Kinder an die Erzieherin in Beziehung gesetzt zu den fünf zentralen Dimensionen des „Te Whariki" sowie zu den dazu gehörigen Lerndispositionen des Kindes. Vielleicht möchten Sie diese Fragen auch einmal einer Kollegin stellen oder selbst beantworten. Wie wäre dies zum Beispiel als Gesprächsleitfaden für ein Mitarbeitergespräch?

Teaching Stories – die Fragen der Kinder

Curriculumsstrang und Lerndisposition	Fragen der Kinder
Zugehörigkeit und *Interessiertsein*	Kennst du mich und meine Interessen? Verstehst du meine Interessen und Fähigkeiten und bringst du ihnen Wertschätzung entgegen?
Wohlbefinden und *Engagiertsein*	Kann ich dir vertrauen? Gehst du feinfühlig, fürsorglich und respektvoll mit mir um?
Exploration und *Standhalten bei Herausforderungen und Schwierigkeiten*	Ermunterst du mich, über Neues nachzudenken und Unbekanntes auszuprobieren? Inwiefern bietest du mir geistige und körperliche Herausforderungen an?
Kommunikation und *Sichausdrücken und Mitteilen*	Hörst du mir zu und reagierst du auf mich? Wie sprichst du mich an? Wie tauscht du dich mit mir aus?
Partizipation und *Verantwortung übernehmen*	Unterstützt du mich dabei, ein Teil der Gruppe zu sein? Unterstützt du mich dabei, gemeinsam mit anderen Kindern zu lernen?

(Remsperger, 2008, S. 54)

Blitzlicht 3: Die Bedeutung der Spiegelneuronen

Das intuitive Verstehen emotionaler und sozialer Situationen ist eine wichtige Voraussetzung unseres Zusammenlebens mit anderen Menschen. Eine Grundlage dieses intuitiven Verstehens sind Resonanzphänomene. Darunter versteht man Phänomene wie das Hineinfühlen in eine andere Person, die Übertragung von Gefühlen, Stimmungen und Gesten, die meist unbewusst geschehen, gelegentlich aber auch gezielt eingesetzt werden.

Nicht nur in Wirtschaft und Politik werden Resonanzphänomene bewusst und gezielt eingesetzt. Auch in der Erziehung von Kindern nutzen wir Resonanzphänomene, um Kinder zur Nachahmung unseres Verhaltens anzuregen. So öffnen wir den Mund, wenn wir den Löffel zum Mund des Kindes führen, das wir füttern wollen. Jedoch können wir Resonanzphänomene nicht nur nutzen, wir müssen uns in erster Linie ihrer bewusst sein. Resonanzphänomene kommen auch zum Tragen, wenn sich unsere rastlose, gehetzte Stimmung auf die gesamte Kindergruppe überträgt, wenn wir gereizt sind und die Kinder an diesem Tag besonders anstrengend reagieren oder wenn wir vor Glück strahlen und die Kinder fröhlich sind.

Resonanz

Rastlose, gehetzte Stimmung überträgt sich auf die gesamte Kindergruppe.

Die Erklärung dieser Resonanzphänomene gelang Joachim Bauer (2006), der mit einer Veröffentlichung zur Bedeutung der Spiegelneuronen bisher nur situativ beschreibbare Phänomene greifbar und begreifbar machte. Spiegelneuronen ermöglichen uns intuitives Verstehen und Erleben von Situationen. Aber nicht nur das. Auf Grundlage individueller Vorerfahrungen ermöglichen

Ahnung von der Zukunft

uns Spiegelneuronen eine Ahnung von der Zukunft. Sie sind sozusagen intuitive Statistiker. Beobachten wir bei einer anderen Person eine Handlung, die wir selbst schon ausgeführt haben, können wir uns bereits denken, wie diese Handlung weitergeht. Diese Fähigkeit schließt emotionale Erlebnisse mit ein. Je nachdem, welche individuellen Vorerfahrungen eine Person hat, wird die Deutung eines beobachteten Geschehens verschiedene Gefühle und Erwartungen auslösen. So kann eine Situation bei der einen Person das Gefühl wecken, herausgefordert zu werden, eine andere Person reagiert in derselben Situation mit Gefühlen von Angst und Bedrohung. In Situationen von Angst und Stress ist die Leistungsfähigkeit von Spiegelneuronen massiv eingeschränkt. Sind wir also dauerhaft gestresst, überträgt sich das nicht nur auf die Menschen in unserer Umgebung, im beruflichen Kontext also auf unsere Kollegen und die Kinder, wir können diese Personen auch schlechter „verstehen“. Unser intuitives Verständnis ihrer Gefühle und Handlungen ist deutlich eingeschränkt.
Aus diesem Grund ist es von so großer Bedeutung, dass Erzieherinnen ihrer psychischen Gesundheit, dem Umgang mit Stress, aber auch dem Bewusstsein ihrer emotionalen und sozialen Kompetenzen ihre Aufmerksamkeit widmen. Nur Erzieherinnen, die sich bewusst sind, dass sie in einer außergewöhnlichen Belastungssituation stecken, können sich und den Kindern durch den gezielten Einsatz von Entspannungsmethoden eine Möglichkeit bieten, mit der belastenden Situation umzugehen. Kinder, deren Erzieherin ihre Belastung zu überspielen oder zu ignorieren versucht, werden die Erfahrung ins Leben mitnehmen, dass dies eine adäquate Möglichkeit ist, mit Belastungen umzugehen.

Aus diesen Erkenntnissen folgt, dass Erzieherinnen nicht nur die Verantwortung sich selbst gegenüber haben, auf ihre psychische Gesundheit zu achten; dies ist auch im besonderen Interesse der ihnen anvertrauten Kinder, die nicht nur in einer Atmosphäre der Angst und des Zeitdrucks weniger lernen und weniger schöne Momente erleben, sondern außerdem Modelle erfahren, die bei der Bewältigung eigener belastender Erlebnisse und Situationen kontraproduktiv sein werden.

Ein erstes Gefühl von Verstandenwerden

Spiegelneuronen bieten auch eine Erklärung, warum Menschen unter sozialem Ausschluss stark leiden. So ruft ein erwidertes Lächeln bei Säuglingen ein erstes Gefühl von Verstandenwerden hervor, auf das im Körper mit der Ausschüttung von Opioiden reagiert wird. Geglückte Spiegelungen führen also zu seelischem und auch zu körperlichem Glück. Dies trifft übrigens auch im Falle von mitgefühlter Krankheit zu. Hier sorgen die durch das Verstandenwerden ausgeschütteten Opioide für Schmerzlinderung. Wird die Spiegelung von Gefühlen aktiv verweigert, reagieren Menschen mit massiven Unlustgefühlen. Dies ist z. B. in Mobbingsituationen der Fall. Gemobbte Personen werden von der Spiegelung ihrer Gefühle und Gesten aktiv ausgeschlossen. Dieses verletzende Verhalten ist minimal, aber so wirkungsvoll, dass die Opfer häufig gar nicht beschreiben können, warum sie so verletzt sind.

FAZIT

Möglicherweise kommen Ihnen einige der Vorschläge und Erläuterungen bekannt vor – weil Sie sie im Umgang mit den Kindern als Grundlage des pädagogischen Handelns vertreten. Doch Achtung: Wir bekommen leicht einen blinden Fleck, wenn wir uns intensiv mit Themen beschäftigen. Obwohl wir also für einen respektvollen, authentischen Umgang mit den Kindern stehen, tun wir uns schwer, diesen Umgang auch mit uns selbst und mit anderen Erwachsenen zu pflegen. Dieses Buch möchte Ihnen eine Anregung bieten, nicht nur mit den Ihnen anvertrauten Kindern, sondern zuallererst auch mit sich selbst einen guten Umgang zu pflegen, sich selbst wertzuschätzen.
Alles, was für Sie selbst gut ist, kommt auch den Kindern zugute. Es ist ein Irrglaube, dass wir hochwertige pädagogische Arbeit leisten können, wenn wir massiv mit uns selbst im Unreinen sind. Kinder sind die besten Detektive und merken sofort, wenn eine andere Person nicht authentisch ist. Wenn wir von den Kindern Verhaltensweisen erwarten und diese selbst nicht leben, werden die Kinder unseren erzieherischen Vorgaben nicht folgen. Das beginnt bei „Ernähre dich gesund" und endet mit „Bitte räum erst auf, bevor du etwas anderes beginnst". Der Hinweis, wir seien ja schon erwachsen und könnten die Regeln selbst bestimmen und ändern, Kinder hingegen müssten sich in einigen Punkten eben dem Willen der Erwachsenen unterordnen und müssten eben Obst essen, auch wenn wir selbst das nie tun, ist hier nicht hilfreich. Kinder brauchen Erwachsene, die echt sind, auf die sie sich verlassen können, die bereit sind, mit ihnen eine Beziehung einzugehen. Der hier formulierte Anspruch an Sie als Erziehende ist hoch – und Ziel unserer Ausführungen ist nicht, die Erwartungen an Sie noch weiter zu steigern. Wichtiger, als alles richtig zu machen, ist vielmehr, mit sich und anderen realistisch umzugehen und „bei sich zu sein". Ihre psychische Stabilität ist die Grundlage für die Bindungs- und damit auch für die Bildungsarbeit und Ausgangspunkt einer starken, gesunden Persönlichkeit.

2 Psychomotorik ist kein Kinderspiel – Mit Leib und Seele für einen bewegten Arbeitsalltag

2.1 Zur Einstimmung

2.2 Leben – Lieben – Leiben

2.3 Zur Rolle der Leiblichkeit: Zwischenmenschlichkeit ist Zwischenleiblichkeit

2.4 Psychomotorik: mit Leib und Seele

2.5 Rhythmus: Grundprinzip lebendiger Systeme

2.6 Resonanz: Stimmige Beziehungsqualitäten

2.7 Perlen erzieherischer Tätigkeit und ihr Nutzen für die Persönlichkeitsstärkung

Das Innere Team diskutiert zum Thema „Wie geht es mir mit der neuen Idee Psychomotorik in der Kita?".

2.1 Zur Einstimmung

Vieles trägt zur Stärkung der Persönlichkeit bei. In den folgenden Kapiteln möchte ich Sie mitnehmen zu den Grundlagen, wie sie sich aus der Sicht eines Psychomotorikers darstellen: Zuerst schreibe ich über die leiblichen Grundlagen der menschlichen Existenz und ihre Bedeutung für Alltag und Beruf. Danach stelle ich Ihnen das Modell der sensorischen Integration vor. Dieses Modell betont die sinnliche und sinnenhafte Seite unseres Lebens.
Verbindet man dieses Modell mit einem anderen Grundprinzip des Lebens, dem Rhythmus, dann ergeben sich spannende Zusammenhänge, die im Kapitel 2.4 dargestellt werden.
Im darauffolgenden Abschnitt möchte ich Sie bekannt machen mit dem Phänomen der Resonanz und Synchronizität. Übereinstimmungserfahrungen werden als Grundlagen für die Entwicklung personaler Kompetenzen angesehen. Im letzten Unterkapitel erinnere ich an grundlegende erzieherische Tätigkeiten, von denen ich glaube, dass sie wahre Schätze für die Erhaltung unserer Vitalität sind.

Als ich anfing, an diesem Text zu arbeiten, führte ich ein Telefongespräch mit einem Kollegen. Wir sprachen über Pädagogik und er sagte: „Qualität entsteht nur beim Arbeiten mit den Leuten." Ich bat ihn, diesen Satz langsam zu wiederholen, auch damit ich ihn hier wiedergeben kann, und er erklärte mir, dass sich die Qualität von Lehren und Erziehen nur im direkten Kontakt mit den Menschen zeigen kann.

Was und wie wir uns das Lehren und Erziehen theoretisch, beim abendlichen Planen, im Teamgespräch oder in Vorbereitungsrunden vorstellen, das mag für den einzelnen hilfreich und von Vorteil sein, aber alles Planen, Besprechen und Vorbereiten vollendet sich erst im Moment der Begegnung mit den Kindern. Alles wird auf den Prüfstein des Hier und Jetzt gelegt und kann an den Bedürfnissen des Augenblickes zerschellen.
Im Kontakt mit den Kindern vollendet sich die Kunst der Erziehung bzw. scheitern die guten Absichten. Aus diesem Grund ist klar, dass die fachliche Kompetenz im „Erziehungsgeschäft" vor allem eine soziale und personale Kompetenz ist. Erzieherin zu sein bedeutet vor allem, im Kontakt mit Menschen zu sein, erziehen ist vor allem beziehen. Erziehung ist Beziehung, genauso wie Bildung durch Bindung geschieht.

Im Kontakt mit den Kindern vollendet sich die Kunst der Erziehung bzw. scheitern die guten Absichten.

Im Grunde sind es immer die Verbindungen mit Menschen, die dem Leben seinen Wert geben.
(Alexander von Humboldt)

„Persönlichkeit stärken" heißt deshalb für mich, deutlich zu machen, dass es um das Persönliche geht: um die beteiligten Personen und nicht um Fachgebiete oder Gegenstände. Fachliche Kompetenz im Bereich der Elementarbildung ist unmittelbar und direkt verbunden mit der Persönlichkeit.
Dies so zu sehen, heißt dann nicht nur die Persönlichkeit der Erzieherinnen zu stärken, es heißt vor allem, die Erzieherinnen in ihrer Persönlichkeit wahrzunehmen und sie als Person zu stärken. Sie in ihrem persönlichen Tun, in ihrem persönlichen Ansatz zu unterstützen und sie nicht auf ein bestimmtes Konzept zu verpflichten. Persönlichkeit stärken meint dann, Erzieherinnen in ihrem So-Sein, in ihrem persönlichen Sein zu stärken und sie als ganz eigene Person mehr wertzuschätzen.

Natürlich soll dieses Kapitel auch dazu beitragen, dass Sie, liebe Leserin und lieber Leser, sich in Ihrer Persönlichkeit gestärkt fühlen. Ich werde Ihnen einige Überlegungen aus meinem Fachgebiet psychomotorische Rhythmik vorstellen. Ich möchte Sie mitnehmen auf eine Reise zu den psychomotorischen Aspekten der Persönlichkeit und Ihnen das rhythmische Prinzip vorstellen, welches die grundlegenden Aspekte unserer Handlungsmöglichkeiten beschreibt.
Vor allem möchte ich Sie dazu ermutigen, Personen, Menschen, Kinder wie Erwachsene wichtiger zu nehmen als Theorien, Konzepte und Fachwissen. Gerade in der Elementarbildung sind die Wirkfaktoren für gelingendes Arbeiten nicht auf der Fach- und Sachebene zu finden, sondern auf der persönlichen Ebene.

2.2 Leben – Lieben – Leiben

Vielleicht fragen Sie sich jetzt: „Das klingt ja nett, aber was hat das mit unserer Arbeit zu tun?" Mir gefällt, dass das Wort „Leben" sich nur durch ein kleines „i" von den Wörtern „Lieben" und „Leiben" unterscheidet. Und nirgendwo in der ganzen pädagogischen Landschaft geht es so sehr um den Leib, um die Pflege der leiblichen Grundlagen, wie in der frühen Bildung. Deshalb sprechen wir schließlich auch von elementarer Bildung, und dazu gehört das Leibliche im ganz besonderen Maße.

In diesem Kapitel werden Sie daran erinnert, dass der Körper – oder der Leib – das Fahrzeug ist, mit dem wir durch das Leben kommen: Warum ist die Wartung dieses Transportmittels so wichtig? Bewegungs- und Körpererfahrungen sind nicht nur für Kinder von herausragender Bedeutung, auch das Leben Erwachsener dreht sich um das Leibhaftige. Solange wir leben, haben wir nicht nur einen Leib, sondern wir sind auch Leib. Freud und Leid dieser Erfahrung sollen im Folgenden erinnert werden.

Was sagt die Wissenschaft?

Die Wissenschaft sieht Bewegung und Leiblichkeit als Grundlage menschlichen Lebens (Leibphänomenologie): Der Leib ist Grundlage unserer Existenz, und die Erfahrung, Leib zu sein, geht jeder Form von Erkenntnis und allen reflexiven Formen der Existenzgewissheit voraus.
Bewegung und Bewegungsbildung umfassen also nicht nur die physikalischen, organisch- physiologischen und biomechanischen Aspekte, sondern können als existenzielle Bezogenheit des Menschen zu seiner Welt angesehen werden.

> *Leiblich treten wir in Kommunikation mit der Welt, die ihren Sinn auf einer präreflexiven Ebene offenbart.*
> *(Seewald, 1992, S. 17)*

Auf der Grundlage dieser handelnden Auseinandersetzung mit der Welt erwerben wir Wahrnehmungs- und Handlungsstrukturen (Sensomotorik), aufgrund der damit verbundenen Körpererfahrungen bilden sich Vorstellungen vom eigenen Körper (Körperkonzept) und von der eigenen Person (Selbstkonzept). Das am eigenen Leib Erfahrene ist die Grundlage für Identität und Selbstverständnis.

> *Der Leib ist unser Mittel überhaupt, Welt zu haben.*
> *(Merleau-Ponty, 1966, S. 176)*

Körperfunktionen und Bewegungshandlungen

Die Körperfunktionen und Bewegungshandlungen sind an die Funktionen des Leibes gebunden. Wenn wir Bekannte treffen, dann erkundigen wir uns gerne nach dem Stand ihrer Körperfunktionen: „Wie geht's? Wie steht's? Wie läuft's?“ Ein Schelm, der dann nur zeigt, wie er so geht, aber in der Sprache wird es deutlich: Wir fragen nach der Qualität von Körperfunktionen. Und nicht selten beginnt dann auch ein langes Gespräch über körperliche Beschwerden, Krankheiten und Leidensgeschichten.
Indirekt wollen wir also wissen, wie es um die Handlungs- und Leistungsfähigkeit unseres Mitmenschen bestellt ist. „Was machst du denn so?“
Alles, was uns wichtig ist, hängt von diesem Leib ab: Seine Funktionsfähigkeit entscheidet darüber, welches Werkzeug wir gebrauchen können, wie gesund wir uns fühlen, wie beeinträchtigt oder verletzt wir sind usw. Natürlich wollen unsere Mitmenschen am liebsten hören, dass wir noch in der Lage sind, uns selbst zu versorgen, und sie uns nicht in irgendeiner Form unterstützen müssen: „Danke, mir geht es gut.“

Wahrnehmung

Die Wahrnehmung ist an den Leib gebunden. Wir erfassen, erfahren und erleben die Welt durch die Pforte unserer Wahrnehmungsorgane und ihrer Verarbeitung in unserem Nervensystem. Unsere Wahrnehmung von Welt geschieht aus der Perspektive unseres leiblichen Seins. Was wir erleben und tun, entsteht im Zusammenhang mit einem konkreten leiblichen Standpunkt, mit einer ganz bestimmten körperlichen Verfassung, die unsere Wahrnehmung bestimmt und prägt.

> *Nur was in den Sinnen ist, kann ins Gehirn.*
> *(John Locke)*

Identitätsentwicklung

Die Identitätsentwicklung ist an den Leib gebunden. Selbstbild und Selbstkonzept gründen auf leiblichen Erfahrungen, Erfahrungen von Autonomie und von Selbstwirksamkeit werden über den Körper vermittelt und prägen unser Selbstbewusstsein, Selbstbild und unsere Souveränität. Erfahrung der leiblichen Wirklichkeit ist immer Selbsterfahrung. Kinder werden schon früh über ihren Körper definiert: die Große, der Kleine, der Zappelhannes, die Kräftige usw.

Psychische Vorgänge

Psychische Vorgänge sind an den Leib gebunden. Der Körper ist der Übersetzer der Seele ins Sichtbare. Uns wird warm ums Herz, wir zeigen die kalte Schulter, erröten vor Scham. Psychische Vorgänge sind ohne leibliche Entsprechung kaum zu denken. Wenn man der Sprache genau zuhört, so werden einem die körperlichen Entsprechungen seelischer Vorgänge bildhaft vor Augen geführt. Sätze wie „Er ist starr vor Schreck" lassen die Körperhaltung dazu ahnen.

Kommunikation

Die Kommunikation ist an den Leib gebunden. Nonverbale Ausdrucksgestaltung ist ein bedeutender Aspekt im Kontakt mit anderen Menschen. Präsenz, Anwesenheit, Authentizität, Stimmklang, Gestik und Mimik und Ausstrahlung sind leibliche Aspekte, die im Kontakt Eindruck machen und hinterlassen.

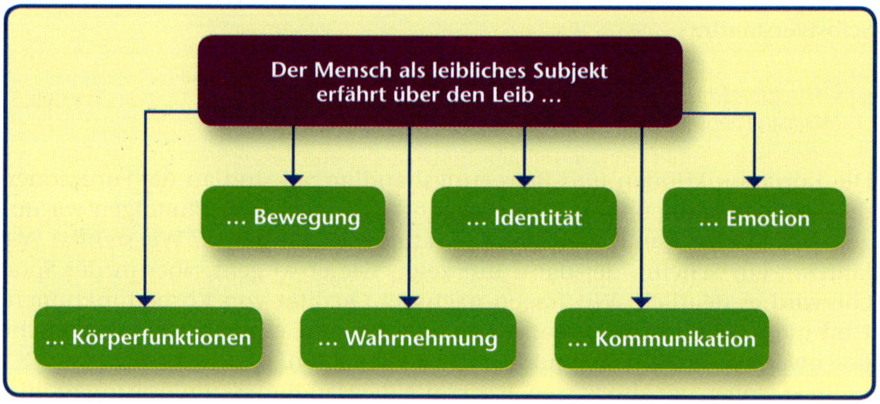

2.3 Zur Rolle der Leiblichkeit: Zwischenmenschlichkeit ist Zwischenleiblichkeit

Was passiert, wenn Menschen auf Menschen treffen? Schon mit dem ersten Blick erfassen wir unser Gegenüber, entscheiden in Millisekunden über Sympathie und Antipathie. Wir nutzen Gesicht, Körper und andere Äußerlichkeiten, um uns ein Bild zu machen. Mit einem Händedruck erspüren wir den Spannungszustand unseres Gegenübers.

In der Kommunikation wirksam sind Faktoren, die ganz eng mit unserem leiblichen Sein verbunden sind: die Art, wie wir den Körper einsetzen, wie nahe oder fern wir zueinander stehen; Zuneigung oder Distanz zeigen wir mit dem Körper; Gesten und Mimik erzählen von der Spannung unserer Muskeln, die so unseren Ausdruck und den Eindruck, den andere von uns haben, prägt.

Kommunikation lebt von der Bewegung und dem Klang, von der Stimme und dem Körperausdruck. Kommunikationspsychologen weisen darauf hin, dass in der Kommunikation der Text, die Informationen, die wir austauschen, häufig wirkungslos bleiben, weil Stimmmelodie und Körperausdruck den heftigeren Eindruck machen. 90% aller Wirkfaktoren in der Kommunikation seien abhängig vom körperlichen Ausdruck, von der Rhythmik der Bewegung, der Sprechweise, vom Tonfall, vom Klang der Stimme und der Ausstrahlung des Menschen. Also von dem, was man unter dem Begriff „Persönlichkeit" versteht.

Kommunikation lebt von Bewegung und Klang

Die sinnliche Erfahrung des Körpers wird in andere Bereiche und so auch in die Sprache projiziert. Das körperliche Erleben hat also in der Sprache einen gewaltigen Widerhall. Wenn wir über die Welt sprechen, dann sprechen wir meist über unsere leibhaftige Erfahrung, und selbst die Begriffe, die wir benutzen, beziehen sich zum großen Teil auf körperliches Erleben. *Hand*lungen, unser Zu*stand*, unsere *Lage*, be*greifen*, ver*stehen*. In vielen Wörtern kann man den Nachhall körperlich erfahrbarer Situationen hören.

> *Aus den ursprünglich körperlichen Erfahrungen von Greifen, Nehmen oder Stehen werden im Laufe der Entwicklung psychologische Konzepte des Begreifens, Benehmen oder Verstehens.*
> *(Milz, 1994, S.169)*

Wir benennen die Welt nach unserem Körper: Wir messen in Ellen oder in Fuß, Berge werden häufig mit der Endung „-kopf" versehen, Flüsse haben Arme, Häuptlinge und Großkopferte haben das Sagen, sind oben. Der lange Arm des Gesetzes kann uns ergreifen, es recht machen oder linkisch sein – fortwährend reden wir aus der Perspektive des menschlichen Körpers über die Welt. Selbstverständlich haben Tische oder Stühle Beine, Lampen Füße, das Streichholz hat einen Kopf, wir lesen Fußnoten und bewundern den Bauch einer Teekanne.

Wir benennen die Welt nach unserem Körper.

Natürlich stehen uns Heerscharen von Helfern von der Geburt an zur Seite: Hebammen und Krankengymnasten, Masseure und Friseure, Schneider und Kosmetiker, Animateure im Urlaub, Köche und Ärzte, der Weinhändler und die Drogistin, sie alle sorgen sich um unser leibliches Wohlergehen.

Der Leib ist uns zu Recht lieb und teuer, und dennoch leben wir häufig ohne Bewusst-Sein vom Körper: Wenn man nicht gerade Bewegungstherapeut oder Arzt ist, dann ist uns der Körper selbstverständlich: Wir sind Körper, das Ich und der Körper bilden eine Einheit. Der Körper wird nicht vom Ich getrennt erlebt – hier Ich, da Körper – sondern wir sind ganz Körper. Wohlbefinden und körperliche Frische meint auch immer: Ich erlebe die Welt um mich herum, ohne dass mein Körper sich dazwischen drängt.

Benennungen in der Kindheit

Was wir über uns selbst wissen, ist vor allem das, was wir in Erfahrung gebracht haben, und dazu gehört, wie wir in der *Kindheit benannt* wurden: Bohnenstange, Dickerchen, Schmusekatze, Bengel, Rabauke – Namen, die uns die Eltern häufig aufgrund unserer körperlichen Gestalt und Gestaltung unserer Bewegungs- und Handlungsvorlieben gegeben haben oder wie sie uns sehen wollten.

Bewegungserfahrungen

Dazu gehört auch, welche *Bewegungserfahrungen* wir machen konnten. Wurde uns etwas zugetraut, wurden wir festgehalten, ließ man uns Bewegungsfreiheit, durften wir krabbeln und anfassen, was wir wollten, oder gab es eine Ermahnung „Reiß dich zusammen, sitz still, sei ruhig, Finger weg!"

Zu unserer Selbsterfahrung gehört ebenfalls, ob und was wir *bewegen konnten*: Gab es Dinge zum Tragen, schwere Sachen, gewichtige Aufgaben, durften wir Verantwortung übernehmen und ließ man uns als Kind auch mal etwas Wichtiges tun, und ging womöglich aufgrund unserer körperlichen Ungeschicklichkeit mal etwas kaputt, wie beurteilte man unser körperliches Können? Bewegen meint ursprünglich, etwas bewegen, etwas bewirken durch unsere Bewegung. Wie wurden wir *angesehen*? Als der Kleine, der immer als letzter in die Fußballmannschaft gewählt wurde, die Dicke, die man immer ins Tor stellte, der Feingliederige, dem man nichts zutraute, die Blonde, die immer für ein Engelchen gehalten wurde? Wie oft wollten wir aus unserer Haut und konnten nicht.

Ansehen

Dazu gehört auch und ist nicht unwichtig, wie die Pickelphase in der Pubertät überstanden wurde, welche Partner uns attraktiv gefunden haben und finden, wie viel wir wiegen und welche Kleider wir tragen können.

Bekannt geworden ist der Satz von Alexander Lowen: „Der Körper lügt nicht." Das kann man schmerzlich erfahren, wenn die Röte unsere Wangen ziert, obwohl wir cool bleiben wollten, wenn die Stimme vor Aufregung zittert, das Herz vor Freude klopft und wir vor Aufregung feuchte Hände bekommen. So wird der Körper zum Verräter, der uns in den Rücken fällt, wenn wir es am wenigsten zeigen wollen. Jede Begegnung ist die Begegnung zweier Leiber, die sich durch Haltung, Gestik, Spannung, Atmung, Raumbenutzung, Gerüche, durch Bewegungsrhythmen einander etwas sagen, ohne dass ein Wort fallen muss. Konflikte im pädagogischen Alltag haben häufig mit dem zwischen Erwachsenen und Kindern sehr unterschiedlichen Erleben dieser Tatsache zu tun. „Sie wollten Köpfe, es kamen aber Körper", meint ein alter Spruch, der häufig von Lehrerinnen geäußert wird zu der Klage über zu bewegungsfreudige Kinder, die sich nicht mehr 45 Minuten auf das Schulgestühl zwängen lassen.

TIPP FÜR DEN ALLTAG

Fragen für Sie

- Wie sehr achte ich auf die körperlichen Zeichen?
- Ist mir mein Leib ein guter Lebensgefährte?
- Welche Leibesübungen betreibe ich?
- Wie wichtig ist für mich nonverbale Kommunikation?
- Kann ich die körperlichen Begegnungen mit Kindern genießen?

Werkzeuge in der Erziehung: Stimme und Leib

Körperliches Erleben, Denken und Fühlen sind untrennbar miteinander verbunden und beeinflussen sich gegenseitig. Auch in der Begegnung, in der Kommunikation mit anderen Menschen sind wir zuerst einmal leibliche Existenz für den anderen. Wir sind Teil seiner Wahrnehmung von Welt, und zwar ein sehr sinnlicher, ein sehr körperlicher Teil.
In jeder Situation tauschen wir auch ohne Worte eine Fülle von Informationen aus, unsere Körper sprechen. Mein Händedruck erzählt etwas über meine körperliche Verfassung, mein Auftreten über meine körperliche Präsenz. Meine Mitmenschen erleben meinen Körper. Er ruft millisekundenschnell Erinnerungen, Assoziationen, Gefühle und Handlungsimpulse bei meinem Gegenüber hervor.

Sprechende Körper

> *Die Qualität der Erzieherinnen-Kind-Interaktion erweist sich als besonders bedeutsam. Dort, wo Mitarbeiterinnen emotionale Wärme zeigen und aufmerksam auf die individuellen Bedürfnisse von Kindern eingehen, kann bei den Kindern eine höhere Sozialkompetenz festgestellt werden.*
> *(Sylva et al., 2004, S. 159)*

Eine Binsenweisheit, denken Sie jetzt sicher. Dennoch möchte ich an dieser Stelle noch einmal darauf hinweisen, dass diese Interaktion eben in hohem Maße vom Körper- und Stimmausdruck bestimmt wird. Etwas bestimmen – da steckt die Stimme schon im Begriff. Emotionale Wärme nehmen wir vor allem über den Stimmausdruck wahr. Die Stimme wird als Spiegel des Selbst wahrgenommen, sie verkündet unsere Stimmung, die Stimme ist unser Aushängeschild, meint Wittstock (2001). Wir besäßen einen mehr oder weniger ausgeprägten Sinn für Stimmigkeit:

Die Stimme als Spiegel des Selbst

> *So unbewusst, unerkannt und unerwähnt er auch sein mag, er erlaubt uns Gefühlsqualitäten wie Harmonie, Zustimmung, Gelassenheit, Interesse, Wachheit, aber auch Unbehagen, Abwehr, Leere oder Betrübnis wahrzunehmen.*
> *(Wittstock, 2001, S. 14)*

Kinder sind ganz und gar auf stimmigen Stimmausdruck angewiesen. Babys müssen dem Stimmklang alle wesentlichen Informationen entnehmen, da ihnen der Informationsgehalt zunächst wenig sagt. Sie nehmen vor allem die musikalischen Elemente der Kommunikation wahr: Sprachmelodie, Tonhöhe, Vibration, Tempo, Dynamik, Lautstärke und ähnliche Qualitäten.

> *Das erste Wirkende ist das Sein des Erziehers, das zweite, was er tut und das dritte erst, was er redet.*
> *(Romano Guardini, zitiert nach Wild, 1998, S. 23)*

Die Kommunikation mit Kindern lebt ganz besonders von diesen körperlichen und stimmlichen Signalen und Psychologen gehen davon aus, dass gerade Kleinkinder für diese „Stimmungen“ und „Spannungen“ besonders empfänglich sind.

Der Psychologe René Spitz zählt die kommunikativen Signale auf:

> *Rhythmus, Tempo, Dauer, Tonhöhe, Klangfarbe, Resonanz, Schall, Gleichgewicht, Spannung (der Muskulatur u. a.), Körperhaltung, Temperatur, Vibration, Haut- und Körperkontakt und wahrscheinlich eine Reihe anderer Signale, die der Erwachsene kaum bemerkt.*
> (Decker-Voigt, 1991, S. 119)

Körper- und Stimmpflege

Diese „Werkzeuge" zu pflegen macht also sehr viel Sinn, wird allerdings weder in der Ausbildung noch im Alltag so richtig ernst genommen. Können Sie sich vorstellen, dass Teambesprechungen, Unterricht oder Sitzungen (auch so ein Wort) mit „Körper- und Stimmpflege" anfangen? Dass vor der Besprechung gemeinsam gesungen wird, ein Klatschspiel, eine kleine Hand- oder Gesichtsmassage gemacht wird?

Körperpflege einmal anders

Gewohntes anreichern

Eine Leib und Seele gesund erhaltende Haltung erwächst nicht aus einem krassen Wechsel von Gewohnheiten („Ab heute mache ich Sport!"), sondern vielmehr aus der aufmerksamen Betrachtung, der Erforschung und dadurch dem verändertem Erleben von alltäglichen Handlungen. Wenn Gewohntes auf diese Weise mit mehr Bewusstsein, mehr Aufmerksamkeit, mehr Besinnung angereichert wird, dann können daraus weitreichende Änderungen entstehen. Die Entwicklung eines besseren Gespürs für sich und seinen Körper, die Entwicklung von mehr Vertrauen in die eigene Sinnestätigkeit werden so zum Beitrag zu einer Gesundheitsförderung, die den Menschen und nicht Apparate im Mittelpunkt sieht.

Sinnvolle körperorientierte Methoden haben viele Prinzipien gemeinsam. Ob Feldenkrais, Alexander-Technik, Atemarbeit nach Middendorf oder die Psychomotorik – gemeinsam ist ihnen allen Folgendes:

- Entwicklung, Wachstum und Förderung der Stärken der Person sind wichtiger als die Orientierung am Defizit.
- Es werden Zeit-Räume zur experimentellen Erfahrung angeboten, um neue Möglichkeiten im Umgang mit sich oder der Umwelt zu erproben.
- Spielerische Formen ermöglichen, neue Standpunkte und Betrachtungsweisen zu finden.
- Meditative Prinzipien der „absichtslosen Absicht" oder der „gezielten Ziellosigkeit" verwirren Kontrolle und Bewertung, sodass neue Lösungen eine Chance haben.
- Das rein mechanische Wiederholen von Übungen wird nicht als sinnvoll gesehen.

Programme, Leistungsstress und Kontrolle

Wenn Sie diese Prinzipien akzeptieren können, dann vergessen Sie Trainings- und Fitness**programme**, körperlichen **Leistungsstress**, Gewichts**kontrolle**, Übungen und Ihr schlechtes Gewissen, weil Sie schon immer mal Sport treiben wollten, aber immer etwas dazwischen kam.

Bewegung ist wichtig. Liest man die einschlägigen Zeitschriften, dann bekommt man leicht das Gefühl, es müssten ganz bestimmte Bewegungen sein, die da gesund machen: mindestens Yoga, gerne Tai-Chi, Nia, Walking, Stretching, selbst die einfachsten Bewegungen bekommen einen Namen, der etwas ganz besonderes vorgaukelt. Es geht nicht darum, dass ich mich bewege, es geht darum, dass ich mich nach einer ganz bestimmten Technik bewege, die muss ich natürlich von Fachleuten lernen. Bewegung wird also zur Angelegenheit von Fachleuten. Bewegung ist aber ein Lebensprinzip, welches jeder sofort versteht, ausüben und für sich nutzen kann.
Es geht nicht um das Erreichen bestimmter Ziele, sondern es geht um die Möglichkeit, sich in der Bewegung zu erfahren. Seinem Zugang zur Bewegung zu vertrauen. Seinem Körper zu vertrauen und mit ihm ihn einen schöpferischen und bewussten Umgang zu kommen. Zu erforschen, was wir da eigentlich tun, wenn wir sitzen, gehen, stehen, liegen.

Aber was wirklich einfach ist, ist zumeist das Schwierigste: Alle körperorientierten Verfahren haben deshalb eine große Wirkung, weil sie nicht mit einem Mal getan sind. Alle verlangen sie tägliches Tun. Sie zielen nicht auf kurzfristige Lösungen, sondern auf langfristige Entwicklung, auf Erfahrung. Am wirkungsvollsten sind sie, wenn sie alltägliche Praxis werden.

Solange der Körper nicht muckt, benutzen wir ihn.

Im Alltag benutzen wir unseren Körper häufig ohne Bewusstsein, ohne auf seine Botschaften zu hören. Wir haben einen Körper, und solange er nicht muckt, benutzen wir ihn. Als Beispiel seien die Füße genannt, die uns jeden Tag durchs Leben tragen. Nur wenige Menschen widmen ihren Füßen die Aufmerksamkeit, die ihrer Bedeutung angemessen wäre. Die vielen Alltagsbewegungen, die wir ohne bewusste Anteilnahme vollbringen, schaffen uns dann häufig Probleme: Überlastungen, Sehnenreizungen, Verspannungen, Übermüdung sind häufig Folge von Bewegungshandlungen, derer wir nicht mehr bewusst sind.

Um dem entgegenzuwirken, ist es sinnvoll, auch einfache Bewegungen mit Bewusstheit zu füllen: Ob wir nun Treppen steigen, Geschirr aus dem Regal holen, uns bücken oder den Fußboden kehren, alles, was wir verrichten, können wir mit oder ohne Bewusstheit tun. Mit Bewusstheit wird aus dem Kehren ein Tänzchen, welches uns beschwingt, aus dem Holen einer Tasse aus dem Regal wird eine Dehnungsübung, das Bücken wird zum Yoga und ein kleines Verschnaufen wird zum Innehalten und Sich-Spüren. So fühlen wir uns und so bleiben wir in Kontakt mit uns.

TIPPS FÜR DEN ALLTAG

Kleine Übungen

- Nutzen Sie Treppen anstelle von Aufzügen – denn Treppensteigen ist eine prima Übung für alle Muskeln.
- Gönnen Sie sich beim Händewaschen, Spülen oder Duschen bewusst eine kleine Massage.
- Falls Sie irgendwo warten müssen, dann nutzen Sie die Zeit für eine kleine Atembeobachtung. Wie fließt der Atem durch die Nase ein, wo geht er hin, wie lange atme ich aus, wo mache ich eine Atempause?
- Spielen Sie beim Stehen mit Ihrem Gleichgewicht: Stehen Sie mal mehr auf den Ballen, dann wieder auf den Fersen, pendeln sie sich aus.
- Beim Sitzen: Probieren Sie immer wieder neue Sitzmöglichkeiten, indem Sie immer wieder das Gewicht verlagern, die Wirbelsäule strecken und so in Bewegung bleiben.
- Nutzen Sie jede Gelegenheit, um sich auf dem Boden zu bewegen: zu sitzen, zu rollen, das Gewicht ganz dem Boden zu übergeben. Tun wir es den Pferden nach und wälzen uns so oft wie möglich mit dem Rücken auf dem Boden.

FAZIT

Egal, was Sie in Zukunft anders machen wollen – was Sie benötigen, ist Zeit. Sich Zeit zu nehmen und Zeit zu haben für den eigenen Körper, ist Zeit für bewusstes Körpererleben und damit Zeit, sich in seiner existenziellen Mitte zu finden.

Eine wesentliche Hilfe zur Bewusstwerdung unsrer selbst ist die Rückbesinnung auf die Vitalität des Körpers und seiner Sinnlichkeit. Bewusstes Körpererleben im Alltag ist eine reiche Quelle von Gesundheit und Wohlbefinden. Die Zeitschriften und Bücher sind voller Ideen, was wir alles für unsere Gesundheit tun können und in der Fülle der Angebote verliert sich häufig das Gefühl dafür, was wirklich wichtig ist. Nämlich „Wie geht's, wie stehst du?"

2.4 Psychomotorik: mit Leib und Seele

Wechselwirkung zwischen motorischem, seelischem und geistigem Erleben

Die meisten Menschen verbinden das Wort Psychomotorik mit Turnen. Das stimmt, Psychomotorik hat ganz viel mit Bewegung zu tun, aber vor allem mit der Vorstellung, dass es eine Wechselwirkung zwischen dem motorischen, dem seelischen und dem geistigen Erleben gibt. Wer sich bewegt, soll damit auch seine kognitiven Fähigkeiten schulen. „Wer rastet, der rostet", sagt der Volksmund. Wenn wir als Erwachsene anfangen, „psychomotorisch" zu denken, dann gewinnen wir wieder Zugang zu der sinnlichen und leiblichen Seite unseres Daseins. Wir achten mehr auf uns, werden selbstbewusster und kommen besser in Kontakt mit dem, was uns wirklich gut tut.

Die Einheit von Leib und Seele sollte wahrgenommen, verstanden und im Alltag nicht vergessen werden.

Was sagt die Wissenschaft?

Ausgehend vom Gestaltkreismodell von Weizsäcker, in dem er die „Zweieinheit" von Mensch und Umwelt postuliert, haben sich viele Vorstellungen der Wechselwirkung von Mensch und Umwelt entwickelt.

Definition

> *Eingedenk dieser Wechselwirkung sprechen wir von der Sensomotorik als einer funktionellen Einheit von Wahrnehmen und Sich-Bewegen. Der Ausdruck „Psychomotorik" fasst diese Funktionseinheit noch weiter, indem das Emotionale mit einbezogen wird.*
> *(Kiphard, 1979, S. 13)*

Kiphard, der Vater der deutschen Psychomotorik, verweist auf den engen Zusammenhang zwischen psychischer und motorischer Entwicklung und auf die Tatsache, dass der sensorische Input, also die Fähigkeit wahrzunehmen, das psychomotorische Verhalten bestimmt. Es geht darum, dass und wie Wahrnehmung Bewegung steuert und umgekehrt unsere Bewegungsfähigkeit die Wahrnehmung bestimmt. Dieses Wechselspiel macht einen großen Teil dessen aus, was wir von der Welt wahrnehmen und wie wir mit ihr umgehen.

Basissinnessysteme und ihre psychomotorische Bedeutung

Ich möchte Ihnen im Folgenden ein sehr einfaches Modell über körperliche Organisation und die damit zusammenhängenden emotionalen Erlebensformen vorstellen. Gerade weil das Modell sehr einfach ist, entspricht es natürlich nicht der Komplexität des Mensch-Seins. Aber es eröffnet einen praxisorientierten Zugang zu vielen Themen, die mit herausfordernden Verhaltensweisen von Kindern zu tun haben. Es hilft, Kinder besser zu verstehen und vor allem gibt es eine Orientierung, in welcher Form und auf welcher Ebene wir Kontakt und lebendigen Dialog aufrechterhalten können.

Deai

> *Im Japanischen gibt es das Wort deai. Es setzt sich zusammen aus den Schriftzeichen für „aus sich herausgehen" und „treffen". Ein deai ist daher eine Begegnung, die mehr ist als das physikalische Aufeinandertreffen zweier Personen. Bei einem deai passiert etwas ... Ein Knistern liegt in der Luft, plötzlich scheint die Welt für kurze Zeit aus den Fugen zu geraten, nur um sich danach wieder neu zusammenzusetzen. Ein deai bringt positive Veränderung mit sich.*
> *(Vieser, 2009, S.12)*

Mit solch einer Präsenz, Leibhaftigkeit und Geistesgegenwart durch die Welt und in Begegnungen zu gehen, das entspricht meinem psychomotorischen Denken. Haben wir unsere Sinne beisammen und sind mit Achtsamkeit gewappnet, steht solchen Begegnungen, die man in Japan deai nennt, nicht viel im Wege. Ein bisschen Mut zum Aus-sich-Herausgehen und schon geht es los. Zuvor aber noch die Übersicht, was wir so alles in uns herein- und wahrnehmen.

Sensorische Integration

Das von Jean Ayres entwickelte Modell der sensorischen Integration (SI) stellt dar, welche Sinnestätigkeiten grundlegend für unsere leibliche, emotionale und auch kognitive Fähigkeiten sind.

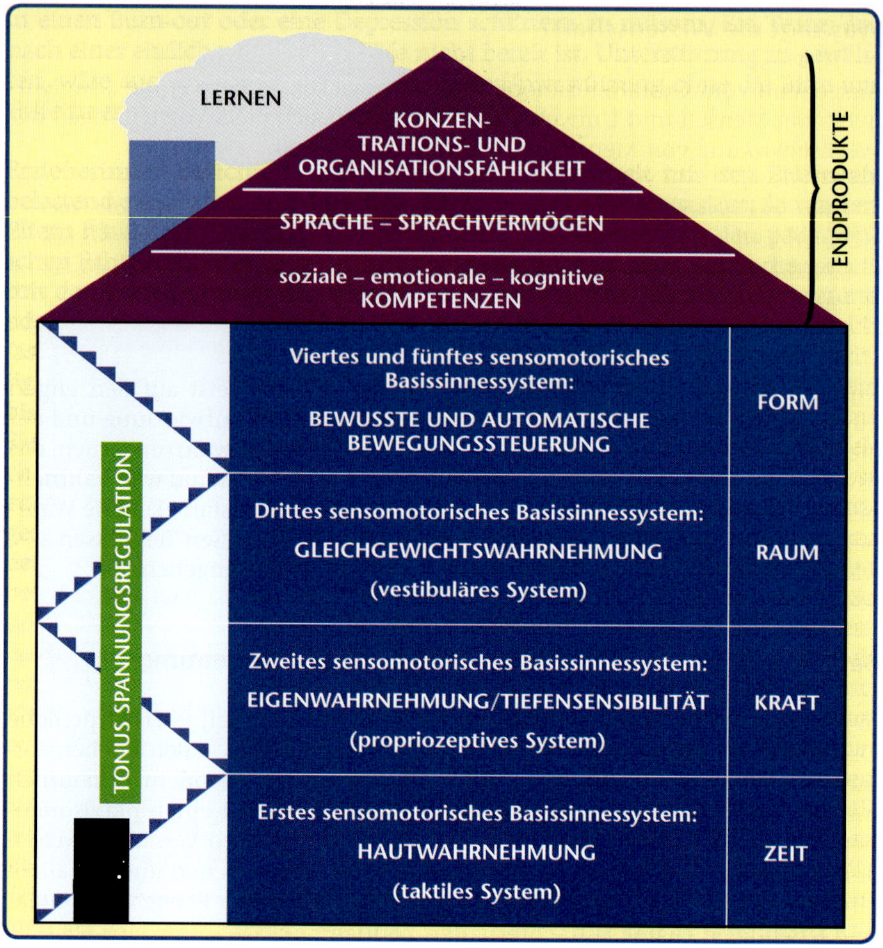

Das SI-Haus

Das Modell auf dieser Seite bildet die Grundideen der SI ab:

- Die Leistungen, d.h. die motorischen, kognitiven, sozialen und emotionalen Kompetenzen (im Modell sind das die Dachgeschossinhalte und der rauchende Schornstein) gründen auf der gelungenen Zusammenarbeit von Basissinnessystemen (Stockwerke eins bis vier).
- Der gesamte Handlungsausdruck des Menschen ist bestimmt über seine tonische Verfassung (Treppenhaus), und Handlung ist nur möglich als ganzheitlicher Prozess, an dem alle Systeme sozusagen vom Dachgeschoss bis zur Eingangstür, von Kopf bis Fuß beteiligt sind.
- Die Basissinnessysteme ermöglichen uns die Wahrnehmung und Verarbeitung grundlegender und lebensnotwendiger Sinnesreize und sind im ganz besonderen Maße an der Regulation der Körperspannung beteiligt.

> *Die erste Hauptthese der sensorischen Integrationstheorie besagt, dass das Lernvermögen eines normal entwickelten Menschen davon abhängt, inwieweit er in der Lage ist, sensorische Informationen über die Umwelt oder seine Körperbewegungen aufzunehmen, im Zentralnervensystem zu verarbeiten und zu integrieren und die erhaltenen Informationen für die Planung und Organisation seines Verhaltens zu nutzen.*
> *(Fisher et al., 1998, S. 5)*

Um Bewegungen zu organisieren, fließt ein unablässiger Informationsstrom in unserem Körper: Ein Feedbacksystem ohnegleichen sorgt **subkortikal, also ohne unser bewusstes Zutun, für das leibliche Wohlergehen.** Es hält uns im Gleichgewicht, es informiert über die Lage und Stellung der Gelenke, es informiert über Hautreize und hilft uns mit unserem Leib in der Welt zu sein, ohne dass wir darüber nachdenken müssen.

Feedbacksystem sorgt ohne unser Zutun für unser Wohl.

Das Charmante an dieser Theorie ist, dass zu den wichtigen Sinnessystemen Wahrnehmungen gehören, die sich auch im Alltag – häufig unbewusst – als wichtige Sinnesbereiche erfahren lassen: Eigentlich wissen wir, wie wichtig Hautkontakt ist, und geben Unmengen für Hautpflege aus. Eigentlich wissen wir, wie gut Bewegung tut, aber häufig fehlt uns jemand, der uns Beine macht. Eigentlich wissen wir, dass aus dem Gleichgewicht zu kommen ein sehr energiereicher Schock sein kann und die Suche nach neuem Gleichgewicht vieles zum Positiven verändert. So zählen diese Sinneserfahrungen tatsächlich zu den Grunderfahrungen, die einen großen Einfluss auf unsere Persönlichkeit haben. Und unser individueller Zu- und Umgang mit diesen Bereichen ist ein großer Teil von den Aspekten, die unsere Persönlichkeit ausmachen.

Da gibt es die „Häutler", Menschen, denen Kontakt und Nähe über alles geht; es gibt die „Umtriebigen", denen Bewegung alles bedeutet; es gibt die „Ausgewogenen", Menschen, die immer nach Gleichgewicht trachten. Auf diese Art lassen sich viele Persönlichkeitsprägungen in Verbindung zu den sensomotorischen Gewohnheiten und Lebensweisen bringen. Die sensomotorische Orientierung eines Menschen, seine Über- oder Unterempfindlichkeiten bilden die Grundlagen für Vorlieben ganz persönlicher Art.

Taktil orientierte Menschen

Taktil orientierte Menschen wollen sich im Kontakt erleben: Sie wollen begreifen, anfassen, sie sind „Spürwesen", gefühlsbetont und beziehungsorientiert. Menschen, denen alles unter die Haut und an die Nerven geht, ziehen sich gerne zurück, lieben das Alleinsein und den Abstand. Die Haut als größtes Wahrnehmungsorgan hilft uns zu spüren und gespürt zu werden, sie ist bereit für den direkten Austausch von Haut zu Haut. Frühe Lebensgeschichte ist deshalb vor allem Berührungsgeschichte. Und das bleibt auch weiterhin so. Die Art und Weise, wie die Haut wahrnimmt, beeinflusst in großem Maße den Kontakt mit anderen Menschen, mit der Umwelt: Wer kennt nicht die Tage, an denen keiner einem nahe kommen darf, wo uns das Geringste tief berührt, wir angerührt sind, an denen uns alles unter die Haut geht und wir ganz schnell warm werden, und andere Tage, an denen uns alles kalt lässt. Das Zauberwort für alle Hautwahrnehmung heißt Zeit: Berührung braucht Zeit, will innen nachhallen, flüchtiges Berühren bleibt an der Oberfläche; die Dinge wirklich zu begreifen verlangt Aufmerksamkeit und Zeit, und am Mangel der Zeit lese ich den Mangel an Berührung.

Propriozeptiv orientierte Menschen

Propriozeptiv orientierte Menschen wollen sich in Bewegung erleben, sind zupackend, engagiert und handlungsorientiert, häufig zu schnell und gerne auch undosiert, durch und durch „Tatmenschen“. Die Eigenwahrnehmung gibt uns Informationen darüber, wie wir uns spüren, ob wir außer uns sind oder in uns ruhen. Sie informiert uns über die Spannung der Muskulatur und die Stellung der Gelenke und Gliedmaßen. Sie verschafft uns Empfindungen aus der Tiefe unseres Körpers, wird deshalb auch Tiefensensibilität genannt. Während die Haut uns über die umgebende Welt informiert, erzeugt die Eigenwahrnehmung das Bild von uns selbst. Sie erschafft ein Gefühl von Ich. Sich selbst wahrzunehmen ist ein riskanter Prozess, braucht Mut: zu sich kommen, in sich gehen. Kann ich mich nicht gut spüren, dann suche ich nach Belastung, nach Gewichten, will wichtig werden. Viele brauchen den Druck, um sich zu spüren, brauchen Reibung, um in Bewegung zu kommen. Sie wollen Grenzen spüren, Widerstand und Halt erfahren.
Im Widerstand gegen ein Gewicht kann ich mich und meine Kraft erfahren und lernen, wie ich sie dosiert einsetzen kann. Wenn ein Kind dauernd seine Grenzen überschreitet und sich selbst nicht mehr wahrnimmt, sich über- oder unterschätzt, mit seiner Kraft nicht klar kommt, häufig ausrastet oder eingeschnappt ist, dann braucht es viele Möglichkeiten, sich besser zu spüren.

Vestibulär orientierte Menschen

Vestibulär orientierte Menschen brauchen Raum und Trubel, haben gerne etwas um die Ohren, kommen erst in Schwung, wenn viel los ist. Vestibulär Überempfindliche bleiben lieber am Rande des Geschehens, sind vorsichtig und stehen gar nicht gerne im Mittelpunkt. Das Gleichgewichtsorgan hat eine zentrale, integrierende Funktion: Aus dem Gleichgewicht zu kommen, zu fallen, aber auch aufzusteigen sind existenzielle Bewegungen, Balance zu finden und sich im Raum gut bewegen zu können sind begehrte Fähigkeiten. Lustvolle Tätigkeiten, wie Walzer tanzen, Achterbahn fahren, Bergsteigen, Schaukeln oder einfach nur gewiegt zu werden, sind Anregungen für das Gleichgewichtsorgan, welches mit dem Ohr funktionell verknüpft ist. Vestibuläre Informationen haben die tiefste Wirkung auf unsere Stimmung und unsere Körperspannung. Mit der Schwerkraft umgehen zu können, sich aufrecht zu halten, aber auch im rechten Moment loslassen zu können, entscheiden über das Im-Gleichgewicht-Sein.

Uns Erwachsenen bleiben Fragen wie: „Kann ich Raum geben, kann ich Raum lassen, kann ich ein Kind gut im Raum lassen?“ Wir erkennen unseren Umgang mit vestibulären Informationen daran, wie wir Raum nutzen. Zeigen wir uns wendig oder stur? Bin ich, auch wenn es drunter und rüber geht, noch wohlauf, oder komme ich an die Grenze meines Im-Gleichgewicht-Seins? Wie schnell oder langsam kann ich umschalten?

Viel zu häufig geben wir Raumstrukturen vor, in denen nichts mehr zur Benutzung des Gleichgewichtsorganes zwingt. Wenn alles schon festgelegt ist: wenn Wege und Plätze schon vorbestimmt sind und so die eigene Orientierung nicht mehr notwendig wird. Die Angst vorm freien Raum und dem damit verbundenen Risiko lässt die Gleichgewichtsfunktionen verkümmern. Die Entwicklung von Raumorientierung und guter vestibulärer Integration setzt komplexe Raumstrukturen, in denen das Gleichgewichtssystem gefordert wird, voraus. Vielfalt und ein gewisses Maß an Durcheinander „zwingen“ das vestibuläre System zum Arbeiten und damit zur Reifung. In vielen Gruppen herrscht eine große Angst vor dem „angebotsfreien“ Raum. Dabei sind aber gerade Prozesse der Ab- und Übereinstimmung und das Erleben, wie aus Chaos Ordnung wird, stimulierend für das Gleichgewicht.

Chaos stimuliert das Gleichgewicht.

Auch wenn die sensorische Integration zuerst einmal nur über Sinneswahrnehmung spricht, wird deutlich, wie sehr unsere Wahrnehmung etwas sehr Persönliches ist. Die Art und Weise, wie die Wahrnehmung zu unserem Bild von Welt und von uns selbst beiträgt, bestimmt uns.

Wenn Sie beispielsweise ein taktil orientierter Mensch sind, dann werden Sie die Welt auf Hautwahrnehmung hin abklopfen. Situationen, in denen die Welt Ihnen nahe kommt, in denen Fühl- und Begreifbares Ihnen zugänglich ist, werden Sie bevorzugen. Andere Situationen – viel Bewegung, wenig Greifbares, keine Nähe – entsprechen nicht Ihrer Wellenlänge, entsprechen nicht Ihrer bevorzugten Lebensweise.

Das Modell der sensorischen Integration hilft, die Sinne wieder ins Bewusstsein zu bringen, die im Alltag schnell selbstverständlich und dadurch aber auch gerne vergessen werden. Normalerweise wollen wir eben nicht daran erinnert werden, dass Kontakt vor allem eine Angelegenheit unserer Haut ist, dass unser Selbstbild vor allem über Bewegungserfahrung entsteht und dass wir uns in andauernder Auseinandersetzung mit der Schwerkraft befinden. Als Erwachsene vergessen wir gerne die Grundlagen unserer leiblichen Existenz, bis uns ein Schwindel, ein Juckreiz oder ein eingeschlafener Fuß an diese Grunderfahrungen erinnert.

Es gibt Zeiten in der Entwicklung des Menschen, in denen die sensomotorische Weise besonders betont und mit einer existenziellen Frage verbunden ist. Ganz am Anfang jedes Lebens ist da die Zeit für Hautkontakt und Wärme mit Betonung des taktilen Systems, die die Erfahrung vermittelt, ob man sich in seiner Haut wohl fühlen kann oder nicht. Habe ich die Gewissheit, dass ich in meinem Wesen wahrgenommen und (bedingungslos) geliebt werde? Diese Frage wird im Kontakt erlebt und beantwortet.

Zeit für Hautkontakt und Wärme

Eine Erzieherin, die nachfühlt, die nicht immer weiß, was zu tun ist, die erst einmal fühlen muss, die nicht sofort Handlungsstrategien entwickelt, sondern dem Spüren Raum und Zeit gibt, gibt auch Informationen zum Gebrauch des taktilen Wahrnehmungssystems weiter. Hautwahrnehmung braucht vor allem Zeit: Zeit zum Innern, Zeit zum Vergewissern: „Wie fühlt sich das an, was fühle ich dabei"? So, wie Liebe durch den Magen geht, geht das Begreifen der Welt über die Haut.

Was der Hautwahrnehmung gut tut

Zeit für das Spüren der eigenen Kraft

Dann kommt die Zeit für das Spüren der eigenen Kraft mit Betonung der Eigenwahrnehmung (Propriozeption), die maßgeblich das Selbstbild bestimmt. Kann ich mich anderen Bedürfnissen zu- (oder ab-)wenden? Komme ich in die Gänge?

Die Eigenwahrnehmung beeinflusst unser Selbstverständnis. In dieser sensomotorischen Orientierung wollen Menschen Gewicht erleben, (ge-)wichtig genommen werden und in die Verantwortung kommen, Verantwortung auf ihre Schultern laden dürfen („Ich kann das schon selbst."). Sie lastet zwar auf uns, macht uns aber auch schwerer und gewichtiger. Gesehen, gehört, geachtet zu werden und etwas bewegen und bewirken zu können – all das stärkt die Eigenwahrnehmung.

Was der Eigenwahrnehmung gut tut

Schweres Wuchten, seinen Körper unter Druck spüren, Dinge in Gang bringen, uns selbst in Bewegung bringen, etwas bewegen, auf den Weg machen – das sind Erlebnisse, die mit der Eigenwahrnehmung zu tun haben. Wenn ein Kind genug Halt von anderen bekommt, kann es sein Ich entwickeln und seine Kraft spüren, sich auf den Weg ins Leben machen, etwas bewegen. Wenn es Gewicht spüren darf, seine Kraft ausprobieren und die Lust an sich und seiner Bewegungsfähigkeit leben darf, dann entwickelt es ein positives Selbstbild.

Raum wird zum Handlungsraum

Gelingt die Eigenwahrnehmung, so ist das Kind bereit für die nächste Ebene der Integration, der Raum wird zum Handlungsraum. Die Hochstimmung, die ein Kind erfasst, wenn es endlich auf eigenen Füßen steht, ist auch ein Werk des vestibulären Sinnesystems. In und aus dem Gleichgewicht zu kommen, sind zentrale menschliche Bestrebungen, verbunden mit der Frage: Habe ich die Freiheit, meinen Interessen nachzugehen?

Die Auseinandersetzung mit der Schwerkraft ist die größte Herausforderung für den Menschen, man denke nur an das Aufstehen in aller Herrgottsfrühe. Mit dem Erreichen der vestibulär betonten Phase ergeben sich durch das Stehen und Gehen grundlegend neue Möglichkeiten der Orientierung. Man gewinnt Überblick, hat andere Aussichten und vor allem: die Hände sind frei zum „Handeln". Mit dem selbstständigen Gehen sind neue Kommunikationsformen auf Distanz möglich: Hören, Sprache, Gesten. Das Kind kehrt den Rücken und läuft in den Raum, geht seinen eigenen Weg.

Was den vestibulären Funktionen gut tut

Das Gleichgewichtsorgan hilft uns, Höhen zu erobern, in die Tiefe des Raumes zu stoßen, Balanceakte zu wagen, neuen Umgang zu finden. Schwerpunkt vestibulärer Lust ist der bedingungslose Gebrauch des Körpers, Räume wollen durchquert und begangen werden, alles will erklettert, gedreht, gehüpft und gerollt werden, Fallen lernen und immer wieder aufstehen sind starke Reize für das Vestibulum. Die Lust an der vestibulären Verunsicherung kann andere durchaus in den Schwindel treiben.

Fazit

Die Wahrnehmungen von der Haut (taktile Information), von den Muskeln und Gelenken (propriozeptive Information) und aus dem Gleichgewichtsorgan (vestibuläre Information) sind nicht nur einfach Informationen, sondern es sind stimulierende Angebote für das Wachstum des Organismus. Ohne Berührung geht das Neugeborene schlicht und einfach zugrunde und die Medizin hat lange gebraucht, bis sie zu früh Geborene aus dem technisch-perfekten Brutkasten wieder in die wärmenden Hände der Mütter zurückgegeben hat.

Sensorische Integration im Alltag

Die Basissinneswahrnehmungen sind der Motor auch unserer Erwachsenenvitalität und wenn sie nicht mehr genutzt werden, verlieren wir den Antrieb. Fachleute gehen davon aus, dass Alterungsprozesse häufig auf eine „sensomotorische Amnesie" zurückzuführen sind. Auf den Nichtmehrgebrauch von basalen Sinneserfahrungen. Weil die sensomotorischen Funktionen zu einem System integriert sind, wird alles, was in einem Teil unzureichend funktioniert, dann auch im anderen Teil unzureichend sein.

Wegweiser für Sinnesreize

Das Modell der sensorischen Integration ist ein guter Wegweiser für die Sinnesreize, die uns wirklich gut tun. Die Fernsinne Augen und Ohren sind hoch beansprucht und schnell erschöpft, wenn sie keine Unterstützung durch die Nahsinne erhalten. Immer wenn es um die Regulation unserer Körperspannung, also auch unserer Stimmung geht, greifen wir zu Haut-, Tiefen- oder Gleichgewichtsstimulationen. Das machen wir unbewusst sowieso und können es bewusst natürlich noch besser nutzen.

TIPPS FÜR DEN ALLTAG

So nutzen Sie die Basissinne für Spannungsregulationen:

- **Die Haut:** Von der morgendlichen Dusche über das Eincremen hin zum Essen und Trinken bis zum Gute-Nacht-Kuss – wir tun viel für unsere Haut. Händereiben, Ohrläppchenzupfen, ums Kinn streichen, den Kopf kratzen: Es gibt eine Fülle versteckter Angewohnheiten, die uns immer wieder helfen, über die Hautempfindung die Spannung zu halten. Dazu gehören leider auch schlechte Angewohnheiten wie das Rauchen und das Naschen.
  Bewusste kleine Massagen (Hände, Finger, Ohr, Gesicht, Füße) und Selbstberührungen (Abklopfen der Gliedmaßen) sind sehr effektiv im Hinblick auf die Wachheit und Achtsamkeit im Kontakt. Beobachten Sie sich und versuchen Sie, sich Ihre täglichen Kontakte bewusster zu machen.

- **Die Tiefensensibilität:** Recken und Strecken am Morgen gehören genauso dazu wie das Seilhüpfen, Dehnen und Räkeln oder das Gewichtheben. All das gehört zu den beliebten Ent- und Spannungsmethoden. Wenn Beine übereinander geschlagen, die Arme verschränkt und die Finger geknetet werden oder das Kinn aufgestützt wird, handelt es sich dabei immer um eine gehörige Portion Tiefensensibilität.
  Kleine Unterbrechungen des Kontaktes zu Umwelt zugunsten einer Information aus dem Körperinneren schaffen mehr Gleichgewicht zwischen innen und außen. Fäuste ballen, möglichst viele Muskeln auf einmal anspannen und wieder loslassen – solche kleinen Druckerfahrungen beleben. ▷

■ **Das Gleichgewicht:** Natürlich können Sie auf einem Bein stehen und mit Ihrem Gleichgewicht spielen oder einen Schaukelstuhl nutzen. Aber schon Treppensteigen und Fahrradfahren helfen Ihnen, die Funktion des Gleichgewichts zu erhalten. Spielen Sie mit verschiedenen Raumebenen beim Sitzen. Allein das Aufstehen und Hinsetzen ist ein großer Stimulus. Immer wieder neue Wege zu gehen trainiert unser Raumlageempfinden ebenso wie das Walzertanzen. Beginnen Sie eine neue Tanz- oder Sportart. Bringen Sie sich immer wieder spielerisch aus dem Gleichgewicht. Ihre Organe werden es Ihnen mit längerer Gebrauchsdauer danken. Jonglieren ist übrigens eine sehr gute Übung, die auch mal zwischendurch immer wieder gut tut, weil sie uns ins Gleichgewicht führt.

Mit der sensorischen Integration lässt sich vor allem die Sinnlichkeit und damit auch das Sinnenvolle wieder in den Alltag zurückholen. Wir leben in einer Zeit, in der das Angebot für Augen und Ohren so attraktiv ist, dass viele Menschen, auch Kinder, so viel Zeit mit diesem Sinnesfutter verbringen, dass einem schon Hören und Sehen vergehen kann. Ein Rezept für ausgewogene Sinneskost lässt sich mithilfe der Vorstellung der sensorischen Integration gut beschreiben: Man nehme ganz viel für die Haut, eindrucksvolle tiefensensible Empfindungen und gehörig viel Gleichgewichtsreize, dann kann das Gehörte und Gesehene auch verarbeitet werden.

Bewegung ist Bewusstheit der Bewegung: Psychomotorik als Haltung

> *Psychomotorik ist eine Grundhaltung, seelische und motorische Aspekte gleichermaßen in die Arbeit einzubeziehen.*
> *(Passolt, 2001, S. 35)*

Psychomotorik ist eine Haltung, in der die Vielseitigkeit des Menschen akzeptiert und Bewegung nicht nur als Leistung, sondern als Erlebnis gesehen wird.

Schon das Wort Psychomotorik macht es deutlich: Es gibt mindestens zwei Seiten des Menschseins, eine psychische und eine motorische. Und so haben psychomotorisch arbeitende und denkende Menschen beide Seiten in der Bewegungserziehung, aber auch bei Alltagsbewegungen vor Augen.
Die Berücksichtigung sowohl seelischer als auch motorischer Aspekte ist eine Möglichkeit, dem Ganzheitlichen des Menschen näher zu kommen. Wir sind nicht eindimensional, Menschen sind in jedem Moment hoch komplex und manchmal auch kompliziert.

Im Sportunterricht geht es darum, dass alle über einen Bock springen (und dabei alle über denselben Kamm geschert werden); im Unterschied dazu geht es in der Psychomotorik um die Akzeptanz der Verschiedenheit der Menschen und um die Unterstützung ihrer jeweiligen Stärken: Während die einen über den Bock springen, erobern die anderen den Bock mithilfe einer Leiter und lernen dabei ihren Körper anders kennen. Die Psychomotorik beinhaltet die Sichtweise, Situationen nicht nur unter einem (Leistungs-)Aspekt zu betrachten, sondern Vielseitigkeit als Prinzip zu erkennen und zu fördern. Aus der Achtung und der Erfahrung der komplexen Zusammenhänge ergibt sich fast zwangsläufig der Verzicht auf schnelle Lösungen. Eine gewisse altmodische Langsamkeit – sie fördert Wahrnehmung und Erinnerung – gehört unverzichtbar zum psychomotorischen Arbeiten; ebenso gehört aber auch das Grenzüberschreitende zu ihr: das Wagnis, das entsteht, wenn man sich mit Leib und Seele auf etwas einlässt.

Verzicht auf schnelle Lösungen

Psychomotoriker glauben, dass Bewegung alle Ebenen und Schichten menschlichen Erlebens und Verhaltens beeinflusst und dass körperliche und seelische Prozesse nicht voneinander trennbar sind. Ungeachtet der Unterschiede in den psychomotorischen „Ansätzen" (verstehender, systemischer, kindzentrierter oder kompetenzorientierter Ansatz) gibt es Einigkeit darüber, dass über Bewegung und Bewegungserlebnisse Persönlichkeitsbildung stattfindet: von der Kindheit bis ins hohe Alter.

Wenn Bewegung also nicht nur dem Training motorischer Funktionen dient, sondern ebenso der Entwicklung von sozialen Handlungskompetenzen, von emotionalen und kognitiven Kompetenzen, wenn Bewegung Selbstwirksamkeitserfahrung ermöglicht, dann ist Bewegung im Sinne der Psychomotorik eine hervorragende Möglichkeit personale Ressourcen zu stärken.

Psychomotorik ist im Grunde ein Versuch, die in der langen Geschichte der Menschen immer wieder auftauchende Trennung zwischen Leib und Seele zu überwinden. In der Psychomotorik (und damit auch in der Sensomotorik) machen wir den Versuch, uns tatsächlich sinnlich zu erleben.

Trennung zwischen Leib und Seele überwinden

Die Haltung, die psychomotorisches Arbeiten bestimmt, ist eine große Wissbegierde, die offen ist für das, was man selbst oder der andere erlebt. Wir erforschen uns und unseren Körper, spielen und experimentieren mit uns und unserer Welt. Psychomotorik könnte also immer mit dem alltäglichen Satz „Wie stehst du, wie sitzt du, wie geht es dir?" beginnen, und wir suchen die Antwort nicht in unserem Gedächtnis, sondern in unserem Körper, der uns, wenn wir nachspüren, erzählt, wie wir sitzen, gehen oder stehen. Psychomotorisches Arbeiten, besser Spielen, fängt dann an, wenn Sie Lust kriegen, zu spüren, worauf Sie stehen oder sitzen.

TIPP FÜR DEN ALLTAG

Wie geht's?

Sie können jetzt damit anfangen:

- Wie sind Sie in Verbindung mit dem, worauf Sie gerade sitzen oder stehen?
- Welche Entdeckung können Sie machen?
- Was fühlen Sie?
- Ist dieses Gefühl für Sie wertvoll genug, um überhaupt darüber nachzusinnen?

Gute psychomotorische Arbeit meint nicht, tolle Bewegungsangebote zu machen, riesige Bewegungslandschaften in Hallen zu wuchten, Traumreisen und Schwungtuchspiele zu veranstalten. Das sind alles wunderbare Bewegungsangebote, wenn wir aber Psychomotorik ernst nehmen, dann fängt sie mit Lust und Neugier an, auf das, was wir mit uns selbst erleben können.

Lust und Neugier

Was bringt Ihnen diese Haltung? Zuerst einmal viele Fragen. Sie werden aber im Gegenzug von Antworten befreit. Auch von der ungesunden Verantwortung Kindern gegenüber werden Sie befreit, dass Sie sich „Angebote" ausdenken, dass Sie deren Lernprozess verantworten, dass Sie Antworten finden.

> *Oft glauben wir Erwachsene die Verantwortung für auffälliges kindliches Verhalten übernehmen zu müssen, um die Kinder best- und schnellstmöglichst zu fördern und damit Störungen zu beseitigen. Die Kinder geben daraufhin die Verantwortung für ihr Handeln ab.*
> *(Köckenberger, 2002, S. 102)*

Stattdessen gewinnen Sie Neugier und Freude am Spiel und dem Handeln der Kinder. Sie entwickeln Fragen und geben den Kindern Würde zurück: die Fragwürdigkeit. Sie fragen, was da geschieht, und bringen die Kinder in die Lage, sich und ihre Welt erklären zu dürfen.
Mit dieser Haltung gewinnen Sie ein Gefühl der Gelassenheit, weil Sie sich nicht für die Lösungen verantwortlich machen. Sie müssen mit dieser forschenden Haltung nicht sofort für Ordnung sorgen, nicht sofort eine Lösung finden. Im Gegenteil. Es hat sich bewährt, gerade Konflikte als wunderbare und reichhaltige Lern- und Erfahrungsquellen zu nutzen.

Hinweis

Die Arbeit, die auf Sie zukommt: Sie sind dafür da, Situationen deutlicher und klarer zu machen. Ist da zum Beispiel ein Streit zwischen zwei Kindern, dann müssen Sie nicht sofort wissen, wer was gemacht hat, um dann meistens den Falschen zur Entschuldigung zu verdammen. Verdeutlichung meint in diesem Fall, dem Streit einen Rahmen zu geben. Eine Bühne zu schaffen, auf dem die zwei Kontrahenten sich verbal oder auch körperlich streiten können, mit Zuschauern, Fans und Fernsehkameras, Musik und Eintrittskarten.

Die Kinder erleben, dass das, was passiert, nicht irgendwo geplant und entschieden wurde, sondern sich mit ihnen entwickelt und sie Einfluss haben auf das, was da mit ihnen geschieht. Mit dieser Offenheit der Lernsituationen können Sie sich eine andere Präsenz schaffen, keine kontrollierende, sondern eine wache, anteilnehmende Gegenwart, die letztlich Ihnen und Ihrem Nervenkostüm zugute kommt.

Offene Lernsituationen

Die Hingabe an Bewegung- und Sinneserfahrungen ist die Grundlage aller Bildungs- und Selbstbildungsprozesse. Mit der Intensivierung von Bewegungs- und Sinneszeiten im psychomotorischen Sinne schaffen wir für uns mehr Spannung und Entspannung. Und wer sich mehr und mehr mit dem Körper und seinen Bedürfnissen vertraut macht, wird erleben, dass diese Beschäftigung uns näher zu uns selbst bringt.

TIPPS FÜR DEN ALLTAG

Hauptaufgabe der Entwicklungsbegleitung ist das Öffnen, Erweitern und Schließen von Kommunikationskreisen. So stärken Sie den psychomotorischen Anteil in Ihrer Arbeit:

- Folgen Sie den Anregungen des Kindes und bauen Sie auf dem auf, was das Kind gerade tut (kein passives Folgen!).
- Übernehmen Sie eine Rolle in seinem Spiel.
- Verwickeln Sie durch spielerische Behinderung das Kind in Interaktion.
- Gehen Sie vom Mienenspiel (nonverbal) zum verbalen Dialog.
- Begleiten Sie das Spiel mit Worten.
- Verlängern Sie die verbalen Kommunikationssequenzen durch „ahnungsloses" Nachfragen.
- Benennen Sie die Gefühle, die das Kind Ihnen gegenüber ausdrückt.

2.5 Rhythmus: Grundprinzip lebendiger Systeme

Rhythmus ist der Wechsel zwischen Fließen und Halten, zwischen Struktur und Chaos, zwischen Tag und Nacht. Und da muss tatsächlich jeder mit, auch die „Taktlosen", die keinen Takt halten können. Auch diese Menschen sind durch Rhythmus geprägt. Ihr Herzschlag, ihr Atmen und Gehen steckt voller Rhythmus. Doch wir sind dennoch leicht aus dem Takt zu bringen. Da eine Unterbrechung, hier eine Störung, da noch eine Anfrage, und prompt kommen wir aus dem Rhythmus. Aus unserem Rhythmus. Rhythmus ist also nicht nur in der Musik wichtig, sondern überall.
In diesem Kapitel werden Sie das „Rhythmische Prinzip" kennenlernen und verstehen, dass Rhythmik und Rhythmus in allen Lebenslagen von großer Bedeutung sind.

Rhythmus als ökonomisches Prinzip

Vor gut 60 Jahren schrieb Elfriede Feudel voller Hoffnung: „Die Gesetze, auf denen die rhythmische Arbeitsweise beruht, sind jedoch derart elementar, dass sie als Fundamente der Erziehung nicht zu entbehren sind.“ (1949, S. 15) Sie schrieb es in ihrem Buch mit dem hoffnungsvollen Titel: „Durchbruch zum Rhythmischen in der Erziehung“. Heute wissen wir, dass dieser Durchbruch leider immer noch nicht stattgefunden hat. Im Gegenteil: Vom Rhythmischen in der Erziehung ist in „Zeiten des Bildungswahns“, wie Armin Krenz unsere Zeit nennt, immer weniger zu spüren. Um zu verstehen, wie wenig vom Rhythmischen in den Erziehungsalltag gefunden hat, brauchen Sie, liebe Leserin, nur einmal Ihren Tagesablauf daraufhin zu untersuchen, wie fließend der Wechsel zwischen Anspannung und Entspannung ist.

Bildungswahn

Wie viele Möglichkeiten bieten sich Ihnen für einen rhythmischen Ausgleich, wo Seele, Geist und Körper in einer fördernden Wechselwirkung stehen? Wie oft haben Sie das Gefühl von einseitiger Belastung, weil die Situation keinen Wechsel erlaubt? Wie sehr sind Sie von zu viel Lautstärke umgeben ohne den heilsamen Ausgleich der Stille? Oder ganz elementar: Wie häufig haben Sie das Gefühl, dass das, was gerade geschieht, mit Ihrem ureigenen Rhythmus nichts zu tun hat, sondern Sie stattdessen fremden Rhythmen folgen müssen, unter Strukturen leben, die nicht selbst-, sondern fremdbestimmt sind?

Nach Feudel zum Rhythmischen zu kommen, meint nicht, einmal am Tag ein Lied zu singen oder ein Bewegungsspiel mit den Kindern zu veranstalten, es meint auch nicht eine tägliche Rhythmikstunde (wobei das natürlich schon wunderbar wäre).

Kein „Wenn ich das geschafft habe, dann erhole ich mich“, kein „Wat mutt, dat mutt“ und auch kein „Morgen wird es schon besser werden“. Die Idee des Rhythmischen ist tatsächlich die Idee vom Gleichgewicht in jedem Moment, vom „Einklang“ mit sich und der Situation und von einem Leben voller Ausgleich, dafür aber frei von Monotonie, Stress und Ausgepowertsein.

Gleichgewicht in jedem Moment

Ich gestehe, ich bin von der Idee des Rhythmischen vor circa 25 Jahren gepackt und infiziert worden, vielleicht gelingt es mir, auch Sie, geneigte Leserin, dem Rhythmischen geneigter zu machen.

Rhythmus ist Leben.

Deshalb zuerst eine Erinnerung: Rhythmus ist Leben und alles, was lebt, ist in Bewegung. Auch wenn Sie sich selbst nicht zu den rhythmisch Begabten zählen, Sie sind durchdrungen und umgeben von Rhythmus. Rhythmen haben Gesetzeskraft. Wer Körperrhythmen missachtet, bekommt Probleme. Wer zum Beispiel tagelang, wochenlang gegen den Tag-Nachtrhythmus verstößt, bekommt Probleme. Wessen Schlaf dauernd gestört wird, bekommt Probleme. Unzählige Rhythmen umgeben uns, sind in uns, werden bewusst und unbewusst gestaltet. Atem, Herzschlag, Tag- und Nachtrhythmus, Jahreszeiten. Rhythmus ist eine Gestaltungskraft, die sowohl in organischen als auch in anorganischen, in psychologischen und physiologischen, in motorischen und in psychischen Bereichen wirkt.

In jedem Körper verbirgt sich eine Vielzahl von Rhythmen und wir reagieren stark auf sie. Wir lieben den Wechsel, die Unterschiede. Was wäre das Helle ohne das Dunkle, die Spannung ohne die Entspannung, die Anstrengung ohne die Pause, der Schlag auf die Trommel ohne die Pause? Was wäre Kommunikation ohne Rede und Gegenrede, ohne Blick und Erwiderung, ohne Gruß und Gegengruß? Leben ist Schwingung. Wir könnten vieles nicht aushalten ohne die Gewissheit um das Rhythmische. Wiederholung und Wiederkehr sind Grundelemente des Rhythmischen, ohne sie verlören wir alle Orientierung, wahrscheinlich auch jeden Sinn. Wiederholung ist das Zauberwort in der Rhythmik, ebenso wie in der Entwicklung des Kindes, die geprägt ist von tausendfachen Wiederholungen. Rhythmus ist die Quelle für das Erkennen, ohne ihn würde alles im endlosen Strom der Zeit immer wieder neu, unvertraut und fremd bleiben.

Wir sind rhythmische Wesen und fühlen uns dort wohl, wo die Abläufe rhythmisch, nicht gleichförmig (!) sind.

Rhythmik ist jedoch ein zentrales Lebensprinzip, welches man nicht nur einigen Fachleuten überlassen kann. Genau das aber passiert gerade in Kitas. Kommt einmal die Woche eine Rhythmikerin, ist das Rhythmische abgedeckt und auch mit vielen falschen Vorurteilen behaftet: Rhythmik habe etwas mit Musik zu tun und in der Rhythmik gehe es nur um Musik.

Rhythmik nicht nur einigen Fachleuten überlassen

Versuchte man sich an einer Definition des Rhythmischen, so könnte man sagen: Das Rhythmische ist die Beachtung, Erforschung und Realisierung der Beziehung von Bewegung zu Zeit, zum Raum, zur Kraft und zur Form.

Definition

Die Erziehung zum Rhythmischen ist nicht abhängig von einem besonderen Arrangement, sondern kann in jeder Situation stattfinden. Denn in jeder „Körperbewegung gewinnen Zeit, Raum, Kraft und Form sichtbares Leben, sodass wir sie deutlich wahrnehmen, in ihrer gegenseitigen Durchdringung beobachten und miteinander in fördernde Wechselwirkung versetzen können" (Feudel, 1949, S. 69).

Ich hoffe, es ist deutlich geworden, dass das Rhythmische in jeder Situation, in jeder Begegnung, in jeder Handlung aufgespürt, wahrgenommen und gepflegt werden kann – oder eben auch nicht. Es ist unsere Aufmerksamkeit dem Leben gegenüber, die aus einer Bewegung entweder eine rhythmische oder eine arhythmische macht. Und wie hoffentlich auch schon deutlich geworden ist: Rhythmische Bewegungen und Strukturen sind unserer Gesundheit förderlich, arhythmische Gepflogenheiten machen uns krank und schwächen uns. So möchte ich also Mut zum Rhythmischen machen: Es wird Sie in Ihrer Lebenslust fördern, es wird Ihren Tagesablauf stressfreier und Ihr Leben spannender machen.

Aufmerksamkeit dem Leben gegenüber

Umgang mit Zeit, Raum, Kraft, Form: das Rhythmische Prinzip

Zeit, Raum, Kraft und Form sind Begriffe, die zunächst einmal ihre Verbindung zum Rhythmischen nicht sofort zeigen. Wir nutzen diese Begriffe in allen möglichen Zusammenhängen. Zeit ist ein Phänomen, dem wir alle unterworfen sind, ebenso Zeit und Raum sind Bedingungen, mit denen wir immer zu tun haben. Mit welcher Kraft, mit welcher Energie und Dynamik wir uns in Zeit und Raum bewegen, das bestimmt letztlich die Form, in der unser Leben gefasst ist. Zu abstrakt? Dann schauen wir uns jetzt die einzelnen Grundgegebenheiten des Lebens und des Rhythmischen an.

Stellen Sie sich vor, Sie jonglieren mit drei Bällen (Zeit, Raum, Kraft). Verändert sich das Tempo ihrer Jonglage, so wird sich auch der Weg der Bälle im Raum ändern. Verändern Sie sie an einer Stelle, so werden sich die Form und die anderen Gegebenheiten auch ändern. Ziel beim Jonglieren ist eine Form zu finden, in der Tempo, Kraft und Raumweg so zueinander passen, dass die Bälle mit Leichtigkeit durch die Luft tanzen.

Rhythmiker sind davon überzeugt, dass sich in jeder Kombination ein stimmiges Verhältnis erreichen lässt, sodass der Aufwand im Hinblick auf Zeit, Raum, Kraft und Form so zueinander passt, dass wir eine rhythmische Bewegung sehen. So birgt Rhythmus in sich auch eine ökonomische Seite: Der Aufwand von Energie sollte den zeitlichen und räumlichen Bedingungen angemessen sein.

Rhythmus ist ökonomisch.

Sie werden sofort verstehen, dass ein kurzer Weg zum Bäcker am Sonntagmorgen, der mit dem Geländewagen ausgeführt wird, nicht nur ein Schlag ins Gesicht eines jeden Rhythmikers ist, sondern auch völlig unökonomisch. Die Absicht, Bewegungen in Zeit und Raum mit der den Bedingungen angemessenen Energie auszuführen, kennzeichnet die rhythmische Haltung. Dass gilt für jede Lebensäußerung, egal ob Sie vom Stuhl aufstehen oder durch die Welt düsen. Sie können das rhythmisch oder arhythmisch, ökonomisch oder unökonomisch tun.
Allein schon das Spielen mit den Möglichkeiten, die uns aus dem Bewusstsein über diese Gegebenheiten erwachen, bringen uns dem Rhythmischen näher. In dem Moment, in der Sie eine Bewegung spielerisch mal in der zeitlichen Dimension – also das Tempo – verändern, mal in der räumlichen Dimension, sind sie schon mitten im Rhythmischen und mitten im Spiel.
Wenn Sie es schaffen, immer wieder mit dieser Haltung, mit dieser Sichtweise an Ihre Alltagsbewegungen heranzugehen, werden Sie mit Sicherheit Veränderungen spüren.

TIPP FÜR DEN ALLTAG

- Beobachten Sie sich einmal dabei, wie Sie normalerweise von einem Stuhl aufstehen.
- Welches Bein geht zuerst nach vorne, wie viel Kraft wenden Sie auf? Experimentieren Sie mit anderen Aufstehmöglichkeiten, mit dem Ziel, möglichst bequem aufzustehen.
- Spielen Sie mit der „Zeitlupe" auch mit Kindern immer wieder in Alltagssituationen: Warum nicht mal „slow food" beim Essen anregen?

Natürlich kostet dieser Blick auf sich und seine Bewegungen mehr Zeit, aber dafür gewinnen Sie Spielraum. Im Folgenden schauen wir uns die einzelnen Gegebenheiten nun etwas genauer an.

Der Umgang mit der Zeit

Zeit ist – so könnte man meinen – das, was überall und jedem fehlt. Sogar das Familienministerium erinnert manchmal mit großen Plakaten daran, dass Eltern ihren Kindern vor allem anderen Zeit schenken sollen. Zeitmangel ist das Kennzeichen unserer Zeit. Atemlos, gehetzt rasen wir von Termin zu Termin und freuen uns über jeden, der uns seine Zeit schenkt.

Kinder brauchen Zeit. „Lasst mir Zeit" nannte Emmi Pikler ihr Lehrbuch über die kindliche Bewegungsentwicklung, das war 1988. Das Gegenteil ist eingetreten: Alles scheint immer schneller zu gehen, gehen zu müssen; Beschleunigung nicht nur auf der Autobahn, unser gesamtes Leben ist von der Beschleunigung ergriffen. Und wir? Hetzen hinterher, hecheln von Ereignis zu Ereignis und kommen nirgendwo an, am wenigstens bei uns selbst.

Unser gesamtes Leben ist von der Beschleunigung ergriffen.

Eine der großen Aufgaben in der Rhythmik, in der Musik und im Leben ist der Umgang mit der Zeit. Ob wir zur rechten Zeit, zu früh oder zu spät kommen, ist in der Musik wie im Leben von großer Bedeutung. Und wer zu spät kommt, den bestraft das Leben, wie wir in der Zwischenzeit wissen. Zwischen der Gestaltung meiner Zeit und der anderer Menschen kann es leicht zu Reibungen kommen. Deshalb lieben wir es natürlich, wenn zeitliche Abläufe geregelt sind: Tagesablaufpläne markieren das Leben in den Kitas. In denen ist beschrieben, was gleichzeitig, was nacheinander, was nebeneinander geschehen soll ... So hilfreich diese Zeiteinteilungen auch sind, manchmal möchte man diesen Tagesgittern entfliehen; schön wäre, wenn man das Freispiel aus dem Zeitgefängnis zwischen Morgenkreis und Angebot um 11 Uhr befreien könnte.

Tatsache ist, der Tag hat 24 Stunden und unsere Zeit ist begrenzt. Mehr Zeit gibt es also nicht, es geht nicht darum, dass wir die Zeit managen, sondern es geht darum, wie wir *uns* in der gegebenen Zeit organisieren, wie wir mit der Zeit umgehen: wie wir zwischen Gehetztsein und Langeweile den richtigen Rhythmus, unseren Rhythmus finden.

> *Zeit ist für mich da, weil ich Gegenwart habe.*
> *(Merleau-Ponty, 1966, S. 482)*

Zeit für sich finden – gegenwärtig sein

Erzieherinnen sind gefährdet. Sie sind Multitaskingchampions, deren Zeit immer von irgendjemandem gebraucht wird: von Kindern, Eltern, Kollegen, Chefin, Partner, eigenen Kindern. Dasein für andere Menschen heißt die große Verpflichtung der Menschen, die in der Elementarerziehung tätig sind.
Und Erzieherinnen neigen dazu, alles auf ihre Schultern zu laden und für alles da zu sein. Haben Sie tatsächlich genügend Zeit für das alles?

Multitasking-champions

TIPPS FÜR DEN ALLTAG

Haben Sie genügend Zeit für sich?

Daran erkennen Sie, ob Sie genügend Zeit für sich finden:

- Ich kann mich auf jemanden/etwas intensiv einlassen.
- Ich habe mehrmals die Gelegenheit für die Begegnung mit nur einem Kind.
- Ich sage nicht ständig: „Moment mal, später, gleich."
- Ich kann Dinge auch sofort erledigen.
- Wenn etwas schief geht, dann habe ich genügend Zeit, das zu richten.
- Ich beschäftige mich auch mit Dingen, die nichts mit dem Beruf zu tun haben.
- Ich bin bei Dienstschluss nicht erschöpft.
- Ich habe ein tägliches Rückzugsritual.
- Ich bin nicht dauernd ansprechbar.

Erst wenn ich über Anfang, Verlauf und Ende einer Tätigkeit verfügen kann, kann man über individuelle Zeitgestaltung reden. Wenn es nur noch darum geht, seine Zeit effektiv zu nutzen, dann verlieren wir unsere Gegenwart und Individualität.

Jeder hat sein eigenes Tempo.

Jeder Mensch hat sein Tempo, seine Eigenzeit. Gerade in der Kindheit gibt es viele Situationen, in denen Kinder mit ihrem Umgang mit Zeit konfrontiert und eingeschätzt werden. Frühgeborene, Spätentwickler, entwicklungsverzögerte Kinder, verlangsamte und ganz der heutigen Zeit entsprechend beschleunigte Kinder, hyperaktive und impulsive Kinder. Immer wird der Maßstab „Zeit" angelegt und das Kind daran gemessen, ob es sich altersgemäß verhält. „Was, dein Baby spricht schon?" Alles eine Frage der Zeit. Leben unter Zeitdruck macht krank, weil wir damit von unserer Eigenzeit abgeschnitten sind. Zeitdruck verhindert Wahrnehmung und Nachspüren und das Schwingen zwischen den Polaritäten. Die Folge ist fruchtlose und furchtbare Enge.

Leben unter Zeitdruck macht krank.

Den Kindern Zeit lassen können wir erst, wenn wir zuerst einmal an uns erlebt haben, was es bedeutet, den eigenen Rhythmus im eigenen Takt, im eigenen Timing zu leben. Schaffen wir also Zeit für uns, dann können wir den Kindern Zeit geben.

Zeit schaffen

Von Ethnien, in denen das Trommeln eine wichtige Rolle spielt, wird erzählt, dass sie beim Trommeln Zeit schaffen. Sie schaffen das, in dem sie die verfügbare Zeit ein- und unterteilen. Indem sie viele Schläge in einen Takt, in eine Zeiteinheit packen. Sie schaffen Gegenwart, indem sie die Zeit mit mehr Pulsationen ausfüllen. Sie schaffen mehr Wechsel von Ereignissen (Schlag – Pause), die subjektiv zu dem Gefühl erfüllter Zeit führen.

Zeit schaffen

So schaffen wir Zeit, wenn wir – sei es auch nur für kurze Zeit – uns auf unsere körpereigenen Pulsationen konzentrieren. Wenn wir unser Ein- und Ausatmen beobachten, unseren Herzschlag, wenn wir uns auf das Gehen konzentrieren, immer dann schaffen wir Zeit. Wenn wir die Zeit mit unterschiedlichen und wechselnden Wahrnehmungen erfüllen, dann erleben wir erfüllte Zeit.
Sind diese unterschiedlichen Wahrnehmungen rhythmisch gestaltet, also so, dass wir diese Wahrnehmungen immer wieder neu wiederholen dürfen, dann gelingt es uns mehr und mehr, gegenwärtig zu werden.

Zeit für andere finden – Übereinstimmung erleben

Wer immer wieder einen guten eigenen Rhythmus im Fluss des Lebens gefunden hat, dem fällt es leichter, seinen Rhythmus, seine Zeit mit anderen zu teilen. Wer einen klaren Rhythmus hat, macht es seinen Mitmenschen leicht, diesen zu erkennen und sich auf ihn einzulassen. Menschen mit klarer Pulsation ziehen andere Menschen an. Das ist in der Musik wie im Leben so.

Ein klares Zeitmaß gibt Orientierung und ermöglicht den anderen, sich mit diesem Zeitmaß zu verbinden. Klares „Timing" ist immer gebunden an die Rhythmen des Körpers. Pulsschlag, Atem und körperliche Strukturen geben unserem Ausdruck eine organische Dimension, ein rhythmisches Gerüst, welches das Tempo unserer Bewegungen mitgestaltet. Ist unser „Timing" im Einklang mit diesen organischen Strukturen, stimmen Ausdruck und körperliche Dimensionen überein, dann ist das ein Aspekt dessen, was unsere Mitmenschen als authentisch erleben und bezeichnen.

Wenn Kinder gleichzeitig etwas sagen oder tun, dann beglückwünschen sie sich gegenseitig: Wenn Menschen denselben Gedanken haben, denselben Satz sagen, gleichzeitig aufspringen, dann erleben sie Synchronizität. Sie überwinden für einen kurzen Moment das Getrenntsein von anderen Menschen, sie erleben, dass andere genauso ticken wie sie – sie erleben Gemeinschaft.

Inhalte sind zweitrangig.

Aus der Erforschung früher Eltern-Kind-Interaktionen weiß man, dass Babys nicht an einem Ergebnis des Zusammenseins interessiert sind, sondern am Prozess des Zusammenseins; sie wollen vor allem gemeinsam Zeit verbringen. Inhalte sind dabei zweitrangig.

Umgang mit dem Raum

Wie viel Raum nehmen Sie sich? Und was hat das mit unserer Persönlichkeit zu tun? Der Raum, den wir uns und anderen zugestehen, hat lebenswichtige Bedeutung. Wer sich wichtig nimmt, nimmt auch viel Raum ein.

Der Raum als der dritte Erzieher

Nicht nur für Kinder, auch für Sie, liebe Erzieherinnen und Erzieher, sind die Räumlichkeiten bestimmend für das Wohlbefinden.

Bei einem Besuch eines Naturkindergartens berichteten die Erzieherinnen übereinstimmend, dass die Zeit, die sie in der Natur und vor allem im Wald verbringen, den Kindern, aber auch ihnen selbst gut tut. Die Erzieherinnen sind viel an der frischen Luft und merken dies daran, dass sie viel weniger krank sind, und das gelte auch für die Kinder. Das Verlassen der Kita, der Aufenthalt in anderen größeren, weiteren Räumen bringt Ruhe, bringt Gelassenheit für alle. Die Kinder seien im Gegensatz zu den „Hauskindern" in der Lage, mit wenig Spielzeug auszukommen.
Wir brauchen Raum, um uns mit unseren Bewegungen in ihm zu erfahren. Raum ist ein Gegenstand, den wir sinnlich erfahren wollen und müssen.

Typische Fragen in der rhythmischen Erziehung: Wie weit kann ich gehen? Wie groß bin ich? Wie klein kann ich mich machen? Wie oft muss ich hüpfen, bis ich auf der anderen Seite eines Raumes bin? Wie hoch komme ich mit meinen Armen? Was ist hinter mir, vor mir? Wie viel Raum brauche ich, wenn ich tanze, wenn ich schleiche usw.?
Räume verlangen viel von uns: Sie laden ein, sie machen Angst, sie zwingen zur Entscheidung, sie lassen uns mal zu klein, mal zu groß erscheinen. Räume sind der Rahmen für die menschliche Bewegung, und wie wir uns in diesem Rahmen bewegen, erzählt viel über unsere Person. Manche Menschen kommen in einen Raum und füllen ihn, andere werden gar nicht bemerkt. Wieder andere betreten den Raum wie eine Bühne, andere wollen gar nicht wahrgenommen werden. Sie bleiben am Rand, andere gehen sofort in die Mitte. Sie nutzen den Raum und bleiben nicht an einer Stelle. Verharren nicht nur auf einem Standpunkt, sondern nutzen den Bewegungsraum.

Wie wir uns in Räumen bewegen, verrät viel über uns.

Raum meint aber auch den Raum des eigenen Leibes. Mit unserem Körper bilden wir das Zentrum unseres Bewegungsraumes, seine Bewegungsmöglichkeiten erschaffen die Wahrnehmung des Raumes.
Die Möglichkeiten, mit dem Raum umzugehen, bestimmen unser Wohlsein. Krankheit und Unwohlsein gehen in den meisten Fällen einher mit einer absoluten Veränderung unseres Raumgebrauches: Wer krank darniederliegt, freut sich schon darüber, dass er mal hin und wieder aufstehen kann.

Sich selbst im Umgang mit dem Raum als gewandt, wendig, flexibel und variabel zu erleben – das ist wie Tanzen. Ganz eigene Raumerfahrungen zu kreieren schafft Selbstvertrauen. Als Tanzende loten wir den Raum aus: nach oben, zur Seite, nach hinten, unten, nach vorne, seitwärts usw. – so lassen wir um uns den Raum entstehen.

Umgang mit Kraft
Der Umgang mit Kraft ist der individuellste Beitrag der vier Grundgegebenheiten. Zeit, Raum und Form sind häufig sehr deutlich vorgegeben: Ereignisse, Feste, Verabredungen sind geplant, Räumlichkeiten fest installiert.

> *Diese beiden – Raum und Zeit – wirken und walten jederzeit und überall an uns, auch ohne unser Bewusstsein und selbst gegen unseren Willen, die Kraft dagegen geht von uns alleine aus, sie ist unser Vermögen, das wir selbst verwalten und einzusetzen haben, um uns in der raumzeitlichen Wirklichkeit einzuordnen und uns in ihr auf das beste zu behaupten.*
> *(Feudel, 1949, S. 79)*

Am Kraftausdruck lesen wir die Aktivität des Subjektes: hypoton, hyperton, schlaff oder energisch. Der Eindruck, den jemand macht, wird sehr bestimmt von dem Ausdruck, der sich in der Spannung des Körpers zeigt.

Am Kraftausdruck lesen wir die Aktivität des Subjektes.

Man munkelt, dass die Sitte des Handgebens bei der Begrüßung aus der Zeit der alten Rittersleut stammt, die beim Handschlag so in Erfahrung bringen konnten, mit welcher Energie sie es zu tun haben. Der Umgang mit Kraft, mit unserer Lebensenergie, überhaupt mit Energie ist ein zentrales Thema unserer Lebensweise geworden.

Wir wissen, dass wir über unsere Verhältnisse leben, dass wir zu viel Energie verbrauchen, dass wir uns an die Endlichkeit der Rohstoffquellen gewöhnen müssen. Der Klimawandel und die Suche nach anderen Energiequellen stehen also sowohl bei den Gemeinschaften der Staaten als auch beim Individuum an erster Stelle.

Wie steht es um Ihr Klima? Mit wie viel Aufwand organisieren Sie Ihr Leben? Es gibt Menschen, die mit sehr geringem Aufwand ein Höchstmaß an Wirkung herbeiführen können, andere müssen sich anstrengen und dennoch kommt nicht viel dabei heraus. Es gibt Menschen, die mit Leichtigkeit aus ihrem Schwerpunkt heraus arbeiten und welche, die sich verzetteln, fahrig und unkonzentriert ihr Leben zerstückeln. Alles eine Frage des Rhythmus?

Spannung und Entspannung sind die Pole, zwischen denen wir unsere Aktivitäten organisieren können. Schon von Anfang an können wir die Kinder mit hoher Spannung von denen mit niedriger Spannung unterscheiden – auch weil sie sich in ihrem Umgang mit Zeit und Raum sehr stark unterscheiden. Traumsuse und Zappelphilipp sind typische Gestalten, die sich jeweils mit völlig anderer Energie darstellen. Die Fähigkeit zur Spannungsregulation (Tonusregulation) ist eine grundlegende Fähigkeit, von der Koordination, Aufmerksamkeit, Bewegungsqualität und Ausdauer abhängen.

Rhythmisch gesehen geht es auch im Hinblick auf den Umgang mit Kraft um die Fähigkeit, gemäß der Situation seine Kraft zu dosieren. Dazu gehört natürlich die Sensibilität für die Qualität verschiedener Energieformen – die Sensibilität des Empfindsamen genauso schätzen zu können wie die Raubeinigkeit eines Draufgängers.

Qualität unterschiedlicher Energieformen

Der Umgang mit Kraft sollte nicht monoton, also immer in der gleichen Spannung sein. Unsere Spannung sollte sich den Gegebenheiten anpassen. Monotonie macht uns krank. Die Zahl der Krankheiten des Bewegungsapparates zeigt das Maß an Verspannung, unter denen Menschen leiden. Sie zeigt, dass zu wenig Wechsel und Bewegung in den Ausdrucksformen gepflegt werden. Gewohnheiten lassen rosten und wer rostet, der verliert das Gefühl für die Angemessenheit von Spannung und Kraftausdruck. Er verliert das Gefühl um die physikalischen Gesetze des Körpers und das schafft Krankheit (und das heißt in den meisten Fällen: Monotonie).

Umgang mit der Form

> *Während Zeit, Raum und Kraft in jeder geringsten Bewegung vorhanden sind und miteinander das Wesen der Bewegung ausmachen, stellt sich Form nur zuweilen ein. ... Form entsteht, wenn die am Material eingesetzte Kraft sich in vollkommener Ausgewogenheit zu den Gegebenheiten von Zeit und Raum befindet.*
> *(Feudel, 1949, S. 84).*

Schönheit

Und wenn das der Fall ist, dann sprechen die Rhythmiker von Schönheit. Die Schönheit einer Handlung, einer Bewegung ist also nichts Oberflächliches, sondern entsteht in der Tiefe durch das angemessene Zusammenspiel von Kraft, Zeit und Raum. Konkret: Wenn wir es schaffen, den Bedingungen von Zeit und Raum mit einem angemessenen Kraftaufwand zu begegnen, dann schaffen wir Schönes. Dann entstehen Äußerungen und Formen, die nicht nur ökonomisch im energetischen Sinne sind, sondern auch ästhetisch im Erscheinungsbild und vor allem dem Menschen angemessen, also gesundheitsförderlich sind.

So trifft sich Schönheit mit Ökonomie und Ökonomie mit dem organischen Sein des Menschen.

Natürlich bzw. ganz unnatürlich ist dieses Zusammenspiel seit Menschengedenken zerstört. Und wenn wir uns selbstkritisch betrachten, müssen wir feststellen, dass wir dabei sind, alle natürlichen Zusammenhänge zu zerstören. Egal ob Regenwald oder Tag- und Nachtrhythmen, egal ob Zersiedelung der Räume oder Arbeitsrhythmen. Seit der Industrialisierung hat sich der Mensch immer mehr von natürlichen Rhythmen abgekoppelt. Seit Maschinen den Takt angeben, hat der Mensch mit seinen organischen Rhythmen das Nachsehen. „Pünktlich wie die Eisenbahn“ hat sich der Mensch nach den Maschinen zu richten: Tagesabläufe werden durch den Schichtbetrieb bestimmt. Der Maschinentakt kennt keine Müdigkeit, keine Schwankung.

Abkopplung von natürlichen Rhythmen

Fortschritt ist ein lineares Vorgehen, in welchem der Rückbezug zu Rhythmen der Natur, auch zu der Natur des Menschen, hinderlich ist. Maschinen erlösten den Menschen aus dem Diktat des Natürlichen und erlaubten der Menschheit einen Aufbruch in eine Zukunft, die heute schon wieder Vergangenheit ist.

Seit dieser Zeit stemmt sich die Rhythmik dieser Entwicklung entgegen, indem sie Ausgleichsräume und Tätigkeiten anbietet, die uns helfen sollen, das Gleichgewicht zu bewahren oder wenigstens das Gefühl für dieses Gleichgewicht.

So ist rhythmische Erziehung eine Erziehung zur Erfahrung von Stimmigkeit. Passen Aufwand und Wirkung zusammen?

Das kann eigentlich an allen Handlungen erforscht werden. Die Musik mit ihren Instrumenten bildet sicher einen besonderen Erfahrungs- und Erlebnisraum für solche „Experimente“.

Mit welcher Kraft schlage ich eine Trommel, zupfe ich eine Saite, spiele ich ein Xylophon? Eigentlich erzählt mir das Instrument mit seiner Klangqualität, ob ich es angemessen zum Klingen bringe: „Hau nicht so drauf, sei vorsichtig, nicht so laut“ – all das sind Sätze, die daran erinnern, dass Verhaltensweisen nicht angemessen sind. Egal, ob beim Hämmern, beim Tischdecken, beim Anfassen: Die Form wird „ästhetisch“, wenn den Bedingungen von Zeit und Raum mit angemessenem Kraftaufwand begegnet wird.

Angemessener Kraftaufwand

Erinnern wir uns noch einmal an Elfriede Feudel:

> *... diese vier bilden gleichsam den Lehrstoff, mit dem sich der Erzieher auseinandersetzen muss, und das Thema, das sich in unendlichen Variationen in jedem Bewegungsablauf darstellt.*
> *(Feudel 1949, S. 69)*

Hinweis

Hat man erstmal ein Gefühl, einen Sinn für die vier rhythmischen Gegebenheiten – Zeit, Raum, Form und Kraft – entwickelt, dann hat man eine nimmer versiegende Quelle für Diagnostik und Spiel gefunden. Da diese Gegebenheiten wirklich immer und überall stattfinden, kann man auch jederzeit ins Spiel mit ihnen kommen.

Mein Rhythmus – Meine Balance – Meine Gesundheit

Menschen, die sich ihrer selbst bewusst sind, die das tatsächlich verkörpern, was sie tun, und die begeistert sind von ihren Ideen, nehmen wir als starke Persönlichkeiten wahr. Sie dringen mit ihrem Tun zu uns durch, weil sie von ihrem Tun erfüllt sind. Eine sich selbst wahrnehmende Person wird ihren Ausdruck, ihre Kraft und die zeitlichen und räumlichen Dimensionen ihrer Handlungsweise immer in Kontakt mit ihrer Umgebung gestalten. Dadurch entsteht Präsenz.
Unsere Persönlichkeit stärken wir dann, wenn wir unser Zeiterleben, unseren Raumgebrauch, unsere Kraft bewusst leben, wenn wir uns achtsam und von innen bedacht und gefühlt bewegen, wenn wir die Möglichkeiten, die Zeit und Raum uns bieten, ausloten. Wenn wir die Möglichkeiten der Kraftdosierung bewusst nutzen. So kommen wir ins Gleichgewicht.
Ins Gleichgewicht kommen wir nicht dadurch, dass wir uns in einer bestimmten Form (Haltung) verhalten, sondern dadurch, dass wir die Pole der Ausdrucksformen ausloten (Bewegung). Lebende Organismen brauchen den Ausgleich. Wer wirklich Ressourcen entwickeln will, muss rhythmische Strukturen achten – große und kleine – das Große im Kleinen und das Kleine im Großen sehen.

Achten Sie rhythmische Strukturen.

Sie kommen ins Gleichgewicht, indem Sie folgende Dinge einander wieder gegenüberstellen:

- dem Lauten – die Stille
- dem Hellen – das Dunkel
- dem Dauern – die Pause
- der Effektivität– die Muße
- dem Technischen – das Menschliche
- dem Schnellen – das Langsame

TIPPS FÜR DEN ALLTAG

Gesundheit entsteht durch rhythmische Strukturen. Erhalten Sie sich Ihre eigene Balance, indem Sie den belasteten Körperteilen eine regelmäßige Auszeit geben:

- zur Erholung der Handlungsfähigkeit: Finger- und Handmassage
- zur Erholung der Verstehensfähigkeit: Fußmassage
- zur Erholung des Hörens: Ohrmassage
- zur Erholung des Denkorgans: Kopfmassage, z. B. mit einem „Kopfkrauler"
- Sorgen Sie für mindestens fünfminütiges Alleinsein um nachzuspüren.
- Schnellbreaks: Händereiben, Atmungsbeobachten (fünf Atemzüge)

2.6 Resonanz: stimmige Beziehungsqualitäten

Momente von Resonanz und Übereinstimmung

Starke Persönlichkeiten erhalten viel Resonanz, sie finden viel Anklang, sie kommen an. Menschen, die wir als Persönlichkeiten erleben, sind in der Lage, sich gut auf andere Personen und Situationen einzulassen, ohne sich selbst zu verlieren. Aus diesem Grund kann man auch sagen: Wer viele Momente von Resonanz und Übereinstimmung erschafft und erlebt, schafft damit auch für sich stimmige Momente. Sie sind Nahrung für die Seele. Sorgen Sie also dafür, dass Sie viele stimmige Momente erleben. Am einfachsten ist es, wenn Sie dafür sorgen, dass Sie mit sich selbst im Einklang sind. In diesem Kapitel möchte ich behaupten und begründen, dass die Erfahrung von Stimmigkeit der wichtigste Motor für die persönliche Entwicklung ist.

Was sagt die Wissenschaft?

Kooperation und Dialog

Menschen, die sich mit dem Thema beschäftigen, sagen, dass für den Erfolg personennaher Arbeit die Kooperation und der Dialog zwischen den Beteiligten nötig sind.

> *Personennahe Arbeit ist sprachlich vermittelte, verständigungsorientierte Beziehungsarbeit, die auf Gegenseitigkeit beruht. … Die Perspektive des konkreten Anderen, der Respekt vor dessen Lebenswelt sowie das Einfühlungsvermögen sind für die personennahe Arbeit charakteristisch. Um sie zu leisten, braucht es eine hohe fachliche und soziale Kompetenz.*
> *(Hengsbach, 2002, S. 14)*

Grundprinzipien von Beziehungen

Erziehungsarbeit ist Beziehungsarbeit.

Ich setze voraus, dass Sie als Erzieherin mit mir übereinstimmen, dass Erziehungsarbeit vor allem Beziehungsarbeit ist. Beziehungsarbeit ist Kommunikation und Kommunikation ist ein gut erforschtes Gebiet. Mir ist ein Modell, mit dem Kommunikation beschrieben werden kann, ganz wichtig und ich finde es sehr aussagekräftig.

Friedemann Schulz von Thun schlägt vor, als übergeordnetes Leitziel angemessener Kommunikation den Begriff der „Stimmigkeit“ zu benutzen (Schulz von Thun 1998, S.18) und illustriert seinen Vorschlag mit dem folgenden Modell:

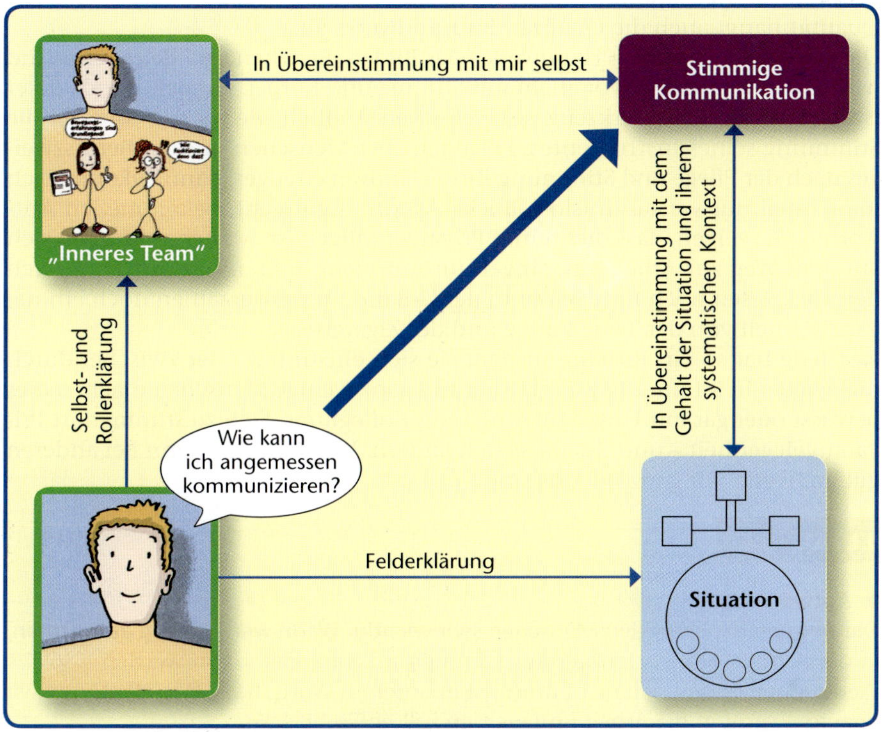

Doppelte Blickrichtung bei Fragen nach guter Kommunikation (Schulz von Thun, 1996, S. 19)

Schulz von Thun erklärt:

> *Damit ist gemeint: die doppelte Übereinstimmung einerseits mit mir selber (dass ich dazu stehen kann und mich nicht selbst verleugnen muss) und andererseits mit dem Charakter der Situation, die in einem systemisch-institutionellen Kontext eingebunden ist. Diese beiden Übereinstimmungskriterien befinden sich häufig in einer gewissen Spannung, sodass wir allgemein sagen können: Kommunikation vollzieht sich im Spannungsfeld von personaler Authentizität und systemisch-situativer Angemessenheit.*
> *(Schulz von Thun, 1998, S. 18)*

Mindestens 50 Prozent gelungener Kommunikation hängen davon ab, wie wir selbst gestimmt sind, ob wir in Übereinstimmung mit uns selbst sind. Diese doppelte Blickrichtung nach außen in das Umfeld und nach innen leuchtet unmittelbar ein. Kommunikation gelingt, wenn wir gut drauf sind.

Der Blick nach innen wird vernachlässigt.

Doch leider wird dem Blick nach innen keine professionelle Beachtung geschenkt. Weder in Ausbildung noch bei der Arbeit gibt es genügend Zeit und Raum für Selbst- und Rollenklärung.

Sich stimmen

Wie geht es mir?

So heißt der erste Schritt: Wie geht es mir? Wie steht es um mich, meine leibliche Präsenz und Geistesgegenwart? Wie handele ich in Übereinstimmung mit mir, meinen Gefühlen und meinem Befinden?
Werkzeuge sind für jede Arbeit wichtig; Handwerker beispielsweise stehen in dem Ruf, dass sie besonders eifersüchtig auf ihre Werkzeuge achten. Von deren Qualität hängt auch die Qualität des Handwerks ab.
Die Werkzeuge für unser Handwerk – das Bilden, Erziehen und Betreuen – sind wir selber, wir arbeiten vor allem mit Stimme und Körper. Für den Handwerker ist die Pflege seines Werkzeuges so selbstverständlich wie für den Musiker die Stimmung seines Instrumentes. Frage ich aber Menschen unseres Berufszweiges nach der Pflege und Stimmung ihres Handwerkszeuges, dann bekomme ich manchmal nur verständnislose Blicke. Wenn es gut geht, bekomme ich Antworten, die zeigen, dass dies reines Privatvergnügen ist. Manche stimmen sich auf dem Weg zur Arbeit ein: singen im Auto laut, fahren bewusst Rad durch den Park, lesen noch fünf Seiten in der U-Bahn. Andere erzählen noch einmal ganz schnell von der Tasse Kaffee und der Zigarette.

Rituale

Fast Jede hat so ein Ritual, mit dem sie sich einstimmt oder zwischendurch mal wieder in Stimmung bringt. Aber nur ganz wenige Menschen machen dies bewusst oder gar mit Unterstützung ihres Kollegiums. Sich zu stimmen ist Privatangelegenheit – und das muss sich ändern. Wir kommen dann bei anderen gut an, wenn wir ganz bei uns sind.

TIPPS FÜR DEN ALLTAG

Übungen zum Sich-Stimmen

■ **Aufwärmen**

Die Temperatur ist für den Menschen sehr wichtig. Warm werden, sich aufwärmen, in die richtige Betriebstemperatur kommen, miteinander warm werden – solche Wendungen finden sich nicht umsonst in unserem Wortschatz. Wie oft starten wir unaufgewärmt in die Arbeit und werden kalt erwischt.
Kleine Aufwärmübungen verstecken sich auch in Alltagshandlungen: sich die Hände reiben, das Gesicht ausstreichen, eine warme Tasse Kaffee oder Tee in der Hand halten, Kerzen anzünden usw.
Wer sich bewusst und gezielt aufwärmen will, fängt mit dem Abklopfen des ganzen Körpers an: Arme, Beine, Brust, Bauch, alles kann beklopft werden, von Kopf bis Fuß einmal anklopfen, wachklopfen – das macht schon mal warm.
Dann eine kleine Handmassage für die Geschmeidigkeit der Finger, danach können Sie die warmen Handballen auf die Augen legen.
Und ganz besonders freuen sich die Ohren über eine kleine Massage: Dreimal jeweils das Ohr von oben bis nach unten zum Ohrläppchen genüsslich durchkneten – das macht wach und stärkt das Hören.
Wenn Sie das zuerst nur auf einer Seite machen und dann nachspüren, dann können Sie den Effekt dieser kleinen Massage deutlich wahrnehmen. Körpergefühl und Selbstbewusstsein werden gestärkt. Wir fühlen uns wohl.

■ **In die Gänge kommen – Beweglichkeit erhalten**

Wer seine Beweglichkeit durch Krankheit verliert, der weiß um das kostbare Gut Mobilität. Aber auch mit diesem Gut gehen wir gerne etwas schlampig um. Wir lieben die Ruhe, das Sitzen und das Sofa. Nach und nach werden wir Stuhlhocker zu haltungsgeschädigten Patienten. Bewegungsmangel und die Verarmung der Bewegungsvielfalt sind bedeutende Risikofaktoren bei den Kindern – und die haben es

ja wohl von den Alten. Nicht umsonst bitten seit Jahrzehnten die Krankenkassen um mehr Bewegung, um mehr Ausgleich zum Sitzen. Die regelmäßige, bewusst erlebte körperliche Bewegung würde uns vieles ersparen und vielfältigen Gewinn für das körperliche Wohlbefinden bringen.
Also los: Strecken und dehnen Sie sich, so viel, so oft wie möglich. Meine Lieblingsdehnungen mache ich in der Küche: Oben das Glas aus dem Regal zu holen ist eine wunderbare Streckübung, sich nach dem Spielzeug zu bücken ist herrlich für die hintere Oberschenkelmuskulatur.
Machen wir es wie die Katzen: Räkeln und Strecken stehen an erster Stelle der Beweglichkeitsübungen.
Danach empfehle ich eine kleine Übung für das Gleichgewichtsorgan (gut machbar an Bushaltestellen und in anderen Anstehzeiten): Spüren Sie nach, wie Sie mit Ihren Füßen auf dem Boden stehen. Dann spielen Sie mit dem Kontakt, verlagern Sie das Gewicht nach vorne, nach hinten, zur Seite, wohin auch immer Sie wollen, aber fallen Sie nicht um. Gehen Sie an die Grenze Ihres Stehvermögens und stimulieren Sie so ihr Gleichgewicht.

Kleine Verunsicherungen in der Körperlage haben einen großen Effekt auf die Körperspannung. Einfache Bewegungen an der Grenze zum Verlust des Gleichgewichts tun den Wahrnehmungssystemen und dem Aufbau von Körperspannung sehr gut. Aus diesem Grund lieben Kinder das Balancieren auf allem, was sich anbietet. Tun wir es ihnen nach!
Wer gepflegt in die Gänge kommen will: Der Sonnengruß aus dem Yoga dehnt, stärkt und belebt in einen Aufwasch alle wichtigen Muskelgruppen.

■ **Bei sich ankommen: Nach innen hören**

Wer nun in Gang gekommen ist, die richtige Betriebstemperatur hat, der sollte auch etwas Zeit zum Nachspüren finden: wahrnehmen, was da ist. Den Atem beobachten, sich einfach den Luxus erlauben, sich selber zum Mittelpunkt zu machen. Das bin ich, das kann ich von mir spüren. So stehe ich, so sitze ich.
Alles Wichtige ist in uns. Geben wir uns Raum und Zeit. Innern wir uns. Für alles, was wir tun wollen: Es gibt keinen Weg zum Wohlbefinden, der nicht über die Wahrnehmung und Erforschung der eigenen Mitte geht. Dafür brauchen wir vor allem Zeit. Und die nehmen wir uns.

■ **Stimme pflegen – Ausdruck stärken**

„In Stimmung kommen" – viele Begriffe für unser Wohlbefinden werden auch in musikalischen Zusammenhängen benutzt. Daraus kann man getrost schließen, dass Musik für unser Wohlbefinden unerlässlich ist. Deshalb kommt in unserer „Stimmübung" auch Musik zum tragen – unsere Musik.
Stellen Sie sich vor: Sie sind in guter Spannung, haben Kontakt zu Ihren Vitalkräften, spüren, was in Ihnen los ist und bringen dies nun zum Ausdruck. Sie singen und tönen Ihre Gefühle in die Welt. Ja, das ist ungewohnt – aber wer es tut, hat viel davon. Auch hier können uns Kinder zum Vorbild werden. Es gibt immer noch viele, die einfach vor sich hin singen, die ihre Stimmung sich selbst zum Hören geben; die sich erhören: Wie ist meine Stimmung, welche Klangfarbe hat meine Stimme, was kann ich hören, kann ich das hören?
Beginnen Sie mit einem herzhaften Gähnen, und geben Sie sich ungeniert den entstehenden Tönen hin.
Dem Gähnen folgen gerne die Seufzer, Stoßseufzer. Folgen Sie den Tönen, die aus Ihnen kommen, und machen Sie kleine Melodien aus ihnen.

Kurz: Sich auf die Arbeit vorzubereiten, hieße dann vor allem, dafür zu sorgen, dass wir

- in einen ausgeglichenen Spannungszustand kommen (Tonusregulation),
- uns auf uns besinnen, unseren Zustand wahrnehmen (zu sich kommen) und
- einen stimmigen Ausdruck zu finden (Stimmung ausloten).

Wer keine festen Übungen mag, kann sich ganz einfach an dem Modell der sensorischen Integration und am rhythmischen Prinzip orientieren.

Gut gestimmt und gespannt sind wir, wenn

- die Haut, die Tiefensensibilität und das Gleichgewicht entsprechend ihren Bedürfnissen stimuliert wurden,
- die Achtsamkeit auf die innere Bewegung gerichtet war und
- wir uns selbst erhört und unsere Stimme erhoben haben.

Fazit

Zusammengefasst bleibt als Handlungsvorschlag: Entwickeln Sie Ihre Wahrnehmungsfähigkeiten und entwickeln Sie einen ausgewogenen Gebrauch aller sensomotorischen Bereiche bei sich. Damit können Sie gut gestimmt in eine lebendige Begegnung einsteigen und in Resonanz kommen mit den Themen, die die Kinder betreffen.

Mit anderen in Übereinstimmung kommen

Prozess der Abstimmung

Nach Erkenntnissen aus Interaktionsforschungen, wie sie beispielsweise Papouseks in München betrieben haben, ist das Ergebnis einer Interaktion zweitrangig. An erster Stelle steht der Prozess der Abstimmung, der Weg auf dem Übereinstimmung hergestellt wird.
Für das Baby, das Kind und auch für uns Erwachsene gilt: Das Ergebnis von Kommunikation soll immer Übereinstimmung sein. Alle sind wir darauf angewiesen, dass wir in unserem Sein wahrgenommen werden und in den Augen unserer Mitmenschen Resonanz finden. Wenn nicht, gehen wir ein, leiden oder stocken in unserer Entwicklung.

Übereinstimmung erlebt ein Kind, wenn es erlebt, dass Sie seine Gefühle verstehen und sich in es hinein versetzen können. Wir suchen in jedem Kontakt nach Zeichen, die uns signalisieren, ob das Gegenüber unsere Gefühle versteht, und geben selbst auch Zeichen für oder gegen Übereinstimmung. (Hoffentlich nicken Sie jetzt innerlich mit dem Kopf und stimmen mir damit zu.)

> *Diese Affektabstimmung macht die „Stimmung" zwischen zwei Menschen aus und dabei ist nicht das Ergebnis wichtig, sondern der Prozess, die Zeit, die „Psycho-Dynamik", die ein Mensch mit diesem Abstimmen erlebt.*
> *(Decker-Voigt, 1991, S.140)*

Affect attunement

Der Psychologe Fritz Stern spricht von „affect attunement" und meint damit, die Tatsache, dass wir Menschen immer wieder von der gegenseitigen Abstimmung affektiver, gefühlsbetonter Zustände abhängig sind. Sehr früh lernen

Mutter und Säuglinge affektive Zustände miteinander zu teilen, und darauf sind wir ein Leben lang angewiesen.

Auf diesem Weg entstehen Verbundenheit und Einfühlungsvermögen. „Affect attunement" ist der Prozess, bei dem wir unsere Gefühle in einer anderen Form bei unserem Gegenüber widergespiegelt sehen. In seiner Bewegung, in seinem Ausdruck, in seinem Blick finden wir uns wieder. Wir fühlen uns verstanden, angenommen, wenn wir spüren, dass sich etwas von unseren Gefühlen beim anderen wahrnehmen lässt. Wir spüren, wir kommen beim anderen an. Das sind Gefühle, nach denen viele Menschen eine große Sehnsucht haben. Es sind Gefühle, die lebensnotwendig sind.

Wir wollen die Welt als Resonanzraum erfahren, wir sehnen uns danach zu spüren, dass es zwischen unserem Innenleben und der Welt außen, anderen Menschen, die Möglichkeit auf einen Widerhall gibt, einen Einklang, so etwas wie ein Resonanzverhältnis.
(Rosa, 2009, S. 35)

Das erfordert von uns, sich auf die Begegnung einzulassen, auf jedes Kind achtsam und „spürend" einzugehen, nachzuspüren, ob wir tatsächlich seine Stimmung, seine Affekte mitbekommen und uns drauf einlassen können. Mit dieser Haltung vermitteln wir Zuwendung und Aufmerksamkeit: Das Kind erlebt Beziehung und in ihr, dass seine Gefühle wahrgenommen und wertvoll und richtig sind. Das ist die Grundlage aller Lern- und Bildungsprozesse.

Dort, wo Mitarbeiterinnen emotionale Wärme zeigen und aufmerksam auf die individuellen Bedürfnisse von Kindern eingehen, kann bei den Kindern eine höhere Sozialkompetenz festgestellt werden.
(Sylva et al., 2004, S.159)

Resonanz mit sich und anderen
Resonanz ist ein Gefühl bestimmter Qualität und Intensität, das den anderen Gefühlszuständen übergeordnet und in allen Gefühlen mit dabei ist: Die Erfahrung von Resonanz gehört zu den Urerfahrungen: Urerfahrung

Anklang finden und – in einem vertieften Schritt des Zulassens – Anklang zu fühlen entspricht einem menschlichen Grundbedürfnis; vielleicht ist es so etwas wie ein Menschenrecht.
(Gindl, 2002, S. 15)

Resonanz ist ein grundlegendes Naturprinzip. Überall in der Natur entstehen spontane Ordnungssysteme, Systeme treten in Wechselwirkungen, verstärken gegenseitig ihre Wirkung. Sie tun das auf dem Wege der Resonanz; durch den Prozess des Aufeinander-Einschwingens und durch Herstellung gegenseitiger Übereinstimmung.

Für den Menschen als soziales Wesen gilt dies im besonderen Maße. Legt auch der Begriff „Individuum" das Getrenntsein uns nahe (individuum: das Unteilbare, das Einzelwesen), so weist er andererseits auf unser Angewiesensein auf

Wir werden erst am Du zum Ich.

Mitmenschen, mit denen wir in Resonanz leben, hin. Nach Martin Buber kann man sagen: Wir werden erst am Du zum Ich. Das „Ich bin" entsteht erst durch die erlebte Beziehungserfahrung mit einer Umwelt.

Dazu kommt: Kinder, deren Handlungskompetenzen noch wenig entwickelt sind, und auch Kinder, die ihr Verhalten noch nicht gut steuern können, erleben wenig Resonanz; erleben nicht, dass die Welt ihre Melodie mitsingt. Vielmehr erleben sie Missstimmung, Misserfolg und Missvergnügen: „Etwas stimmt mit mir nicht."

Gerade diese Kinder müssen erleben, dass sie angenommen werden, dass sie ankommen, und nur so können sie sich auf den Weg zu neuen Erfahrungen machen. Diese emotionale Sicherheit im Sinne gelungener Affektabstimmung ist Ansporn und Treibstoff für Verhaltensänderung und Lernen.

Eine Musiktherapeutin beschrieb diese Arbeitshaltung einmal so:

> *Die Kinder, die zu dir kommen, können ihre Melodie (gemeint ist Lebensmelodie, d. V.) nicht oder nur undeutlich wahrnehmen. Du hast die Fähigkeit ... die individuellen Melodien der Kinder zu hören, zu fühlen. Zunächst singst du ihnen ihre Melodie leise vor, bis sie aufmerksam lauschen. Schon bald singt ihr gemeinsam im Rhythmus des Kindes. Wenn der richtige Zeitpunkt kommt, lässt du das Kind seine Melodie alleine singen, und es begibt sich auf seinen Weg.*
> *(Kiesling, 1999, S. 145)*

Tätigkeiten, die darauf hinweisen, dass Sie in Affektabstimmung sind

- Vokal übermittelte Resonanz: zuhören und antworten

Aktives Zuhören

Nicht ohne Grund hat sich der Begriff „Aktives Zuhören" durchgesetzt. Aktives Zuhören will sicherstellen, dass der professionelle Zuhörer sich auch wirklich darum kümmert, dass er den Sprecher verstanden hat und nicht nur das hört, was er hören will. Durch bewusstes Nachfragen, Zusammenfassen des Gehörten und vor allem durch die betonte Wiedergabe des emotionalen Gehalts der Aussagen kann dem Gesprächspartner deutlich gemacht werden, was er da gerade gesagt hat. Wir bilden eine Resonanzfläche, die dem Gesprächspartner verdeutlicht, was er sagt. In dieser Verdeutlichung stecken auch häufig Anteile, die dem Sprecher so noch nicht bewusst waren. Aktives Zuhören holt verdeckte, unklare Gefühle und Gedanken auf die Welt.

Ammensprache

In der Ammensprache lassen sich erste Anteile von aktivem Zuhören auffinden. Mit dem sehr melodiebetonten Sprechen spiegeln Mütter ihren Säuglingen ziemlich genau ihre „Stimmung" wider. Weltweit ist die Ammensprache eigentlich eine „Musiksprache", die überall verstanden wird, weil mit dieser Sprache vor allem die Gefühle und die körperlichen Spannungen widergespiegelt und kommuniziert werden können. Ganz spannend an der Ammensprache ist die Tatsache, dass die Aufmerksamkeitsleistung der Kinder mit beeinflusst wird.

> *Zustimmende Äußerungen vermehrten, ablehnende verringerten die Dauer der kindlichen Aufmerksamkeit. Die Sprachmelodie und die so vermittelte vokale Resonanz haben also auch einen zentralen Einfluss darauf, ob und wie das Kind auf die Beziehung reagiert und ob und wie es von sich aus Beziehung aufnimmt.*
> *(Gindl, 2002, S. 126)*

TIPPS FÜR DEN ALLTAG

- Sehen und nutzen Sie Ihre Stimme als das vielfältigste Instrument, welches jedem Menschen zugänglich ist.
- Summen und brabbeln Sie. Überraschen Sie sich und die Kinder mit neuen Tönen.
- Singen Sie Anweisungen, statt zu reden und vor allem übernehmen Sie Tonlagen, die Sie von den Kindern hören.
- Hören Sie aktiv zu!

Aktives Zuhören entlastet Sie. Statt schnell nach passenden Antworten, angemessenen Lösungen zu suchen und Ratschläge zu geben, können Sie versuchen, Gesagtes in seinem Kern zu begreifen, noch einmal zu formulieren und so dem, was das Kind sagte, eine hörbare Wertschätzung zu geben. Seine Gedanken als bedeutungsvoll noch einmal anders auszudrücken zeigt dem Kind, dass es ernst genommen wird. Verzichten Sie also auf schnelle Gegenrede und gehen Sie stattdessen in vokale und verbale Resonanz. Das schafft Raum und Entspannung für Sie. Und bedenken Sie: Resonanz kann auf vielen Ebenen hergestellt werden.

■ Taktil übermittelte Resonanz: In jemandes Haut stecken

Bedeutung körperlicher Berührungen

Wie oft berühren wir Kinder, wie oft suchen Kinder unsere Berührung, holen sich Kontakt? Berührt zu werden ist ein Grundbedürfnis. Kleinkinder, das sehen wir, brauchen zum Überleben menschlichen Kontakt und Zuneigung. Schon wenn ein zweites Kind in die Familie kommt, sinkt die Menge der körperlichen Berührungen, und je älter wir werden, umso weniger erhalten wir die ersehnte Menge an Berührungen. Wir wissen, dass frühe sensorische Erfahrungen von Hautkontakt und Körperberührung die kognitive Entwicklung unterstützen. Aus der Erfahrung des Begreifen-Könnens entstehen Begriffe; die Entwicklung des Menschen gründet auf Körperwahrnehmung und körperlicher

Aktivität. Wie ich berührt, gehalten und begriffen werde, bestimmt das Bild, welches ich von mir selbst habe: Mein Selbstbild entsteht im Kontakt mit der Umwelt. Mitgefühl, Nähe und Miteinander entstehen tatsächlich durch Berührung und weniger durch Worte oder Gedanken.

Erzieherinnen sind bzw. sollten Experten für Berührung sein.

Berührung ist wirklich Begegnung. Dort, wo Menschen in (Haut)-Kontakt kommen, entsteht ein eindrucksvoller Austausch von gegenseitigen Empfindungen. Wer berührt, erhält Informationen, vermittelt aber auch welche über sich. Die Qualität von Berührung kann sehr unterschiedlich sein: Wir kennen unabsichtliche Berührung, das Festhalten, flüchtige Berührungen, oberflächliche und tiefe Berührungen. Wirkliche Berührung braucht Respekt vor dem anderen und Zeit. Am Mangel an Zeit können wir den Mangel an sinnvoller Berührung ablesen.

TIPPS FÜR DEN ALLTAG

- Achten Sie auf Ihre eigene Berührungsgeschichte. In welchen Zusammenhängen wurden Sie berührt? Überwogen die freundlichen oder die strafenden Berührungen.
- Welche Informationen nehmen Sie durch die Berührung auf?
- Achten Sie auf die Qualität Ihrer Berührungen?
- Unterscheiden Sie bewusst, welche Intensität (Dauer und Kraft) von Berührung Sie geben können.
- Nutzen Sie die heilsamen Möglichkeiten der Selbstberührung: Handmassage, Ohrmassage usw.
- Üben Sie die Kunst des absichtslosen Berührens: Vermeiden Sie „Massagetechniken" und absichtsvolle Handgriffe zugunsten eines absichtslosen Nachspürens. Schalten Sie um auf Empfangsbereitschaft und zeigen Sie dem Kind so, dass es sich in seiner Haut wohlfühlen kann.

- Propriozeptiv übermittelte Resonanz: In jemandes Schuhen gehen

Damit ist die Resonanz gemeint, die dem anderen zeigt, dass wir seinen Körper- und Bewegungsausdruck verstehen: mit ihm mitgehen, mit ihm gehen, ihm folgen. Miteinander gehen, so nennen das Pubertierende, wenn sie die erste Liebe erleben. Sie suchen jemand, der mit ihnen geht, tanzt, die gleiche Energie und den gleichen Ausdruck hat. Die Suche nach Resonanz erstreckt sich auf alle Bereiche unserer Leiblichkeit. Gerade Körperausdruck und Bewegungen erlauben uns, sofort eine Ahnung von Zusammengehörigkeit zu erhalten. Menschen, die sich gleich bewegen (müssen), gehören zusammen. Tänzer, Soldaten, Synchronschwimmer oder Gymnastikgruppen zeigen durch gemeinsamen Körperausdruck, dass sie miteinander in Resonanz sind. Wenn wir den Bewegungsausdruck eines Menschen sehen, entsteht in uns sofort eine bildhafte Resonanz und wir können nachvollziehen, wie es diesem Menschen geht. So zucken wir, wenn jemand stolpert, selbst zusammen und lassen uns von beschwingten Menschen anstecken. So können wir mit der Bewegtheit der Kinder in Resonanz kommen.

Mit der Bewegtheit der Kinder in Resonanz kommen

TIPPS FÜR DEN ALLTAG

- Spielen Sie mit Körperhaltungen.
- Spiegeln Sie Teile der Körperhaltung Ihres Gegenübers, zeigen Sie dem Kind, dass seine Art, in der Welt zu sein, auch für Sie eine interessante Möglichkeit ist.
- Übernehmen Sie Bewegungen und führen Sie sie weiter, versuchen Sie miteinander zu gehen, zu stehen, auch zu liegen. Achten Sie auf gemeinsame Rhythmen der Körperverlagerung, verlagern Sie mit.

Wichtig: Spiegeln Sie nie das gesamte Verhalten, sondern höchstens einige Aspekte; behalten Sie Ihren Körperausdruck, aber lassen Sie sich mitnehmen von Kindern. Von erfolgreichen Kommunikatoren weiß man, dass sie intuitiv und instinktiv diesen Tanz der Körper vollführen. Tanzen Sie mit!

- Vestibulär übermittelte Resonanz: Auf gleicher Wellenlänge sein

In Resonanz gehen bedeutet also, etwas von der Art und Weise, wie jemand sich verhält, wie er nonverbal kommuniziert, wahrzunehmen und in der gleichen (nonverbalen) Sprache zu antworten. Das schafft eine gemeinsame Grundlage und signalisiert unseren Gesprächspartnern Akzeptanz und schafft Vertrauen. Das Vestibulum (Gleichgewichtsorgan) ist das Organ, welches uns hilft, mit der Schwerkraft umzugehen, und uns über die Raumlage orientiert, und es ist eng an die Funktionen des Ohres gebunden. Verkürzt könnte man sagen, die akustisch-vestibulären Organe nehmen Schwingungen wahr: Rhythmusstrukturen, Klänge, Schwingung und Schwerkraft. Der Begriff „Resonanz" gehört sozusagen von Haus aus zu diesem Bereich. Wenn etwas in derselben Frequenz mitschwingt, dann erleben wir Resonanz.

In denselben Frequenzen schwingen

Auf welchen Ebenen können wir in denselben Frequenzen schwingen? Kinder fragen bis in die Pubertät hinein Erzieherinnen, Lehrerinnen und vor allem ihre Idole nach seltsamen Dingen, wie z. B.: Was ist deine Lieblingsfarbe? Welche Musik hörst du gerne? Welche Hobbys hast du? Was ist deine Leibspeise? Und es geht dabei überhaupt nicht um die Sache, nein, es geht um die hauchdünne oder auch dicke Wahrscheinlichkeit, dass die Gefragten dasselbe mögen wie die Fragesteller. Und hat man denselben Geschmack, dann fühlt man sich dem anderen schon sehr viel näher. Er ist wie ich. Das ist Resonanz.

Auf der visuellen Ebene: Farben, Kleidungstücke, Bilder, Fernsehsendungen bieten reichlich Gelegenheiten, mit jemanden mitzuschwingen. „Das gefällt mir auch!" Oder auf der Bewegungsebene: Sportarten, Tänze, Plätze, Wege, Urlaubsorte. Auf allen Ebenen kann man Resonanz herstellen oder nicht. Auf der Geschmacksebene: Essen und Getränke bieten reichhaltig Stoff für Gemeinsamkeiten.

TIPPS FÜR DEN ALLTAG

- Achten Sie einmal bewusst darauf, mit welchen Menschen Sie auf einer dieser Ebenen in Übereinstimmung sind.
- Versuchen Sie die „Wellenlängen" anderer Personen sich bewusst zu machen und schwingen Sie mit.
- Bringen Sie die Musik mit, die jemand mag, ziehen Sie mal ähnliche Kleidung an.
- Lassen Sie sich von dem Geschmack anderer Menschen in Ihrem Umfeld inspirieren.

Menschen lieben und brauchen Resonanz, und es ist möglich, auf jede Art und Weise Resonanz herzustellen. Resonanzerlebnisse nonverbaler Art sind sehr wichtig und wirkungsvoll, sie machen einen großen Teil der Wirkfaktoren für gelingende Kommunikation aus. Aber auch die Sprache, die Sprechweise enthält reichhaltige Möglichkeiten zur Herstellung von Übereinstimmung. Wir können den Tonfall übernehmen, den Sprachrhythmus, die Lautstärke, die Sprechgeschwindigkeit, die Klangfarbe.

- Beginnen Sie mit der Lautstärke! Gleichen Sie Ihre Lautstärke immer wieder der Ihrer Gesprächspartner an.
- Ebenso können Sie es mit der Sprechgeschwindigkeit versuchen.
- Oder als Faustregel: Mildern Sie den Kontrast zwischen Ihrer Sprechweise und dem anderer Personen, wenn Sie signalisieren wollen, dass es Ihnen an Zusammenarbeit und Aufbau von Beziehung liegt.

Resonanz und rhythmisches Prinzip

Auch anhand des rhythmischen Prinzips können wir uns noch einmal über die wichtigsten Bereiche, in denen wir auf dieselbe Wellenlänge gehen können, einen Überblick verschaffen.

- Zeit und Synchronizität

Das Erleben von Synchronizität ist das größte Geschenk, welches wir Menschen einander machen können. Wenn wir dem anderen zeigen können, dass sein Timing, sein Tempo, sein Erleben von Zeit unserem ähnlich ist. Wenn wir zur selben Zeit denselben Gedanken haben, dasselbe wollen, dasselbe tun, dann erleben wir ein hohes Maß an Übereinstimmung.

> *Während Erwachsene interagieren, zeigen sie immer wieder für eine Synchronisation typische Zeichen: Wenn eine Person spricht und die andere zuhört, synchronisieren sie ihre Bewegungen … Auch die Körperhaltungen der interagierenden Personen weisen synchrone Momente auf. Fehlen diese Momente ganz, so spricht dies nicht für eine wirklich gute Interaktion, für ein nicht wirklich im Kontakt sein mit dem anderen.*
> *(Schumacher/Calvet, 2008)*

Zeit teilen

Zusammen still zu sein und zu schweigen ist eine der schönsten und intensivsten Zeiten, die Menschen miteinander verbringen können. Im bewussten Stillwerden und im absichtslosen Nichtstun und achtsamen Zusammensein liegt sicher eine große Herausforderung gerade für Erzieherinnen. Von Ihnen wird Aktivität, Angebot und Ansprache erwartet. Verbringen wir die Zeit einmal anders, dann tun wir dabei das Wichtigste, was Menschen einander geben können: miteinander die Zeit teilen.

■ Raum und Spiegeln

Gemeinsame Raumerfahrungen

Sich im Raum gemeinsam zu bewegen schafft Übereinstimmung. Auf derselben räumlichen Ebene zu agieren, das schafft Verbundenheit: ihr da oben, wir da unten. Zugehörigkeit und Verbundenheit ist ganz stark an die gemeinsame Nutzung von Räumen gebunden. Wenn wir mit jemandem überhaupt nicht übereinstimmen, dann setzen wir ihn vor die Tür, schmeißen ihn raus, verweigern ihm den gemeinsamen Raum. Menschen, die Zuneigung (!) füreinander empfinden, kommen sich nahe und bewegen sich fast symmetrisch. Menschen mit hoher Übereinstimmung bewegen sich fast spiegelgleich. Fußballfans im Stadion greifen sich alle gleichzeitig an den Kopf, recken ihre Arme in die Höhe, springen auf. Gemeinsame Raumerfahrung ist Erfahrung im gelebten Raum: im Spielraum, im Freiraum, im Wohn- und Umraum, im Handlungsraum. Raum hat viele Dimensionen und in all diesen können wir uns auf die Suche nach Übereinstimmung machen.

TIPP FÜR DEN ALLTAG

- Imitieren Sie den Umgang mit Raum, den ein „Sorgenkind" hat. Folgen Sie seiner Spur und nehmen Sie seine Perspektive und seinen Standpunkt ein.
- Versuchen Sie die Raumwege der Kinder nachzuvollziehen. Erkunden Sie die Lieblingsorte mit ihren Besonderheiten!
- Fühlen Sie sich in Körperhaltungen ein. Zeigen Sie dem Kind, das Ihnen seine Haltung gefällt, in dem Sie sie übernehmen.
- Achten Sie auf die Raumlage der Kinder und versuchen Sie Anteile davon zu spiegeln.

■ Kraft und tonischer Dialog

Unsere Gestimmtheit zeigt sich vor allem in der Körperspannung. Angespannt, aufgeregt, überdreht, nervös oder entspannt, gelassen, gut aufgelegt und gut gestimmt – diese Worte beziehen sich auf die Körperspannung. Stimmung hat einen körperlichen Aspekt, der sich vor allem in der Körperspannung widerspiegelt. Die Anspannung, mit der wir den Körper halten, bewegen, überträgt sich sofort auf die Stimmung. Unsere Spannung ist unsere Stimmung. Und diese Stimmung prägt unsere Kommunikation. Der Ton(us) macht die Musik. Bewegungstherapeuten arbeiten damit, dass sie über die Körperspannung die Stimmung beeinflussen (wollen), und die meisten körperorientierten Verfahren dienen in erster Linie der Tonusregulation. Unsere biologische Lust am Leben ist zutiefst mit der Körperspannung verbunden. Und wir besitzen eine große Empfindungsfähigkeit dafür, wie jemand „drauf ist".

Der Ton(us) macht die Musik.

> *Diese Wahrnehmung ist eine innere, propriozeptive Wahrnehmung, eine Wahrnehmung muskulärer Spannungen und ihrer Nuancen; sie ist unmittelbar verbunden mit der primären Lust an der vitalen Bewegung.*
> *(Lapierre/Aucouterier, 1998, S. 50)*

Tiefe, authentische Übereinstimmung gründet und mündet in einem tonischen Dialog. Das sind Situationen, in denen die tonischen Botschaften des anderen in der Muskulatur, in der Körperspannung wahrgenommen werden können. Im tonischen Dialog verbinden wir uns mit dem Sein des anderen und seiner vitalen Lebensenergie – Kommunikation, die unter die Haut geht.

Sie können sich sicher vorstellen, wie viel Ruhe, Gelassenheit, einfaches Dasein und auch Intimität für diese Form der Begegnung gebraucht wird. Manche Kinder brauchen noch ganz viel von dieser Form von Übereinstimmung, sie schaffen immer wieder Situationen, in denen sie regredieren – viele Schritte in ihrer Entwicklung zurückgehen und beispielsweise Baby sein wollen – und uns so Situationen anbieten, in denen der tonische Dialog möglich wird. Oder aber ganz im Gegenteil uns körperlich aggressiv herausfordern, Zweikämpfe provozieren, Situationen schaffen, in der sie unseren Tonus, unsere Körperlichkeit spüren wollen. Ich bin der festen Überzeugung, dass sich hinter vielen herausfordernden Verhalten die Sehnsucht nach dem Spüren unserer Körper und seiner Körperspannung verbirgt. Wir müssen uns verdeutlichen, dass Situationen, die kein „tonisch-emotionales Echo“ (Lapierre, Aucouterier 1998) im Kind hervorrufen, nicht zum Lernen taugen. Und dass viele Kinder noch nicht lernen können, wenn sie zu wenig tonische Übereinstimmung erfahren haben.

TIPPS FÜR DEN ALLTAG

- Achten und überprüfen Sie immer wieder ihre Körperspannung und sorgen Sie für eine gute Spannung: Schon das Vergegenwärtigen des Spannungszustandes bringt Regulation. Innehalten und nachspüren verändert den Tonus. Gähnen Sie herzhaft, recken und strecken Sie sich so oft wie möglich.
- Achten Sie auf Situationen, in denen Kinder Ihnen „ganzkörperlich“ begegnen. Spüren Sie in diesen Begegnungen bewusst Körperspannung – Ihre und die des Kindes.
- Achten Sie auf Situationen, in denen Sie gemeinsam an Dingen wie Seilen, Reifen, Bällen hantieren. Ziehen und drücken Sie spielerisch, um den Kraftausdruck des Kindes zu spüren, um ihm die Möglichkeit zu geben, seine Kraft auszudrücken.
- Ringen, Raufen und Toben sind hervorragende Möglichkeiten, in tonischen Dialog zu kommen. Wenn Sie das wollen, dann verlangsamen Sie nach und nach Ihre Bewegungen, sodass der tonische Dialog immer deutlicher in den Vordergrund kommt.
- Und wenn Sie tanzen, dann tanzen Sie mit Anfassen.

■ Form und Übereinstimmung

In der Rhythmik ist die Entwicklung der Form ein Prozess, der von innen kommen soll. Form entsteht, wenn in der Bewegung die eingesetzte Kraft mit den Gegebenheiten von Raum und Zeit übereinstimmt. Diese Übereinstimmung kann sich nur durch Erfahrung und Übung im einzelnen Menschen entwickeln. Wir lieben aber alle Formen, in denen Übereinstimmung sehr schnell möglich wird. Gerade deshalb werden diese Formen geschätzt: Musik, Tanz, Stuhlkreise, Morgenkreise, gemeinsames Essen sind unverzichtbare Formen, in denen wir auf bestimmten Ebenen zur Übereinstimmung kommen. Zu äußerlicher Übereinstimmung zumindest – aber auch die wird durchaus geschätzt. Gemeinsam Essen, gemeinsam Singen, sich gemeinsam Bewegen – all das bietet reichlich Gelegenheit, Übereinstimmung zu erleben. Volkstänze und andere Formen gemeinsamen Handelns schaffen Gemeinschaft und Zusammenhalt.

Übereinstimmung durch gemeinsames Handeln

Formen und Förmlichkeiten sind Strukturen, die Menschen in denselben Rhythmus, in dieselbe Tätigkeit führen und so Übereinstimmung nahelegen. Dass dies bei zu viel Förmlichkeit auch nur äußerlich bleiben kann, führt immer wieder zur Überprüfung solcher Formen. Entsprechen sie noch den Bedürfnissen der Gruppe? Sind noch sinnvoll? Der große Vorteil dieser Formen ist, dass sie uns Gemeinsamkeit anbieten. Wir müssen nicht lange nach Übereinstimmung suchen, sie ist in der Form aufgehoben. Der Umgang mit rhythmischen Ordnungen, Ritualen und immer wiederkehrenden Abläufen ermöglicht die sinnliche Erfahrung von Zusammensein, Übereinstimmung und den Grundlagen menschlichen Zusammenlebens. In jedem Spiel, welches Kinder selbst erfinden, wimmelt es von Formen und Handlungen, Sätzen und Melodien, die wiederholt werden und so Übereinstimmung ermöglichen.

TIPPS FÜR DEN ALLTAG

- Achten Sie auf Ihren Umgang mit Formen. Wie viele „heimliche" Rituale pflegen Sie?
- Wie viele regelmäßig wiederkehrende Formen gehören zum Alltag?
- Schaffen Sie für die Übergänge zwischen Aktivitäten resonanzreiche Rituale (Lieder, Treffpunkte, Bewegungsspiele oder Ähnliches)
- Lassen Sie sich inspirieren von den kindlichen Formen sich wiederholender Abläufe und beteiligen Sie sich an dem, was da schon läuft.

2.7 Perlen erzieherischer Tätigkeit und ihr Nutzen für die Persönlichkeitsstärkung

Vielleicht halten Sie es für etwas übertrieben, dass ich von Perlen spreche. Doch es gibt sie, und wenn das andere Menschen erfahren, dann wollen alle im Elementarbereich arbeiten. Wo viel Schatten ist, da gibt es auch viel Licht. Und aus meiner eigenen Arbeit mit Kindern weiß ich, welches Geschenk es sein kann, mit Kindern zusammen zu sein.

Doch Tatsache ist auch, dass der Job immer anstrengender und stressiger wird. Gerade aus diesem Grund müssen wir uns darauf besinnen, was wirklich wichtig ist. Und die beschriebenen „Perlen" halte ich für wesentlich. Wesentlich für die Bildung und wesentlich für das menschliche Miteinander.
Wir müssen die Kinder natürlich auch auf die Schule vorbereiten – und zwar indem wir das „Untere richten", indem wir die Basis für zukünftiges Lernen bilden und nicht, indem wir zu früh Zukünftiges lernen.

Spiel, Musik, Bewegung und Sinnesförderung sind wesentliche Bildungsbereiche der Kinder und somit Haupttätigkeitsfelder der Erzieherinnen. Der Nutzen, der für die Bildung der Kinder in diesen Bereichen liegt, ist unumstritten. In diesem Kapitel sollen Sie motiviert und daran erinnert werden, dass diese Themen und Bereiche sich auch hervorragend zur Unterstützung der eigenen Lust und Freude an Spiel, Bewegung, Musik und sinnlicher Erfahrung eignen und damit zur Vitalität und Entwicklung der eigenen Person beitragen können, wenn sie nicht nur als Angebot für die Kinder gesehen werden können.

Vitalität und Entwicklung der eigenen Person

Wenn Erzieherinnen begeistert von ihrer Arbeit sind, dann hat das häufig seinen Grund in der Tatsache, dass sie mit Kindern arbeiten. Und das heißt zwangsläufig auch immer wieder, dass sie singen, spielen, tanzen und sinnliche Aktivitäten durchführen. Das unterscheidet sie von Menschen, die nur vor dem Computer im Büro sitzen oder an Produktionsstraßen Dinge herstellen. Auch wenn viele Berichte geschrieben, Organisationsarbeit geleistet und Gespräche geführt werden müssen, das Kerngeschäft der Erzieherinnen bleibt die Begleitung des Kindes in seinen Aktivitäten. Und dazu gehören in erster Linie das Spiel, die Bewegung, die Musik (die Rhythmik) und die sinnliche Erkundung und Erfahrung der Welt. Es sind Aktivitäten, die den Alltag schmücken – Perlen im Alltagsgeschäft, die ihn lebendig und wertvoll machen. Es sind Perlen in einer „tonischen Nahrungskette", es sind „Lebensmittel", die zu einem vitalen und bereichernden Sein beitragen.

Das Spiel

Das Spiel taucht zwar auf, am liebsten aber in der Mogelpackung „spielerisches Lernen". Spiel, Entspannung und Erholung gelten als große Ausholbewegungen, um besser zu lernen, zu arbeiten, zu sein, zu leben. Sie beziehen ihren Wert nur aus der Tatsache, dass Pausen sinnvoll und effektiv sind. Sie werden geduldet, aber nicht gefeiert.

Pausen werden geduldet, nicht gefeiert.

Das Spiel als Grundphänomen menschlichen Lebens und mit ihm die Freude am Spielen und die Spielräume sind durchaus gefährdet. Schaut man sich die Spielzeuge an, die auf den Markt geworfen werden, dann darf mit Susanne Gaschke vermutet werden, „dass unsere Kinder ihre freie Zeit hauptsächlich mit Monstern und vollautomatischen Puppen verbringen" (Gaschke, 2009).

Das Problem dabei scheint vor allem zu sein, dass Kinder mit diesem Fertigspielzeug nur noch das nachspielen, was die Figur hergibt. Das Spiel wird im Gegensatz zu seiner ursprünglichen Bedeutung – also als Tätigkeit ohne Ziel und ohne bestimmten Zweck – mehr und von allen Seiten vereinnahmt.

Wir brauchen „Spielraum", wir brauchen „Freiraum", wir brauchen Tätigkeiten, die keinem Ziel verpflichtet und keiner Absicht verbunden sind. Wir brauchen Erfahrungen, in der wir unsere Realität selbst erschaffen können. Wir brauchen das Spiel. Kreativ zu sein bedeutet nicht, dass wir andauernd Neues erschaffen müssen. Kreativität wird sich vielmehr darin zeigen, dass mit dem, was vorhanden ist, neue Verbindungen eingegangen werden. Dass wir imstande sind, neue Beziehungen einzugehen, dass wir unser Dasein zugänglicher machen und unser Sein und nicht das Haben bereichern.

Spielerischer Umgang bedeutet mit dem, was da ist zu spielen. Das Wort „spielen" bedeutet so viel wie „sich um etwas herum bewegen" – so wundert es auch nicht, dass das „Spiel" mit dem „Tanz" verwandt ist (vgl. Kluge, 1989, S. 687). Dinge, Situationen von allen Seiten her angucken und auf alle Seiten hin abklopfen, ausprobieren; das ist das, was Kinder tun. Die Orientierung an den Gegebenheiten der Rhythmik ist auch hier hilfreich: Spielen bedeutet auch hier die Dinge, Situationen und Ereignisse im Hinblick auf Zeit, Raum, Form und Kraft auszuloten. Was passiert, wenn ich eine Bewegung mal schnell, mal langsam, mal hoch, mal tief, mal weit, mal eng mache? Auf diese Art kann ich ein Ereignis immer wieder holend zu einem mehrdimensionalen Erlebnis machen.

Spielend leicht soll es sein. Vitale Erlebnisse, Spaß und Lust sind keine Abfallprodukte guter Arbeit, sie sind gute Arbeit. Lust hat eine neurophysiologische Entsprechung; fehlt sie, so wird ein großer Teil von Gehirnfunktionen, die sich als Motivation, Antrieb oder Wille darstellen, nicht aktiviert. So arbeiten wir mit dem Paradox, abgewandt von Zielvorstellungen gerade deshalb einen Raum zur Verwirklichung von Zielen zu bieten. Indem wir uns auf einen Kommunikationsprozess einlassen, indem wir abrücken vom Ernst des Lebens und die Lust im Spiel suchen. Die Achtsamkeit auf die Dimensionen Zeit, Raum und Kraft hilft uns, ins Spiel zu kommen; was wir brauchen, ist vor allem das (Ver-)Trauen, mit diesen Gegebenheiten neuen Umgang zu suchen.

> *Spielen ist eine große Lockerungsübung, eine Leistung, die gerade Regeln aufbricht und Ordnungen außer Kraft setzt, und so dem Spielenden die Möglichkeit gibt, durch fruchtbares Chaos hindurch ein klein wenig selbst Kulturschöpfer zu sein.*
> *(Neubaur, 1987, S. 47)*

Spielend agieren meint: die Gegebenheit ausloten, erkunden, alles miteinander in Verbindung bringen können. Nicht einem Ziel und Zweck verhaftet, sondern offen für Entfaltung von Wirklichkeit, vertieft in die Erforschung dessen, was da ist. Spielverderber nehmen das Spiel nicht ernst, sondern erlauben mal ein bisschen Spielerisches, um dann schnell wieder zum Eigentlichen zu kommen, dem Ernst des Lebens. Wo Spielen nur zur Erholung oder als Belohnung eingesetzt wird, ersetzt äußerliche Motivation – „Wenn du fleißig warst, dann darfst du spielen gehen!" – das, was das Spielen so wertvoll macht: sich aus innerer Motivation konzentriert und versunken mit der Welt zu beschäftigen.

Beim Spielen soll es also nicht darum gehen, dauernd neue Spiele bzw. überhaupt Neues zu schaffen, sondern das Spielen ist eine Weise zu *sein.* Eine Weise, in der wir im Stande sind, immer wieder neue Verbindungen zu den Dingen und Menschen aufzunehmen.

> *Denn, um es endlich auf einmal herauszusagen, der Mensch spielt nur, wo er in voller Bedeutung des Wortes Mensch ist, und er ist nur da ganz Mensch, wo er spielt.*
> *(Friedrich Schiller, aus: Über die Ästhetische Erziehung des Menschen)*

Die Musik

Bildung ohne Musik ist undenkbar. Dennoch gibt es nicht wenige Erzieherinnen, die Musik und Singen eher fürchten als lieben. Musik sei mit Geräusch verbunden, meinte schon Wilhelm Busch und in vielen Einrichtungen sind deshalb die Musikinstrumente verwaist, verstimmt und vergessen.

Musik ist ein multisensorisches Informationspaket.

Was macht Musik und wie wird Musik zur Perle? **Musik ist ein multisensorielles Informationspaket.** Sie berührt (taktile Information), bewegt (kinäesthetische), beschwingt (vestibuläre), sie trägt, erhebt, geht tief unter die Haut, macht Gänsehaut. Musik rührt uns zu Tränen und lässt uns hüpfen, sie dreht uns im Kreis und lässt uns durchhalten, sie verzaubert und umhüllt uns. In der Musik können wir Dinge ausdrücken, die uns mit der Sprache nicht zugänglich sind: Liebe, Trauer, Hoffnung, Transzendenz.

Weil wir sehr früh angefangen haben, über das Hören schon im Mutterleib die Welt zu erfahren, begleitet sie uns ein Leben lang. Musik betont Bewegung, Musik vertont Bewegung, Musik ist bewusst hörbar gemachte Bewegung. Langsame, schnelle, wilde, geordnete Bewegung. Da geht es von Adagio (langsam, ruhig) über Andante (schreitend) nach Allegro (schnell, rasch) zu Prestissimo (sehr schnell); die Tempoänderungen sind im Kern Vorschläge zur Bewegungsarbeit am Instrument: accelerando (beschleunigend), piu mosso (bewegter) und natürlich das ad libitum (beliebig schnell), welches die größte Freiheit beschert.
Jeder Ton ist ein hörbarer Teil einer Bewegung. Bewegung wird durch ein Instrument verstärkt. Das Instrument, das kann auch die Stimme sein, verdeutlicht die Bewegung und kündet laut von ihrer Qualität: zaghaft, heftig, präzise, überraschend, satt, warm, weich, zart, strahlend, brillant, glanzvoll – die Bezeichnungen für die Qualität von Klängen kommen aus allen Sinnesbereichen.

Klänge haben Farben, berühren, bewegen, strahlen, sie sind rau, sie sind schmerzhaft oder heilend. Sie schmeicheln, können aber auch drohen. Klänge sind Verkünder, sind Rückmelder, sind Boten, die dem Menschen etwas über die Welt erzählen. So ist es kein Wunder, dass Klangerzeugung dem Menschen wesentlich ist. Klänge, Geräusche werden vom Nervensystem mit einer großen Empfänglichkeit aufgenommen. Schon das Geräusch lachender Menschen veranlasst das Gehirn, die Gesichtsmuskeln automatisch aufs Mitlachen vorzubereiten. Daher ist Lachen ansteckend – selbst, wenn der Grund für die Fröhlichkeit unbekannt ist, erklären britische Forscher

Vertonen Sie Ihr Tun.

Beginnen Sie mit der Musik bei sich. Geben Sie Ihren Bewegungen mehr Klang, vertonen Sie Ihr Tun, begleiten Sie Ihre Handlungen mit Summen, mit Geräuschen und Liedern. Kinder machen das auch gerne: sich klingend und singend begleiten. Und dabei schaffen und erleben wir wieder Übereinstimmung – verdeutlichen unsere Stimmungslage und geben so unseren Mitmenschen ein deutlich wahrnehmbares Signal. Die Angst, sich so zu geben, wird gerne mit dem Hinweis „Ich mache mich doch nicht zum Affen“ kommentiert. Das trifft es genau: Das Animalische, welches wir beim Singen zeigen, und die Bewegtheit, ohne die man nicht singen kann, sind der wesentliche Teil unserer Existenz. „Anima“ ist das lateinische Wort für die Seele. Mit dem Singen zeigen wir immer einen Teil unserer Seele.

„Zeigt her eure Füße, zeigt her eure Schuh“ – warum nicht auch und gerade die Seele? Frei improvisiertes Singen ist gewissermaßen die Vertonung der eigenen Gefühle. Diese Improvisation ist immer authentisch und somit an Ehrlichkeit kaum zu übertreffen, weil sie einen Teil der inneren Gefühlswelt zum spontanen Ausdruck bringt. Lieber den Gefühlen auf den Grund gehen, als an den Gefühlen zugrunde gehen.

Musik ist der soziale Kitt.

Musik ist das Medium, um Übereinstimmung herzustellen und zu erleben. Musik ist der soziale Kitt, mit dem Gesellschaften ihren Zusammenhalt erzeugen. Der gemeinsame Rhythmus synchronisiert die Gruppe, das gemeinsame Ein- und Ausatmen beim Singen schafft eine tiefe Verbundenheit auf muskulärer Ebene. Überall dort, wo Menschen gemeinsame Rhythmen erleben, sind die Gefühle von Verbundenheit und die Kooperation stärker.

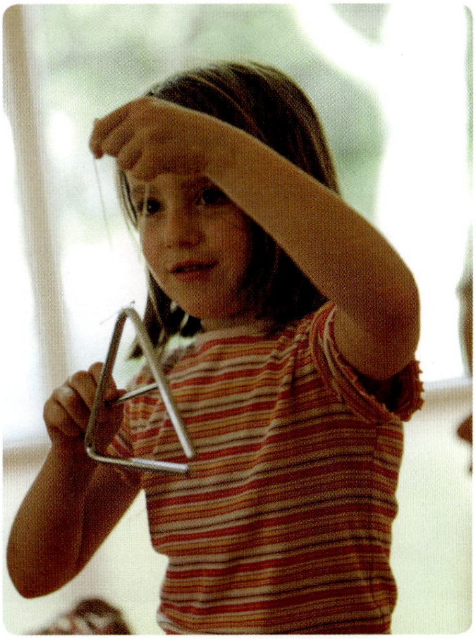

So stellt das gemeinsame Musizieren ein perfektes Modell von Übereinstimmung dar. Das kann allerdings für einige Menschen auch zum Problem werden: Die Übereinstimmung wird von außen auferlegt, sie kommt nicht von innen. Der Takt ist vorgegeben, die Stimmung, die Pausen. Nicht immer entspricht das der eigenen Stimmung. Abhilfe verschafft hier das freie Improvisieren. Für viele ungewohnt, wird aber die Improvisation eine wesentlich stärkere Rolle in der musikalischen Bildung erlangen.

Wenn Musik hilfreich sein soll, dann muss sie in einem inneren Zusammenhang mit der Lebenswirklichkeit der Beteiligten stehen. Und diese Wirklichkeit ist immer eine gegenwärtige. Sie ist abhängig von vielen Faktoren und am meisten von dem Gefühl, am richtigen Platz zu sein. Die „Stimmigkeit“ einer Handlung ergibt sich im wechselseitigen Zusammenspiel(en), in dem die Menschen sich leibhaftig und geistesgegenwärtig begegnen können. Absichtslosigkeit und Verzicht auf Planspiele gehören als Grundvoraussetzungen zur Herstellung dieser Stimmigkeit. Im freien Spielen mit Klang und Rhythmus können wir uns erhören, unser Tempo, auch unsere Stockungen wahrnehmen. Beim Musizieren kommen wir wesentlichen Bedingungen des Lebens nahe:

> *Die Bausteine der Musik (Melodie, Klang, Rhythmus, Dynamik und Form) sind Analogien für unsere Art zu denken, zu fühlen und zu handeln, und in unseren Improvisationen kommt zum Ausdruck, wie wir denken, fühlen und uns verhalten.*
> *(Frohne-Hagemann, in: Hegi, 1997, S. 18)*

In der musikalischen Improvisation können wir Vertrauen und Fähigkeiten entwickeln, in unvorhersehbaren Prozessen zu navigieren. Und das größte Geschenk, das wir erhalten, ist die Erfahrung, dass in diesem Offenen die Navigation umso besser gelingt, je näher wir uns selbst sind.

> *Deshalb haben wir unter allem Denkbaren die Musik zum Element unserer Erziehung gewählt, denn von ihr laufen gleich gebahnte Wege nach allen Seiten.*
> *(Johann Wolfgang von Goethe, aus: Wilhelm Meisters Wanderjahre)*

Die Bewegung

„Bewegung ist eine elementare Form des Denkens" – so zitieren die Hamburger Bildungsempfehlungen für die Bildung und Erziehung von Kindern in Tageseinrichtungen den Pädagogik-Professor Gerd Schäfer (Hamburger Bildungsempfehlungen, 2009, S. 28). Es geht darum, dass Welterkennen, Wahrnehmung und Wohlbefinden über Bewegung gesteuert werden kann und dass senso- und psychomotorische Kompetenzen unseren Handlungsraum bestimmen.

„Bewege dich, so wirst du schön" heißt ein Buch von H. J. Heinrichs, in dem die Schönheit des Gesichts, des Körpers und der Haltungen als Ausdruck innerer und äußerer Bewegtheit verstanden wird. Für viele ist Bewegung eine Belastung geworden. Sie finden Bewegung anstrengend. Weil sie nicht mehr Ausdruck ihrer inneren Bewegtheit, sondern nur noch Ausdruck von Handlungszwängen geworden ist.

Bewegung lernen vs. sich zu bewegen lernen.

Ich sehe, wie schnell es gehen kann, wenn Kinder Bewegungen lernen, statt sich zu bewegen lernen. Auf einmal fangen sie an, bestimmte Bewegungen aus dem Ballettunterricht zu wiederholen, bis sie diese Bewegungen beherrschen. Ich möchte vorschlagen, dass wir lernen, uns zu bewegen. Dem Bewegen auf die Spur kommen, nachspüren, was da passiert, wenn man sich bewegt, wie Bewegung im Körper Zusammenhänge herstellt, wie es sich anfühlt, sich zu bewegen.

Achtsamkeit

Sie sehen, es dreht sich wieder um die Achtsamkeit, in der ich etwas tue, und weniger um die Form, die da entstehen soll. Bewegung ist da, wir können gar nicht ohne Bewegung: Die spannende Frage ist, wie wir sie erleben. So haben wir die Chance, mit den Kindern immer wieder an jeder Stelle innezuhalten und den Bewegungen nachzuspüren. Beim Hinsetzen, beim Aufstehen, beim Anziehen, beim Stühlerücken usw. Alles ist Bewegung – was bewegt sich beim Nichtstun, wie und was spüre ich beim Atmen? Jede Bewegung, jede Handlung kann auf ihren motorischen Anteil hin „befragt" werden.

Ich werde nie vergessen, wie meine Kollegin Inge Coburger einen Stuhlkreis auflöste. Sie bat die Kinder, die Stühle an die Seite des Raumes zu stellen – normalerweise eine lärmende Angelegenheit. Sie bat die Kinder, die Stühle so zu tragen und zu stellen, als wären es rohe Eier. Und die gesamte Aktion war so feierlich, als ob Weihnachten und Ostern auf einen Tag gefallen wären. Nicht die Bewegung war der Unterschied zu dem, was ich bis dahin erlebte, nein, es war die Achtsamkeit auf den Vorgang. Es kommt also gerade im Bewegungsbereich, und in der Psychomotorik sowieso, weniger darauf an, was wir tun, sondern darauf, wie wir es tun. Es ist die Haltung, die den Unterschied macht. Eine Haltung, die neugierig ist, erforscht, ausprobiert und immer wieder neu erfindet.

Beispiel: Überzeugungen werden Wirklichkeit

Psychologische Untersuchungen ergaben, dass Menschen, die sich in ihrer Arbeit viel bewegen müssen, diese Bewegungen leider nicht in der Überzeugung, dass sie für sich und ihren Körper gut seien, ausführten. Es war eben bloß Arbeit. Wurden die Menschen aber darüber informiert, welche Vorteile ihre täglichen Bewegungen haben und wie viele Kalorien jeweils durch bestimmte Tätigkeiten verbrannt wurden, dann änderten diese Menschen ihre Ansicht über sich selbst und ihre Körper reagierten so, dass diese Überzeugungen Wirklichkeit wurden.

> *„Bemerkenswerterweise hatten diejenigen, denen gesagt wurde, wie viele Kalorien sie jeden Tag verbrannten, deutlich an Gewicht verloren, ihren Body-Mass-Index und das Verhältnis von Taille zur Hüfte gesenkt und einen niedrigeren Blutdruck erreicht."*
> *(Wiseman, 2010, S. 213.)*

In einer Bewegungstabelle ist das Spielen mit Kindern mit vier Kalorien pro Minute als eine gute Bewegungsarbeit ausgewiesen, Radfahren verbraucht fünf Kalorien pro Minute. Mit diesem Wissen können Sie Ihre „unsichtbare" tägliche Bewegung zusätzlich als Fitnesstraining ansehen und hoffentlich davon profitieren.

Geistesgegenwart

Wir brauchen nicht schon wieder die neueste Übung, das neueste Spiel, die neueste Technik, eigentlich ist alles vorhanden. Was wir brauchen, ist ein anderer Umgang mit uns und unseren Bewegungen. Dieser Umgang ist gut beschrieben mit dem Wort „Geistesgegenwart". Dass bei allem, was wir tun, unser Geist gegenwärtig sei, dass wir ermüdende Routinebewegungen vermeiden und dass wir nichts ohne Besinnung tun. Nicht immer, aber immer öfter. Das Jetzt ist nur ein Augenblick, ein kleiner Moment. Schon immer wollten Menschen diesen Moment verlängern, der Vergänglichkeit etwas entgegenhalten.

> *Zeit ist für mich da, weil ich Gegenwart habe.*
> *(Merleau-Ponty 1966, S. 482)*

Die Sinnlichkeit

Hören und Hören können verschieden sein.

Zu unserem Glück sind Kinder auf sinnliche und sinnenvolle Kost angewiesen, abstrakte Gedanken müssen heruntergebrochen werden auf sinnlich nachvollziehbare Ebenen. Darin steckt eine Menge Vitalität und Lebenskraft. Der (bewusste) Gebrauch unserer Sinne hat schon etwas ungemein Belebendes. Hören kann man auf verschiedene Arten. Aber wenn wir lauschen, dann geben wir uns dem Hören – ganz Ohr – hin, dann entsteht sofort eine andere Wirklichkeit. Das gilt für alle Sinnestätigkeiten. Ungeteilte Aufmerksamkeit auf eine Sinneswahrnehmung schafft Intensität und Konzentration.

Wenn wir es schaffen, dem Spüren, dem Fühlen vor dem Wissen einen Raum zu geben, dann schaffen wir damit auch einen Raum zur Spannungsregulation und zur Belebung unseres Nervensystems. Ich vertraue dem Zauber des Augenblickes, der Magie eines Klanges, der Kraft einer Berührung, dem Kitzel der Bewegung. Diese Momente, Sekunden vielleicht, sind mir wesentlicher als Programme. Sie vermögen in uns nachzuschwingen für Jahre, sie hinterlassen vielleicht einen Eindruck, der unauslöschlich bleibt. Erinnerungen an solche Momente begleiten uns durch das ganze Leben.

Prägende Erfahrungen

Warum sind Eindrücke aus der Kindheit so tief in uns verankert? Weil Kinder sich dem Moment ganz hingeben, weil ihnen das magische Gefühl des Eins-Seins mit der Welt erst später abhanden kommt. Solange erleben sie die Welt mit allen Sinnen, ohne Distanz vom Angenehmen wie vom Unangenehmen. Und Menschen, die mit Kindern arbeiten, müssen und dürfen damit rechnen, dass sie bei vielen Premieren dabei sind. Und wer weiß schon, ob nicht einer dieser Momente dem Kind für ein Leben lang präsent bleibt.

Offen sein für magische Momente

Dieser Qualität gilt meine Achtsamkeit; sie braucht über die Anstrengung hinaus eine Offenheit und Aufmerksamkeit, da sie sich nicht erzwingen und erarbeiten lässt. Sie entfaltet sich, wenn wir „werden wie die Kinder" – offen für magische Momente. Und diese sind wie Kobolde, Feen und Elfen: Sie verstecken sich im Unscheinbaren, im Alltäglichen, und wir müssen sie nicht erschaffen, sondern sie kommen, wenn wir ihnen Zeit und Raum lassen.

Erlauben Sie sich, ins Staunen zu kommen. Alles, was wir dafür eventuell brauchen, ist Zeit, ist Nichtwissen, ist Ahnungslosigkeit und eine gehörige Portion Neugier.

Wer mit Kindern lebt und arbeitet, hat ein Glück, welches man unbedingt genießen sollte. Ihr Tun, ihre Fragen, ihre Bedürfnisse und Tätigkeiten sind sinnvoll, sinnenvoll. Ihr Tun braucht Sinnlichkeit, damit es Sinn macht.

Wir leben und arbeiten mit Menschen, deren Interesse an den vier Perlen naturgemäß sehr ausgeprägt ist, und wir können uns mit diesem Interesse verbinden und verbünden. Seien wir Verbündete mit den Kindern, folgen wir ihrem Drang zu spielen, sich zu bewegen, zu singen. Teilen wir ihren Appetit auf nahrhafte Sinneskost und nutzen wir die Chancen, „selbst Kind zu bleiben".

FAZIT

Wir sind wie keine andere Berufsgruppe Teil eines zauberhaften Prozesses: Kinder sind Anfänger; und wie Hermann Hesses Gedicht „Stufen" sagt: „Jedem Anfang wohnt ein Zauber inne ..." Wir dürfen immer wieder die Hoffnung erleben, die ein neues Leben, ein neuer Beginn, ein neuer Anfang in sich trägt.
Persönlichkeit zu bilden heißt nicht, sich oder die Kinder mit Pisa-Effizienz auszustatten.
Persönlichkeit zu stärken bedeutet, unser gesamtes Sein wahr- und anzunehmen. Persönlichkeit zu stärken bedeutet, das, was alles in uns ist, zu pflegen. Wahrzunehmen, dass wir nicht nur funktionieren und effektiv sein müssen, sondern dass wir viele Seiten in uns tragen, die unsere Wirklichkeit ausmachen.
Und – so hoffe ich – irgendwann wird uns allen ganz deutlich werden, dass die Seiten, die so ganz absichtslos wie das Spiel sind, die so nutzlos wie die Musik, die so vorübergehend wie die Bewegung und die so kindlich wie die Freude an der Sinnlichkeit sind, die Qualitäten sind, die das Leben menschlich machen. Gerade diese für Kinder so wichtigen Tätigkeiten sind nicht nur „Kinderkram", sondern stellen auch für Erwachsene etwas bereit: Musik und Spiel, Bewegung und sinnliche Erlebnisse sind Nahrung für die Seele. Und die brauchen wir ebenso wie das tägliche Brot.

3 Ernährung – Die Basis für ein starkes, aktives Leben

3.1 Zur Einstimmung

3.2 Ein kleiner Ausflug in die Ernährungslehre

3.3 Die vollwertige Ernährung: So sollte sie aussehen

3.4 Täglich gesund ernähren mit Obst und Gemüse

3.5 Mit Kindern gesundes Essen entdecken und genießen: Ideen rund um Kräutergarten, Gemüse und Fertiggerichte

3.6 Tipps für Ihren persönlichen Ernährungsalltag

Das Innere Team diskutiert zum Thema „Ich und meine Ernährung …".

3.1 Zur Einstimmung

Zur Einführung in dieses Kapitel des Buches, quasi als „Amuse Gueule“, als kleinen Gruß aus der Küche, möchten wir Ihnen kurz vor Augen führen, welche Bedeutung eine gesunde Ernährung für unser ganzes Leben hat. Der Einfluss der Ernährung beginnt im Mutterleib, endet mit dem Tod und prägt unser Dasein in entscheidendem Maße. Unsere Gesundheit, unser Wohlbefinden, unsere Leistungsfähigkeit und Zufriedenheit sind abhängig von einer vollwertigen, ausgewogenen Ernährung. Sie bildet die Basis für ein starkes und aktives Leben, versorgt unseren Körper mit allen lebenswichtigen Nährstoffen, liefert Energie für Wachstum und Entwicklung, für körperliche und geistige Leistungsfähigkeit im Beruf und in der Freizeit – und sollte dabei Spaß machen, schmecken und letztlich mit Genuss, Geselligkeit und Kreativität verbunden sein.

Ernährung prägt unser Dasein entscheidend.

Ernährung – eigentlich Essen und Trinken – spielt in unserem Leben also eine große Rolle, auch wenn wir uns dessen manchmal gar nicht so richtig bewusst sind. Ernährung gehört zum Alltag, ist Routine, etwas Normales, über das man nicht immer wirklich nachdenkt. Dabei sollten wir das öfter mal wieder tun, denn unsere Lebensqualität und Gesundheit hängen entscheidend von ihr ab.

Sie tragen die Verantwortung für Ihre eigene Ernährung, vielleicht auch die für die Ihrer Familie, und nicht zu vergessen sind Sie als Erzieherin auch im Beruf eng mit der Ernährung der Ihnen anvertrauten Kinder verknüpft. Das ist sicher nicht immer eine leichte Aufgabe, vor allem, wenn Faktoren wie Zeit und Geld ins Spiel kommen. Deshalb möchten wir Ihnen hier mit Informationen und im Alltag umsetzbaren Tipps eine Hilfe an die Hand geben, mit der Sie eine gesunde, ausgewogene Ernährung in Ihr Leben integrieren können, ohne gleich von Nährwerttabellen, Messlöffeln oder Diätwaagen dominiert zu werden.

Wie sieht eine gesunde Ernährung aus? Was brauchen wir? Wie kann man sie in den Berufsalltag integrieren? Wie können Sie „Ihren“ Kindern in der Kita gesundes Essen und Trinken anbieten? Was hilft Ihnen, das Vorbild zu sein, das Sie sein wollen? Lesen Sie weiter!

3.2 Ein kleiner Ausflug in die Ernährungslehre

Um mit sich und einer gesunden Ernährung „im Reinen zu sein", geht es nicht ganz ohne etwas Hintergrundwissen. Deshalb geht es los mit einer überschaubaren Ernährungslehre in Kurzform, quasi als kleiner Auffrischungskurs für Ihre – vielleicht auch schon etwas länger zurückliegende – Ausbildung.

Jeder Nährstoff hat seine Aufgabe

Die Ernährung des Menschen, also die Nahrungsaufnahme durch Essen und Trinken, bildet neben der Atmung die grundlegende Basis für alle Lebensvorgänge. Gesundheit, Entwicklung, Leistungsfähigkeit und Wohlbefinden hängen von der richtigen Menge und Auswahl der Lebensmittel ab, die wir täglich aufnehmen. Ein Zuviel kann genauso schädlich sein wie ein Zuwenig oder Unausgewogenheit. Wir essen Lebensmittel, aber letztlich benötigen wir die in ihnen enthaltenen Nährstoffe.

Energieliefernde und nicht energieliefernde Nährstoffe

Diese Nährstoffe werden im Zuge der Verdauung aus der Nahrung freigesetzt. Man unterscheidet zwischen den energieliefernden Nährstoffen Eiweiß, Fett und Kohlenhydrate (und Alkohol), durch die der Organismus unter anderem Energie für seine Lebensvorgänge bezieht, und den nicht energieliefernden Nährstoffen. Hierzu zählen Wasser, Vitamine, Mineralstoffe, Spurenelemente und Ballaststoffe. Ihre Funktion im Körper ist vielfältig, sie sind beispielsweise essenziell als Baustoffe und Steuerungs- und Regelelemente. Daneben enthält die natürliche Nahrung, vor allem Obst und Gemüse, auch sekundäre Pflanzenstoffe wie z. B. Farb- und Aromastoffe, die auf den Nährwert keinen direkten Einfluss haben, aber für die Gesundheit von großer Bedeutung sind, wie neuere Studien belegen. Nahrungsmittel entstammen entweder dem Tier- oder dem Pflanzenreich und enthalten dementsprechend eine unterschiedliche Nährstoffverteilung.

Der Verdauungsprozess ermöglicht es dem Organismus, diese Nährstoffe aus der Nahrung freizusetzen und in eine Form zu überführen, die die Resorption, das heißt die Aufnahme aus dem Darm in das Blut, möglich macht. Anschließend werden sie im Körper an den jeweiligen Ort des Bedarfs gebracht.
Jeder Nährstoff hat im Organismus ganz spezifische Aufgaben zu erfüllen, damit alle Stoffwechselvorgänge reibungslos ablaufen. Hierbei handelt es sich um ein komplexes Zusammenspiel aller Nährstoffe untereinander. Ein Ungleichgewicht oder Mangelzustände führen zu Funktionseinschränkungen und begünstigen das Entstehen von Krankheiten.

Zu den Nährstoffen gehören:

- Eiweiß
- Fett
- Kohlenhydrate
- Vitamine
- Mineralstoffe/Spurenelemente
- Ballaststoffe
- Wasser

Untenstehende Tabelle gibt einen Überblick über die Aufgaben der Nährstoffe im Körper.

Nährstoff/ Wirkstoff	Aufgaben im Körper	Mangelzustände
Eiweiß	■ Aufbau der Körperzellen ■ Erhalt der Körperzellen	■ Störungen der körperlichen und geistigen Entwicklung ■ Störungen der Leistungsfähigkeit ■ Nachlassen der Widerstandsfähigkeit
Fett	■ Energielieferant ■ Lieferant der essenziellen Fettsäuren ■ Träger der fettlöslichen Vitamine	■ Untergewicht ■ Vitaminmangel der fettlöslichen Vitamine
Kohlenhydrate	■ Energielieferant ■ Aufrechterhaltung der Körpertemperatur	
Vitamine	■ Regelung von Stoffwechselabläufen	■ Beeinträchtigung der Stoffwechselfunktionen ■ Vitaminmangelkrankheiten
Mineralstoffe/ Spurenelemente	■ Aufbau und Erhalt des Körpers ■ Regelung von Stoffwechselabläufen	■ Abbau von Körpersubstanz ■ spezifische Mangelerkrankungen
Ballaststoffe	■ verdauungsfördernde Wirkung ■ Verhütung von Darmerkrankungen ■ Vermeidung von Funktionsstörungen im Darmtrakt ■ langanhaltende Sättigung	■ Verdauungsstörungen ■ Begünstigung der Entstehung von Darmerkrankungen ■ Begünstigung der Entstehung von Stoffwechselstörungen und -erkrankungen
Wasser	■ Transport- und Lösungsmittel für Nährstoffe usw. ■ Aufbau und Erhalt von Körperzellen ■ Ausscheidung harnpflichtiger Substanzen	■ Zurückhalten harnpflichtiger Substanzen ■ Bluteindickung bis hin zum Kreislaufversagen ■ Mangel an Nährstoffen

Aufgaben der Nährstoffe

Hier finden wir die Energie für unseren Tag: die energieliefernden Nährstoffe

Eiweiß

Eiweiß (Protein) ist ein lebenswichtiger Bestandteil des menschlichen Organismus. Ohne Eiweißstoffe, auch Proteine genannt, ist ein Leben in der bekannten Form nicht denkbar.

Aufgaben der Proteine

Die Aufgaben der Proteine im Körper sind vielfältig. Aus dem Eiweiß, das wir durch die Nahrung aufnehmen, baut der Körper seine eigenen Proteine aufgabengerecht zusammen. So entstehen z. B. Enzyme und Hormone, die alle biologischen Prozesse im Organismus steuern, werden Transportproteine, wie beispielsweise der rote Blutfarbstoff Hämoglobin, gebildet, der für den Sauerstofftransport zuständig ist, außerdem werden Proteine zur Bildung von Muskeln und Schutzproteinen für Sehnen, Haut, Knorpel und Knochen benötigt. Nicht zuletzt beruht auch unser Immunsystem auf Proteinen, ohne die praktisch ein gesundes Leben, eine funktionierende Infektionsabwehr, gar nicht möglich wäre.

Hinweis

Eiweiß zählt zu den energieliefernden Nährstoffen. Sein Energiegehalt ist genauso hoch wie der der Kohlenhydrate: 1 g Eiweiß liefert 4,1 kcal (17 kJ).

Eiweißgehalt von Nahrungsmitteln

Der Eiweißgehalt von Nahrungsmitteln ist sehr unterschiedlich. Eiweiß kommt in tierischen und pflanzlichen Lebensmitteln vor. Das tierische Protein ähnelt in seinem Aufbau dem Eiweiß des menschlichen Körpers. Körpereigene Substanzen können daraus deshalb leichter aufgebaut werden. Die tägliche Nahrung sollte zur optimalen Eiweißversorgung aus einer Mischung von tierischem und pflanzlichem Protein bestehen.

Wichtige Eiweißlieferanten unserer Ernährung sind:

- Fleisch, Fisch, Eier
- Milch und Milchprodukte
- Sojaprodukte
- Hülsenfrüchte, Kartoffeln, Nüsse
- Getreide und Getreideprodukte

Hinweis

Durch eine abwechslungsreiche Ernährung mit tierischen und pflanzlichen Nahrungsmitteln wird der Eiweißbedarf am besten gedeckt, denn so ergänzt sich die Aminosäurezusammensetzung sehr gut. Deshalb sollten wir täglich Vollkornerzeugnisse, Milch(-produkte) sowie Fisch, Fleisch oder Eier (im Wechsel) zu uns nehmen und unsere Ernährung durch Hülsenfrüchte, Kartoffeln, Nüsse usw. ergänzen.

Eiweißbedarf

Der tägliche Eiweißbedarf hängt in erster Linie vom Alter des Menschen ab. So lautet die derzeitige Empfehlung, dass etwa 10–15 % der Tagesenergie in Form von Eiweiß aufgenommen werden sollten. Kinder und Jugendliche haben, wegen ihrer intensiven Wachstums- und Entwicklungsprozesse, einen wesentlich höheren Eiweißbedarf als Erwachsene – bezogen auf ihr Körpergewicht. So benötigt ein drei Monate alter Säugling täglich etwa 1,5 g Eiweiß pro Kilogramm Körpergewicht und ein normalgewichtiger Erwachsener „nur“ etwa 0,8 g pro Kilogramm Körpergewicht. Auch körperliche Schwerarbeiter und Kraftsportler sowie Schwangere und Stillende benötigen eine besondere

Eiweißzulage. Nach schweren Operationen und in der Rekonvaleszenz kann der Eiweißbedarf ebenfalls erhöht sein.

Beispiel: Melanies Eiweißbedarf

Die normalgewichtige Erzieherin Melanie wiegt 62 kg, deshalb sollte sie täglich 0,8 x 62 = 49,6 g Eiweiß aufnehmen. Folgende Nahrungsmittel tragen dazu bei:

- *2 Scheiben (100 g) Roggen-Vollkornbrot = 7,3 g Eiweiß*
- *200 g Magerjoghurt = 7 g Eiweiß*
- *1 Scheibe (50 g) Edamer = 12,4 g Eiweiß*
- *150 g Kabeljaufilet = 25,5 g Eiweiß*
- *200 g Kartoffeln = 4 g Eiweiß*

Fette

Die Nahrungsfette (Lipide) sind die energiereichsten Nährstoffe in unserer Ernährung. Da im Bundesdurchschnitt mehr als doppelt so viel Fett verzehrt wird wie empfohlen, ist dieser Nährstoff wahrscheinlich in hohem Maße mit für unser Zivilisationsproblem Nr. 1 – Übergewicht und Fettsucht (Adipositas) – verantwortlich.

Hinweis

Fett liefert etwa doppelt so viel Energie wie Eiweiß oder Kohlenhydrate, nämlich 9,3 kcal (39 kJ) pro Gramm.

Glycerin und Fettsäuren

Unter dem Begriff „Fett“ wird eine Vielzahl von unterschiedlichen Verbindungen zusammengefasst, die aus Glycerin und Fettsäuren zusammengesetzt sind. Durch unterschiedliche Fettsäuren entstehen dabei auch unterschiedliche Fette, beispielsweise Butter, Öle, Tran, Speck, Talg oder Schmalz.

Bestimmte Fettsäuren (und ihre Abkömmlinge) sind lebensnotwendig (essenziell) für den Zellaufbau, die Blutgerinnung und die Herstellung bestimmter Gewebshormone (Prostaglandine) und müssen daher in ausreichendem Maße in der Nahrung vorhanden sein (ca. 8–10 g essenzielle Fettsäuren pro Tag). Fehlen sie, oder ist die körpereigene Umwandlung in andere Fettsäuren gestört, kommt es zu gesundheitlichen Beeinträchtigungen. Mit einer abwechslungsreichen Auswahl an Nahrungsfetten und fetthaltigen Lebensmitteln (siehe Hinweis) ist auch die Versorgung mit essenziellen Fettsäuren gesichert.

Hinweis

Mit einer abwechslungsreichen, vollwertigen Mischkost (Seite 153 ff.) ist die ausreichende Aufnahme essenzieller Fettsäuren kein Problem. Melanie, die Erzieherin aus unserem Beispiel, sollte deshalb zum Braten und für Salate hochwertige Pflanzenöle wie Oliven-, Raps- und Sonnenblumenöl verwenden, gelegentlich auch Distel-, Lein- oder Kürbiskernöl beim Kochen einsetzen und mindestens 1 x pro Woche Seefisch essen. Auch Nüsse und Keime liefern wertvolle essenzielle Fettsäuren.

Aufgaben von Fetten

Fette erfüllen im Körper eine Vielzahl von wichtigen Aufgaben. Darum ist unser Organismus auch in der Lage, Fette aus Glycerin und Fettsäuren selbst aufzubauen, er könnte auch bei völlig fettfreier Ernährung aus Eiweiß und Kohlenhydraten Fette produzieren, damit sie ihre Aufgaben wahrnehmen können. Bei Nahrungsüberschuss wird deshalb, ursprünglich eine für „schlechte Zeiten" sinnvolle Fähigkeit, Depotfett gebildet (s. u.), das sich heutzutage in unserer Bevölkerung durch Übergewicht und Adipositas zeigt. Lediglich auf die Zufuhr der essenziellen Fettsäuren können wir über die Nahrung nicht verzichten.

Als Organfett besteht eine wichtige Aufgabe von Fett in seiner mechanischen Schutzfunktion für empfindliche Innenorgane. So liegen z. B. die Nieren in einem Bett aus Depotfett, um sie vor Kälte oder Stößen von außen zu schützen. Und während der Schwangerschaft wird das ungeborene Kind im Bauch der Mutter durch ihre Fettdepots vor Stößen oder Druck bewahrt. Das Unterhautfett schützt den Körper ebenfalls vor mechanischen Einflüssen, hilft aber auch, ihn gegen Kälte und Hitze zu isolieren.

Alles, was dem Körper an Energie aus Eiweiß, Fett, Kohlenhydraten oder auch Alkohol zugeführt wird und was er nicht sofort verbraucht, wird in Fett umgewandelt und „gelagert", vorzugsweise an Bauch, Hüften und Oberschenkeln. Da in unserer Konsumgesellschaft fast ständig ein Nahrungsüberangebot besteht, ist die Folge davon, dass, je nach Altersstufe, fast die Hälfte der bundesdeutschen Bevölkerung übergewichtig ist, weil man mehr isst und trinkt, als vom Körper verbraucht wird. Ein Kilo Körperfett speichert etwa 7 000 kcal. Selbst der schlankste Mensch hat noch etwa 7 kg Fett an seinem Körper, beim Übergewichtigen können es 50 kg und mehr sein.

Vitamine in Fetten

Nahrungsfette sind darüber hinaus Lieferanten lebenswichtiger Vitamine. Einige davon, die Vitamine A, D, E und K, die sogenannten „fettlöslichen" Vitamine, kommen nur in Begleitung von Fett in der Nahrung vor und können vom Körper auch nur dann aufgenommen werden, wenn gleichzeitig Fett in der Nahrung enthalten ist. Fetthaltige Nahrungsmittel tierischen Ursprungs liefern darüber hinaus Cholesterin, das im Übermaß genossen schädlich für die Gesundheit sein kann. Pflanzliche Fette sind cholesterinfrei.

Die Richtwerte für die Fettzufuhr werden von der Deutschen Gesellschaft für Ernährung e. V. (DGE) in den D.A.CH.-Referenzwerten für die Nährstoffzufuhr entsprechend der nachfolgenden Tabelle festgelegt.

Alter	Fett (% der Gesamtkalorienzufuhr)
Säuglinge	
0 bis 4 Monate	40–45
4 bis unter 12 Monate	35–45
Kinder	
1 bis unter 4 Jahre	30–40
4 bis unter 15 Jahre	30–35
Jugendliche und Erwachsene	
15 bis 65 Jahre und älter	30
Schwangere und Stillende	30–35

Richtwerte für die Fett-Zufuhr (DGE, 2000)

Beispiel: Melanies Fettbedarf

Um ihren Tagesbedarf von nur etwa 60 g Fett zu decken, sollte Erzieherin Melanie zu mageren Lebensmitteln greifen, bei der Fettauswahl auf Produkte mit reichlich essenziellen Fettsäuren achten, und Speisen bevorzugen, die mit wenig Fett zubereitet sind. Fettfallen lauern beispielsweise hier:

- *1 Tafel (100 g) Vollmilchschokolade = 30 g Fett*
- *50 g Salami = 16,5 g Fett*
- *50 g Edelpilzkäse = 15 g Fett*
- *1 Portion (150 g) Pommes frites = 13 g Fett*
- *100 g Erdnussflips = 24 g Fett*

Deshalb empfiehlt es sich, bei verpackten Produkten auf die Nährwertangaben zu schauen und den Fettgehalt genau zu vergleichen. Bei Käse und Wurst gibt es beispielsweise große Unterschiede!

Kohlenhydrate

Die Kohlenhydrate (chemisch Saccharide = Zucker) machen im Vergleich zu den übrigen Nährstoffen mengenmäßig den Hauptanteil aller Nahrungsbestandteile aus. Sie liefern dem Körper auf besonders schnellem Wege Energie (4,1 kcal pro Gramm), wie es z. B. im Muskel bei sportlicher Betätigung in hohem Maße erwünscht ist.

Schnelle Energiezufuhr

Unter den Begriff „Kohlenhydrate“ fällt eine Vielzahl organischer Verbindungen, die überwiegend von Pflanzen mithilfe des Sonnenlichtes aus Wasser und Kohlendioxid gebildet werden. Man nennt diesen Vorgang Photosynthese.

Monosaccharide

Kohlenhydrate können recht unterschiedlich aufgebaut sein, lediglich ihre Grundbausteine (Monosaccharide = Einfachzucker) sind gleich oder ähnlich. Durch verschiedenartige Verknüpfung dieser Bausteine entsteht die Vielzahl an unterschiedlichen Kohlenhydraten. Die gebildeten Kohlenhydrate werden in den Speicherorganen der Pflanzen gelagert, z. B. als Stärke in Getreidekörnern und Kartoffeln, oder als Zucker in Früchten oder der Rübenwurzel.

Kohlenhydrate müssen nicht süß sein.

Kohlenhydrate unterscheiden sich zum Teil erheblich in ihren Eigenschaften. Je komplexer die Kohlenhydrate werden (z. B. Stärke), desto weniger schmeckt man, dass sie aus Zuckern aufgebaut sind. Während Einfach- (Glucose, Fructose) und Mehrfachzucker tatsächlich süß schmecken und als „Zucker" Verwendung finden (unser normaler Haushaltszucker ist das Disaccharid „Saccharose"), merkt man den Polysacchariden Stärke (z. B. in Getreide, Reis, Kartoffeln) und Cellulose geschmacklich ihre Zuckerbausteine nicht an. Erst im Zuge der Kohlenhydratverdauung werden die einzelnen Zuckerbausteine wieder freigesetzt und resorbiert.

Als Endprodukte der Kohlenhydratverdauung gelangen im Wesentlichen die Monosaccharide Glucose, Fructose und Galactose in den Blutkreislauf. Über die Pfortader werden sie zur Weiterverwendung in die Leber oder andere Orte des Bedarfs (Muskeln, Gehirn) geleitet. Neben der raschen „Verbrennung" zu Energie kann der Körper Kohlenhydrate in Form von Glycogen (tierische Stärke) im Muskel und in der Leber in gewissem Umfang speichern, ein Prozess, der für Sport und körperliche Leistungsfähigkeit von Bedeutung ist.

Name	Vertreter	Eigenschaften	Vorkommen
Monosaccharide (Einfachzucker)	**Glucose** (Traubenzucker) **Fructose** (Fruchtzucker) **Galactose** (Schleimzucker)	■ leicht löslich ■ werden sehr schnell ins Blut aufgenommen ■ schmecken süß	■ Bauteile der Mehrfachzucker ■ Glucose und Fructose kommen in Obst und Honig vor
Disaccharide (Zweifachzucker)	**Saccharose** (Haushaltszucker) **Maltose** (Malzzucker) **Lactose** (Milchzucker)	■ schmecken schwach süß bis süß ■ sind gut löslich ■ werden schnell ins Blut aufgenommen	■ Saccharose kommt u. a. in Zuckerrüben vor ■ Maltose u. a. in keimender Gerste ■ Lactose u. a. in Milch

Name	Vertreter	Eigenschaften	Vorkommen
Polysaccharide (Vielfachzucker)	**Stärke** (Amylum) **Glykogen**	■ müssen erst gespalten werden ■ gehen langsam ins Blut ■ schmecken nicht süß	■ Stärke kommt u. a. in Getreide, Gemüse und Kartoffeln vor ■ Glykogen ist ein „Speicherkohlenhydrat" ■ Vorkommen in der Leber und in Muskeln
Polysaccharide (Ballaststoffe)	**Cellulose** **Pektin**	■ sind unverdaulich ■ erhöhen das Stuhlvolumen ■ binden Giftstoffe	■ kommen in pflanzlichen Lebensmitteln vor (Getreide, Obst, Gemüse, Hülsenfrüchte usw.)

Kohlenhydrate in unserer Ernährung

Hinweis

Eine gesunde, ausgewogene Kost sollte täglich etwa 275–350 g Kohlenhydrate enthalten. Das entspricht etwa 50–60 % der Tagesenergiezufuhr, denn Kohlenhydrate liefern genau wie Eiweiß 4,1 kcal pro Gramm. Bei ihrer Kohlenhydratauswahl sollte Erzieherin Melanie deshalb die komplexen Kohlenhydrate aus Gemüse, Obst, Vollkorn, Kartoffeln, Hülsenfrüchten usw. in den Vordergrund stellen, Weißmehlprodukte und Süßigkeiten dagegen nur selten verzehren (siehe Tabelle unten), da sie den Blutzuckerspiegel schneller als komplexe Kohlenhydrate in die Höhe treiben. Durch die Ausschüttung des Hormons Insulin als Reaktion auf die Zuckerzufuhr sinkt der Blutzuckerspiegel jedoch sehr schnell wieder ab, sodass das Bedürfnis nach Süßem rasch wieder da ist. Isst Melanie dagegen ein Vollkornbrot und einen Apfel als Zwischenmahlzeit, gibt ihr das einen anhaltenden Leistungskick für die nächsten Stunden und sie muss keine Angst um ihre schlanke Linie haben.

Empfehlenswerte Kohlenhydratlieferanten	Weniger empfehlenswerte Kohlenhydratlieferanten
■ Obst ■ Gemüse ■ Salate, Rohkost ■ Vollkornprodukte, wie z. B. Brot, Müsli, Getreideflocken, Kartoffeln, Vollkornnudeln, ungeschälter Reis, Hülsenfrüchte, Nüsse, Samen	■ Zucker, Süßigkeiten ■ zuckerhaltige Speisen und Getränke ■ reine Stärke, wie z. B. Weißmehl ■ feine Weißmehlprodukte, wie z. B. Brötchen, Weißbrot, Kuchen, Nudeln

Kohlenhydratlieferanten

Der Vorteil der empfehlenswerten Kohlenhydratträger liegt neben ihrer langsameren energetischen Verwertbarkeit – und damit einer gleichmäßigen Energielieferung – auch darin, dass sie den Organismus gleichzeitig mit Vitaminen, Mineralstoffen und Ballaststoffen versorgen. Diese wertvollen Begleitnährstoffe fehlen den überwiegend zuckerhaltigen Nahrungsmitteln fast ganz, man bezeichnet sie deshalb auch gern als „Träger leerer Kalorien“. Leider ist ihr Anteil in unserer heutigen „modernen“ Ernährung viel zu hoch, sodass man sicher einen Zusammenhang zu Überernährung und Adipositas feststellen kann, aber auch im Zuge der Kariesentstehung vor ihrem übermäßigen Verzehr warnen muss.

Sportler

Für den Sportler haben Kohlenhydrate eine besondere Bedeutung, vor allem im Spiel- und Ausdauerbereich. Bei hohen Leistungen bildet das Muskelglycogen, die Speicherform der Kohlenhydrate, die wichtigste, schnell verfügbare Energiequelle. Der Gehalt dieses Kohlenhydratspeichers kann durch Training und gezielte Ernährung etwa auf das Dreifache gesteigert werden, sodass heute die meisten Aktiven sehr kohlenhydratbetont essen, man denke nur an die „Nudelparty“ vor Marathons oder die Banane beim Seitenwechsel im Tennis. Wegen des ebenfalls erhöhten Vitamin- und Mineralstoffbedarfs des Sportlers und der konstanteren Energiefreisetzung stehen in seiner Ernährung naturgemäß die Polysaccharide im Vordergrund und nicht die Mono- oder Disaccharide.

Alkohol

Alkohol nimmt eine Sonderstellung ein, da er zwar zu den energieliefernden Nährstoffen gehört, aber kein lebensnotwendiger Bestandteil unserer Ernährung ist. Abgesehen vom Suchtaspekt und seiner toxischen Wirkung ist vor allem sein Energiegehalt zu berücksichtigen: 1 g Alkohol liefert 7,2 kcal = 30 kJ, also mehr als Eiweiß und Kohlenhydrate. Vor allem zuckerhaltige alkoholische Getränke und konzentrierte Spirituosen tragen deshalb in unserer Gesellschaft erheblich zur überreichlichen Energieaufnahme bei. Alkohol in Maßen ist gesunden, nicht schwangeren Menschen in kleinen Mengen als gelegentlicher Genuss durchaus erlaubt, aber er sollte nicht täglich auf dem Speiseplan stehen.

Energiewerte auf einen Blick

Die Nährstoffe Eiweiß, Fett, Kohlenhydrate und Alkohol enthalten unterschiedlich hohe Energiewerte.

Energiegehalt der Hauptnährstoffe:

- 1g Eiweiß = 4,1 kcal
- 1g Fett = 9,3 kcal
- 1g Kohlenhydrate = 4,1 kcal
- 1 g Alkohol = 7,2 kcal

1 Gramm Fett liefert also mehr als doppelt so viel Energie wie die gleiche Menge Eiweiß oder Kohlenhydrate, und Alkohol liegt an zweiter Stelle! Mit Rücksicht auf Figur und Gesundheit sollte Erzieherin Melanie deshalb mit der Aufnahme von Fett und Alkohol sehr zurückhaltend sein.

Ebenfalls für lebenswichtige Aufgaben zuständig: die nicht energieliefernden Nährstoffe

Während Kohlenhydrate, Fette, Eiweiß und Alkohol zur Energieversorgung des Körpers beitragen, sind die nicht-energieliefernden Nährstoffe Vitamine, Mineralstoffe und Spurenelemente, Ballaststoffe und Wasser für andere lebenswichtige Aufgaben zuständig – sie steuern die Körperfunktionen, bauen den Körper auf, unterstützen die Verdauung und sind – wie das Wasser – letztlich das Lebenselixier Nr. 1, ohne das kein Leben möglich wäre.

Aufgaben

Vitamine

Ohne sie läuft nichts, denn Vitamine wirken wie Katalysatoren, die für viele Stoffwechselvorgänge gebraucht werden. Somit sind Vitamine essenzielle Nährstoffe, die mit der Nahrung zugeführt werden müssen. Einige Vitamine können aus einer Vorstufe, dem sogenannten Provitamin (z. B. Vitamin A aus ß-Carotin) aufgebaut werden. Vitamine kommen sowohl in tierischen als auch in pflanzlichen Lebensmitteln vor. Eine unzureichende Zufuhr führt zu Vitaminmangelerkrankungen. Grundsätzlich unterteilt man wasserlösliche und fettlösliche Vitamine. Die fettlöslichen Vitamine kann der Körper nur in Kombination mit Fett resorbieren. Wasserlösliche Vitamine kann der Körper nur in ganz geringem Maß speichern, sie müssen regelmäßig über die Nahrung zugeführt werden.

Essenzielle Nährstoffe

Vitamin	Lebensmittelquellen
Vitamin A (ß-Carotin)	Leber, Möhren, getr. Aprikosen, Käse
Vitamin D	Seefisch, Leber, Pilze
Vitamin E	Pflanzenöle, Eigelb, Weizenkeime, Soja, Nüsse, Vollkorn
Vitamin K	Spinat, Broccoli, Kopfsalat
Vitamin C	Paprikaschoten, schw. Johannisbeeren, Zitrusfrüchte, Sauerkraut
Thiamin (B1)	Bierhefe, Vollkorn, Schweinefleisch, Hülsenfrüchte
Riboflavin (B2)	Hefe, Leber, Vollkorngetreide, Seefisch, Käse, Fleisch
Pyridoxin (B6)	Fleisch, Fisch, Hefe, Vollkorn, Eigelb, Käse, Gemüse
Cobalamin (B12)	Leber, Innereien, Fisch, Fleisch, Vollmich, Eier
Niacin	Fleisch, Fisch, Pilze, Vollkorn, Leber, Vollreis
Pantothensäure	Fleisch, Fisch, Leber, Pilze, Vollkorn, Gemüse, Obst
Folsäure	Hefe, Gemüse, Soja, Leber
Biotin	Innereien, Hefe, Soja, Hülsenfrüchte, Eigelb, Nüsse

Beispiele für Lebensmittel, die in besonderem Maße zur Vitaminversorgung beitragen

Bei Beachtung der Regeln für eine vollwertige Mischkost (Seite 153 f.) können wir unseren Vitaminbedarf auch ohne Präparate oder angereicherte Lebensmittel ausreichend decken.

Hinweis

Vitamine sind sehr empfindlich gegenüber Wasser, Hitze und Licht. Dies sollte beim Einkauf, bei der Lagerung und Zubereitung beachtet werden. Deshalb legt Erzieherin Melanie Wert darauf, Obst und Gemüse nicht lange zu lagern, Lebensmittel kühl, trocken und dunkel aufzubewahren, und durch kurze Garzeiten in wenig Wasser möglichst viele Vitamine und Mineralstoffe zu erhalten.

Mineralstoffe und Spurenelemente

Mineralstoffe und Spurenelemente sind anorganische Bestandteile unserer Nahrung. Auch sie sind lebensnotwendig, mit vielfältigen Aufgaben für Wachstum und Stoffwechsel.

Aufgrund der Zufuhrmenge unterscheidet man zwischen Mengenelementen (z. B. Calcium, Kalium, Magnesium, Phosphor, Chlor, Natrium) und Spurenelementen (z. B. Eisen, Jod, Fluor, Selen, Zink).

Durch eine abwechslungsreiche und ausgewogene Ernährung nach den Regeln der Deutschen Gesellschaft für Ernährung e.V. (Seite 153 f.) kann der Mineralstoffbedarf im Allgemeinen gedeckt werden.

Jodzufuhr

Zu niedrig liegt jedoch bei den meisten Menschen die Jodzufuhr (reichlich in Seefisch und Meeresfrüchten enthalten). Jod ist als Bestandteil der lebenswichtigen Schilddrüsenhormone maßgeblich an vielen Stoffwechselvorgängen beteiligt, weshalb dringend zur Verwendung von jodiertem Speisesalz und damit hergestellten Produkten geraten wird. Auch Calcium, wichtig für gesunde Zähne und starke Knochen, wird oft zu wenig aufgenommen. Das beeinträchtigt u. a. den Knochenaufbau und die Knochenfestigkeit und erhöht das Osteoporoserisiko mit zunehmendem Lebensalter. Calcium ist besonders reichlich in Milch, Joghurt und Käse enthalten.

TIPP FÜR DEN ALLTAG

Optimal mit Jod versorgt

Verwenden Sie zuhause nur jodiertes Speisesalz und setzen Sie das auch in der Kita durch. Außerdem sollten Sie mindestens einmal pro Woche Seefisch essen. Für die Calciumversorgung sollten zudem täglich Milchprodukte auf dem Speisezettel stehen.

Ballaststoffe

Verdauung

Hierbei handelt es sich um Kohlenhydrate pflanzlichen Ursprungs (Cellulose, Hemicellulose, Lignin), die im Dünndarm nicht aufgeschlossen (verdaut) werden können und unverändert den Dickdarm erreichen, dort aufquellen und unter anderem für eine ausreichende Darmfüllung sorgen. Sie sind unabdingbar für eine gute Verdauung und beugen Stuhlverstopfung vor. Ballaststoffe kommen nur in pflanzlichen Lebensmitteln vor, hauptsächlich in Getreide und Vollkorn-Getreideprodukten, Gemüse, Obst und Hülsenfrüchten. Eine ausreichende Flüssigkeitszufuhr und ballaststoffreiche Ernährung sind die beste Basis für eine geregelte Verdauung.

Wasser

Lebenselixier

Damit der Wasserhaushalt im Gleichgewicht bleibt, müssen Wasseraufnahme und -abgabe ausgewogen sein. Viele, vor allem ältere Menschen trinken jedoch zu wenig. Die Folge davon kann eine lebensbedrohende Dehydratation (= Austrocknung) sein.

Wasser ist absolut lebensnotwendig: Wassermangel kann zu Bluteindickung, zu einer erheblichen Minderung der Leistungsfähigkeit und Verwirrtheitszuständen bis hin zu Bewusstlosigkeit führen. Schon nach zwei bis vier Tagen anhaltendem Wassermangel ist der Körper nicht mehr in der Lage, harnpflichtige Substanzen ausreichend auszuscheiden. Nieren- und Kreislaufversagen sind die Folge. Eine zu geringe Flüssigkeitsaufnahme stellt also ein erhebliches Gesundheitsrisiko dar. Deshalb müssen alle Menschen, ganz besonders auch Kinder und Senioren, für eine ausreichende und regelmäßige Flüssigkeitszufuhr sorgen und ihr Trinkverhalten kontrollieren.

Der Mensch benötigt Wasser als Baustoff, Lösungs-, Transport- und Kühlmittel. Täglich verliert ein Erwachsener mehr als 2,5 Liter Flüssigkeit über Schweiß, Atemluft, Stuhl und Harn. Wasserverluste über den Schweiß sind im Sommer, bei Fieber und beim Sport besonders hoch. Eine zu geringe Flüssigkeitszufuhr verringert die Leistungsfähigkeit, Haut und Schleimhäute trocknen aus, die Wirkung von Medikamenten kann beeinflusst, Verstopfungen und Infektionen der Harnwege begünstigt werden. Außerdem wird die Regulation der Körpertemperatur beeinträchtigt.

Die tägliche Flüssigkeitsaufnahme (siehe Tabelle S. 144) setzt sich aus Getränken und wasserhaltigen Lebensmitteln zusammen. Je weniger gegessen wird, desto mehr Wasser muss über Getränke zugeführt werden (z. B. bei Diäten, Krankheit). Etwa ein Drittel stammt im Durchschnitt aus fester Nahrung, d. h. aus dem Essen (Gemüse, Salate, Obst, Milchprodukte usw.). Der größte Teil, ca. 1,5 Liter, muss aber über Getränke zugeführt werden. Um vor allem im Sommer auf der sicheren Seite zu sein, sollten Sie besser etwa 2 Liter pro Tag trinken. Denn durch Hitze, aber auch bei körperlicher Aktivität, trockener Luft, hohem Verzehr von Kochsalz oder eiweißreichen Lebensmitteln, Fieber, Durchfall und Erbrechen kann es zu einem gesteigerten Wasserbedarf kommen, der durch ausreichendes Trinken gedeckt werden muss.

Erwachsene sollten täglich 1,5 bis 2 Liter trinken!

Alter	Gesamtwasseraufnahme ml/Tag
Säuglinge	
0 bis unter 4 Monate	680
4 bis unter 12 Monate	1 000
Kinder	
1 bis unter 4 Jahre	1 300
4 bis unter 7 Jahre	1 600
7 bis unter 10 Jahre	1 800
10 bis unter 13 Jahre	2 150
13 bis unter 15 Jahre	2 450
Jugendliche und Erwachsene	
15 bis unter 19 Jahre	2 800
19 bis unter 51 Jahre	2 600–2 700
51 bis 65 Jahre und älter	2 250
Schwangere	2 700
Stillende	3 100

Richtwerte für den Flüssigkeitsbedarf (DGE, 2000)

Der Körper junger Menschen weist einen prozentual höheren Wasseranteil auf als der älterer Menschen. Um den Wassergehalt im Gleichgewicht zu halten, müssen deshalb beispielsweise Jugendliche mehr Flüssigkeit aufnehmen als Senioren. Schwangere und Stillende haben einen erhöhten Wasserbedarf.

Trinkempfehlungen

Besonders geeignet sind Trinkwasser, Mineralwasser, verdünnte Obstsäfte (Schorlen) sowie Früchte- und Kräutertees. Diese Getränke können Sie auch den Kindern in Ihrer Kita anbieten. Mineralwasser bietet zusätzlich die Möglichkeit, beispielsweise die Calcium- und Magnesiumversorgung zu verbessern. Falls gewünscht, können Sie zusätzlich in Maßen Kaffee, schwarzen Tee und gelegentlich am Abend mal ein Glas Bier oder Wein(-schorle) trinken.

Über den Tag verteilt

Auch Suppen, Milch- und Buttermilchgetränke sowie Obst-, Gemüse- und Multivitaminsäfte leisten einen Beitrag zur Flüssigkeitsversorgung. Die Getränke sollten dabei über den Tag verteilt angeboten und getrunken werden. Wichtig ist, dass sie für jeden jederzeit erreichbar sind. Auch wasserreiches Obst und Gemüse wie zum Beispiel Melonen, Tomaten und Gurken tragen zur Deckung des Flüssigkeitsbedarfs bei. Limonaden sind aufgrund ihres hohen Zucker- und Energiegehaltes zum Durstlöschen nicht geeignet.

Wenn Sie wissen, dass sie oft zu wenig trinken, sollten Sie jetzt täglich eine Flasche Mineralwasser mit an den Arbeitsplatz nehmen und sie bis zum Feierabend leer getrunken haben. So können Sie Ihre Flüssigkeitsaufnahme besser kontrollieren.

TIPP FÜR DEN ALLTAG

Trinken Sie genügend? Viele Menschen trinken zu wenig. Vielleicht vergessen Sie in der Tageshektik das Trinken manchmal? Zur Kontrolle des Trinkverhaltens ist es deshalb hilfreich, sich einen Trinkplan (siehe unten) für den Tag zu erstellen oder abends die getrunkene Flüssigkeitsmenge zusammenzuzählen. Auch eine Kontrolle der Harnmenge und -farbe (je dunkler, desto weniger wurde getrunken) kann sinnvoll sein. Begrüßenswert sind Selbstbedienungsmöglichkeiten für Getränke (Trinkoasen), die zu einer Erhöhung der Flüssigkeitszufuhr führen. Das Aufstellen solcher Wasserspender ist vielleicht auch an Ihrem Arbeitsplatz sinnvoll und sicher empfehlenswert.

Frühstück	2 Tassen Milchkaffee, Tee oder Kakao	250 ml
Zwischenmahlzeit	1 Glas Fruchtsaftschorle oder Buttermilch	200 ml
Mittagessen	1 Glas Mineralwasser 1 Teller Suppe	200 ml 150 ml
Zwischenmahlzeit	1 große Tasse Tee oder Milchkaffee	200 ml
Abendessen	2 Tassen Kräutertee	300 ml
später Abend	1 Glas Saftschorle, Mineralwasser oder ggf. 1 Glas Bier bzw. Wein(-schorle)	200 ml
Gesamtmenge		**1 500 ml**

Ein beispielhafter Trinkplan für Erwachsene

Fazit

Vitamine, Mineral-, Ballaststoffe und Wasser tragen zwar nichts zu unserer Energieversorgung bei, sind aber für unser Leben unverzichtbar. Deshalb müssen wir immer für eine ausreichende Aufnahme sorgen.

Klingt kompliziert – macht gesunde Ernährung aber leichter: Nährstoffrelation und Nährstoffdichte

Die richtige Relation der Nährstoffe durch gezielte Lebensmittelauswahl

Kohlenhydrate

Die Energielieferanten Eiweiß, Fett und Kohlenhydrate sollen in einer gesunden Ernährung in einem bestimmten Verhältnis zueinander stehen. Kohlenhydrate sollten reichlich aufgenommen werden, mindestens die Hälfte der Energiezufuhr sollte über Kohlenhydrate gedeckt werden. Durch gezielte Auswahl von Vollkornprodukten wird gleichzeitig die Ballaststoffaufnahme erhöht – wichtig für eine geregelte Verdauung. Etwa 30 g Ballaststoffe pro Tag sind wünschenswert. Zucker und zuckerhaltige Nahrungsmittel und Getränke sind weniger empfehlenswert und nur in moderaten Mengen zu verzehren.

Eiweiß

Der Anteil vom Eiweiß (Protein) an der Gesamtenergiezufuhr sollte sich auf etwa 10 bis 15 % belaufen, konkret werden 0,8 g Protein pro Kilogramm Körpergewicht und Tag empfohlen. Eine zu hohe Eiweißaufnahme belastet die Nierentätigkeit und wirkt sich unter anderem ungünstig auf den Calciumstoffwechsel und damit auf die Knochengesundheit aus. Auch die Bildung von Nierensteinen (Calciumoxalatsteinen) kann durch zu viel Eiweiß begünstigt werden.

Fett

Als Richtwert für die Fettaufnahme gelten 30% der Gesamtenergiezufuhr, bei körperlich sehr aktiven Menschen können es auch bis zu 35% sein. Gesättigte Fettsäuren sollten höchstens ein Drittel der Fettzufuhr bzw. 10% der Energiezufuhr ausmachen, ungesättigte pflanzliche Fette sind zu bevorzugen.

Diese Nährstoffrelation ist weitgehend unabhängig vom Lebensalter.

Wie hilft uns die Nährstoffdichte?
Unter Nährstoffdichte ist der Nährstoffgehalt eines Lebensmittels bezogen auf seinen Energiegehalt zu verstehen, also die Menge eines Nährstoffs, die in 100 kcal enthalten ist.
Diese zunächst sehr theoretisch anmutende Messgröße hat einen ganz praktischen Sinn, den dieses Beispiel verdeutlichen soll:

Beispiel: Cola oder Saft?
Colagetränke und Fruchtsäfte haben in etwa den gleichen Energiegehalt. Folglich könnte man meinen, es ist egal, was man wählt, denn an der Energiebilanz ändert sich nichts. Die Nährstoffdichte lebensnotwendiger Vitamine und Mineralstoffe ist in Fruchtsäften jedoch ungleich höher als in Cola, wodurch der Saft wesentlich günstiger ist. Cola enthält gegenüber Fruchtsaft also überwiegend „leere" Kalorien, außer mit Energie durch den zugesetzten Zucker versorgt sie den Körper mit keinem wichtigen Nährstoff. Fruchtsaft hingegen liefert sowohl Energie als auch Vitamine und Mineralstoffe.

Nährstoffreich und energiearm

Dieses Beispiel soll zeigen, dass man durch bewusste Auswahl nährstoffreicher, möglichst energiearmer Lebensmittel seine Ernährung optimal, d.h. bedarfsgerecht gestalten kann. Lebensmittel mit hohem Energiegehalt aber geringer Dichte an Eiweiß, Vitaminen und Mineralstoffen (Lebensmittel mit sogenannten „leeren" Kalorien) sind zu meiden und durch vollwertigere zu ersetzen.

Gemüse, Obst und Salat haben eine hohe Nährstoffdichte für Vitamine, Mineralstoffe, sekundären Pflanzenstoffe (Antioxidanzien) sowie verdauungsfördernde Ballaststoffe. Getreide, Kartoffeln, Reis und Nudeln liefern in erster Linie Kohlenhydrate, aber auch Vitamine, Mineral- und Ballaststoffe, und tierische Nahrungsmittel wie Milch(-produkte), Eier, Fisch und Fleisch versorgen den Körper mit Eiweiß, fettlöslichen Vitaminen sowie wichtigen Mineralien wie Calcium, Eisen und Jod.

Letztlich ergibt sich für Ihre Nahrungsauswahl deshalb folgende Konsequenz:

Meiden Sie ...

- stark zuckerhaltige Speisen und Getränke,
- Weißmehlbackwaren und weißmehlhaltige Speisen,
- stark fetthaltige Nahrungsmittel,
- zu viele alkoholische Getränke.

Bevorzugen Sie stattdesen ...

- Vollkornerzeugnisse,
- Obst, Salat und Gemüse,
- magere Fleisch-, Fisch- und Milchprodukte.

Mit den richtigen Nährstoffen zu mehr Wohlbefinden

Auf einen Blick finden Sie hier die Empfehlung für die Nährstoffzufuhr (DGE, 2000). Die folgende Tabelle gibt einen Überblick über die empfohlene Zufuhr ausgewählter Nährstoffe pro Tag. Hierbei handelt es sich um Mittelwerte für Frauen in jüngeren und mittleren Jahren.

Nährstoffe	Menge	Lebensmittelquellen
Eiweiß	10–15 % der Energie	Milch, Fleisch, Fisch, Hülsenfrüchte, Getreide
Fett	30 % der Energie	Öle, Butter, fettes Fleisch und fetter Fisch, Eier, Nüsse, Schokolade, Chips, Pommes
Kohlenhydrate	55–60 % der Energie	Getreide, Kartoffeln, Hülsenfrüchte, Gemüse, Obst, Backwaren, Zucker, Süßwaren, Softdrinks
Ballaststoffe	30 g	Vollkorngetreide, Gemüse, Obst, Salat
Flüssigkeit	1,5 – 2 Liter	Getränke
Calcium	1 000 mg	Milch, Käse, Joghurt, Nüsse
Magnesium	300 mg	grüne Gemüsesorten, Vollkorngetreide, Nüsse
Kalium	2 000 mg	Bananen, Kartoffeln, Trockenfrüchte
Eisen	15 mg	Fleisch, Hülsenfrüchte

Nährstoffe	Menge	Lebensmittelquellen
Jod	200 µg	Seefisch, Milch, Jodsalz
Zink	12 mg	Innereien, Austern
Selen	20–100 µg	Seefisch, Leber, Vollkorn
Vitamin A	0,8 mg	Leber, Möhren, getr. Aprikosen, Käse
Vitamin E	14–15 mg	Pflanzenöle, Eigelb, Weizenkeime, Soja, Nüsse, Vollkorn
Vitamin B1	1 mg	Bierhefe, Vollkorn, Schwein, Hülsenfrüchte
Vitamin B2	1,2 mg	Hefe, Leber, Vollkorn, Seefisch, Käse, Fleisch
Vitamin B6	1,2 mg	Fleisch, Fisch, Hefe, Vollkorn, Eigelb, Käse, Gemüse
Vitamin B12	3 µg	Leber, Innereien, Fisch, Fleisch, Vollmilch, Eier
Folsäure	400 µg	Hefe, Gemüse, Soja, Leber
Vitamin C	100 mg	Paprikaschoten, schw. Johannisbeeren, Zitrusfrüchte, Sauerkraut

Empfehlungen für die Nährstoffzufuhr (DGE, 2000) und Beispiele für Lieferanten

Fazit Ausgewogenheit und Abwechslung in der Nahrungs- und Nährstoffaufnahme sind das Schlüsselprinzip für Wohlbefinden und Gesundheit. Einseitigkeit kann zu Nährstoffmangel führen. Alle Nährstoffe müssen in einer bestimmten Menge und in einem bestimmten Verhältnis zueinander aufgenommen werden, damit die körperliche Funktion optimal gesichert ist.

Unser Energiebedarf

Der menschliche Organismus benötigt also Energie aus Nährstoffen, um folgende Aufgaben erfüllen zu können:

- Erhaltung der Körperwärme
- Aufrechterhaltung körperlicher Funktionen (Gehen, Muskeltätigkeit, Verdauung, Organfunktionen usw.)
- Aufrechterhaltung geistiger Funktionen
- Wachstum
- Wiederaufbau verlorengegangener Körperbestandteile (z. B. Haare, Fingernägel, Haut)
- Stoffwechseltätigkeiten usw.

Energiegewinnung Die Energiegewinnung des Körpers (Verbrennung) erfolgt über die Oxidation der Nährstoffe Kohlenhydrate, Fett, Alkohol und zum Teil auch Eiweiß. Die

„Verbrennung" erfolgt nicht, wie bei einem Ofen plötzlich und unter Flammenbildung, sondern geht langsam, in vielen Teilschritten in den Zellen vor sich.

Energiebedarf ist individuell.

Der Energiebedarf ist von Mensch zu Mensch und von Tag zu Tag unterschiedlich. Wie viel Energie wir benötigen, hängt von vielen äußeren und inneren Einflüssen ab. Unser Energiebedarf ist in erster Linie abhängig von unserer Körperzusammensetzung und unserer körperlichen Aktivität. Besonders die fettfreie Körpermasse, also die Muskulatur, bestimmt den Energieverbrauch. Da Männer normalerweise mehr Muskeln als Frauen haben, ist ihr Energiebedarf entsprechend etwas höher. Mit zunehmendem Alter wird jedoch bei beiden Geschlechtern Muskelmasse abgebaut und eine Abnahme des Energiebedarfs ist die Folge. Durch geeignetes körperliches Training kann dieser Prozess verlangsamt werden, ist aber nicht aufzuhalten.
Unser Gesamt-Energiebedarf setzt sich folgendermaßen zusammen:

Grundumsatz + Leistungsumsatz
= Gesamt-Energiebedarf

Unser Grundumsatz
Der Grundumsatz ist die Energiemenge, die ein Mensch in 24 Stunden, in völliger Ruhe und im Liegen zur Aufrechterhaltung der Körpertemperatur und für den Grundstoffwechsel (Herztätigkeit, Atmung usw.) im Durchschnitt benötigt.
Dieser Grundumsatz variiert bei den einzelnen Menschen und wird von vielen Faktoren beeinflusst. Er stellt den größten Teil des Energiebedarfs bei normaler körperlicher Belastung dar.

Die wichtigsten Faktoren, die den Grundumsatz beeinflussen, sind:

- Alter
- Geschlecht
- Größe und Gewicht
- Hormone
- Prozentuale Körperzusammensetzung (Muskelmasse im Verhältnis zu Fett)
- Körperbau
- Stress
- Fieber
- Medikamente
- Klima

Der durchschnittliche Grundumsatz wird als Faustregel vereinfacht mit 1 kcal (4,2 kJ) pro Kilogramm Körpergewicht pro Stunde angegeben, genauere Zahlen (Durchschnittswerte) können Sie der nachfolgenden Tabelle entnehmen.

Alter	Körpergewicht (kg)		Grundumsatz (kcal/Tag)	
	m	w	m	w
15–19 Jahre	67	58	1 820	1 460
19–25 Jahre	74	60	1 820	1 390
25–51 Jahre	74	59	1 740	1 340
51–65 Jahre	72	57	1 580	1 270
65 Jahre und älter	68	55	1 410	1 170

Durchschnittliche Höhe des Grundumsatzes (DGE, 2000)

Beispiel: Melanies Grundumsatz

Erzieherin Melanie, 32 Jahre, 62 kg: Ihr Grundumsatz liegt etwa bei 1 400 kcal (hochgerechnet aus den Angaben der Tabelle).

Das kommt zu unserem Grundumsatz dazu: Der Leistungsumsatz

Jede weitere Leistung, die ein Mensch zusätzlich zum Grundumsatz vollbringt, verbraucht weitere Energie. Diese Energiemenge wird als Leistungsumsatz bezeichnet.

Arbeitsumsatz + Freizeitumsatz = Leistungsumsatz

Die Höhe des Leistungsumsatzes wird ebenfalls durch vielerlei Faktoren bestimmt. Die wichtigsten sind:

- Muskeltätigkeit (z. B. Bewegung, Arbeit, Sport)
- Energiebedarf für Wachstum (bei Kindern und Jugendlichen)
- Wärmeregulation (bei unterschiedlichen Umgebungstemperaturen)
- Verdauungstätigkeit
- geistige Tätigkeit (nur geringe Mengen)

Bestimmung des Leistungsumsatzes

Der Leistungsumsatz schwankt je nach körperlicher Belastung erheblich. Bei der Arbeitstätigkeit unterteilt man in:

leichte Tätigkeit	mittelschwere Tätigkeit	schwere Tätigkeit	schwerste Tätigkeit
■ Büroangestellte/-r ■ Hausfrau/-mann ■ Lehrer/-in ■ Schneider/-in ■ Pkw-Fahrer/-in	■ Schlosser/-in ■ Maler/-in ■ Gärtner/-in ■ Verkäufer/-in, Erzieher/-in ■ Autoschlosser/-in	■ Maurer/-in ■ Leistungssportler/-in ■ Masseur/-in ■ Dachdecker/-in ■ Zimmermann/ Zimmerin	■ Hochofenarbeiter/-in ■ Arbeiter/-in im Steinkohlebau (Hauer) ■ Hochleistungssportler/-in ■ Waldarbeiter/-in ■ Stahlarbeiter/-in

Verschiedene Arbeitstätigkeiten (DGE, 2000)

Zur Arbeitstätigkeit kommt der Energieumsatz in der Freizeit hinzu, der ebenfalls sehr variabel ist und von Mensch zu Mensch schwankt, man denke nur an die Unterschiede zwischen Sporttreibenden und „Couch-Potatoes“.

Empfehlungen für die Energiezufuhr

Durchschnittliche Höhe

Folgender Auszug gibt Ihnen einen Überblick über die durchschnittliche Höhe der Energiezufuhr pro Tag. Die Werte gelten für Personen, die eine körperlich leichte berufliche Tätigkeit ausüben. Für andere Berufsgruppen sind folgende Zuschläge erforderlich:

- Mittelschwerarbeiter: bis ca. 600 kcal
- Schwerarbeiter: bis ca. 1 200 kcal
- Schwerstarbeiter: bis ca. 1 600 kcal

Alter	männlich	weiblich
15 bis unter 19 Jahre	3 100 kcal	2 500 kcal
19 bis unter 25 Jahre	3 000 kcal	2 400 kcal
25 bis unter 51 Jahre	2 900 kcal	2 300 kcal
51 bis unter 65 Jahre	2 500 kcal	2 000 kcal
über 65 Jahre	2 300 kcal	1 800 kcal

Durchschnittliche Höhe der Energiezufuhr pro Tag (DGE, 2000)

Fazit

Für Sie im aktiven Berufsleben (mittelschwere Tätigkeit) bedeutet das also, dass Sie beispielsweise als eine Frau von 24 Jahren täglich maximal 2 400 + 600 kcal = 3 000 kcal benötigen (bzw. als Mann 3 000 + 600 kcal = 3 600 kcal). Am geruhsamen Wochenende oder im Relaxurlaub sinkt Ihr Bedarf dann wieder auf 2 400 bzw. 3 000 kcal. Es sei denn, Sie sind sportlich aktiv, dann steigt er wieder.

Für Erzieherin Melanie im Alter von 32 Jahren beträgt der Energiebedarf an Arbeitstagen 2 300 + 600 = 2 900 kcal.

Das richtige Körpergewicht

Die Energiezufuhr sollte dem Energieverbrauch angepasst sein. Sie müssen sich das vorstellen wie eine Waage im Gleichgewicht. Ist dies nicht der Fall, hängt also ein Arm der Waage herunter, lässt sich das in der Regel am Körpergewicht ablesen. Liegt die Energiezufuhr über dem Bedarf, so nimmt man an Gewicht zu, Übergewicht und Adipositas (Fettsucht) sind die Folge. Bei einer unter dem Bedarf liegenden Energieaufnahme muss der Körper aus seinen Energiereserven schöpfen, wir nehmen ab. Bei Essstörungen wie Magersucht haben die Betroffenen meist ein deutliches Untergewicht.

Berechnung des Body Mass Index

Alters- und geschlechtsspezifisch

Der **Body Mass Index (BMI)** gilt heute als ein Standard zur Beurteilung des Körpergewichts. Da er relativ gut mit der durch direkte Messung ermittelbaren Fettgewebsmasse des Körpers korreliert, kommt ihm beispielsweise zur Beurteilung des Risikos von Übergewicht eine entscheidende Bedeutung zu.

BMI = Körpergewicht [kg]/(Körpergröße [m])^2

Der BMI sollte je nach Alter zwischen 19 und 29 liegen, je älter man wird, desto höher darf der BMI sein. Mit 23 Jahren sollte Ihr persönlicher BMI zwischen 19 und 24 liegen, mit 36 Jahren zwischen 21 und 26. Dann ist Ihr Körpergewicht für Ihre Gesundheit optimal. Für Senioren ist auch ein BMI zwischen 24 und 29 in Ordnung.

Beispiel: Melanies BMI

Erzieherin Melanie, 32 Jahre alt, wiegt 62 kg und ist 170 cm groß. Somit ergibt sich die folgende Errechnung ihres BMI: 62 / 2,89 = 21,5
Damit liegt Melanies BMI im Normalbereich.

Liegt der BMI außerhalb des Normalbereiches, sprechen wir von Unter- bzw. Übergewicht mit verschieden starken Ausprägungen. Beides ist der Gesundheit abträglich.

Risiko Untergewicht und Übergewicht

- **BMI < 19** (bei Frauen)/**BMI < 20** (bei Männern): Untergewicht bringt einen Mangel an Nährstoffen mit sich, der sich langanhaltend negativ auswirkt. Die Risiken für die Gesundheit sind dabei nicht zu unterschätzen. Mögliche Folgen sind allgemeine Schwäche, Müdigkeit, häufige Infektionen und Erkrankungen, Konzentrationsstörungen, schlechte Zähne und Haut. Ziel ist die Gewichtszunahme. Magersucht ist eine behandlungsbedürftige Erkrankung.
- **BMI 24–30** (bei Frauen)/**BMI 26–30** (bei Männern): Beginnendes Übergewicht geht noch mit einer geringen Risikoerhöhung einher, Ernährungsberatung und Gewichtsstabilisierung sind angeraten. Mäßiges Übergewicht bewirkt jedoch schon eine signifikante Risikoerhöhung. Beim Vorliegen von spezifischen Risikofaktoren (Hypertonie, Metabolisches Syndrom, Hyper- und Dyslipidämie) ist neben der diätetischen auch eine medikamentöse Therapie in Betracht zu ziehen. Eine Gewichtsreduktion ist nötig.
- **BMI 30–40** Adipositas: Hier besteht ein erhöhtes Risiko zur Entwicklung eines Diabetes mellitus Typ 2 und/oder kardiovaskulärer Erkrankungen. Eine konsequente diätetische und gegebenenfalls medikamentöse Therapie ist unumgänglich, eine massive Gewichtsreduktion das Ziel.
- **BMI > 40** Morbide Adipositas: Dies ist ein lebensbedrohliches Erkrankungsbild mit hoher Letalität. Eine intensivierte, konventionelle Adipositastherapie (Ernährungsberatung, Medikamentenverordnung, Verhaltenstherapie), gegebenenfalls ein operativer Eingriff sind nötig. Das Ziel muss eine massive, rasche Gewichtsreduktion sein.

Fettverteilung

Neben dem Body Mass Index scheint für die gesundheitliche Bewertung des Körperfetts nach neuesten Forschungsergebnissen vor allem auch die Fettverteilung, also die Körperform, bei Übergewicht eine Rolle zu spielen: Menschen mit größerem Bauchumfang haben ein erhöhtes Herz-Kreislauf-Risiko. Bildlich gesprochen werden betroffene Personen als „Apfeltyp" bezeichnet. Im Gegensatz dazu haben „Birnentypen", bei denen sich das Fett insbesondere an Beinen, Hüften und Po ansammelt, ein geringeres gesundheitliches Risiko.

Körperform

Taillenumfang

Ein einfaches Maß zur Beurteilung des Risikos ist die Messung des Taillenumfangs. Ein Taillenumfang ab 88 cm bei Frauen bzw. 102 cm bei Männern stellt

ein deutlich erhöhtes Risiko für Stoffwechsel- und Herz-Kreislauf-Krankheiten dar. Gemessen wird der Taillenumfang vor dem Essen und Trinken, im Stehen und mit freiem Oberkörper in der Mitte zwischen Beckenkamm und dem Unterrand des Rippenbogens.
Den Bauchumfang zu verringern ist neben der Reduktion anderer Risikofaktoren, wie z. B. Rauchen, wesentlich für die Senkung des Herz-Kreislauf-Risikos. Dabei bringt schon eine mäßige Gewichtssenkung von 5 bis 10% und die entsprechende Verkleinerung des Bauchumfangs einen Nutzen.

Erfolgreich abnehmen

Ein erfolgreiches Abnehmprogramm steht auf den Säulen Ernährung-, Verhaltens- und Bewegungstherapie. Dabei kommt es vor allem darauf an, das Ess-, Trink- und Bewegungsverhalten nach einer ersten Phase der Gewichtsabnahme auch langfristig umzustellen, um den Jo-Jo-Effekt zu verhindern.

Fazit

Nicht nur aus optischen, sondern vor allem auch aus gesundheitlichen Gründen sollten wir unser Körpergewicht im Normalbereich halten. Dabei muss aber niemand eine Model-Figur haben und jeglichem Genuss entsagen. Am besten eignet sich eine nährstoffreiche, aber energieangepasste Ernährungsweise, wie sie im nachfolgenden Kapitel beschrieben wird. In Kombination mit ausreichend körperlicher Bewegung am Arbeitsplatz und in der Freizeit können sich Energiezufuhr und -verbrauch dann sehr gut die Waage halten und Schlankheitsdiäten überflüssig machen.

3.3 Die vollwertige Ernährung: So sollte sie aussehen

Nun sind wir nach so viel trockener Ernährungslehre in der Praxis des richtigen Essens und Trinkens angekommen. Alle lebensnotwendigen Nährstoffe sollten wir im optimalen Fall täglich über Speisen und Getränke zu uns nehmen. Da aber kein Nahrungsmittel alle Nährstoffe gleichzeitig und exakt im benötigten Verhältnis enthält, müssen wir durch Kombination möglichst vieler verschiedener Lebensmittel für eine gegenseitige Ergänzung der Nährstoffe sorgen. Deshalb steht der Abwechslungsreichtum auf dem Speiseplan im Vordergrund einer gesunden, vollwertigen Ernährung.

Abwechslungsreichtum

Die Deutsche Gesellschaft für Ernährung e. V. (DGE) formuliert ihre Grundsätze für eine abwechslungsreiche Ernährung in 10 Regeln:

TIPP FÜR DEN ALLTAG

1. **Vielseitig essen**
   Genießen Sie die Lebensmittelvielfalt. Merkmale einer ausgewogenen Ernährung sind abwechslungsreiche Auswahl, geeignete Kombination und angemessene Menge nährstoffreicher und energiearmer Lebensmittel.
2. **Reichlich Getreideprodukte und Kartoffeln**
   Brot, Nudeln, Reis, Getreideflocken, am besten aus Vollkorn, sowie Kartoffeln enthalten kaum Fett, aber reichlich Vitamine, Mineralstoffe sowie Ballaststoffe und sekundäre Pflanzenstoffe. Verzehren Sie diese Lebensmittel mit möglichst fettarmen Zutaten.

3. **Gemüse und Obst – Nimm „5 am Tag"…**
   Genießen Sie 5 Portionen Gemüse und Obst am Tag, möglichst frisch, nur kurz gegart, oder auch 1 Portion als Saft – idealerweise zu jeder Hauptmahlzeit und auch als Zwischenmahlzeit: Damit werden Sie reichlich mit Vitaminen, Mineralstoffen sowie Ballaststoffen und sekundären Pflanzenstoffen (z. B. Carotinoiden, Flavonoiden) versorgt. Das Beste, was Sie für Ihre Gesundheit tun können.
4. **Täglich Milch und Milchprodukte; ein- bis zweimal in der Woche Fisch; Fleisch, Wurstwaren sowie Eier in Maßen**
   Diese Lebensmittel enthalten wertvolle Nährstoffe, wie z. B. Calcium in Milch, Jod, Selen und Omega-3 Fettsäuren in Seefisch. Fleisch ist Lieferant von Mineralstoffen und Vitaminen (B1, B6 und B12). Mehr als 300–600 Gramm Fleisch und Wurst pro Woche sollten es nicht sein. Bevorzugen Sie fettarme Produkte, vor allem bei Fleischerzeugnissen und Milchprodukten.
5. **Wenig Fett und fettreiche Lebensmittel**
   Fett liefert lebensnotwendige (essenzielle) Fettsäuren und fetthaltige Lebensmittel enthalten auch fettlösliche Vitamine. Fett ist besonders energiereich, daher kann zu viel Nahrungsfett Übergewicht fördern. Zu viele gesättigte Fettsäuren erhöhen das Risiko für Fettstoffwechselstörungen, mit der möglichen Folge von Herz-Kreislauf-Krankheiten. Bevorzugen Sie pflanzliche Öle und Fette (z. B. Raps- und Sojaöl und daraus hergestellte Streichfette). Achten Sie auf unsichtbares Fett, das in Fleischerzeugnissen, Milchprodukten, Gebäck und Süßwaren sowie in Fast-Food und Fertigprodukten meist enthalten ist. Insgesamt 60–80 Gramm Fett pro Tag reichen aus.
6. **Zucker und Salz in Maßen**
   Verzehren Sie Zucker und Lebensmittel bzw. Getränke, die mit verschiedenen Zuckerarten (z. B. Glucosesirup) hergestellt wurden, nur gelegentlich. Würzen Sie kreativ mit Kräutern und Gewürzen und wenig Salz. Verwenden Sie Salz mit Jod und Fluorid.
7. **Reichlich Flüssigkeit**
   Wasser ist absolut lebensnotwendig. Trinken Sie rund 1,5 Liter Flüssigkeit jeden Tag. Bevorzugen Sie Wasser – ohne oder mit Kohlensäure – und andere kalorienarme Getränke. Alkoholische Getränke sollten nur gelegentlich und nur in kleinen Mengen konsumiert werden.
8. **Schmackhaft und schonend zubereiten**
   Garen Sie die jeweiligen Speisen bei möglichst niedrigen Temperaturen, soweit es geht kurz, mit wenig Wasser und wenig Fett – das erhält den natürlichen Geschmack, schont die Nährstoffe und verhindert die Bildung schädlicher Verbindungen.
9. **Sich Zeit nehmen und genießen**
   Bewusstes Essen hilft, richtig zu essen. Auch das Auge isst mit. Lassen Sie sich Zeit beim Essen. Das macht Spaß, regt an vielseitig zuzugreifen und fördert das Sättigungsempfinden.
10. **Auf das Gewicht achten und in Bewegung bleiben**
    Ausgewogene Ernährung, viel körperliche Bewegung und Sport (30 bis 60 Minuten pro Tag) gehören zusammen. Mit dem richtigen Körpergewicht fühlen Sie sich wohl und fördern Ihre Gesundheit.

Ernährung – eine Runde Sache: der Ernährungskreis der DGE

Bei der Umsetzung dieser Regeln hilft der Ernährungskreis der DGE (siehe Abbildung unten), er teilt die Lebensmittel in sieben Gruppen ein.
Die DGE empfiehlt, Lebensmittel in der richtigen Menge aus allen sieben Gruppen auszuwählen und auf Frische und Abwechslung zu achten – dann ernähre man sich vollwertig. Hauptbestandteil der Ernährung sollten Lebensmittel aus den Gruppen 1 bis 4 und 7 bilden, zu Lebensmitteln der Gruppen 5 und 6 sollte man dagegen seltener greifen. Vor allem bei Speisen aus Gruppe 5 sollte man konsequent abwechseln. Alle Gruppen sind sehr vielseitig und abwechslungsreich – das sollten Sie nutzen.
Der DGE-Ernährungskreis verdeutlicht, dass bei einer vollwertigen Ernährung pflanzliche Lebensmittel wie Getreideprodukte, vorzugsweise aus Vollkorn, Gemüse und Obst, im Mittelpunkt der Ernährung stehen. Ergänzt wird diese Basis idealerweise durch fettarme Milchprodukte, Fleisch, Fisch, pflanzliche Fette und Öle. Eine ausreichende Flüssigkeitszufuhr muss die Nahrungsaufnahme begleiten. Eine Lebensmittelauswahl gemäß DGE-Ernährungskreis ist eine verlässliche Grundlage für die Umsetzung einer vollwertigen Ernährung. Die bedarfsgerechte und ausreichende Zufuhr von Nährstoffen, Ballaststoffen und sekundären Pflanzenstoffen kann damit sichergestellt werden – dies ist ein wichtiger Beitrag zur Prävention ernährungsmitbedingter Gesundheitsstörungen.

Pflanzliche Lebensmittel im Mittelpunkt

Hinweis

Und etwas ganz Wichtiges sollten Sie nicht außer Acht lassen: Die Freude am Essen! Gutes Essen steigert die Lebensqualität, fördert in geselliger Umgebung Wohlbefinden und menschliche Kontakte, und kann – bei richtiger Zusammenstellung und Menge – viel Gutes für Gesundheit und Leistungsfähigkeit bringen. Das gilt für jedes Alter!

Der DGE-Ernährungskreis setzt sich aus folgenden Gruppen zusammen:

1. Getreide, Getreideerzeugnisse, Kartoffeln
2. Gemüse, Salat
3. Obst
4. Milch, Milchprodukte
5. Fleisch, Wurst, Fisch, Eier
6. Fette, Öle
7. Getränke

DGE-Ernährungskreis®, Copyright: Deutsche Gesellschaft für Ernährung e. V., Bonn

Frisch und abwechslungsreich

Bevorzugt sollte aus den Gruppen 1 bis 4 ausgewählt werden, auf Frische und Abwechslung ist zu achten. Von den Lebensmitteln aus Gruppe 5 und 6 sollte weniger gegessen, die Nahrungsmittel aus Gruppe 5 sollten konsequent abgewechselt werden. Seefisch ist zu bevorzugen. Die Kernaussagen des Ernährungskreises lauten:

- Wählen Sie täglich aus allen sieben Lebensmittelgruppen.
- Berücksichtigen Sie das dargestellte Mengenverhältnis.
- Nutzen Sie die Lebensmittelvielfalt der einzelnen Gruppen.

So schaffen Sie die besten Voraussetzungen für eine vollwertige Ernährung. Achten Sie außerdem auf Ihr Gewicht und bleiben Sie in Bewegung.
In nachstehender Tabelle werden Mengenvorschläge für Lebensmittel in den einzelnen Gruppen zur Orientierung dargestellt. Die Angaben beziehen sich auf jeweils einen Tag, mit Ausnahme der Gruppe 5, hier sind Gesamtmengen für eine Woche genannt. Die Aufteilung auf einzelne Tage wird nicht vorgegeben.
Die Mengenangaben zu einzelnen Lebensmitteln erfolgen jeweils als Spanne. Die unteren Werte gelten für eine niedrigere Energiezufuhr, die oberen Werte orientieren sich an einer höheren Energiezufuhr.

Gruppe	Lebensmittel
Gruppe 1	**Getreide, Getreideerzeugnisse Kartoffeln** ■ Brot 200–300 g (4–6 Scheiben) **oder** Brot 150–250 g (3–5 Scheiben) und 50–60 g Getreideflocken ■ Kartoffeln 200–250 g (gegart) **oder** Teigwaren 200–250 g (gegart) **oder** Reis 150–180 g (gegart) Produkte aus Vollkorn bevorzugen
Gruppe 2	**Gemüse, Salat** ■ Gemüse: insgesamt 400 g und mehr Gemüse 300 g gegart + Rohkost/Salat 100 g **oder** Gemüse 200 g gegart + Rohkost/Salat 200 g
Gruppe 3	**Obst** ■ 2–3 Portionen Obst (250 g) und mehr
Gruppe 4	**Milch, Milchprodukte** ■ Milch/Joghurt 200–250 g ■ Käse 50–60 g fettarme Produkte bevorzugen
Gruppe 5	**Fleisch, Wurst, Fisch, Ei** Pro Woche: ■ Fleisch und Wurst: 300–600 g insgesamt fettarme Produkte bevorzugen ■ Fisch: Seefisch fettarm 80–150 g und Seefisch fettreich 70 g ■ Ei: bis zu 3 Stück (inkl. verarbeitetes Ei)
Gruppe 6	**Fette, Öle** ■ Butter, Margarine: 15–30 g ■ Öl (z. B. Raps-, Oliven-, Soja-, Walnussöl) 10–15 g
Gruppe 7	**Getränke** ■ insgesamt mindestens 1,5 Liter bevorzugt energiearme Getränke

Mengenvorschläge zu Ihrer Orientierung pro Tag (DGE, 2000)

FAZIT

Mit einer vollwertigen Ernährung nach den Regeln der DGE legen Sie die beste Basis für ein gesundes Leben. Das gilt im Prinzip für alle Altersgruppen, auch für eigene und die Kinder in Ihrer Kita. Bei Kindern müssen natürlich mengenmäßige Abstriche gemacht werden, aber die Zusammenstellung der Lebensmittel gilt für sie genauso, sobald sie alt genug für die Erwachsenenkost sind. Unter präventiven Aspekten sollten Sie zusätzlich Wert auf Ausgleichssport und Entspannung legen. Und vermeidbare Risiken für die Gesundheit, wie z. B. Rauchen und Übergewicht, sollten minimiert werden.

3.4 Täglich gesund ernähren mit Obst und Gemüse

Lebenswichtig und kalorienarm

Wenn Sie Ihre Ernährung etwas gesünder gestalten wollen, ist es ein guter Trick, zunächst einmal den Gemüse- und Obstanteil auf Ihrem Speiseplan zu erhöhen. Obst, Gemüse & Co. liefern lebenswichtige Nährstoffe und Ballaststoffe und sind kalorienarm. Sie haben einen hohen Wasseranteil (ca. 80–90 %) und sind daher wichtig für den Wasserhaushalt. Immerhin stammen etwa 30 % der Flüssigkeitszufuhr aus fester Nahrung. Obst und Gemüse enthalten viele Vitamine, vor allem Vitamin C, Folsäure, Vitamin K und Betacarotin, die Vorstufe von Vitamin A. Sie liefern wichtige Mineralstoffe, vor allem Kalium, Magnesium, Eisen, Calcium und Selen. Sie bieten verdauungsfördernde Ballaststoffe, die der Körper nicht aufspalten und aufnehmen kann. Sie bleiben längere Zeit im Darm, quellen, regen die Darmwand zur Bewegung an und stärken die Darmmotorik. Obst und Gemüse enthalten darüber hinaus bedeutende sekundäre Pflanzenstoffe, die in solcher Vielfalt und Menge nur in diesen Produkten vorkommen. Diese sekundären Pflanzenstoffe sind Farb-, Geruchs- und Geschmacksstoffe in Obst und Gemüse, beispielsweise Carotinoide, Flavonoide, Sulfide oder Glucosinolate. Durch diese Inhaltsstoffe leisten sie einen wichtigen Beitrag zu Gesundheit, Fitness und Leistungsfähigkeit.

5 am Tag

Die DGE unterstützt die Kampagne „5-a-day: 5-mal täglich Obst und Gemüse“, um zu einem reichlichen Verzehr von Obst und Gemüse zu motivieren. „5-a-day“ bedeutet, fünf Portionen Obst und Gemüse am Tag zu essen.

Das heißt für Erwachsene konkret: drei Portionen bzw. 375 g Gemüse – davon etwa die Hälfte roh – und zwei Portionen bzw. 250 bis 300 g Obst – am besten frisch. Klingt auf den ersten Blick vielleicht kompliziert, ist aber relativ einfach umzusetzen und schmeckt zudem äußerst lecker – und ist größtenteils auch am Arbeitsplatz in der Kita umsetzbar!

Hinweis

Abwiegen ist bei „5 am Tag“ übrigens nicht notwendig. Es gibt sehr einfache Messgrößen für eine Portion: die eigenen Hände. Eine Handvoll entspricht genau einer Portion bei großen Stücken, die in eine Hand passen – wie ein Apfel, ein kleiner Kohlrabi oder eine Birne. Bei kleinen Früchten wie Beeren oder bei klein geschnittenem Gemüse sind zwei Hände voll eine Portion. Dieses einfache Maß passt sich damit automatisch den Bedürfnissen von Kindern und Erwachsenen an: große Hände – große Portionen, kleine Hände – kleine Portionen. Dadurch erübrigen sich eigentlich Mengenangaben. Grundsätzlich lautet die Devise für Obst und Gemüse: je mehr und je vielfältiger, desto besser!

Die Mengen, die hinter der „Handvoll" stecken, entsprechen bei fünf Portionen in etwa den ernährungswissenschaftlichen Empfehlungen für das jeweilige Alter. Frisches Gemüse sollte idealerweise zum einen Teil als Rohkost, zum anderen Teil gegart verzehrt werden.

TIPP FÜR DEN ALLTAG

DGE-Experten geben Tipps zur täglichen Umsetzung von „5 a day" (DGE aktuell 25/98):

- „Beginnen Sie am besten schon beim Frühstück mit ‚5-a-day', indem Sie frisches Obst mit Joghurt oder im Müsli essen.
- Lagern Sie immer einige Äpfel, Orangen, Mandarinen oder Bananen als Zwischenmahlzeit.
- Auch Gemüse wie Paprika, Möhren oder Kohlrabi können Sie gut als Snack vorbereiten. Geputzt und geschnitten sind sie kleine, appetitliche Sattmacher für zwischendurch.
- Ein Glas Frucht- oder Gemüsesaft schmeckt gut, liefert wertvolle Nährstoffe und kann so bis zu eine Portion Obst bzw. Gemüse am Tag ersetzen.
- Geschnittenes Gemüse oder ein Rohkostsalat peppen z. B. die Brotmahlzeit am Abend auf.
- Garen Sie Gemüse schonend, z. B. Dünsten mit wenig Fett und Salz. Kräuter und andere Gewürze machen Ihre Gemüsegerichte schmackhaft und abwechslungsreich.
- Halten Sie abends stets eine Schüssel mit Obst bereit.
- Bieten Sie statt fettigen, salzigen Knabbereien geschnittenes Gemüse und einen Kräuter-Quark-Dip an, auch wenn Gäste kommen. Sie werden staunen, wie schnell das weg ist!"

Schnelle und leichte Rezepte für „5-a-day"

Und hier noch ein paar leckere Rezepte für knackigen, gesunden Genuss, die Sie sich am Abend oder am Wochenende zubereiten oder idealerweise auch in der Kita verwirklichen können. Mehr zur Umsetzung von „5 a day" mit Kindern siehe unten.

Gemüseplatte mit Dip (5 Minuten)

Kaufen Sie verschiedene Gemüsesorten, die zum Rohverzehr geeignet sind, wie Paprika, Möhren, Kohlrabi, Blumenkohl, Zucchini oder Gurken, waschen und putzen Sie das Gemüse, schneiden Sie das Gemüse in Streifen, richten Sie die Streifen auf einem großen Teller an und stellen Sie einen Dip aus Magerquark mit frischen oder tiefgefrorenen Kräutern, einer Prise Jodsalz und Pfeffer her: (Alternativ: Verwenden Sie einen fettarmen fertigen Dip).

Bunter Salat (2 Minuten)

Nehmen Sie einen fertig geputzten gemischten Salat aus der Kühltheke, stellen Sie ein Dressing aus etwas Pflanzenöl, Essig, einer Prise Jodsalz, Pfeffer, Paprika und Kräutern her und vermischen Sie das Ganze.

Beeren-Shake (3 Minuten)
Nehmen Sie eine halbe Packung tiefgefrorener Himbeeren oder Heidelbeeren, tauen Sie sie in der Mikrowelle auf und pürieren Sie sie mit einem Mixstab, geben Sie einen Becher Kefir oder Buttermilch dazu und vermischen Sie beides.

Bunter Obstsalat (4 Minuten)
Waschen, putzen und zerkleinern Sie einen Apfel, eine Banane, eine Orange, nehmen Sie tiefgefrorenes Beerenobst und tauen Sie es in der Mikrowelle auf. Mischen Sie das Obst mit etwas Buttermilch oder magerem Joghurt.
(DGE aktuell 25/98)

Beispiel: 5 am Tag locker erreicht

Frühstück:
- *1 Stück Obst oder*
  Müsli mit Beeren oder
  1 Glas Fruchtsaft

Zwischenmahlzeit:
- *1 Stück Obst oder*
  belegtes Brot plus Tomate, Paprika oder Gurke

Mittagessen:
- *Vorspeisensalat oder Gemüsesuppe*
- *Gemüsebeilage*

Zwischenmahlzeit:
- *Möhren usw. zum Knabbern oder*
  1 Stück Obst

Abendessen:
- *Kräuterquark plus 1 Bund Radieschen oder*
  Rohkost oder
  Obst oder
  1 Glas Gemüsesaft

Später Snack:
- *1 Stück Obst*

3.5 Mit Kindern gesundes Essen entdecken und genießen: Ideen rund um Kräutergarten, Gemüse und Fertiggerichte

Gemeinsames Essen gesund aufpeppen

Sie verbringen den größten Teil des Tages am Arbeitsplatz, in einer Kinderbetreuungseinrichtung. Was liegt da näher als zu versuchen, Ihre persönliche gesunde Ernährung mit der der Kinder zu verbinden? Schließlich haben Sie eine Vorbildfunktion! Und außerdem ist es zum Wohl der Kinder, wenn sie in der Kita auch an gesunde Ernährung herangeführt werden. Deshalb zeigen wir Ihnen hier Ansätze, wie Sie die Empfehlung „5 am Tag" kindgerecht umsetzen und das tägliche gemeinsame Essen gesund aufpeppen können. Und dann geben wir noch ein paar Tipps, wie Sie Ihr wahrscheinlich immer zu niedriges Budget privat, oder eventuell auch das der Kita, beim Lebensmitteleinkauf schonen können! Frei nach dem Motto: Gesundes Essen für alle macht Spaß und muss nicht teuer sein!

Fünf am Tag – Obst und Gemüse auch auf die Kita-Tische!

Die positive Wirkung der Inhaltsstoffe von Obst und Gemüse auf die Gesundheit ist altersunabhängig, deshalb kann man unter präventiven Aspekten gar nicht früh genug anfangen, den Körper durch eine ausreichende Obst- und Gemüsezufuhr gegen mögliche Krankheiten zu wappnen. Dies gilt somit auch für Kinder – zumal gerade der wachsende Organismus einen besonders hohen Anspruch an die Nährstoffzufuhr hat. „5 am Tag“, möglichst ein Leben lang eingehalten, verbessert die Gesundheit von Groß und Klein. Ob Salate, Suppen, Desserts, Beilagen, Snacks oder Früchte „pur“ – Obst und Gemüse passen überall dazu und lassen sich mit anderen Lebensmitteln einfach kombinieren.

Früh übt sich ... und die Vorbildfunktion der Erwachsenen

Obst und Gemüse zur Gewohnheit machen

Nach dem Motto „Früh übt sich ...“ sollten Eltern und Erzieherinnen den Kindern schon von klein auf eine abwechslungsreiche und ausgewogene Ernährung schmackhaft machen. Denn Kinder erlernen ihre Essgewohnheiten nach den Vorbildern, und das sind in aller Regel die Betreuer. Wenn die Eltern oder Erzieherinnen Obst- und Gemüse-Muffel sind, werden die Kinder (zu Recht) nicht einsehen, warum sie anders essen sollten. Wird jedoch Gemüse als Suppe, Salat, Beilage oder Auflauf als grundsätzlicher Bestandteil der Hauptmahlzeit angeboten, und Obst – ganz oder geschnitten – als Dessert, Teil eines Gerichtes oder als Saft immer in Griffweite zur Verfügung gestellt, wird es für Kinder ganz natürlich zur Gewohnheit, regelmäßig davon zu essen.

Allerdings darf man nichts erzwingen. Es bringt keinen Erfolg, Kindern fünfmal am Tag Obst und Gemüse aufzuzwingen oder vorzuschreiben, weil es gesundheitsfördernd ist. Kinder essen mit allen Sinnen. Sie fühlen, riechen, schmecken und beurteilen das Essen nicht nach seinem Gesundheitswert, sondern nach Aussehen, Geschmack und Geruch. Dazu können Gemüse und Obst viel beitragen, denn sie geben Gerichten und Brotmahlzeiten Farbe und Geschmack. Schließlich „isst ja auch das Auge mit“.

So lassen sich Kinder für Obst und Gemüse begeistern

Kinder essen deutlich mehr Gemüse und Obst, wenn die Lebensmittel in kleinen, mundgerechten Stücken zum Verzehr angeboten werden. So sind die allermeisten Kinder beispielsweise Fans von Gemüsesticks, die man mit einem leckeren Quark-Dip essen kann.

TIPPS FÜR DEN ALLTAG

- Als Gemüse eignen sich hierfür je nach Jahreszeit z. B. Möhren- oder Kohlrabistifte, bunte Paprikastreifen, Gurkenscheiben, Radieschen oder Cocktailtomaten. Auch Obst wird oft viel lieber gegessen, wenn es gewaschen, geputzt und in Stücke geschnitten angeboten wird. Damit Apfelschnitze nicht so schnell braun und unansehnlich werden, kann man die Obststücke kurz in Zitronensaft mit etwas Honig marinieren.

- Kinder empfinden mit ihren Sinnen oft intensiver als viele Erwachsene. Sie sind empfänglich für die leuchtenden Farben vieler Obst- und Gemüsesorten, für schöne Formen und bunte Verpackungen. Zu besonderen Anlässen lassen sich nette Dinge gestalten.

- Verzieren Sie für ein Geburtstagskind doch mal eine „Radieschenmaus" oder einen „Zauberapfel", dabei dürfen Sie Ihrer Kreativität freien Lauf lassen.

- Das Mundgefühl ist wichtig für Kinder. Sie mögen beispielsweise knackige Rohkost oft lieber als weich gekochtes Gemüse und bevorzugen Salatzutaten häufig lieber pur als mit Dressing.

- Plätzchenausstecher bringen zudem Salatgurken, Kohlrabischeiben oder Paprikastücke so richtig „in Form" – als Hingucker und geniales Finger Food.

- Kinder suchen gerne selbst aus und haben deshalb meist Spaß daran, beim Einkauf mit auszusuchen und einfache Gerichte selbst oder mit anderen Kindern zusammen zuzubereiten. Vielleicht besteht dazu gelegentlich die Möglichkeit in Ihrer Kita? Das kann etwa ein leckerer Nachtisch mit Obst sein, eine Apfel-Möhrenrohkost oder eine Gemüsepizza. Eine lustige oder spannende Geschichte, die sich um eine bestimmte Obst- oder Gemüseart oder ein Gericht rankt, kann dessen Attraktivität für Kinder zusätzlich steigern.

- Kleine Gemüsemuffel kann man austricksen, indem man das gekochte Gemüse püriert und als Basis für Suppen oder Soßen verwendet. Die geliebten Spaghetti schmecken damit besonders gut und auch Lasagne oder Aufläufe kann man auf diese Weise gesund anreichern.

- Auch das Schulbrot oder die Rucksackbrotzeit lassen sich durch Beigaben von Paprikastreifen, Radieschen oder kleinen Tomaten aufpeppen, das Salatblatt zwischen Brot und Brotbelag knackt beim Reinbeißen und erfrischt zusätzlich. Thematisieren Sie das doch mal auf einem Elternabend!

- Kinder lieben Süßes. Zum Dessert oder für zwischendurch ist deshalb gern Obst angesagt. Auch für das morgendliche Müsli sind frische Früchte unentbehrlich. Trockenfrüchte können zwischendurch – in der Schule, beim Wandern oder Sport – ebenfalls den Speisezettel bereichern. Auch Rosinen oder klein geschnittene Feigen passen gut zu einem Pudding oder Naturjoghurt. Und nicht vergessen: Ein Glas Fruchtsaft gilt auch schon als eine Portion Obst!

- Auch das lieben Kinder (und Erwachsene): Eis aus Obst! Je nach Saison einfach Erd-, Him-, Brombeeren, Aprikosen, Pflaumen usw. pürieren, gegebenenfalls etwas Milch für eine sämigere Konsistenz hinzugeben, oder auch einfach nur Fruchtsaft verwenden, und als „Eis am Stiel" einfrieren, die entsprechenden Förmchen gibt's im Haushaltswarengeschäft. Mit Zucker sollte man hierbei jedoch eher sparsam sein, damit der volle Fruchtgeschmack dominiert. Wäre das nicht mal eine nette Kinderüberraschung?

■ Begeistern kann man Kinder (und Erwachsene) natürlich auch immer wieder mit leckeren Smoothies und Obst-Milchshakes aus fettarmer Milch oder Joghurt, das bringt nicht nur bioaktive Substanzen aus dem Obst, sondern gibt auch Calcium für starke Knochen. Und bei besonderen Ereignissen, wie einem Geburtstag, können Sie ein Schokofondue anbieten. Das ist ein interaktives Erlebnis, denn Erdbeeren, Kiwis, Bananen, Ananas, Weintrauben und jede andere Obstsorte lassen sich mit geschmolzener Kuvertüre zu süßen Häppchen verwandeln. Und auch Fruchtspieße erfreuen sich bei Kindern großer Beliebtheit. Diese Leckereien sind wahrscheinlich in der Kita kaum anzubieten, aber als Tipp für die Eltern sind sie super.

Ketchup – besser als sein Ruf

Übrigens: Das von vielen Eltern und Erzieherinnen „verteufelte" Ketchup ist besser als sein Ruf. Der rote Tomatenfarbstoff Lycopin, ein Carotinoid mit hohem gesundheitsförderlichen Potenzial (Zellschutz), ist sehr hitzeresistent – im Gegensatz zu anderen sekundären Pflanzenstoffen – und wird beim Kochen nicht zerstört. Deshalb enthalten Tomatenmark, Tomatensuppen und -soßen sowie das von allen Kindern geliebte Ketchup große Mengen an Lycopin, das in dieser Form zudem besonders gut vom Körper aufgenommen werden kann. Gegen einen Klecks Ketchup ist also nichts zu sagen, wenn nicht gleich der ganze Teller schwimmt, denn den hohen Zuckergehalt von Ketchup darf man natürlich nicht außer Acht lassen.

Kräutergarten in der Kita

Kräuter und Sprossen

Mehr Spaß an „Gesundem" können Kinder auch bekommen, wenn sie die Möglichkeit haben, ihr Gemüse oder ihren Salat selbst heranwachsen zu sehen. Da Sie in der Kita wahrscheinlich keinen Garten haben, können Sie auch auf der Fensterbank gesunde Kräuter und Sprossen züchten. Im Buchhandel gibt es reichlich Literatur dazu, und die Samentütchen kann man das ganze Jahr über kaufen. Gerade für die Wintermonate sind Kräuter und Sprossen nämlich wichtige zusätzliche Vitamin- und Mineralstofflieferanten. Die Kräuter- und Sprossenzucht dient übrigens nicht nur dem Anschauungsunterricht, sondern auch als Bereicherung des Speiseplans.

TIPP FÜR DEN ALLTAG

Damit die leckeren und gesunden Kräuter nicht immer nur im Blumentopf auf der Fensterbank wachsen, kann man sie beispielsweise zur Osterzeit in Eierschalen aussäen (z. B. Kressesamen auf feuchter Watte), denen ein Gesicht aufgemalt wurde. Dann hat man zu Ostern ein Eiermännchen mit grünen Haaren! Oder man streut in weit geöffnete Tannenzapfen feuchte Erde, in die man dann die Kressesamen einsät. Sehr pflegeleicht, regelmäßiges Besprühen mit Wasser reicht.

Der richtige Umgang mit Obst und Gemüse in der Kita-Küche

Damit Obst und Gemüse ihren vollen gesundheitlichen Wert entfalten können, sagen wir Ihnen hier, wie Sie zuhause und auch am Arbeitsplatz dafür sorgen können, dass wertvolle Nährstoffe bei der Zubereitung nicht verloren gehen.

TIPPS FÜR DEN ALLTAG

- Obst und Gemüse sind empfindliche Lebensmittel. Sie sollten so kurz wie möglich gelagert und nicht im Warmen stehen gelassen werden. Bei einigen Obst- und Gemüsearten können Kälteschäden auftreten, wenn sie zu kalt gelagert werden, z. B. wässrig-glasige Stellen oder Bräunungen im Innern. Ananas, Bananen, Tomaten und viele Exoten sollten auf jeden Fall nicht im Kühlschrank aufbewahrt werden. Sie entfalten bei Raumtemperatur ihr bestes Aroma. Auch anderes kälteempfindliches Obst und Gemüse lagert man besser im Keller oder im Vorratsraum.
- Beim Einkauf sollte man den Reifegrad der Früchte beachten. Einige Obstsorten und Gemüse reifen nach, nachdem sie geerntet wurden, und können deshalb auch in noch nicht ganz reifem Zustand gekauft werden. Dazu gehören Äpfel, Aprikosen, Avocados, Bananen, Birnen, Guaven, Heidelbeeren, Kiwis, Mangos, Nektarinen, Pfirsiche, Papayas, Passionsfrüchte, Pflaumen, Tomaten, Wasser- und Honigmelonen. Nicht nachreifende Früchte, die beim Kauf also schon völlig ausgereift sein sollten, sind Ananas, Auberginen, Brombeeren, Clementinen, Erdbeeren, Paprika, Granatäpfel, Grapefruits, Gurken, Himbeeren, Kirschen, Limetten, Litschis, Mandarinen, Orangen, Trauben und Zitronen.
- Bei der Vorbereitung von Obst und Gemüse gilt: Möglichst unzerkleinert waschen und nicht im Wasser liegen lassen, damit wasserlösliche Nährstoffe nicht ausgewaschen werden. In und direkt unter der Schale stecken viele der sekundären Pflanzenstoffe. Wenn möglich, sollten Obst und Gemüse mit der Schale gegessen werden, nachdem die Ware gut gewaschen wurde. Frisches Gemüse sollte idealerweise zum einen Teil als Rohkost, zum anderen Teil gegart verzehrt werden.

Warm oder kalt?

Manche Vitamine und sekundäre Pflanzenstoffe werden durch das Erhitzen in ihrer Wirkung gemindert, wie Glucosinolate aus Kohl (deshalb Kohl ruhig mal als Rohkost essen!), andere wiederum können vom Körper aus erhitztem Obst oder Gemüse leichter aufgenommen werden, wie Carotinoide aus Möhren oder Flavonoide aus Tomaten.

Grundsätzlich gilt:

- möglichst nährstoffschonend garen
- nicht zerkochen, sondern bissfest garen
- nicht lange warm halten

TIPPS FÜR DEN ALLTAG

- **Grober Dreck muss weg!** Rücken Sie Schmutz und Erde auf Obst und Gemüse mit fließendem Wasser und eventuell einer Bürste zu Leibe. Erst danach wird zerteilt, zerpflückt oder kleingeschnitten.
- **Waschen und schneiden:** Am besten ist es, Obst und Gemüse erst kurz vor dem Essen oder vor der Zubereitung zu zerkleinern. So bleiben wasserlösliche Mineralstoffe, Vitamine und sekundäre Pflanzenstoffe am besten erhalten.

- **Auf Vorrat:** Sind Obst und Gemüse erst einmal klein geschnitten, sollten sie zum Schutz des wertvollen Innenlebens nicht lange an der Luft stehen bleiben. Entweder ab in den Kochtopf oder schnell als Vorrat in den Kühlschrank. Verpackt in einen luftdichten Kunststoffbehälter sind zerkleinertes Gemüse oder geputzter Salat bis zur nächsten Mahlzeit am besten geschützt.
- **Kurz und knackig:** Perfekt Dünsten kann jeder. Dazu nehme man einen gerade passenden Topf mit wenig Wasser. Sobald das Wasser kocht, kommt das Gemüse in den Topf, der Deckel obenauf, die Kochplatte wird heruntergeschaltet. Fertig ist das Ganze, wenn das Gemüse gerade gar ist. Nur noch abschmecken und guten Appetit! Gegessen wird sofort. Warmhalten gilt nicht, sonst leiden die wertvollen Inhaltsstoffe.

Fertig- und Teilfertiggerichte gesund aufpeppen

Wichtiges Mittagessen

In den meisten Kindertagesstätten wird mittags eine gemeinsame warme Mahlzeit gereicht. Dies ist dann während der Woche auch Ihr Mittagessen. Die warme Mahlzeit hat einen besonders hohen Stellenwert in einer gesunden Ernährung, weil sie, wie keine andere Mahlzeit des Tages, durch eine vielfältige Lebensmittelauswahl und -zusammenstellung ein besonders umfangreiches Nährstoffangebot mit sich bringt.

Nur im optimalen Fall steht in der Kita eine Köchin (oder ein Koch) zur Verfügung, die täglich frisch kocht. Personal-, Zeit-, Platz- und Finanzgründe gebieten oft, das Essen nicht selbst zu kochen, sondern es in fertiger oder halbfertiger Form anliefern zu lassen. In den meisten Kitas stammt das Mittagessen also aus einer außerhalb gelegenen Großküche, welche entweder täglich die Kindereinrichtung mit dem fertigen Mittagessen in Warmhaltebehältern beliefert oder tiefgefrorene (Teil-)Fertig-Menüs auf Vorrat liefert, die nur noch erhitzt werden müssen. Bei Teilfertiggerichten werden Beilagen und Ergänzungen dann direkt in der Kita zubereitet. Hier bietet sich Ihnen die Chance, diese Gerichte für sich und die Kinder gesund aufzupeppen.

Die Verwendung tiefgefrorener Gerichte bietet übrigens ernährungsphysiologische Vorteile gegenüber der Warmanlieferung, da hierbei Nährstoffverluste, die beim langen Warmhalten von Speisen zwangsläufig eintreten, relativ gering gehalten werden können. Je länger die Warmhaltezeit zwischen Zubereitung und Verzehr des Kochguts ist, desto höher sind vor allem die Vitaminverluste (s. nachfolgende Tabelle).

Vitamin-C-Verlust beim Warmhalten (Vitamingehalt im rohen Gemüse = 100 %)	
Blumenkohl, frisch gekocht	25 %
Nach 15 min warm halten	36 %
Nach 30 min warm halten	47 %
Nach 60 min warm halten	56 %

Vitamin-C-Verlust beim Warmhalten

Einfrieren ist besser als Warmhalten!

Damit ist zu erklären, dass Kantinenessen, das zum Teil bereits früh am Morgen gekocht wird, am späten Mittag wesentlich weniger Vitamine enthält als ein frisches oder direkt nach dem Kochen schockgefrorenes Tiefkühlmenü. Bei sachgemäßer Lagerung und Zubereitung liefern Tiefkühlgerichte mehr Nährstoffe als zwar am selben Tag gekochtes, aber lange warm gehaltenes Essen.

Fertiggerichte müssen angepasst werden.

So vorteilhaft unter diesem Aspekt tiefgefrorene Fertiggerichte auch sind, so erfüllen auch sie dennoch in vielen Fällen nicht die Anforderungen, die der Bedarf des kindlichen Organismus an das Essen stellt. Vielfach sind es nämlich nicht spezielle Kindergerichte, sondern in Großküchen gleichermaßen auch für Altenheime und Krankenhäuser hergestellte Mahlzeiten. Energie wird zwar ausreichend – oft sogar mehr als erwünscht – durch die Fertiggerichte geliefert, aber der Gehalt an Eiweiß, Vitaminen, Mineralstoffen, Spurenelementen und Ballaststoffen ist häufig zu gering. Hieraus ergibt sich die Notwendigkeit, (Teil-) Fertiggerichte jeglicher Herkunft in der Kita gezielt aufzuwerten.

Der gesunde Touch für (Teil-)Fertiggerichte

Kinder einbeziehen

Dies ist im Prinzip ohne großen Aufwand möglich, oft können und sollten sogar die Kinder mit einbezogen werden. Mit Spaß und erzieherischem Wert lernen sie so ganz einfach nebenbei, wie ein Fertiggericht zu einer vollwertigen, dem kindlichen Bedarf angepassten Mahlzeit ergänzt werden kann. Das gelingt am einfachsten durch gezieltes „Aufpeppen“ von Beilagen, Vorspeisen oder Desserts. Außerdem erhalten die Kinder so Einblick in den Kreislauf der Nahrungszubereitung und können erste Erfahrungen mit Vorratshaltung und Lebensmittelverarbeitung machen. Der bereits angesprochene kleine Kräutergarten, der von den Kindern betreut und gepflegt wird, fördert zusätzlich das Interesse an gesunder Ernährung und ergänzt die Mahlzeiten auf wohlschmeckende und gesunde Weise.

Beispielsweise können Rohkostzubereitungen und Salate – beim Vorhandensein einer Kochgelegenheit auch frisch zubereitete Saisongemüse oder Pellkartoffeln – das Vitamin-, Mineral- und Ballaststoffkonto des Mittagessens beträchtlich aufstocken. Gleiches ist zu erreichen durch Ergänzung des Fertiggerichtes mit frischem Obst oder einem, zusammen mit den Kindern frisch zubereiteten Obstsalat. Außerdem knabbern Kinder gern an frischen Rohkoststücken wie Paprika, Gurke oder Kohlrabi. Vielleicht ist auch gelegentlich mal ein frisch gepresster Obst- und/oder Gemüsesaft möglich, um wichtige Nährstoffe zu ergänzen.

Zur Calcium- und Eiweißergänzung tragen beispielsweise Desserts oder Zwischenmahlzeiten mit Joghurtzubereitungen oder Quarkspeisen bei. Auch leckere Salatdressings können mit Milchprodukten entstehen, und durch Beigabe von Vollkornbrot oder -brötchen wird unter anderem die Versorgung mit Vitaminen der B-Gruppe verbessert. Als Sättigungsbeilage für Teilfertiggerichte eignen sich besonders gut (Pell-)Kartoffeln, Vollkornnudeln und Vollreis.

Zum (maßvollen) Salzen sollte grundsätzlich nur jodiertes (und fluoridiertes) Speisesalz verwendet werden, um auch in der Kita einen Beitrag zur Jodprophylaxe zu leisten. Das nützt Kindern und Erwachsenen! Erzieherin Melanie hat es in ihrer Kita bereits eingeführt.

Unterstützung durch die Eltern

Auch wenn vielleicht die finanzielle Situation der Kindertagesstätte diese Ergänzungen der Mahlzeiten nicht regelmäßig zulässt, können Sie immer noch versuchen, die Unterstützung der Eltern für diese Maßnahmen zu gewinnen. Denn diese sollten ja primär an der Gesundheit ihrer Kinder interessiert sein. In Form eines Elternabends ließe sich die Notwendigkeit einer bedarfsgerechten Kinderernährung sowohl allgemein als auch im Speziellen während des Kita-Aufenthaltes verdeutlichen.

TIPP FÜR DEN ALLTAG

So könnten beispielsweise neben dem Frühstück auch das Obst/Knabbergemüse für Nachtisch und Vorspeise/Zwischenmahlzeit von zuhause mitgebracht werden und ebenfalls häufiger Vollkornbrot/-brötchen und Joghurt/Quark in die Verpflegungsdose wandern. Auch rohe Gurken, Möhren, Radieschen, Cocktailtomaten und Paprikastreifen lassen sich, gut verpackt, sicher in die Kita transportieren und können dort zum geeigneten Zeitpunkt eingesetzt werden. Dann essen Sie gemeinsam mit den Kindern Ihren gesunden Snack. Gut wäre es, wenn zumindest im Sommer eine Kühlmöglichkeit für die mitgebrachte Verpflegung bestünde. Wenn vielleicht auch nicht gerade täglich, so könnte dies doch, zum Beispiel an wöchentlichen Aktionstagen, ein Weg sein, die Ernährung der Kinder so vollwertig wie möglich zu gestalten.

Nährstoffschonung

Auch bei der Selbstzubereitung von Mahlzeiten oder Mahlzeitenbestandteilen in der Kita und bei Ihnen zuhause sind gewisse Regeln zur bestmöglichen Schonung von Nährstoffen zu beachten. Denn es nützt wenig, wenn wertvolles Obst und Gemüse durch nachlässiges Verarbeiten einen Teil der wertvollen Inhaltsstoffe schon lange vor dem Verzehr verloren hat. Deshalb sollten die nachfolgenden Regeln zur Nährstoffschonung in jedem Fall beachtet werden.

So bleiben bei der Vor- und Zubereitung von Lebensmitteln, insbesondere Obst, Gemüse und Kartoffeln, die wertvollen Nährstoffe am besten erhalten:

- sehr sorgfältig, aber dünn schälen und putzen;
- möglichst kurz, aber gründlich waschen;
- Nahrungsmittel erst nach dem Waschen zerkleinern;
- kurz garen;

- zum Dünsten möglichst wenig Wasser verwenden;
- die richtige (möglichst niedrige) Temperatur zum Garen wählen;
- Garzeit so kurz wie möglich halten;
- Kartoffeln bevorzugt in der Schale garen;
- Speisen nicht lange warm halten;
- vor dem Wiedererwärmen die Speisen kühl aufbewahren;
- Gemüsekochwasser für Soßen verwenden;
- Rohkost und Salat erst direkt vor dem Verzehr zubereiten;
- bedarfsgerechte Mengen zubereiten, damit möglichst keine Reste bleiben.

Didaktische Möglichkeiten

Abschließend sei erwähnt, dass das gemeinsame Mittagessen, und möglicherweise auch die gemeinsame Vorbereitung mit den Kindern, Ihnen eine Fülle von didaktischen Ansätzen für die Ernährungserziehung bietet. Das erfolgreiche Nahebringen von Werten, wie Essenlernen mit Besteck, Tischsitten und gesunder Ernährung, ist natürlich auch wieder eng mit Ihrem vorbildhaften Verhalten verknüpft. Erzieherinnen, die ständig über die vermeintlich schlechte Qualität des Essens schimpfen, können kaum erreichen, dass die Kinder mit Freude und Genuss essen.
Darüber hinaus tragen ein hübsch gedeckter und dekorierter Mittagstisch (öfter mal ein Motto auswählen, das zu den Gerichten passt), appetitlich angerichtete Speisen (auch das Auge isst mit!) und eine fröhliche Atmosphäre dazu bei, dass das gemeinsame Mittagessen zu etwas Schönem wird, bei dem man sich unterhalten und entspannen kann, und es nicht nur ein Mittel zum Hungerstillen ist. Bei kaum einer anderen Mahlzeit kann Ihr sachgemäßer Einfluss als Erzieher/-in die Ernährung so gesund beeinflussen wie beim gemeinsamen und bestenfalls „aufgepeppten" Mittagessen. Bei dem häufig über Jahre täglichen Kontakt zwischen Ihnen und den Kindern wird so ein solider Grundstein für die Gesundheit der Kinder gelegt, auch wenn man die häuslichen Verhältnisse nicht beeinflussen kann. Und Ihrer eigenen Gesundheit tun Sie letztlich damit auch ganz viel Gutes!

Muss gesundes Essen teuer sein?

Nein! Auch mit einem niedrige(re)n Budget kann man sich gesund ernähren, wenn man bei Einkauf und Lagerung geschickt vorgeht. Planung ist das A und O! Hier ein paar Tipps und Tricks für Sie privat und auch für den Einkauf der Kita.

TIPPS FÜR DEN ALLTAG

- Planen Sie im Voraus, was Sie in dieser Woche kochen/essen wollen.
- Vermeiden Sie möglichst Fertigprodukte, kochen Sie selbst. Das ist preiswerter!
- Kaufen Sie gezielt ein! Immer mit Einkaufszettel, so vermeiden Sie spontane „Lustkäufe". Dabei hilft, nicht hungrig einkaufen zu gehen.
- Kaufen Sie nur so viel ein, wie Sie auch verbrauchen können. So müssen Sie hinterher nichts wegwerfen. Das spart bares Geld!

- Nutzen Sie Sonderangebote! Studieren Sie Anzeigen und Werbeflyer, bevorraten Sie haltbare Lebensmittel oder frieren Sie frische Angebote ein.
- Vergleichen Sie die Preise und entwickeln Sie ein Gespür für das Preisniveau. Gutes gibt es oft günstig.
- Obst und Gemüse, auch Bioprodukte, gibt es bei großen Discountern in guter Qualität deutlich preiswerter, oft für die Hälfte im Vergleich zu Fachgeschäften.
- Kaufen Sie bei Obst und Gemüse immer saisonale Ware, Erdbeeren im Winter müssen nicht sein!
- Getränke? Früchte-, Kräutertees und günstiges Mineralwasser vom Discounter sollten die Basis sein. Limo, Cola und trendige Softdrinks sind teuer und nicht gesund. Mischen Sie Saftschorlen selbst.
- Kalkulieren Sie mal, was nebenbei für (unnötige) Knabbereien, Süßes oder Fastfood ausgegeben wird! Für einen großen Burger mit Cola können Sie problemlos ein vollwertiges Essen zubereiten.
- Frühstücken zuhause kostet erheblich weniger als unterwegs im Shop. Und den Milchkaffee machen Sie daheim oder am Arbeitsplatz auch deutlich preiswerter selbst. „Coffee to go“ muss doch nicht sein – und wenn doch, können Sie einmalig in einen hübschen Thermobecher investieren.

Hinweis

Wenn Sie sich ausführlicher über die Umsetzung einer gesunden Ernährung in der Kita informieren wollen, finden Sie hier nähere Informationen: „FIT KID – Die Gesund-Essen-Aktion für Kitas“ ist ein Projekt des Bundesministeriums für Ernährung, Landwirtschaft und Verbraucherschutz und wird von der Deutschen Gesellschaft für Ernährung e. V. durchgeführt. Im Rahmen des Nationalen Aktionsplans IN FORM leistet FIT KID einen Beitrag zur Optimierung des Verpflegungsangebotes in Tageseinrichtungen für Kinder (siehe auch www.fitkid-aktion.de).

3.6 Tipps für Ihren persönlichen Ernährungsalltag

Im Ihrem Berufsalltag werden neben Kompetenz vor allem auch Flexibilität und körperliche sowie seelische Belastbarkeit gefordert. Dafür sind eine gute Gesundheit und körperliches Wohlbefinden wichtig. Gerade die richtige Ernährung spielt hierbei eine bedeutende Rolle. Doch am Arbeitsplatz ist die Umsetzung einer vollwertigen Ernährung für viele nicht einfach. Zwar können Sie überall über die „richtige“ Ernährung lesen, doch selten finden sich Informationen, die genau auf Ihre berufliche Situation passen. Dagegen wollen wir hier konstruktiv etwas tun.

Ob Sie die klassische Einteilung „Frühstück – Mittagessen – Abendessen“ oder eher mehrere kleine Mahlzeiten am Tag bevorzugen, liegt bei Ihnen. Wie Sie sich auch entscheiden: Es kommt immer darauf an, dass die Bilanz an Nährstoffen und Energie stimmt. Somit gilt: Wenn Sie Zwischenmahlzeiten genießen möchten, reduzieren Sie die Portionsgröße der Hauptmahlzeiten.

Ideal sind zwischendurch Obst und Gemüse, Milchprodukte oder Vollkornsnacks. Sie stecken voller wichtiger Inhaltsstoffe und liefern schnell verfügbare Energie.
Optimal wäre es natürlich, wenn Sie die Mahlzeiten – vor allem das Mittagessen, aber auch die Zwischenmahlzeiten – in Ruhe gemeinsam mit den Kindern einnehmen könnten und dabei unsere vorstehenden Empfehlungen umsetzten. Doch Stress und der variable Tagesablauf in der Kita lassen das leider nicht immer zu. Deshalb hier ein paar Tipps für Ihre Ernährung im Berufsalltag:

Zuhause frühstücken

Frühstücken Sie zuhause in Ruhe, dann sind Sie für die ersten Stunden des Arbeitstages gut gerüstet. Andernfalls würde Ihr Blutzuckerspiegel spätestens nach 2 Stunden in den Keller sacken, sie würden unkonzentriert, gereizt und weniger leistungsfähig. Die Gefahr bestünde, dass Sie unkontrolliert jede Form von Essbarem, leider meist schnell verfügbare Süßigkeiten, Kekse o. Ä., in sich hineinstopften, nur um Ihren Hunger zu stillen.

Snacks vorbereiten

Falls Sie vormittags nicht gemeinsam mit den Kindern einen gesunden Snack einnehmen können, sollten Sie sich dafür bereits zuhause präparieren. In einer Tupperdose können Sie vorbereitete Gemüsesticks, Obststückchen und ein belegtes Vollkornbrot mitbringen – diese gesunde Zwischenmahlzeit isst sich genauso schnell wie ein Keks oder Schokoladenriegel. Gleiches gilt natürlich auch für den Imbiss am Nachmittag, hier darf es dann zur Tasse Kaffee ruhig auch mal ein Stückchen Kuchen oder Gebäck oder ein Fruchtjoghurt sein.

Viel trinken!

Apropos Kaffee: Für viele ist der erste Gang am Morgen der zur Kaffeemaschine – und das wird sich in den nächsten Stunden noch oft wiederholen. Meistens beschränkt sich die Flüssigkeitszufuhr im Laufe des Tages dann jedoch insgesamt auf einige Tassen dieses beliebten Heißgetränks, und das war es dann auch. Wenn Sie sich am Abend fragen, was und vor allem wie viel Sie eigentlich so über den Tag verteilt getrunken haben, stellen Sie fest: häufig nicht genug. Dabei ist es wichtig, ausreichend und regelmäßig Flüssigkeit zu sich zu nehmen, gerade wenn Stress und körperliche Belastungen zum Alltag gehören (siehe S. 143 ff.). Ansonsten wird man schnell von Müdigkeit, Konzentrationsschwierigkeiten, Kopfschmerzen und einer allgemein verringerten körperlichen Leistungsfähigkeit geplagt – man fühlt sich schlapp! Deshalb sollten Sie mindestens 1,5 l Flüssigkeit pro Tag trinken, eher sogar noch etwas mehr.

Dazu einige Tipps:

- Nehmen Sie sich täglich eine 1-l-Flasche Mineralwasser mit und stellen Sie sie sichtbar mit einem Glas parat. Füllen Sie das Glas regelmäßig, damit Sie sich daran erinnern, es auszutrinken.
- Gewöhnen Sie es sich an, im Rahmen jeder Mahlzeit – auch am Arbeitsplatz – ein Glas Wasser zu trinken.
- Variieren Sie je nach Geschmack hin und wieder mit Saftschorlen. Achten Sie hierbei auf ein Verhältnis von ca. einem Drittel Saft zu zwei Dritteln Wasser.

Hinweis

Übrigens: Wenn Sie gerne Kaffee trinken – kein Problem! Kaffee wird in die Flüssigkeitsbilanz mit einbezogen wie andere Getränke auch. Generell sollten aber Genussmittel wie Kaffee oder schwarzer Tee nur in Maßen konsumiert werden. Also: Der Genuss von bis zu vier Tassen – nicht Becher! – Kaffee am Tag ist völlig in Ordnung. Jedoch sollten Sie sich bewusst sein, dass Milch und Zucker dabei kalorienmäßig ganz schön zu Buche schlagen können:

- *1 TL Zucker = 26 kcal*
- *1 TL Kondensmilch 4 % = 5 kcal*
- *50 ml Magermilch = 17 kcal*
- *50 ml Vollmilch = 32 kcal*

Teambesprechung, Meeting

Gesunde Knabbereien

Sind Keksschachteln oder Ähnliches üblich in Ihrer Kita zum Besprechungskaffee/-tee? Dann überraschen Sie Ihre Teamkollegen doch mal mit einer Platte Obststückchen und Nüssen! Sie werden sehen, diese Knabbersnacks sind so schnell verschwunden, dass Nachschub dankbar angenommen würde! Oder versuchen Sie es mit Gemüserohkoststreifen und Kräuterquark – Ihre Kollegen werden begeistert sein!

Abendessen

Es muss nicht immer Brot sein.

Endlich zuhause – das *Abendessen*. Muss es unbedingt das Abend*brot* sein? Wenn ja, dann wechseln Sie häufig bei Brotsorten und Auflage, halten Cherrytomaten, Radieschen und Gurken bereit und essen dazu auch mal einen Kräuterquark auf's Vollkornbrot. Besonders gut kommt auch immer ein großer Salatteller – mit Schafskäse, Oliven oder kalter Hühnerbrust. Aber nichts spricht dagegen, abends noch mal warm zu essen. Wie wäre es mit einer Gemüsesuppe oder einem gegrillten Stück Fisch oder Fleisch mit Salat oder Gemüse? Lecker, gesund und sicher kalorienärmer als Salamibrot oder Käsebrötchen!

Entspannung nach Feierabend

Sport statt Snacks

Und zum Abschluss vor dem Fernseher müssen es nicht unbedingt Chips, Erdnüsse und Cola sein, auch hier bieten sich Gemüse- und Obststückchen an. Und überhaupt. Wäre eine körperliche Betätigung wie ein entspannender Spaziergang an der frischen Luft, Radfahren, Fitnessstudio oder Tanzen nicht viel gesünder? Wenn auch kein tägliches Muss, so doch am besten mehrmals in der Woche wirklich zu empfehlen. Anschließend ist der Kopf frei, der Körper wohlig müde und entspannt, und Sie sind fit für den nächsten anstrengenden Arbeitstag. Auch bei einem Saunabesuch oder einem Wellnessbad in Ihrer privaten Badewanne können Sie sich übrigens bestens entspannen und neue

Kräfte für den kommenden Tag sammeln. Anschließend rasch ins Bett, dann warten keine kulinarischen Versuchungen mehr.

TIPP FÜR DEN ALLTAG

Naschkatzen austricksen

Tricksen Sie Naschkatzen einfach aus! Hart aber wirksam: keine Vorratshaltung. Wenn Sie in Schubladen oder Schränken keine süße Versuchung haben, können Sie auch nicht schwach werden! Ausnahme: zuckerfreie Kaugummis!

Fitmacher statt Dickmacher

Manchmal muss es einfach ein Eis sein. Oder ein leckerer Kaffee. Nur: Da gibt es Unterschiede in Sachen Fett und Kalorien. Und da lohnen sich clevere Tauschgeschäfte:

- Laue Sommernacht und einen Cocktail schlürfen? Die Linie bevorzugt Weißweinschorle statt Caipi & Co.
- Eiskalte Erfrischung gefällig? Wassereis statt Magnum – 50 statt 300 kcal!
- Wenn schon Eisgetränk, dann Eiskaffee statt Eisschokolade!
- Koffeinkick gefällig? Red Bull schlägt den Espresso kalorienmäßig um Längen – aber leider in die falsche Richtung!
- Ein Hauch Italien? Melone mit Lachsschinken bringt ihn deutlich leichter als Mozzarella mit Tomate!
- Sommerliches Grillvergnügen – statt Bratwurst und Halsgrat lieber Fett sparen durch Hähnchenbrust und Grillgemüse!
- Es soll schnell gehen? Statt oft fettigem Fertigdressing zum Salat ist ganz schnell ein leichtes Joghurtdressing mit Zitronensaft und Kräutern zusammengerührt.
- Picknicktime? Frisches Gemüse und Salat statt fettem Nudelsalat – macht fit statt fett!
- Ob vom Grill oder aus der Pfanne: Leider liefert der rosa Vierbeiner deutlich mehr Fett als das Geflügeltier!
- Kino bei Regen? Mit Popcorn statt Kartoffelchips scheint morgen wieder die Sonne!
- Was Schnelles vom Schotten? Der Wrap Grilled Chicken mit dem Gesundheitsimage ist leider deutlich deftiger als sechs Chicken McNuggets oder der einfache Hamburger!
- Wenn's denn gar nicht ohne geht: Ketchup statt Mayo für die Bikinifigur!
- Kartoffelsalat beim Gartenfest? Figurfreundlicher ist die Ofenkartoffel mit magerem Kräuterquark!
- Milchshakes liefern kalorienreiches Fett und Zucker – Molkedrinks sind quasi fettfrei!

- Nachmittags im Café – lieber ein Stück frischen Obstkuchen als ein fettreiches Croissant mit Schokolade!
- ... und die Latte mit Vollmilch wiegt fast zwei Cappuccini auf!
- Durst auf eine schnelle Halbe? Mit alkoholfreiem Bier wird er mit nur annähernd der Hälfte an Kalorien gelöscht!

FAZIT

Der Berufsalltag hat einen großen Einfluss auf unser Ernährungsverhalten. Doch wir sollten versuchen, uns nicht durch die Arbeit das Essen diktieren zu lassen, sondern unsere geplante Ernährung in den Alltag zu integrieren! Das gilt für jeden Beruf, aber Sie haben durch Ihren Aufgabenbereich gleichzeitig die Möglichkeit, durch vorbildhaftes Verhalten einen guten Einfluss auf die Ernährung – und damit Entwicklung – der Ihnen anvertrauten Kinder auszuüben! Wenn das kein Ansporn ist, auch die eigene Ernährung möglichst gesund zu gestalten!

4 Eine Sprache, die die Seele nährt – Die Kraft der Sprache in der Elementarpädagogik

4.1 Zur Einstimmung

4.2 Die Kraft der Sprache in der Elementarpädagogik

4.3 Interview mit einer Erzieherin

4.4 Die konkrete Anwendung im Alltag

Das Innere Team diskutiert zum Thema Kommunikation.

4.1 Zur Einstimmung

Kinder lernen von klein auf, die Sprache ihrer Eltern, ihrer Erzieherinnen und ihrer weiteren Umgebung zu verstehen und zu sprechen. Dem Erlernen der Sprache kommt in der Elementarpädagogik schon immer eine große Bedeutung zu. Erzieherinnen achten darauf, dass die Kinder die deutsche Sprache erlernen und sicher verstehen und sprechen. Dazu gehören Wortschatz und korrekter Satzbau ebenso wie eine gut verständliche Aussprache. Sie beobachten und begleiten mit großer Genauigkeit die sprachliche Entwicklung eines jeden einzelnen Kindes. Dies erfordert eine hohe Aufmerksamkeit und Fachkenntnis.

Kinder lernen die Sprache mit all dem reichen Wortschatz, Satzbau und ihrem Klang beim Hören kennen. Sie üben das Gehörte mehr und mehr ein, indem sie die Wörter, Sätze, Lieder und Reime immer wieder hören und dann selbst ausprobieren. Dies allein genügt jedoch nicht, um ein Kind eine Sprache zu lehren.
Damit ein Kind die sprachlichen Angebote aufnehmen und umsetzen kann, gehört ganz wesentlich ein reichliches Angebot für die einzelnen Sinne sowie für die Motorik dazu. Diese Zusammenhänge sowie zahlreiche praktische Anregungen habe ich ausführlich in meinem Buch „Drück mich mal ganz fest. Geschichte und Therapie eines wahrnehmungsgestörten Kindes“ beschrieben.

Sprache kann mehr.

Der Spracherwerb fördert die Fähigkeit zu lernen und sich in die Gesellschaft einzubringen. Dabei geht es im Wesentlichen darum, miteinander kommunizieren zu können. Durch die steigende Quantität an gesprochener und geschriebener Sprache ist die Sprache in unserer Gesellschaft in erster Linie ein Mittel zum Zweck der Informationsweitergabe geworden. Doch ist und kann sie weit mehr als dies.
In der Sprache ruht eine ordnende, gestaltende Kraft. Hier liegt ein bedeutsamer Schlüssel für die Pädagogik – und für die Elementarpädagogik. Gerade in den ersten Lebensjahren haben die Erzieherinnen durch ihre individuelle Sprache eine außerordentlich starke Wirkung auf die ihnen anvertrauten Kinder.

Kraft und Wirkung der Sprache

Es lohnt sich, der Sprache viel Aufmerksamkeit zu schenken. Mit unserer Sprache schaffen wir uns unsere Wirklichkeit. Jedes Wort wirkt und auch jeder Satz. Es gibt eine Sprache, die aufbaut, und auch eine, die Kraft raubt und herunterzieht. Es geht im Folgenden darum, Sie sensibel zu machen für die Kraft und Wirkungsweise der Sprache und diese achtsam und wertschätzend einzusetzen. Dies dient gleichermaßen den Erzieherinnen und den ihnen anvertrauten Kindern sowie deren Eltern.
Bei dem normalen Sprech- und Lesetempo sind wir zu schnell, um die Wirkung und Bedeutung eines Wortes oder eines Satzes bewusst wahrzunehmen. Wir

gebrauchen sie einfach und meinen zu wissen, was wir sagen. Was ist beispielsweise eine „Mordsgaudi"? Und was heißt es, wenn jemand „die Nase voll" hat? Und was ist genau genommen ein „Vor-Schlag"? Bekommen Sie ihn gern? So sagen wir oftmals etwas, was wir nicht wirklich so meinen.
Andere Wörter sind angenehm und wohltuend, beispielsweise das Wort „behutsam" oder das Wort „gelingen". Manche von ihnen sind selten geworden. Es lohnt sich, sie wieder zu entdecken. Mit dem entsprechenden Wort gewinnt der damit bezeichnete Wert an Bedeutung. Wir schenken dem jeweils benannten Inhalt Aufmerksamkeit und geben ihm Raum in unserem Denken und damit in unserem Leben.
Dieses Wirkprinzip gilt für angenehme Wörter ebenso wie für belastende Wörter. Sie haben immer eine Wirkung auf uns selbst und auch auf den Angesprochenen. Erleben Sie es selbst! Entdecken Sie wie kleine Kinder selbst noch einmal Ihre eigene Sprache neu. Dafür biete ich Ihnen eine Wortprobe an.

TIPP FÜR DEN ALLTAG

Wortprobe

Eine Wortprobe ist etwas Ähnliches wie eine Weinprobe. Lassen Sie sich dabei einzelne Wörter einzeln auf der Zunge zergehen und schmecken und horchen Sie ihnen nach. Lesen Sie die folgenden Wörter langsam und halblaut. Geben Sie sich Zeit, die Wirkung jedes einzelnen Wortes wahrzunehmen. Vielleicht werden Sie dabei innere Bilder haben, vielleicht auch einen kleinen Film. Achten Sie darauf, ob ein Wort für Sie angenehm ist und Ihnen gut tut oder auch ganz im Gegenteil eher unangenehm ist.

Lesen Sie bitte langsam: Quelle – Quellwasser – Apfelbaum – behutsam – schnell – müssen – Vorschlag – Anregung – gelingen – Dankeschön.

Wie wirken die einzelnen Wörter auf Sie? War eines dabei, das für Sie angenehm war? Wie oft benutzen Sie es? Dabei ist es gleichgültig, ob Sie es sagen oder nur denken. Es hat immer eine Wirkung.

Wohltuende Sprache

Es ist erstrebenswert, dass jeder Mensch eine Sprache aufbaut und pflegt, die ihm gut tut. Unsere eigene Sprache macht etwas mit uns selbst. In der Folge hat eine wertschätzende, wohltuende Sprache auch eine wohltuende Wirkung auf das Umfeld.

Die Bedeutung der Sprache in der Kindertagesstätte

Kleine Kinder achten auf die Wirkung der Sprache. Sie entdecken die Sprache Wort für Wort und probieren voller Freude immer wieder neu die Wirkung. Diese Achtsamkeit und Entdeckerfreude verlieren sie mit der wachsenden Sicherheit des Sprachgebrauchs. Es lohnt sich, diese Freude auch als Erwachsene wieder neu zu entdecken und mit ihr die Kraft der Sprache.

Hinweis

Kinder übernehmen den Sprachgebrauch ihrer Eltern und ihres sozialen Umfeldes. Der Einfluss der Pädagoginnen und Pädagogen in der Kita ist dabei von entscheidender Bedeutung und prägt die Kinder nachhaltig.

Mit der erlernten Ausdrucksweise lernen sie nicht nur die Sprache als solche. Sprache ist in hohem Maße individuell. Darum übernehmen Kinder beim Erlernen ihrer Sprache auch gleichzeitig Ihre Denkmuster und mit ihnen Ihre grundlegenden Lebenseinstellungen.

Kinder übernehmen Denkmuster und Lebenseinstellungen.

Hier wird noch mehr sichtbar, wie verantwortungsvoll der Beruf der Erzieherinnen ist. Sie verdienen damit noch einmal mehr Hochachtung vor ihrer wertvollen und zukunftsweisenden Arbeit. So dürfen Sie sich bewusst machen, wie viel Gutes Sie den Kindern und deren Eltern mitgeben können – allein, indem Sie so sprechen, wie Sie es tun.

Damit wird der doppelte Bildungsauftrag für Erzieherinnen sichtbar. Sie haben die Aufgabe, die Kinder achtsam und auf ihrem individuellen Weg zu begleiten. Dies gelingt ihnen dann, wenn sie gleichzeitig auf ihre eigene Sprache und auf die der ihnen anvertrauten Kinder achten.

Sie werden in diesem Kapitel erfahren, dass und wie Sie bereits mit kleinen, gezielten Änderungen der gewohnten Ausdrucksweise eine nachhaltige und wohltuende Wirkung erzielen und dabei Kraft schöpfen. Sie werden merken, dass nicht nur Sie etwas mit Ihrer Sprache machen. Auch Ihre Sprache macht etwas mit Ihnen selbst!

4.2 Die Kraft der Sprache in der Elementarpädagogik

Das Lingva Eterna[1] Sprachtraining setzt am bewussten Umgang mit der Sprache an und fördert auf diese Weise die Persönlichkeit. Es lenkt den Blick auf den individuellen und allgemeinen Sprachgebrauch und macht sensibel für die Wirkungsweise von einzelnen Wörtern, Redewendungen und Satzbau. Dabei bietet es jeweils sprachliche Alternativen an.
Mit diesem Konzept können Menschen eigene sprachliche Muster erkennen und wandeln. Auch in der Arbeit mit Kindern und Eltern sowie im Team lässt sich das Konzept vielseitig und wirksam einsetzen.

Mit der gewohnten Ausdrucksweise erhalten Menschen oft alte Denk- und Verhaltensmuster aufrecht. Durch eine gezielte Änderung der Wortwahl oder des Satzbaus erreichen sie eine ungeahnte und nachhaltige Wirkung auf ihr Denken, Sprechen und Handeln und eröffnen sich so neue Handlungsspielräume. Eine differenzierte Sprache bringt differenzierte Persönlichkeiten hervor.
Durch ihr sprachliches Vorbild haben Erzieherinnen einen starken Einfluss auf die Kinder. Sie geben ihnen ihren Wortschatz ebenso mit auf den Lebensweg wie ihre Satzmelodie und ihren Satzbau. Es ist bedeutsam, dass sie bei sich selbst bewusst auf eine solche Sprache achten und diese schrittweise entwickeln. So entsteht mit der Zeit ein echter Wort-Schatz.

Beim täglichen Sprechen achten Menschen auf den Inhalt dessen, was sie gerade sagen oder hören. Wenn jemand sie bittet, das zu wiederholen, was sie eben gesagt haben, dann gelingt ihnen dies in Hinblick auf den Inhalt leicht.

[1] *Lingva Eterna ist eine eingetragene Marke.*

Im Hinblick auf die Form und die Struktur des Satzes werden sie sich jedoch nicht erinnern. Sie werden nicht wissen, ob sie vorher einen Aktivsatz oder einen Passivsatz gebildet haben, ob sie einen Nebensatz formuliert haben oder nicht, und sie werden sich auch nicht sicher erinnern, welche Wörter sie genau benutzt haben. Dies hat für den Inhalt auch keine Bedeutung.

Sprachstruktur hat ihre eigene Botschaft.

Und doch transportiert die sprachliche Struktur eines Satzes oder einer Darstellung eine eigene Botschaft. Sie sagt etwas vom Sprecher, und sie hat eine Wirkung auf ihn selbst und auf sein Umfeld.

Es lohnt sich, hinzuschauen und hinzulauschen! Dann wird es möglich, die eigene Sprache und den eigenen Sprachgebrauch völlig neu zu erfahren. Mit gezielten, scheinbar minimalen Änderungen des gewohnten Sprachgebrauchs kann es gelingen, dem eigenen Leben eine wohltuende Wende zu geben. Ich bitte Sie noch um etwas Geduld. Zahlreiche konkrete Anregungen aus Situationen des Alltags werden Ihnen Anregungen geben, die Wirkung einer neuen Formulierung auszuprobieren und Erkenntnisse für sich selbst zu gewinnen.

Die individuelle Ausdrucksweise eines Menschen steht in direktem Zusammenhang mit tiefen Prägungen und mit seiner Lebensgeschichte. Mit jedem Wort sind individuelle Erinnerungen und Gefühle gespeichert. Diese schwingen bei allen Äußerungen mit und können die ursprüngliche Botschaft verändern und belasten.

Jedes Wort ist individuell aufgeladen.

Mit einem steigenden Bewusstsein für die Sprache und ihre Wirkungsweise gestalten Menschen ihre Kommunikation klar, eindeutig und wohlwollend. Herz und Verstand sprechen dann dieselbe Sprache. So gelingt die Kommunikation leicht.

Und indem Sie bewusst genauso denken, sprechen und handeln, wie Sie es tun, gestalten Sie gleichzeitig Ihr Leben. Dabei können Sie bewusst die eine oder andere Formulierung neu wählen und die Wirkung beobachten. Sie erleben dabei jeden Tag neu die Kraft der Sprache.

Hinweis

Es ist ein großes Glück für Kinder, wenn sie von klein auf mit einer wertschätzenden, klaren und zielorientierten Sprache und damit Denkweise groß werden. Sie wird sie erheblich prägen. Dem Erzieherinnenberuf kommt hier eine Schlüsselfunktion zu.

Kinder haben Freude daran, die Kraft und Wirkungsweise der Sprache zu erfahren. Sie haben ein feines Gespür für die Wirkung einzelner Wörter und Sätze sowie deren mögliche Alternativen. So sind sie bereitwillige Lehrer für ihre Erzieherinnen und Eltern und machen sie gerne auf einzelne Wörter aufmerksam, beispielsweise für die zahlreichen „Müssen“ und „Schnell“. Sie werden sehen, dass dies allen Beteiligten Freude bereitet!

4.3 Interview mit einer Erzieherin

Ingrid ist eine erfahrene Erzieherin. Sie leitet seit zwölf Jahren eine Kita, die auf mittlerweile vier Gruppen angewachsen ist. Sie ist Mitte fünfzig und liebt ihren Beruf.

Ich lernte sie vor vier Jahren kennen. Sie besuchte mehrere Seminare bei mir und begann auf ihre Sprache zu achten. Sie tat dies für sich, und nicht primär für ihren Beruf. Sie spürte, dass ihr der achtsame Umgang mit ihrer Sprache gut tat, und so blieb sie dabei. Das Wandeln ihrer gewohnten Ausdrucksweise brachte sie in einen wohltuenden inneren Prozess. Sie beschreibt sich heute als wesentlich gelassener, in sich ruhender und sicherer als damals.

„Worauf haben Sie in Ihrer Sprache als erstes geachtet?“

„Ich begann mit den Bogensätzen und mit den kurzen Sätzen. Bis dahin hatte ich viele lange und verschachtelte Sätze gemacht. Das war für mich eine große Umstellung. Die Bogensätze haben mir enorm geholfen. Dann habe ich auf das ‚Müssen‘ geschaut. Das ‚Müssen‘ gibt es in der Kita so häufig! Das war für mich ein wichtiger Schritt. Und dann habe ich auf die Füllwörter geachtet, auf die ‚Eigentlichs‘ und auf die ‚Irgendwies‘. Ich habe damit viel Klarheit gewonnen. Ich bin dann Schritt für Schritt weitergegangen. Am Anfang hat mir die Begleitung in den Seminaren wesentlich geholfen. Ich hätte allein viele meiner Schachtelsätze gar nicht bemerkt. So ging es leichter, als wenn ich allein auf meine Sprache geachtet hätte.“

„Wann und wie begannen Sie, das Sprachtraining in Ihre Kita hineinzutragen?“

„Damit habe ich vor zwei Jahren begonnen. Ich hatte zu diesem Zeitpunkt bereits zwei Jahre lang eigene Erfahrungen mit der Kraft der Sprache gesammelt. So konnte ich Sicherheit gewinnen und dann auf dieser Basis meine Mitarbeiterinnen führen und auch mit den Kindern entsprechend arbeiten. Für mich ist der bewusste Umgang mit der Sprache ein wertvolles Handwerkszeug geworden, und ich habe ihn in mein Denken und Handeln fest integriert. Es ist mir eine große Hilfe, vor allem in schwierigen Situationen. Dann erinnere ich mich immer an die kurzen Sätze und an das Atmen. So kann ich gut die Ruhe wahren und die erforderlichen Dinge der Reihe nach tun. Das freut mich!

Rollenspiele

Mit als erstes habe ich die Rollenspiele in die Kita integriert. Das hilft vor allem dann, wenn Kinder miteinander streiten und einander wüste Sachen sagen. Dann nehme ich die beteiligten Kinder und lasse jeden einzelnen einem anderen das sagen. Dann frage ich sie, wie sich das anfühlt und was sie dabei spüren. Die Kinder spüren das! Danach braucht es einige Kreativität, und wir finden gemeinsam etwas, was die Kinder stattdessen sagen können. Das lasse ich sie dann ebenso spüren. So lernen sie Alternativen kennen und üben einen wertschätzenden Umgangston. Die Kinder nehmen diese Rollenspiele gern an!
Im letzten Jahr war im Januar ein Sechsjähriger neu in die Kita gekommen. Es gab ein großes Gerangel um die Position des Chefs. Der neue Junge wollte diese Position für sich in Anspruch nehmen, doch war sie schon besetzt. Es kam in der Folge zu hässlichen und ausgrenzenden Bemerkungen. Da nahm ich die beteiligten vier, fünf Jungen und ging mit ihnen in einen anderen Raum. Jeder bekam die Gelegenheit, die Wirkung ihrer Sätze am eigenen Leib zu spüren. Ich fragte die Kinder jeweils, ob sie gern so angesprochen würden. Dann habe ich mit ihnen Alternativen gefunden. Mit diesen Alternativen konnten sie dann das sagen, was sie wirklich meinten. Gleichzeitig konnten sie achtungsvoll miteinander umgehen. Das hat nachhaltig geholfen. Und ich musste nicht schimpfen und auch nichts verbieten. Das hätte auch nicht wirklich gefruchtet.

Ja, und diese Rollenspiele biete ich auch meinen Mitarbeiterinnen an. Ich leite sie an, auf diese Weise schwierige Elterngespräche vorzubereiten. Ich bitte eine Mitarbeiterin, einer anderen in der Rolle der Eltern etwas zu sagen, und frage dann, wie das bei der Mutter oder dem Vater ankommt. Auf diese Weise ist bei den Mitarbeiterinnen das Abwerten oder das Gereizte in den Hintergrund getreten oder sogar ganz weggegangen. Die Mitarbeiterinnen nehmen diese Art der Rückmeldung gern und leicht an. Das macht es mir leicht, kritische Situationen zu reflektieren und konkrete Lösungsmöglichkeiten zu erarbeiten. Diese Rollenspiele haben eine große und nachhaltige Wirkung! Ich bin ganz begeistert."

„Gibt es noch etwas, was Sie an die Mitarbeiterinnen weitergegeben haben?"

Verneinungen vermeiden

„Oh ja, wir achten auf die drei A beim Ansprechen der Kinder und auch der Eltern. Das ist schon ganz selbstverständlich geworden. Und dann achten wir auf die vielen Verneinungen. Jede von uns weiß, dass das ‚Nicht' nicht wirklich im Gehirn ankommt und dass es daher nicht die angestrebte Wirkung hat. Und doch sagen meine Mitarbeiterinnen immer wieder: ‚Fass das nicht an',‚Mach ihm den Turm nicht kaputt' usw. Das wissen sie. Und doch ist es oft schwierig, eine Formulierung ohne ‚nicht' zu finden. Es bedarf wirklich eines Umdenkens. Und darum geht es ja bei Lingva Eterna. Ja, bei dem Umformulieren kommt oft etwas recht Lustiges heraus. Da lachen wir dann miteinander. Insgesamt ist die Sprache bei uns ein lebendiges und wichtiges Thema.

Dann gibt es noch etwas. Bei den Elternbriefen und bei den Einladungen achten wir auf die Wortwahl und auf den Satzbau. Das Schreiben dauert etwas länger, als wenn wir die Texte wie gewohnt verfassen. Doch sehe ich darin eine willkommene Gelegenheit, auf die Sprache zu achten und in meinem Team bewusst eine wertschätzende, klare und zielorientierte Sprache zu fördern. Ich sehe in der bewussten Sprache ein andauerndes Lernen! Es gilt immer wieder neu, wieder dran zu bleiben. Nur so lassen sich alte, eingefahrene Denkstrukturen wandeln."

„Setzen Sie Materialien in Ihrer Einrichtung ein?"

Ingrid nickte: „Ja, ich setze Ihre Kartensätze und Bücher ein. Sie sind eine große und wertvolle Hilfe, die Mitarbeiterinnen und die Eltern für die Kraft und Wirkungsweise der Sprache zu sensibilisieren. Wir leihen die Bücher oft gezielt an Eltern aus. Das Buch ‚Deutlich reden, wirksam handeln' ist bei uns eine Standardlektüre. Es hat so viele praktische Beispiele."

Sie sagte weiter: „Und die Karten sind bei den Teamsitzungen immer dabei. Ich lasse die Mitarbeiterinnen jeweils eine Karte aus dem Kartensatz ‚Die Kraft der Sprache' ziehen und dann die Vorder- und auch die Rückseite vorlesen. Dieses beständige Wiederholen festigt Erkenntnisse und bewirkt ein allmähliches Umdenken. Manche Mitarbeiterinnen gehen mit Freude mit, andere sind eher etwas reserviert. Insgesamt tragen alle Mitarbeiterinnen meine sprachlichen Aktivitäten mit."

Allmähliches Umdenken

Dann lächelte sie und sprach noch eine weitere Situation an: „Ich mache gern die Sprache sichtbar. Ich greife das auf, was ich bei Ihnen in den Seminaren gelernt habe. Ich zeige mit einem Seil, wie es aussieht und wie es sich anfühlt, wenn jemand an etwas hängt. Dann wird sichtbar, welche Wirkung Formulierungen haben wie ‚Das hängt mir nach' und was sie gleichzeitig zeigen. Die Kärtchen sind insgesamt schön und inspirierend. Doch wirklich spürbar wird ihre Wirkung erst in konkreten, schwierigen Situationen. Da setze ich die darauf angebotenen sprachlichen Alternativen gezielt ein. Dann wird sichtbar, dass mit einer neuen Formulierung manche Lösung möglich wird, die es vorher nicht zu geben schien."

„Ich danke Ihnen, dass Sie Ihre Erfahrungen an andere Erzieherinnen weitergeben. Darf ich Ihnen eine Frage zum Thema Gewaltprävention stellen? Wie sehen Sie die Möglichkeiten für Erzieherinnen, hier etwas mit einer bewusst friedvollen Sprache zu erreichen?"

„Ich bin so wach geworden für die versteckten Botschaften in der Sprache. Erst durch die Seminare bei Ihnen wurde mir die versteckte Gewalt in unserer Sprache bewusst. Früher habe ich Geschenke gekriegt und auch einmal ein Attentat auf jemanden vorgehabt. Jetzt lasse ich den Krieg hinter mir und bekomme Geschenke. Attentate habe ich auch nicht mehr vor! Jetzt sage ich einfach und friedlich, was ich sagen will. Ich habe meine Sprache in Hinblick auf versteckte Gewalt gründlich durchleuchtet und gewandelt. Das ist mir für mich und für die Kinder wichtig. Ich bin ihnen ja ein Vorbild! Und immer noch entdecke ich dann und wann bei mir einen aggressiven Sprachgebrauch.

Versteckte Gewalt in der Sprache

Ja, um Ihre Frage zu beantworten: Das Lingva Eterna Sprachtraining scheint mir für die Elementarpädagogik ein wertvoller Schlüssel zu sein! Mit der Sprache formen sich das Denken und das Handeln. Mir sind die Zusammenhänge klar!"

„Hat Ihr bewusster Umgang mit der Sprache bei Ihnen etwas an Ihrer Einstellung zu den Mitarbeiterinnen und zu den Kindern geändert?"

Nach kurzem Innehalten gab mir Ingrid folgende Antwort: „Ja, ich sehe jetzt mehr die Stärken als die Schwächen. Bei meinen jährlichen Beurteilungsgesprächen beurteile ich die Mitarbeiterinnen nicht mehr. Ich schätze sie jetzt ein. Mit diesem Blickwinkel kann ich nun mehr die Schätze und das Potenzial sehen als früher. Bei den Kindern ist es genauso."

Einschätzen statt beurteilen

„Wie kann eine interessierte Leiterin das Sprachtrainng in ihre Einrichtung hineintragen? Haben Sie eine Empfehlung für sie?"

„Das Wichtigste an allem ist die eigene Vorbildfunktion", sagt Ingrid. „Dies ist für die Mitarbeiterinnen und für die Kinder gleichermaßen wichtig. Ohne das geht es nicht."

4.4 Die konkrete Anwendung im Alltag

Als Erzieherinnen begleiten Sie Kinder in einer Zeit, in der sie Grundlagen für ihr Leben legen. So haben Sie allen Grund, Selbstbewusstsein zu entwickeln und zu zeigen. Erstens dürfen Sie auf Ihren Beruf stolz sein und darum Ihr Selbstbewusstsein entwickeln. Und zweitens prägen Sie durch Ihr Vorbild die Ihnen anvertrauten Kinder. So ist es Ihre Aufgabe, ein gesundes Selbstbewusstsein zu entwickeln. Die Kinder werden sich an Ihnen orientieren.

Man – wer ist das?
Was bedeutet Selbstbewusstsein? Lassen Sie uns diese Frage aus der Sicht der Sprache beantworten. Das Wort „Selbstbewusstsein" weist uns den Weg. Es besteht aus dem zusammengesetzten Wort „selbstbewusst" und aus dem Wort „sein".

Sich seiner selbst bewusst sein

Selbstbewusst ist, wer sich seiner selbst bewusst ist. Dann kann er oder sie von sich selbst sprechen und „ich" sagen, wenn er oder sie sich selbst meint. Das klingt normal und naheliegend. Doch ist dies für Erzieherinnen alles andere als selbstverständlich. Sie empfinden es oftmals als egoistisch, wenn sie „ich" sagen und sich damit selbst benennen. Es wirkt bisweilen so, als ob sie am liebsten anonym bleiben würden. „Man" ist anonym. „Man" ist niemand.
Dann kommen dabei solche Sätze heraus: „Man hat sich da schon viele Gedanken gemacht." Oder: „Man kann das auch so machen." Oder: „Man hat das so nicht gemeint."

Menschen, die oft von „man" sprechen und sich selbst meinen, kommen in ihrem eigenen Denken nicht vor. Damit strahlen sie ein geringes Selbstbewusstsein aus und eine geringe Fähigkeit, Verantwortung für ihr Handeln zu übernehmen. In der Folge werden ihre Mitmenschen sie kaum oder nicht in angemessener Weise sehen und würdigen.

„Man" benennen

Formulierungen mit „man" sind oftmals recht diffus in der Aussage. Es ist für Erzieherinnen wichtig, dass sie sich bewusst machen, wen sie mit „man" meinen und denjenigen dann auch benennen. Oftmals meinen sie sich damit selbst, andere Male das Team oder eine andere Gruppe. Wer nicht klar weiß, wen er meint, der wirkt unklar und manchmal sogar inkompetent, allein durch den Sprachgebrauch. Es ist wirklich bedeutend, dass Sie als Erzieherinnen hier auf Ihren Sprachgebrauch achten. Dies steigert Ihre eigene Klarheit und damit auch Professionalität.

Das Wandeln von Sätzen mit „man" bedarf einiger Übung. Ich betrachte mit Ihnen nun verschiedene Situationen, in denen Sie möglicherweise bislang

„man" sagen, und zeige Ihnen mögliche Alternativen auf. Als erstes stelle ich eine Situation mit einem Kind vor:

Klare Handlungsanweisung

Ein Kind hat im Zimmer etwas gespielt und ist drauf und dran, ein neues Spiel aus dem Regal zu ziehen. Die Erzieherin spricht das Kind an und sagt mit der ihr gewohnten Man-Formulierung die folgenden beiden Sätze: „Man räumt erst ein Spiel auf. Und dann nimmt man das nächste Spiel aus dem Regal."
Lesen Sie diese Sätze bitte halblaut und lassen Sie sie auf sich wirken. Was sollen diese beiden Sätze Ihrer Meinung nach bedeuten und was sollen sie bewirken? Erlauben Sie sich einen Moment Zeit für Ihre Antwort.
Nun probieren Sie als Alternative bitte die folgenden beiden Sätze ohne „man": „Räume bitte erst dein Spiel auf. Und danach darfst du dir ein neues Spiel auswählen." Sagen Sie auch diese beiden Sätze bitte zweimal und lassen sie sich auf der Zunge zergehen. Wie wirken diese Sätze auf Sie?
Mit diesen beiden neu formulierten, eindeutigen Sätzen hat das Kind eine klare Orientierung und eine klare Handlungsanweisung. Diese kann es dann leicht befolgen. Vermutlich will die Erzieherin genau dies bewirken. Gleichzeitig bekommt das Kind als sprachliches Vorbild eine eindeutige Formulierung. Es wird sie als Schatz mit in sein Leben nehmen.

Es gibt zahlreiche Sätze mit „man": „Nach dem Essen putzt man die Zähne." Auch dies ist eine Aussage und keine Handlungsaufforderung. Eine mögliche Formulierung ohne „man" ist: „Es ist wichtig, sich nach dem Essen die Zähne zu putzen." Sie können stattdessen auch eine Handlungsaufforderung zum Ausdruck bringen und sagen: „Putze dir nach dem Essen immer die Zähne! Dann bleiben sie gesund."

TIPP FÜR DEN ALLTAG

„Man" ersetzen

Wollen Sie die Wirkung spüren? Dann lesen Sie jeweils einen der genannten üblichen Sätze und lassen ihn sich auf der Zunge zergehen. Danach lesen Sie die angebotene Alternative ohne „man". Lassen Sie sich auch diese auf der Zunge zergehen. Ist ein Satz dabei, den Sie mit in Ihren Alltag nehmen werden? Wollen Sie eigene Varianten finden?

Ebenso gibt es zahlreiche Formulierung mit „man" in Elterngesprächen und in Gesprächen mit Kolleginnen: „Man hat sich gut auf das Gespräch vorbereitet", „Man hat sich viel Mühe gegeben", „Man muss eine Lösung finden" und viele mehr. Diese Man-Formulierungen sind schwammig. Darum beeinträchtigen sie die Klarheit Ihrer Aussage und immer Ihre Ausstrahlung. Wer auch immer „man" ist, er bleibt in diesen Sätzen verborgen. Damit geht ein Teil der erworbenen Kompetenz wieder verloren. Benennen Sie den Fleißigen!

Man-Formulierungen beeinträchtigen die Aussage und die Ausstrahlung.

Sie werden sicher noch zahlreiche weitere Formulierungen mit „man" entdecken. Wesentlich ist dabei, dass Sie sensibel werden für die weit verbreiteten Formulierungen mit „man". Machen Sie sich klar, wen sie mit „man" meinen. Bilden Sie danach eine klare und eindeutige Formulierung ohne „man".

Sie werden erkennen, welch wohltuende und ordnende Wirkung das gezielte Wandeln hat. Sie werden allein dadurch beruflich und privat an Klarheit und Ausstrahlung gewinnen.

Inge gewinnt an Klarheit und Selbstbewusstsein

Inge ist eine Kinderpflegerin mit langer Berufserfahrung. Sie ärgerte und wunderte sich immer wieder, dass ihre Kolleginnen ihre Empfehlungen oft nicht aufgriffen. Mit ihren gewohnheitsmäßigen Man-Formulierungen wurde ihr ein möglicher Zusammenhang zwischen der Reaktion der Kolleginnen und ihrem eigenen Sprachgebrauch bewusst. So achtete sie daraufhin aufmerksam auf ihre Sätze mit „man". Als erstes beobachtete sie, wie sie Empfehlungen und Anregungen formulierte. Sie entdeckte staunend, wie oft sie „man" sagte.

Sie fand immer mehr Freude daran, ihre Sätze achtsam zu formulieren. Sie erkannte, was sie wirklich meinte, und sagte dies dann auch. Damit gewann sie merklich an Klarheit und an Selbstbewusstsein.

So sagte sie eines Tages ihren Kolleginnen: „Ich habe die Kraft und Wirkungsweise der Sprache entdeckt. Ich wünsche mir, dass wir in unserer Einrichtung dafür sensibel werden." Früher hätte sie wahrscheinlich gesagt: „Man müsste mehr auf seine Sprache achten." Ihr ist bewusst geworden, was sie wirklich meint, und sie sagt dies nun auch. Sie hat einen Weg gefunden, ihre Meinung und Empfehlung klar zu äußern. Die Kolleginnen nehmen sie jetzt ernst und hören aufmerksam, was sie sagt.

Oh, das war doch ganz einfach!

Viele Menschen haben eine Neigung, sich und ihre Leistung abzuwerten. Sie machen sich selbst klein und wirken daraufhin auch nach außen hin so, als ob sie es wären. Daraufhin wird ihr Umfeld sie entsprechend sehen und behandeln.

Sich selbst abzuwerten führt zu Geringschätzung.

Wer sich selbst abwertet, der lädt damit Menschen seiner Umgebung aktiv ein, sie gering zu schätzen. Dies ist für den Beruf der Erzieherin außerordentlich abträglich. Schließlich ist es bedeutsam und wichtig, dass Erzieherinnen mit ihren Aussagen und Empfehlungen bei ihren Gesprächspartnern ankommen und dass diese sie ernst und für voll nehmen. Nur so kann ein fruchtbarer Austausch entstehen.

Und sie haben zahlreiche Gesprächspartner: Dies sind die Kinder, die Eltern, die Kolleginnen und Mitarbeiterinnen, die Träger und zahlreiche kooperierende Berufsgruppen. Und am allerwichtigsten ist dabei der Umgang mit sich selbst. Menschen können nur dann wertschätzend und wohlwollend mit anderen Menschen umgehen, wenn sie auch mit sich selbst wohlwollend und wertschätzend umgehen.

Dem steht jegliche Abwertung der eigenen Person im Weg. Dafür gibt es zahlreiche Varianten. Im Folgenden finden Sie zahlreiche Möglichkeiten, dies zu tun. Möglicherweise kennen Sie die eine oder andere Art von sich selbst.

Manche Menschen sind ein ganzer Zoo – schimpfen Sie manchmal mit sich?

Die Selbstbeschimpfung ist ebenso übel wie üblich. Sie ist selbst bei Erziehern/-innen weit verbreitet. Vielfach empfinden sie Selbstbeschimpfungen gar nicht als solche. Sie haben sich daran gewöhnt und machen dies vor allem im stillen Selbstgespräch. Auch das hat nachteilige Auswirkungen und zieht das Selbstbewusstsein nach unten.

Selbstbeschimpfungen klingen beispielsweise so: „Ich Depp!", „Ich bin vielleicht blöd!", „Ich bin ein Rindviech!", „Ich bin ein Esel!". Hier kann sich noch der halbe Zoo anschließen, von der Kuh über die Gans bis zum Trampel. Sie können ganz leicht und wirksam Ihr Selbstbewusstsein aufbauen, wenn Sie diesen lieblosen Umgang mit sich selbst erkennen und bewusst hinter sich lassen. Haben Sie dabei bitte Humor und freuen Sie sich, wenn Sie wieder einmal eine abfällige Bemerkung entdecken. Erst dann können Sie sie wandeln. Das Erkennen ist ein wesentlicher Schritt in die richtige Richtung.

Selbstbeschimpfung wandeln

In den entsprechenden Situationen brauchen Sie natürlich ehrliche und authentische Varianten. Ich empfehle Ihnen, für die entsprechenden Situationen eine Reihe von sprachlichen Alternativen zu entdecken. Sie können beispielsweise einfach das benennen, was gerade geschehen ist. Das kann dann beispielsweise so klingen: „Oh, jetzt habe ich die Tasse hinunter geworfen. Ich hebe die Scherben auf und mache den Boden wieder sauber." Das „Oh!" oder auch ein „Ups!" gibt Ihren Gefühlen Ausdruck und mag Sie davor bewahren, die altgewohnte abfällige Bemerkung zu machen. Finden Sie selbst heraus, was Ihnen gut tut.

Hinweis

Machen Sie sich bitte immer wieder neu bewusst, dass Sie damit ein wertschätzendes Vorbild für die Kinder und für die Kolleginnen sind, die solche Bemerkungen bei Ihnen vorher ja auch gehört und vor allem gespürt haben. Auch die Eltern werden dies spüren. Achten Sie sich, auch wenn Sie einen Fehler machen und nicht perfekt sind.

Ich mache Sie noch auf eine weitere Situation aufmerksam. Sie wiederholt sich im Laufe eines Tages mehrfach. Blicken Sie beim Gang zur Toilette in den Spiegel? Schauen Sie sich an? Sind Sie dabei wohlwollend mit sich oder kritisch? Sagen Sie sich manchmal innerlich: „Du schaust vielleicht aus! Der Pickel ist immer noch nicht weg! Und eine neue Falte sehe ich auch."? Diese Art von Selbstgesprächen beginnt oft schon früh morgens mit dem Gang ins Bad. So machen sich Menschen schon am frühen Morgen fertig. Sie sagen es auch: „Ich gehe jetzt ins Bad und mache mich fertig." Sie machen es mit diesen Selbstgesprächen oft im doppelten Sinn des Wortes.

Spieglein, Spieglein an der Wand …

Wer so oder ähnlich mit sich selbst spricht, der macht sich wirklich nieder. Manche Menschen würden niemandem erlauben, so mit ihm zu reden, wie sie es mit sich selbst tun. Gilt das auch für Sie? Bitte gehen Sie gut mit sich um!

Hören Sie auf, sich klein zu machen
Zahlreiche Bemerkungen machen Menschen und das, was zu ihnen gehört, klein. Geringschätzung und abwertende Bemerkungen gibt es fast überall. Erzieherinnen erleben dies oft, wenn Eltern entsprechende Bemerkungen zu den Kindern oder über die Kinder machen. Kinder ducken sich dann oftmals und werden ganz klein oder kleinlaut. Manche Kinder wehren sich gegen solche abwertenden Bemerkungen. Wer weiß, wie lange sie es durchhalten und was hängen bleibt.
Doch meinen Eltern dies oft nicht in aller Konsequenz so, wie sie es sagen. Sie gehen auch selbst mit sich so um. Sonst täten sie es nicht mit anderen Menschen, auch nicht mit ihren eigenen Kindern.

Abwertungen unterlassen

Welche Möglichkeit haben Sie als Erzieherin nun, mit solchen Situationen angemessen umzugehen? Die Grundvoraussatzung ist, dass Sie generell sensibel werden für abwertende Bemerkungen und sie selbst unterlassen. Dies beginnt bei den Bemerkungen, mit denen Sie sich selbst klein machen und abwerten. Ich nenne Ihnen im Folgenden einige gängige Beispiele.

Ich stelle mir vor, Sie bekommen ein Kompliment für Ihren hübschen Pullover. Können Sie das Kompliment annehmen? Oder sagen Sie: „Och, der war ganz billig!“, oder: „Du, den hab ich schon ganz lang. Der hat da hinten schon ein kleines Loch. Schau!“
Vielleicht sagt Ihnen jemand: „Ich finde, du schaust richtig gut aus! Du bist eine schöne Frau!“ Was machen Sie dann? Werden Sie sich freuen und die Wertschätzung annehmen? Oder sagen Sie: „Findest Du wirklich? Ich finde mich zu ...“ Dahinter kann vieles kommen: zu dick, zu dünn, zu groß, zu klein und vieles mehr.

Sprachhandlungen

Ich lade Sie ein, auszuprobieren, das Gute anzunehmen. Wer Gutes annehmen kann, der wird damit die Tür aufmachen für viel Gutes in seinem Leben. Wir nehmen nicht nur mit Handlungen Gutes an. Wir nehmen es auch durch unsere Antworten an oder eben nicht. Auch Antworten sind Handlungen. Sie sind Sprachhandlungen. Den Handlungen gehen immer Gedanken und Worte voraus. Umgekehrt folgen Gedanken und Worten auch immer Handlungen. Sie haben die Wahl, in welcher Richtung Sie Ihre Aufmerksamkeit und Ihr Leben lenken. Gönnen Sie sich wertschätzende und wohlwollende Bemerkungen, auch und gerade für sich selbst. Dann werden Sie sie in der Folge auch anderen Menschen geben können. Und Sie werden Sie von anderen bekommen. Entdecken Sie es selbst.

Machen Sie sich bitte immer wieder neu bewusst, welch weitreichende und wohltuende Wirkung Ihre geänderte Einstellung hat. Sie wirkt auf Sie selbst, auf das Bild Ihres Berufsstandes und auf die Ihnen anvertrauten Kinder. Sie haben als Vorbild einen maßgeblichen Einfluss auf sie. Es ist ebenso bedeutsam wie klug, diese Chance zu ergreifen und zu nutzen.

Lisa ist eine selbstbewusste und fröhliche Frau geworden
Ich lerne Lisa als eine etwas schüchterne Frau um die Mitte dreißig kennen. Sie war als Erzieherin in einer Kindertagesstätte tätig. Sie zeigte wenig Selbstbewusstsein. Ihre Gaben konnte sie nur wenig wertschätzen. Zumindest sah dies nach außen hin so aus. Sie machte daraus nichts. So war es auch mit ihrer Fähigkeit zu zeichnen. Es

war ihr fast peinlich, wenn jemand sie beim Zeichnen sah und eine anerkennende Bemerkung machte wie beispielsweise: „Du kannst wundervoll zeichnen. Ich wusste das nicht!“
Damals sagte sie dann: „Naja, findest du? So toll ist das wirklich nicht. Schau, der Baum stimmt überhaupt nicht.“ Sie wertete damit ihre Zeichnung ebenso ab wie das Lob ihres Gesprächspartners. Heute hält sie in solchen Augenblicken einen Moment inne. So bewahrt sie sich davor, in das alte Muster hineinzurutschen. Dann schaut sie denjenigen an, der ihr dieses Kompliment macht und sagt: „Ich danke dir! Ich habe Freude am Zeichnen!“ Dabei lächelt sie und schenkt ihrem Gesprächspartner einen Augen-Blick und ihr Lächeln. Dies hat vielfältige, schöne Auswirkungen zur Folge. Lisa hat gelernt, Komplimente anzunehmen und damit ihre eigenen Gaben und auch das Lob des Sprechers zu würdigen. Heute ist die einst so schüchterne Frau eine selbstbewusste und fröhliche Erzieherin.

Gönnen Sie sich vollständige Sätze
Selbstbewusste Menschen haben eine kraftvolle Ausstrahlung. Es ist ihnen natürlich, dass sie einen angemessenen Raum in Anspruch nehmen dürfen. Dies zeigt sich auch in ihrer Sprache. Ein wesentlicher Aspekt sind die vollständigen Sätze.
Dies klingt selbstverständlich. Doch ist es das keineswegs. Viele Menschen bilden Stummelsätze. Ihren Sätzen fehlt etwas. Inhaltlich sind die Sätze meistens hinreichend klar. Der Angesprochene denkt dann den Satz zu Ende, so wie er meint, dass der Sprecher ihn zu Ende gesagt hätte, wenn er dies denn getan hätte. Oftmals trifft er richtig, oftmals auch nicht. Hier wird spürbar, wie kompliziert und mühsam eine solche Kommunikation werden kann. In Stummelsätzen liegt eine der zahlreichen Quellen für Missverständnisse.

Stummelsätze

Was heißt beispielsweise der Satz: „Geh grad einkaufen“? Ist das eine Aufforderung oder eine Aussage? Bei diesem konkreten Beispiel hat die Erzieherin gemeint, dass sie gerade selbst einkaufen geht. Dann hätte ihr Satz heißen müssen: „Ich gehe grad einkaufen.“ Sie hatte das „Ich“ weggelassen. Nun wundert sie sich, dass die Kollegin plötzlich verschwunden ist. Diese kommt nach einiger Zeit wieder und erntet eine recht kritische Bemerkungen der Kollegin, warum sie jetzt gerade weg war, wo sie sie doch gebraucht hätte. Die beiden Kolleginnen können das Missverständnis klären, doch den Ärger vorher hätte es nicht gebraucht.

Viele Erzieherinnen gebrauchen vielerlei Stummelsätze. Ich lenke an dieser Stelle die Aufmerksamkeit nur auf das unterdrückte „Ich“‘ bei zahlreichen Sätzen. Es spielt im Hinblick auf das Selbstbewusstsein eine große Rolle. Ich gebe Ihnen einige Beispiele. Das unterdrückte „Ich“ kennzeichne ich in den folgenden Sätzen durch einen Strich:

- „ – geh grad mal schnell telefonieren.“
- „ – bereite schon mal den Stuhlkreis vor.“
- „ – muss grad mal auf die Toilette.“
- „ – hänge noch die Wäsche auf.“
- „ – rufe bei der Frühförderung an.“

Probieren Sie die gleichen Sätze bitte noch einmal und fügen Sie jeweils das „Ich“ ein. Das klingt dann so:

- „Ich gehe grad mal schnell telefonieren.“
- „Ich bereite schon mal den Stuhlkreis vor.“
- „Ich muss grad mal auf die Toilette.“
- „Ich hänge noch die Wäsche auf.“
- „Ich rufe bei der Frühförderung an.“

Wollen Sie probieren, auch das „grad mal schnell“ oder das „müssen“ aus dem Satz herauszunehmen? Dann klingen die Sätze so:

- „Ich gehe kurz telefonieren.“
- „Ich bereite schon den Stuhlkreis vor.“
- „Ich gehe auf die Toilette.“
- „Ich hänge die Wäsche auf.“
- „Ich rufe bei der Frühförderung an.“

Prüfen Sie bitte, wie diese vollständigen Sätze sich auf Ihr Wohlbefinden und auf Ihr Selbstbewusstsein auswirken.

Was Sie zu sagen haben, ist wichtig!

Sie werden sicher noch zahlreiche weitere Beispiele für Stummelsätze finden. Es lohnt sich, daraus vollständige Sätze zu bilden. Sie wirken sich sichtbar und spürbar auf das Selbstbewusstsein und auf die Ausstrahlung aus.

Gönnen Sie sich vollständige Sätze. Das, was Sie zu sagen haben, ist wichtig. Geben Sie Ihrem Gesprächspartner die Chance, dies zu erkennen!
Ich lade Sie am Ende eines jeden Kapitels ein, ausgewählte Lingva Eterna Tipps zu erproben. Diese Übungen steigern und sichern Ihren Erfolg. Ich wünsche Ihnen Freude beim Ausprobieren und Entdecken! Weitere Anregungen finden Sie in Kapitel 6 Zum Vertiefen ab Seite 250.

TIPPS FÜR DEN ALLTAG

- **Schaffen Sie sich ein Wortschatz-Buch an.**

Wählen Sie für jede Woche ein Wort, dem Sie erhöhte Aufmerksamkeit schenken wollen. Beginnen Sie mit dem ersten Eintrag in Ihr Wortschatz-Buch: Schreiben Sie das erste Wort mit dem Datum des jeweiligen Tages in Ihr neues Wortschatz-Buch. Vielleicht wollen Sie mit dem Wort „man“ beginnen.
Schreiben Sie in der folgenden Woche Ihre sprachlichen Beobachtungen in dieses Buch. Welche Wirkung hat es auf Ihr Leben, wenn Sie die alten Formulierungen mit „man“ Schritt für Schritt wandeln? Welche Beobachtungen machen Sie? Und wie geht es Ihnen dabei?
Wollen Sie das gleiche Wort auch nach dieser Woche in seiner Wirkungsweise weiter entdecken? Bleiben Sie solange daran, wie es Ihnen Freude macht. Danach wählen Sie ein neues Wort.

- **Finden Sie jemanden, der Sie auf Ihren Sprachgebrauch aufmerksam macht.**
Bitten Sie ihn oder sie um seine oder ihre Mithilfe. Allein werden Sie Ihre gewohnte Ausdrucksweise kaum merken. Kinder sind aufmerksame und geduldige Lehrer. Sie werden Freude haben, Sie auf Ihre Sätze mit „man" hinzuweisen. Das ist gleichzeitig eine großartige Übung für die Kinder.

- **Hängen Sie sich eine Wort-Karte auf.**
Schreiben Sie Ihr Wort auf und bringen es an einer für Sie gut sichtbaren Stelle an. So werden Sie sich leicht daran erinnern und es immer wieder im Blick haben. Lassen Sie es solange hängen, bis Sie anfangen, es beim täglichen Sprechen und Hören von allein zu bemerken. Dann ist es Zeit für die nächste Karte.
Sie können die Karten an einem Magnetseil aufhängen oder auch mit einer Klammer an einem Wollfaden oder einer Plastikschnur befestigen. So lädt sie jeden ein, sie anzufassen und sie von beiden Seiten zu lesen. Das Spielerische macht das Lernen leicht.

- **Denken Sie laut und hören Sie sich sprechen.**
Dies ist eine einfache und wirksame Übung. Führen Sie sie jeden Tag zwei- oder dreimal für jeweils fünf Minuten aus.
Denken Sie laut und wiederholen Sie bitte jeden Satz mehrfach, bis Sie jedes Wort kennen. Hören Sie sich sprechen und nehmen Sie dabei jedes einzelne Wort wahr. So werden Sie auch merken, ob Sie „man" sagen und ob Ihre Sätze vollständig sind oder nicht.
Fühlen Sie die Wirkung jedes einzelnen Satzes. Vielleicht fühlen Sie sich mit Ihrem Satz wohl. Dann nehmen Sie dies freudig wahr. Vielleicht stört Sie auch etwas. Dann können Sie Ihre Wortwahl oder den Satzbau ändern. Entwickeln Sie Wort für Wort eine Sprache, die Ihnen gut tut.

Mit der Kraft der Sprache ein Klima der Wertschätzung und Achtung schaffen

Ein Klima der Wertschätzung ist von grundlegender Bedeutung für das Wohlbefinden aller Beteiligten. Sowohl Erwachsene als auch Kinder fühlen sich darin gut aufgehoben und können gedeihen. Hier ist Raum, Talente zu entfalten und Persönlichkeiten zum Blühen zu bringen. Hier finden Erwachsene und Kinder gleichermaßen gute Voraussetzungen, gesund zu sein und zu bleiben. Der bewusste Umgang mit der Kraft der Sprache hilft dabei, das entsprechende Klima zu schaffen. Bestimmte Aspekte der Sprache sind hier von herausragender Bedeutung.

Bewusster Umgang

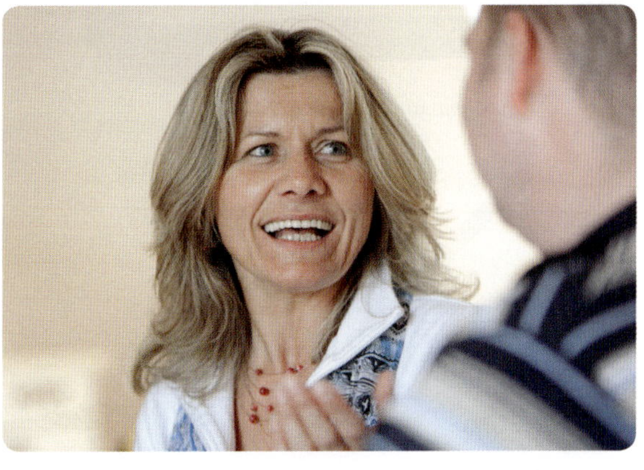

Die drei A: Ansprechen, Anschauen, Atmen
Die drei A sind ein wesentlicher Baustein für eine wertschätzende Sprache. Sie haben ihren Platz bei der Kontaktaufnahme. Sie sind gleichsam ein mentales Anklopfen beim Gesprächspartner. Der Sprecher gibt ihm damit Zeit, sich auf ihn einzustellen. So kann der Angesprochene einen Handgriff oder

einen Gedankengang noch zu Ende bringen und wendet sich danach dem Sprecher zu.
Auf diese Weise darf der Sprecher davon ausgehen, dass der Angesprochene ihm seine volle Aufmerksamkeit schenken wird. So würdigen die drei A den Angesprochenen und den Sprecher.

Kleine Kinder kennen die drei A.

Wir können hier viel lernen von kleinen Kindern. Sie nehmen immer als erstes einen klaren Kontakt auf. Erst wenn sie sich des Kontakts völlig sicher sind, sprechen sie weiter. Das klingt bei ihnen so: „Mama!“ Wenn die Mutter nicht antwortet, dann sagen sie noch einmal „Mama!“, vielleicht etwas lauter als vorher. Die Mutter wird dann den Kontakt bestätigen. Erst dann wird das Kind sprechen.
Kleine Kinder beherzigen immer die drei A. Dies erklärt auch, warum sie so außerordentlich erfolgreich sind und so viel erreichen. Sie wissen, was sie wollen, und verlieren keine Worte.

Kontaktaufnahme

Dies klingt ganz einfach und einleuchtend. Und doch halten die wenigsten Erwachsenen die drei A ein. Vielmehr sagen sie den Namen nicht und reden einfach los: „Kannst du gerade das Licht anmachen?“ Sie sprechen niemanden an und wundern sich, dass niemand ihrer Aufforderung nachkommt. Ohne die klare Ansprache geht der Aufruf oft verloren. Der Angesprochene ist vertieft in seine Aufgabe und bekommt daher das Anliegen des Sprechers nicht mit. Der Sprecher ärgert sich, doch meist liegt der Fehler bei ihm. Er hat den Kontakt nicht aufgenommen.
Manche Erwachsene sprechen ihren Gesprächspartner mit seinem Namen an. Dabei machen sie jedoch meist einen neuen Fehler: Sie machen nach dem Namen keine Pause. Stattdessen reden sie gleich weiter. So hat der Angesprochene keine Chance, seinen Namen deutlich zu hören und danach zu antworten. Erlauben Sie sich einen Wandel in Ihren Gewohnheiten.

Die drei A bestehen aus dem Ansprechen, dem Anschauen und einer anschließenden kurzen Atempause. Die Atempause wird in einer minimalen Pause nach dem Namen hörbar und spürbar.

Quelle: Die Kraft der Sprache, 80 Karten für den täglichen Sprachgebrauch

Gönnen Sie sich bei der Kontaktaufnahme die drei A und damit eine hohe Wirksamkeit Ihrer Aufforderungen und Aussagen. Dies gilt für den Kontakt mit Kindern, Eltern und im Team gleichermaßen, und auch mit anderen kooperierenden Berufsgruppen.

Stellen Sie sich beispielsweise die Eltern eines Kindes vor. Sie wollen sie für ein Elterngespräch einladen. Wie sagen Sie es ihnen? Sicher sprechen Sie sie mit ihrem Namen an. Machen Sie danach die kurze Pause? Oder reden Sie nach dem Namen gleich weiter?

Probieren Sie die drei A aus!

Probieren Sie bitte die drei A bewusst aus:

- „Frau Meier! – Es ist einmal wieder Zeit für ein Elterngespräch. Ich lade Sie dafür ein."
- „Julian! – Bitte wasch dir die Hände!"
- „Herr Pfarrer! – Bitte nennen Sie uns mögliche Termine!"

Sie werden sich wundern, wie leicht vieles auf einmal gehen wird. Es liegt an Ihnen.
Ihre Gesprächspartner werden sich auf diese Weise gesehen und wertgeschätzt fühlen. Und sie werden Sie als kompetent und professionell wahrnehmen und entsprechend wertschätzen können. Auf dieser Basis können Sie sich mit ihnen immer auf Augenhöhe austauschen. Das tut allen Beteiligten gut, und am allermeisten Ihnen selbst.

Die drei A halfen dem ADHS Kind

Der vierjährige Markus war eine Herausforderung für seine Erzieherinnen und für seine Eltern. Es war schwer, seine Aufmerksamkeit zu gewinnen und zu halten. Die Erzieherinnen beklagten, dass Markus schwierig sei und ihnen einfach nicht folge. Er brachte sie immer wieder an ihre Grenzen. Den Eltern erging es ähnlich.
Eine der Erzieherinnen, Gabriele, lernte die drei A kennen und schätzen. Sie halfen ihr vor allem bei Markus. Sie wirkten wie ein Zauberwort auf ihn. Gabriele setzt sie seitdem immer ein, wenn sie Markus anspricht: „Markus!" So klopft sie gleichsam bei ihm an und gewinnt seine Aufmerksamkeit. Er schaut sie dann an oder gibt ihr anderweitig ein Signal, dass er sie gehört hat. Erst danach spricht sie weiter.
Auf diese Weise schenkt sie ihm in diesem Augen-Blick ihre volle Aufmerksamkeit und schaut ihm in die Augen. Gleichzeitig kann sie sicher sein, dass er ihr seine Aufmerksamkeit schenkt.

Ich bin sicher, dass Kinder grundsätzlich gern mitmachen wollen und dabei auch gut sein wollen, wenn sie es denn können. Es ist bedeutend, das sie von den Erwachsenen klare und eindeutige Signale bekommen. Und allem voran ist es bedeutsam, dass sie sich auch wirklich gemeint fühlen.
Die drei A halfen Markus und den Erzieherinnen und auch seine Eltern. Sie brachten allen Beteiligten eine spürbare und prompte Erleichterung. Markus konnte in der Folge deutlich leichter folgen und mitmachen. Die Aufforderungen der Erwachsenen erreichten ihn endlich. So bekam er mehr Lob und Anerkennung als vorher. Damit setzte eine erfreuliche Entwicklung ein.

Den Namen wertschätzend aussprechen

Zu den drei A gehört auch das Ansprechen mit dem Namen. Es ist bedeutsam, den Namen immer wertschätzend und liebevoll auszusprechen. An der Art und Weise, wie jemand einen Namen ausspricht, wird dessen Einstellung zu diesem Menschen hörbar und spürbar. Der Angesprochene wird dies gleich spüren, selbst wenn Ihnen selbst dies nicht bewusst ist.

Mögen Sie Ihren Gesprächspartner.

Prüfen Sie bitte Ihre Einstellung, bevor Sie jemanden ansprechen, egal ob dies ein Kind ist, ein Kollege, Eltern oder jemand anderes, mit dem Sie zu tun haben. Mögen Sie ihn bitte, und wenn Sie ihn (noch) nicht mögen, dann entscheiden Sie sich bitte dafür, ihn oder sie mögen zu wollen. Ihre innere Einstellung wird immer hörbar oder spürbar sein und sich letztlich wieder auf Sie selbst auswirken. Sprechen Sie den Namen bitte immer wohlwollend und wertschätzend aus. Bereits hier können Sie eine entscheidende Weiche stellen.

TIPP FÜR DEN ALLTAG

Jeder Name ist bunt und weich

Kommt es vor, dass Ihnen dies bei dem einen oder anderen dennoch nur schwer oder auch gar nicht gelingt? Dann gebe ich Ihnen dafür eine wirksame Anregung: Legen Sie in Gedanken oder auch tatsächlich diesen Namen mit einem bunten Wollfaden vor sich auf den Boden oder auf den Tisch. Betrachten Sie ihn und sprechen den Namen nochmals aus. Sagen Sie den Namen bunt und weich. Damit geht die mögliche Schärfe heraus, und der Name wird weich und wohlwollend. Dies wird einen Einfluss auf Ihre Ausstrahlung haben. Daraufhin wird der Kontakt mit dem jeweiligen großen oder kleinen Menschen eine neue Qualität bekommen. Es lohnt sich. Haben Sie Lust, dies auszuprobieren?

Gabriele entdeckt den kleinen Markus neu

Gehen wir noch einmal zu dem aufmerksamkeitsschwachen Markus. Er hörte seinen Namen oft in einem tadelnden Ton. Eltern und Erzieherinnen hatten ihn oft getadelt und dabei seinen Namen in einem tadelnden und manchmal auch genervten Ton ausgesprochen. Das klang dann lang gezogen in etwa so: „Maaaaarkussss!!!" oder auch scharf „Markusssss!"

Manche Erzieherinnen und auch Eltern belassen ihren Tadel bei einem scharf oder genervt gesprochenen Namen. Damit geben sie dem Kind noch keinerlei Richtungsweisung. Stattdessen kommt nur ein diffuses, allgemeines Missfallen an. Es ist bedeutsam, dass der Name immer wertschätzend klingt. Dann kann auch das Kind sich wertgeschätzt und angenommen fühlen.

Als ich Gabriele kennen lernte, war der Name Markus für sie schon fast ein Reizwort geworden. Dieser kleine Junge brachte sie immer wieder an ihre Grenzen. Ich bat sie in meinem Seminar, sich Markus vorzustellen und dann seinen Namen zu sagen. Sie tat es. An der Art und Weise, wie sie seinen Namen aussprach, war die emotionale Belastung zu hören. Es war mir klar, dass diese belastete Botschaft immer bei Markus ankam, wenn sie ihn ansprach. Sie hatte sie mit seinem Namen gespeichert. Das war für beide schwer. Ich wünschte Gabriele, dass sie einen neuen Weg zu Markus und seinem Verhalten fand.

So bot ich Gabriele an, Markus Namen und damit auch Markus neu zu entdecken. Sie willigte ein. Ich gab ihr einen langen Faden aus flauschiger Wolle. Dann bat

ich sie, mit diesem Faden den Namen Markus in großen Buchstaben vor sich auf den Boden zu schreiben. Sie legte den Faden achtsam Buchstabe für Buchstabe und betrachtete danach das ganze Wort: Markus. Sie schaute die gelegten Buchstaben eine ganze Weile an und sagte dann mit weicher, warmer Stimme: „Markus."
Sie nahm die Erfahrung mit in die Kita. Sie erinnerte sich immer wieder daran, gerade Markus' Namen wohlwollend auszusprechen. Es half ihr und auch ihm. Sie stellte sich mit gutem Erfolg die bunten, weichen Wollbuchstaben auch in anderen heiklen Gesprächssituationen vor. Diese Übung bewirkt einen warmen Stimmklang. Dieser ist gerade beim Aussprechen des Namens von großer Bedeutung.
Auf diese Weise gelang es Gabriele immer wieder, sich ganz auf Markus einzulassen und ihm die Klarheit und Wertschätzung zu geben, die er – und auch sie – brauchte. Auf dieser Basis konnte er bei ihr im Allgemeinen bereitwillig mitmachen. Er war darauf angewiesen, sich angenommen zu fühlen. Es war so, als ob diese wohlwollende Haltung ein Anschalter für sein Gehirn war. Gabriele hat diese wohlwollende Haltung für Markus gefunden, indem sie lernte, seinen Namen weich und wohlwollend auszusprechen.

Eine friedvolle Sprache tut allen gut

Wach werden für aggressive Formulierungen

Es ist bedeutsam, eine friedliche Sprache zu sprechen und sie bewusst zu pflegen. Dies ist ein aktiver und grundlegender Beitrag zur Friedenserziehung. Die allgemein gebräuchliche Sprache ist vielfach grob und aggressiv. Dabei machen sich die Erwachsenen selten bewusst, was sie genau sagen. Sie meinen manchmal gar, dass ihre Redewendungen humorvoll oder lustig sind. So sagen manche: „Ich habe ein Attentat auf dich vor!", wenn sie ihn um etwas bitten wollen. Der Angesprochene antwortet dann oftmals: „Schieß los! Was hast du auf dem Herzen?"
Ganz anders klingt es, wenn derjenige sagt: „Ich habe eine Bitte an dich!" Der Angesprochene wird daraufhin anders antworten als bei der ersten, so aggressiven Formulierung. Er wird eher sagen: „Was wünschst du dir von mir?" So beeinflussen wir einander in der Art und Weise, wie wir sprechen und antworten. So nehmen wir im Sprechen einen direkten Einfluss auf die innere Einstellung unseres Gesprächspartners. Natürlich gilt das in hohem Maße auch für unsere Kinder. Sie lernen die Sprache von den Erwachsenen, und mit deren Ausdrucksweise übernehmen sie deren Denkstrukturen und Lebenseinstellungen.

Die gängige Sprache ist reich an groben Ausdrücken: Manche Erwachsene würgen am Telefon einen Gesprächspartner ab, zumindest sagen sie das so. Oder sie erzählen voller Begeisterung von der Mordsgaudi, die sie bei Bombenwetter mit ihren Freunden und Kindern am Baggersee hatten. Wieder andere finden ein Bild brutal schön. Das ist eine merkwürdige und erschreckende Sprache. Sie macht auf Dauer etwas mit den Menschen, die diese Sprache erlernen und dann sprechen: Sie lässt sie gegen Grobes abstumpfen und senkt die bedenkliche Hemmschwelle. Es ist bekannt, dass grausamen Taten eine grausame Sprache vorangeht.

Grausamen Taten geht eine grausame Sprache voran.

So ist es bedeutsam, dass Erzieherinnen ganz bewusst eine friedliche, wertschätzende Sprache sprechen und diese wirklich achtsam hegen und pflegen, allem voran bei sich selbst, denn sie sind und bleiben das Vorbild für jüngere Kolleginnen und für die ihnen anvertrauten Kinder. Auf dieser Basis werden sie auch bei Elterngesprächen Eltern die Bedeutung einer friedlichen Sprache nahe bringen können.

Sie werden grobe Elemente auch in scheinbar neutralen Formulierungen finden. Der so gut gemeinte Ratschlag ist immer auch ein Schlag. Und auch ein noch so guter Vorschlag kommt oft aus dem gleichen Grund nicht an: Er ist eben auch ein Schlag. Niemand nimmt gern Schläge an. Entdecken Sie selbst die Wirkung: Was hören Sie lieber? Ich biete Ihnen zwei Varianten an: „Ich habe einen Vorschlag für dich!" oder „Ich habe eine Anregung für dich!" Probieren Sie es bei der nächsten Gelegenheit aus, wenn Sie im Team oder in einem Elterngespräch wieder eine Anregung oder Empfehlung einbringen wollen.
Der Angesprochene wird Ihre Anregung wesentlich leichter anhören als bei der Formulierung mit dem „Schlag". Das ist erfreulich und sicher in Ihrem Sinne. Doch geht es bei der bewusst friedlichen Sprache nicht in erster Linie darum. Vielmehr geht es darum, dass Sie gezielt und bewusst eine friedliche Sprache entwickeln und pflegen und damit sich selbst etwas Gutes tun. Möglicherweise werden Sie in der darauffolgenden Zeit erleben, dass Sie auf einmal mit Menschen gut auskommen, mit denen Sie vorher Streit hatten. Ihre gewandelte, friedliche Sprache hat eine direkte Wirkung auf Ihre Ausstrahlung und auf Ihr Leben.

Schlagen Es gibt zahlreiche Wörter und Redewendungen mit „schlagen": Manche Menschen sind stolz, dass sie schlagfertig sind, bei anderen geht alles Schlag auf Schlag oder schlagartig. Wieder andere sagen, dass jemand einen Schlag hat. Ähnlich ist es mit dem „Hauen": Termine hauen hin oder auch nicht, und manche Menschen hauen sich abends ins Bett.

Kriegen Ähnlich ist es mit dem Wort „kriegen". Es ist ein gängiges Wort: Erwachsene und Kinder kriegen Geschenke, neue Kleidung, ein neues Zimmer und vieles mehr. Frauen kriegen Kinder, und Kinder kriegen Geschwister. Das Wort „kriegen" ist verwandt mit „Krieg" und weckt unbewusst Assoziationen von Angst und Gewalt.

Bekommen Ganz anders klingt „bekommen" oder „erhalten". Dann bekommen Kinder Geschenke oder neue Kleidung. Sie brauchen dafür nicht zu kämpfen. Sie spüren dann, dass sie gut aufgehoben und in Sicherheit sind. Es gibt keinen Kampf und Krieg um sie herum, auch nicht in der Sprache.

Hinweis

Hebammen berichten, dass Frauen leichter gebären, wenn sie die Kinder bekommen, als wenn sie sie kriegen. So haben schon etliche Hebammen mit gutem Erfolg damit begonnen, Frauen während der Geburtsvorbereitung auf das „Bekommen" hinzuweisen. Die Geburten werden leichter. Erzieherinnen haben die Möglichkeit, dieses Wissen an die schwangeren Mütter ihrer Kitakinder weiterzugeben.

Erzieherinnen können bei sich selbst und im Umgang mit den Kindern konsequent auf eine friedliche Sprache achten. Damit nehmen Sie einen starken und wohltuenden Einfluss auf die inneren Bilder der Kinder. Dies wird deren zukünftige Handlungsweise wohltuend beeinflussen und trägt dauerhaft zu einem friedlichen Umgang bei. So haben Sie allein durch Ihr sprachliches Vorbild eine bedeutsame Schlüsselstellung in unserer Gesellschaft. Es liegt an jeder einzelnen von Ihnen, Ihre individuellen Möglichkeiten in Ihrer Einrichtung zu nutzen. Dies wird immer Früchte tragen.

Das Wort „achtsam“ hat eine wohltuende Wirkung

Das Wort „achtsam“ setzt sich zusammen aus dem Verb „achten“ und der Nachsilbe „sam“. Das Wort „achten“ kennen wir auch mit etlichen Vorsilben: „beachten“, „beobachten“ und auch „verachten“. Es ist bedeutsam, sich bewusst zu machen, dass hier wirklich immer das Wort „achten“ das Grundwort ist. Es geht bei allen diesen Wörtern um das Achten. Die Vorsilbe „be-“ zeigt eine Hinwendung wie auch bei „behandeln“ und „begleiten“. Die Vorsilbe „ver-“ in „verachten“ gibt an, dass die Achtung nicht mehr oder noch nicht da ist.

Halten Sie beim Lesen bitte einen Moment inne und stellen Sie sich selbst eine Frage: War Ihnen bislang bewusst, dass es beim „Beobachten“ und „Beachten“ ursächlich um das Achten geht?

Durch den bewussten Gebrauch von Wörtern Einfluss auf die innere Hatung nehmen

Es ist möglich, durch den bewussten Gebrauch von Wörtern einen entsprechenden Einfluss auf die innere Haltung zu nehmen. Dem Wort „achten“ kommt eine große Bedeutung zu. Wesentlich ist dabei das bewusste Wahrnehmen der wirklichen Bedeutung. Dann steigt die Wirkung des Wortes und der damit einhergehenden inneren Haltung.

Es erscheint mir als bedeutsam, dass Kinder von klein auf lernen, sich und andere zu achten. Dies ist die Basis für ein wertschätzendes, wohlwollendes Leben und Zusammenleben. Das Wort „achten“ hilft dabei.

Formulierung

Wir kennen das „Achten“ in der Formulierung „auf jemanden oder etwas achten“ und auch in der einfachen, direkten Grundform „jemanden oder etwas achten“. Des Weiteren gibt es das Wort „achten“ mit den Nachsilben „-ung“, „-bar“ und „-sam“: Achtung, achtbar und achtsam. Auch hier lohnt es sich, den eigenen Wortschatz und den der Kinder bewusst zu erweitern.

Das Wort „achtsam“ erweist sich als ein hilfreiches Wort in vielerlei Situationen. Sie können damit Kindern und Erwachsenen eine wertvolle Wegweisung geben und dabei gleichzeitig den jeweils Angesprochenen aufbauen. Sie können es vielfach da gebrauchen, wo die Ermahnungen „Sei vorsichtig!“ oder „Pass auf!“ gängig sind.

Es ist ein großer Unterschied, ob Sie einem Kind sagen: „Pass auf mit der Schere!“, oder ob Sie sagen: „Sei achtsam mit der Schere!“ Ähnlich ist es mit dem Satz „Sei vorsichtig mit der Schere!“ Bei dem „Aufpassen“ und auch dem „Vorsichtig“ erzeugen Sie beim Kind eine Anspannung und weisen auf eine nicht genau benannte Gefahr hin. So erzeugen Sie leicht eine ängstliche Haltung.

Bei dem Satz „Sei achtsam mit der Schere!“ geben Sie eine klare Wegweisung. Das Kind erfährt, dass es mit der Schere achtsam umgehen soll. Gleichzeitig geben Sie ihm das Signal, dass Sie ihm diesen achtsamen Umgang zutrauen. Sonst würden Sie sicher eingreifen.

Bitte beachten Sie, dass die Nachsilbe „-sam“ ein stimmhaftes „s“ hat und ein langes „a“. Es klingt dann so: „Achtsaaam.“ Mit der korrekten Aussprache haben Sie eine entschleunigende und beruhigende Wirkung auf sich selbst und auch auf den jeweils Angesprochenen. Bereits das mindert eine mögliche Gefährdung.
Und die Hauptsache bei alledem ist und bleibt, dass Sie mit dem Wort „achtsam“ dem Achten und damit dem Wertschätzen Raum geben. Dann kann es sich entwickeln. So gehören die Wörter „achten“ und „achtsam“ zu den zentralen, kostbaren Wörtern einer Erziehung zum achtsamen, wertschätzenden Umgang miteinander und damit zu Gesundheit und Frieden.
Nun folgt wieder eine Übungseinheit zum bewussten Umgang mit Sprache.

TIPPS FÜR DEN ALLTAG

■ Integrieren Sie die drei A in Ihren Alltag:

– Mit dem Namen ansprechen,
– anschauen und den Blickkontakt aufnehmen
– und eine kurze Atempause

Statt „Julian! Wasch dir bitte die Hände!“ zu sagen, machen Sie nach dem Ansprechen des Namens bitte eine kurze Pause: „Julian! – Wasch dir bitte die Hände!“
Beobachten Sie, welche Wirkung die drei A auf Sie selbst und auf Ihr Umfeld haben.

■ Sprechen Sie Namen wohlwollend aus

Haben Sie einen großen oder kleinen Menschen in Ihrer Umgebung, der für Sie eine Herausforderung ist?
Ich lade Sie zu einem Experiment ein. Sagen Sie seinen Namen zweimal und lassen Sie den Namen in sich nachklingen. Welche Wirkung hat er auf Sie?
Nun legen Sie seinen Namen in Ihrer Vorstellung oder auch tatsächlich aus Wolle. Sagen Sie den Namen dann noch erneut zweimal. Nehmen Sie dabei die Farbe und die Qualität der Wolle deutlich wahr. Dies wird einen Einfluss auf den Klang und auch auf Ihr Befinden haben. Wie klingt der Name jetzt? Was macht dies mit Ihrer inneren Einstellung?
Üben Sie es, diesen Namen immer wieder wohlwollend zu sagen. Beobachten Sie, welche Wirkung Ihr wachsendes Wohlwollen auf Sie selbst und auf den Umgang mit diesem Menschen hat.

■ Schenken Sie dem Wort „achtsam“ Raum

Betrachten Sie Ihren persönlichen Sprachgebrauch. Kommt das Wort „achtsam“ darin vor? Machen Sie eine Strichliste. Hören Sie es in Ihrem Umfeld?
Schreiben Sie zehn Sätze auf, in denen Sie das Wort „achtsam“ gebrauchen können. Prüfen Sie dann, ob Sie sich mit diesen Sätzen wohlfühlen. Integrieren Sie einen oder zwei dieser Sätze in Ihren privaten und beruflichen Alltag. Gebrauchen Sie sie täglich. Achten Sie bitte darauf, dass Sie das Wort „achtsam“ nicht nur denken, sondern auch spüren. Das lange „a“ und das stimmhafte „s“ helfen Ihnen dabei.
Mit dem Wort „achtsam“ laden Sie Situationen ein, in denen Sie Achtung und Wertschätzung erleben. Beobachten Sie bitte, was in Ihrem Leben geschieht.

Entlastung schaffen durch eine gewandelte Sprache

Die zeitlichen und fachlichen Anforderungen an Erzieherinnen steigen beständig. Dies bekommen Erzieherinnen deutlich zu spüren. So geschieht es leicht, dass sie sich in Eile fühlen und das Gefühl haben, mit ihrer Arbeit und all den verschiedenen Aufgaben nicht zu Ende kommen.

Druck und Hektik

Es ist bekannt, dass Dauerdruck und Hektik abträglich sind für eine gesunde Entwicklung der Kinder. So gilt es zu schauen, wo und in welcher Weise Erzieherinnen sich selbst Entlastung schaffen können. Dies tut ihnen selbst und damit auch den Kindern gut.

Druck und Hektik finden ihre Entsprechung in der Sprache. Sie finden sich wieder im Wortschatz, im Satzbau und im Sprechtempo. Umgekehrt ist es möglich, durch gezielte Änderungen der gewohnten Ausdrucksweise Druck und Hektik abzubauen und so Schritt für Schritt fühlbare Entlastung zu schaffen. Jedes Wort wirkt. Dies gilt auch hier.

Füllwörter sind Ballast – werfen Sie ihn ab!

In Zeiten der Überlastung ist es lohnend und klug, Ballast abzuwerfen. Er ist nur beschwerlich und hinderlich. Dieser Ballast zeigt sich im Keller und in Schränken durch Dinge, die im Wege sind und die keiner mehr gebraucht. Auf der sprachlichen Ebene zeigt er sich in Füllwörtern. Sie sind überflüssig, und gleichzeitig stören sie die Gedanken und Gespräche. So kosten sie wertvolle Kraft.

Zu den Füllwörtern gehören „eigentlich“, „irgendwie“, „irgendwann“, „mal“, „halt“, „quasi“, „relativ“, „vielleicht“, „schnell“, „aber“ und weitere. Menschen gebrauchen sie aus Gewohnheit und merken es meistens nicht, wenn sie sie sagen. Stellvertretend für andere Füllwörter greife ich das Wörtchen „eigentlich“ heraus.

Das „Eigentlich“ ist als Füllwort weit verbreitet. Es kommt in vielen Situationen vor: „Hast du eigentlich schon bei Herrn X angerufen?“, „Habt ihr eigentlich schon die Eltern eingeladen?“, „Habt ihr eigentlich schon aufgeräumt?“, „Eigentlich bin ich müde“ usw. Eltern fragen dann ihre Kinder: „Habt ihr eigentlich schon eure Aufgaben gemacht?“ Und die Kinder antworten: „Eigentlich haben wir unsere Aufgaben schon gemacht.“ Jeder kann heraushören, was er will.

Ganz anders klingt: „Hast du schon bei Herrn X angerufen?“, „Habt ihr schon die Eltern eingeladen?“, „Habt ihr schon aufgeräumt?“ oder „Ich bin müde.“

„Eigentlich“ kann auch eine klare, starke Bedeutung haben. Jedoch ist es dann ein Sinn tragendes Wort und kein Füllwort. Dann geht es um das Eigentliche, um das Wesentliche. So gebrauchen es nur wenige Menschen.

Klarheit und Entlastung durch Wandeln von Füllwörtern

Das Wandeln der gewohnheitsmäßig gebrauchten Füllwörter bringt Klarheit und Entlastung. Das Wandeln auch nur eines Füllwortes macht Sie sensibel für die nachteilige Wirkung von Füllwörtern. Sie werden daraufhin nacheinander auch andere Füllwörter leicht und mit Freuden schrittweise hinter sich lassen. Dies wird eine klärende und entlastende Wirkung haben und sich in der Arbeit mit den Kindern und im Gespräch mit Erwachsenen wohltuend auswirken. Und Sie werden gleichzeitig an Profil, Ausstrahlung und Wohlbefinden gewinnen. Haben Sie Lust, es auszuprobieren?

Es geht auch ohne „müssen"

Bei allen Anforderungen von außen gibt es auch viel selbstgemachten Druck. Er zeigt sich in der individuellen Ausdrucksweise. Es gibt zahlreiche Wörter und Redewendungen, mit denen Menschen sich und ihrem Umfeld Druck machen. Das Wort „müssen" ist eines davon. Es ist auch in Kindertagesstätten daheim. Sätze wie „Wir müssen jetzt aufräumen", „Ihr müsst jetzt Schluss machen und die Spiele aufräumen", „Ich muss noch jemanden anrufen" oder „Wir müssen uns wieder einmal zusammensetzen" sind gängig.

Muss-Sätze sind so geläufig, dass sie vielen Menschen als normale Sätze vorkommen. Mit solchen Sätzen machen Sie sich selbst und Ihrem Umfeld Druck. Dieses Wort wirkt auf den Körper und auf die Stimmung. Wer sich lange und beständig Druck macht, kann davon auf Dauer krank werden. Es ist daher ratsam, überflüssigen und selbstgemachten Dauerdruck bewusst zu beenden. Der achtsame Umgang mit dem Wort „müssen" hilft dabei.

Stellen Sie eine Handvoll Sätze zusammen, in denen Sie regelmäßig „müssen"' oder „muss"' hören oder selbst sagen. Finden Sie dann für diese Sätze eine sprachliche Alternative ohne „müssen" oder „muss". Wandeln Sie konsequent diese Handvoll Sätze. Spüren Sie die angenehme Wirkung dieser gewandelten Sätze. Alle anderen Sätze mit „müssen" sagen Sie einfach weiter. Sie werden mit der Zeit von selbst mehr und mehr Sätze ohne „müssen" gebrauchen.

„Müssen" macht Druck.

In Kita und Schule ist das „Müssen" weit verbreitet. Da heißt es: „Ihr müsst jetzt aufräumen!", „Ihr müsst Hausaufgaben machen, und dann dürft ihr spielen." So wächst der Großteil der Kinder mit einem häufigen „Muss" auf und erfährt dadurch eine tiefe Prägung. „Müssen" macht Druck, auch später noch im Erwachsenenalter. Erzieherinnen können hier ordnend und entlastend eingreifen. Die Voraussetzung dafür ist, dass sie den häufigen Gebrauch von „müssen" bemerken. Erst dann können sie die entsprechenden Formulierungen wandeln.

Quelle: Die Kraft der Sprache, 80 Karten für den täglichen Sprachgebrauch

Beginnen Sie bei sich selbst und lauschen Sie auf Ihre eigenen Sprachgewohnheiten. Wie oft gebrauchen Sie „müssen" für Handlungen, die Sie sowieso ausführen? Vielfach kommen diese „Müssen" dann in einer langen Serie: Das

beginnt bei vielen Erzieherinnen schon am frühen Morgen. „Ich muss aufstehen“, „Ich muss das Frühstück machen“, „Ich muss ins Bad“ und so weiter. Die Grundform reicht allemal: „Ich stehe auf“, „Ich mache das Frühstück“, „Dann gehe ich ins Bad“ usw.
Für zukünftige Handlungen können Sie das „Müssen“ leicht wandeln. Viele der mit „müssen“ bezeichneten Handlungen liegen in der Zukunft. Gebrauchen Sie dafür einfach die entsprechende grammatikalische Zukunft. So werden Sie bis dahin gefühlte Zeit haben und damit Raum gewinnen.
Dann heißt der gewohnte Satz „Morgen muss ich ein Elterngespräch führen“ auf einmal: „Morgen werde ich ein Elterngespräch führen.“ Damit gewinnen Sie Zeit, das Elterngespräch vorzubereiten. Der Druck fällt spürbar ab.

Hinweis

„Müssen“ ist sprachlich verwandt mit dem „Maß“ und mit der „Mußestunde“. Früher hatten die Menschen ein bestimmtes Maß an Arbeit und danach ein bestimmtes Maß an Freizeit. Für die zu erbringende Arbeit hatten sie Maßbezeichnungen wie das Tagwerk und den Morgen. Die freie Zeit diente dann der Muße und der Erholung. Es ist bemerkenswert, dass das Wort „müssen“ heutzutage weit verbreitet ist und die „Mußestunde“ als Wort selten geworden ist. Es lohnt sich, ihm wieder Raum zu geben.

Machen Sie alles „schnell“?
Das Wörtchen „schnell“ ist oft in einem Atemzug mit dem „Müssen“ zu hören. Sie scheinen bei zahlreichen Menschen zusammenzugehören. Macht das „Müssen“ schon Druck, so steigert das „Schnell“ diesen Druck noch zusätzlich. Dabei ist das „Schnell“ oft völlig unbeabsichtigt und auch unbewusst.
Das kann dann so klingen: „Ich gehe jetzt schnell einkaufen. Ich schaue, dass ich schnell wieder da bin.“ Oder: „Wir müssen jetzt schnell aufräumen, damit wir dann auf den Spielplatz können. Ich helfe euch schnell!“ Oder: „Ich zeige dir schnell, wo du das Spiel findest.“ Die Liste der Beispiele aus vielerlei Situationen in einer Kindertagesstätte ist schier endlos.
Die Tätigkeiten werden davon nicht eher fertig, dass jemand all seine Handlungen mit einem „schnell“ sagt und denkt. Wer häufig und gewohnheitsmäßig „schnell“ sagt, wirkt gehetzt. Vielleicht ist er tatsächlich gehetzt. Menschen werden davon nicht flinker, dass sie häufig „schnell“ sagen. Stattdessen machen sie sich auf diese Weise selbst Druck. Die obigen Sätze sind leicht ohne das „Schnell“ möglich. Sie haben dann eine andere, leichtere Qualität: „Wir räumen jetzt auf, damit wir dann auf den Spielplatz können. Ich helfe euch!“ Oder: „Ich zeige dir, wo du das Spiel findest.“

Gewandelte Sätze geben Orientierung.

Diese gewandelten Sätze geben den Kindern eine klare Orientierung. Gleichzeitig sind sie für den Sprecher selbst klarer und leichter als die Formulierungen mit dem „Schnell“. Die Wirkung ist deutlich zu spüren. Erwachsene und auch Kinder reagieren auf die häufigen „Schnell“ mit Abwehr und machen nicht oder nur widerwillig mit. Niemand lässt sich gern hetzen. So bringt der achtsame Umgang mit dem „Schnell“ eine spürbare Entlastung.

Wer „schnell“ gewohnheitsmäßig sagt, der gebraucht es zigfach an einem Tag. Dieser Sprachgebrauch kostet Kraft und geht mit der Zeit an die Substanz. Es ist

schädlich, immerfort auf Hochtouren zu fahren und alles schnell zu machen. Andauernder Druck überfordert und erzeugt letztlich Fehler.
Diese Schnelligkeit ist oft eine gedachte Schnelligkeit. Mit dem häufigen „Schnell" wirken Mensch hektisch und oberflächlich. Sie machen alles nur schnell und nicht ordentlich. Sie geben sich nicht ausreichend Zeit, eine Tätigkeit gut zu machen. Dieses Signal geben sie mit diesem Sprachgebrauch. In der Folge werden ihre Mitmenschen sie so sehen und entsprechend behandeln.
Dem „Schnell" kommt in dem gewohnheitsmäßig gebrauchten „Schnell" kaum eine wirkliche, konkrete Bedeutung zu. Das Wort hat seine Berechtigung, wenn jemand ein schneller Läufer oder ein schneller Schwimmer ist. Dann ist er tatsächlich schnell. Nachteilig ist das unbewusst und häufig gebrauchte „Schnell".

Wir können Situationen oft nicht ändern. Jedoch haben wir einen Einfluss auf die Art und Weise, wie wir mit ihnen umgehen. Das Wort „schnell" erweist sich als ein Schlüsselwort, wenn es darum geht, den Alltag zu entschleunigen und zur inneren Ruhe zu finden. Damit gewinnen Menschen an Effizienz und Wirksamkeit. Die Entlastung ist leicht spürbar.

Schenken Sie Ihren Tätigkeiten volle Aufmerksamkeit.

Wie überall so gilt auch hier: Erzieherinnen prägen Kinder durch ihr sprachliches Vorbild. Schenken Sie Ihrer Tätigkeit jeweils die volle Aufmerksamkeit. Auf diese Weise werden Sie mit Leib und Seele dabei sein und wirklich gute Ergebnisse bringen – und das bringt Zufriedenheit. Das geht nur dann, wenn Sie das andauernde „Schnell" hinter sich lassen.

Sonja dankte der Erzieherin ihrer Tochter für den Tipp

Sonja ist Mutter von drei kleinen Kindern. Sie war beständig in Eile und im Stress. Dies zeigte sich auf der sprachlichen Ebene durch den häufigen Gebrauch der Wörter „schnell" und „müssen". Sie kamen bei ihr in fast jedem Satz vor: Sie musste schnell einkaufen. Danach musste sie zum Kinderarzt. Danach musste sie schnell nach Hause fahren usw. Sicher hatte Sonja viel zu tun. Dabei baute sie einen solchen Druck auf, dass ihre Kinder sich oft weigerten mitzumachen und weinten und quengelten. Die Erzieherin hörte dies und wartete auf einen geeigneten Augenblick für ein Gespräch mit der Mutter.
Sie selbst hatte bei sich auf das „Müssen" und auf das „Schnell" geachtet. Sie wusste aus eigener Erfahrung, wie viel Entlastung ihr das Wandeln dieser beiden Wörter gebracht hat. Sie sprach die Mutter an und bot ihr an, ihr zu zeigen, wie sie sich allein mit der Kraft der Sprache Entlastung schaffen könnte. Dann erzählte sie ihr von ihren eigenen Erfahrungen mit dem Sprachtraining und mit den Wörtern „schnell" und „müssen. Sonja bedankte sich bei der Erzieherin ihrer Tochter für den Hinweis und probierte ihn aus. Er kostete sie keine Zeit und war einfach zu realisieren.
Auch sie erkannte die spürbare Entlastung und bedankte sich herzlich. Sie erzählte auch anderen Eltern davon und gab ihrerseits den Hinweis weiter.

„Dürfen" ist schön

Das Wort „dürfen" weckt angenehme Empfindungen. Es ist schön, Dinge tun zu dürfen und nicht tun zu müssen. „Dürfen" signalisiert Erlaubnis und Freiraum. Wir können uns selbst etwas erlauben, und wir können anderen Menschen etwas erlauben. Die Werbung hat schon lange die wohltuende Wirkung des „Dürfens" entdeckt. So steht z. B. „Du darfst" auf manchen Lebensmitteln.

Bejahendes oder verneinendes „Dürfen"

Es lohnt sich hier hinzuschauen. Der Sprachgebrauch von „dürfen" ist bei den einzelnen Menschen unterschiedlich. Manche gebrauchen es eher in der bejahenden Form. Sie sagen „Ich darf" und „Du darfst". Wieder andere gebrauchen es vor allem in der verneinenden Form. Sie verbieten sich und anderen etwas: „Ich darf nicht" und „Du darfst nicht".

Dieser Unterschied ist markant. Das Wort „dürfen" gebrauchen vor allem Menschen, die leicht, gern und selbstbestimmt leben. Sie sind oft erfüllt von Freude und Dankbarkeit. Sie sind mit diesem Sprachgebrauch groß geworden und haben eine entsprechende Lebenseinstellung entwickelt.
In der Erziehung spielt das „dürfen" eine große Rolle. Ich wünsche Kindern, dass sie häufig das bejahende „Dürfen" hören und seltener die verneinende Form. Das ist einfach, es erfordert vorher freilich ein Bewusstwerden seitens der Erzieherinnen.

Ich gebe Ihnen einige Beispiele für das „Dürfen" in der bejahenden Form: „Ihr dürft das Spiel zu Ende spielen. Danach werden wir hinausgehen", „Markus darf sich heute ein Lied wünschen" oder „Mit wem willst du heute in der Puppenecke spielen? Du darfst dir einen Spielgefährten auswählen."

Können oder dürfen?

Vielfach sagen Erzieherinnen hier „können" statt „dürfen", auch wenn sie mit ihrer Aussage eine Erlaubnis meinen. Bei dem Beispiel „Markus darf sich ein Lied wünschen" gibt das „Dürfen" eine Erlaubnis. „Markus kann sich ein Lied wünschen" – hier ist klar: Er kann es. Jedoch heißt das nicht, dass er dies auch tatsächlich darf.
Bei dem achtsamen Auseinanderhalten von „können" und „dürfen" geht es in erster Linie darum, dass Sie sich klar werden in dem, was Sie wirklich zum Ausdruck bringen wollen. Dies wird einen Einfluss auf Ihre Einstellung und auf Ihr Wohlbefinden haben und einen erheblichen Einfluss auf das „Dürfen" der Kinder. Selbstbestimmt lernt es sich freudig und leicht.

Frageform

Ebenso ist das „Dürfen" in der Frageform möglich. Hier ist der irrtümliche Gebrauch von „können" noch weiter verbreitet als im Aussagesatz: „Darf ich dir beim Schälen der Orange helfen?" oder „Darf ich dir Tee einschenken?" Das „Können" ist hier fehl am Platz: „Kann ich dir Tee eingießen?" Hier stellt der Sprecher sein eigenes Können infrage oder entsprechend das Können seines Gesprächspartners: „Kannst du mir Tee eingießen?" Dies klingt, als ob er ihm dies nicht zutraue.
Mit diesem Blickwinkel eröffnen sich viele Möglichkeiten für ein bejahendes „Dürfen". „Dürfen" tut gut, Ihnen selbst und Ihrer Umgebung.

Ich füge gerne noch einen Hinweis an: „Müssen" ist etwas ganz anderes als „dürfen". Es wäre komisch, wenn Sie Sätze mit „müssen" durch „dürfen" ersetzen und beispielsweise sagen würden: „Ich darf jetzt noch das ganze Regal aufräumen."

Gönnen Sie sich Zeit beim Entdecken der Welt des „Dürfens". Sie wird Ihnen neue Freiräume erschließen. Sie dürfen sich dabei Zeit lassen. Dann wird es Ihnen leicht gelingen. Das Leben darf leicht sein. Der bewusste und achtsame Umgang mit der Sprache hilft dabei.

TIPPS FÜR DEN ALLTAG

■ Füllwörter

Lenken Sie Ihren Blick auf die Füllwörter. Es erfordert einige Aufmerksamkeit, Füllwörter hinter sich zu lassen. Es bewährt sich, für eine Zeit nur ein einziges Füllwort zu beachten und diesem dafür ein hohes Maß an Aufmerksamkeit zu schenken. Erfahrungsgemäß wächst auf diese Weise die Aufmerksamkeit für Füllwörter generell.

Wählen Sie eines der Füllwörter, beispielsweise das Wort „eigentlich". Beobachten Sie sich:
- Wie oft gebrauchen Sie es?
- Was wollen Sie damit jeweils sagen?
- Hat es eine Bedeutung?
- Hören Sie es bei anderen?

Sammeln Sie eine Handvoll Sätze, in denen Sie oder Menschen aus Ihrer Umgebung „eigentlich" sagen. Nehmen Sie ein Papier und falten Sie es von oben nach unten in der Mitte. Schreiben Sie die Sätze mit „eigentlich" auf die linke Seite. Danach formulieren Sie diese Sätze neu ohne „eigentlich". Schreiben Sie sie auf die rechte Seite. Lesen Sie diese Sätze mit und ohne „eigentlich" jemandem vor. Fragen Sie, wie die beiden Varianten auf ihn oder sie wirken. Fragen Sie auch, welche Ausstrahlung Sie dabei jeweils haben. Das ist dabei die Hauptsache.
Wollen Sie Erfolg haben? Dann fasten Sie für vier Woche das Wort „eigentlich". Beobachten Sie die Wirkung in Ihrem Leben. Wählen Sie nach diesen vier Wochen, ob und wann Sie das Wort „eigentlich" wieder gebrauchen wollen.

■ Dürfen

- Wie oft gebrauchen Sie das Wort „dürfen"?
- Gebrauchen Sie es in erster Linie in der bejahenden Form?
- Oder eher in der verneinenden Form mit „nicht dürfen"?

Gönnen Sie sich und anderen das „dürfen" in der bejahenden Form. Was dürfen Sie alles? Und was dürfen Ihre Mitmenschen? Beobachten Sie die Wirkung Ihres bewussten Sprachgebrauchs!

Klarheit und Ordnung fördern

Freiraum entsteht durch Begrenzung.

Kinder brauchen Klarheit und Struktur, damit sie sich wohl und sicher fühlen. Innerhalb der klaren Regeln haben sie Freiraum. Dieser Freiraum entsteht erst durch die Begrenzung.

Eine klare Sprache hilft dabei, diese Ordnung herzustellen und spürbar zu machen. Dazu gehören kurze, vollständige Sätze. Sie sind eine Wohltat für den Angesprochenen, egal ob dies ein Kind ist oder ein Erwachsener. Er weiß dann gleich, was der Sprecher von ihm will und kann leicht mitmachen. Wenn er den Ausführungen nicht folgen kann, dann kann er auch nicht folgen im Sinne von Gehorchen. Die meisten Menschen sind ganz und gar bereit mitzumachen. Sie brauchen einfach eine klare Botschaft.

Das Geheimnis der Bogensätze

Es gibt drei Arten von Sätzen. Das sind die Aussagesätze, die Fragesätze und die Aufforderungssätze. Ein Aussagesatz ist: „Ich begleite Kinder." Ein Fragesatz ist: „Begleitest du Kinder?", und der Aufforderungssatz heißt entsprechend: „Begleite Kinder!"

Die drei Satztypen haben am Satzende unterschiedliche Interpunktionszeichen, nämlich den Punkt, das Fragezeichen und das Ausrufezeichen. Sie unterscheiden sich in der Folge durch die Satzmelodie.

Satzmelodie

Beim Fragesatz steigt am Satzende die Satzmelodie an: „Begleitest du Kinder?"
Beim Aufforderungssatz bleibt die Stimme auf einer Höhe: Begleite Kinder!"
Nur beim Aussagesatz senkt sich die Stimme am Satzende. Sie beschreibt einen Bogen. Das klingt dann so: „Ich begleite Kinder." Am Ende des Satzes signalisiert der Punkt eine minimale Pause. Nach dieser minimalen Pause beginnt der nächste Satz. Der Sprecher kommt immer wieder neu auf den Punkt. Danach beginnt er mit einem neuen Bogensatz. Jeder Satz ist eine eigene Aussage.

Sowohl der Satzmelodie als auch dem Punkt kommt eine große Bedeutung zu. Die Satzmelodie im Aussagesatz zeigt, dass eine Handlung zu einem Ende kommt. Diese Handlung hat einen Anfang, eine Mitte und ein Ende.

Beim üblichen Sprechen geht diese klare Satzmelodie bei vielen Menschen verloren. Stattdessen bleiben sie am Satzende mit der Stimme oben und fügen gleich den nächsten Satz an. So bleibt der Satz offen und er bekommt die Melodie eines Fragesatzes.

Die klare Satzmelodie geht oft verloren.

Dies klingt dann bei vielen Menschen so: „Ich fahre morgens mit dem Fahrrad in die Kita? Ich fahre an lauter schönen Gärten vorbei? Und dann stelle ich mein Fahrrad an der Kita ab? Und dann gehe ich hinein." Mit den aneinandergereihten Sätzen in Fragemelodie entsteht ein ermüdender Singsang. Die Stimme sinkt oft erst dann ab, wenn dem Sprecher die Luft ausgeht. Dann setzt er wieder neu an und fährt mit seinem Singsang fort. Die Folge ist, dass die Angesprochenen schon nach kurzem abschalten. So bleiben viele wertvolle Informationen auf der Strecke, im Elterngespräch, im Team und auch bei der Arbeit mit den Kindern.

Mit einem Bogensatz hingegen machen Sie es Ihrem Gesprächspartner leicht, Ihnen zu folgen und Ihnen seine volle Aufmerksamkeit zu schenken. Mit jedem hörbaren Punkt weiß er, dass der Satz zu Ende ist. So erleichtern Sie es ihm, Ihre Gedanken aufzunehmen. Das ist die wohltuende Wirkung im Hinblick auf die Kommunikation.

Weit bedeutsamer als dies ist die Wirkung der Bogensätze auf Sie selbst.

Hinweis

Bogensätze haben eine ordnende Wirkung. Sie machen es Ihnen leicht, sich zu sammeln und auf den Punkt zu kommen. So werden Sie innere Klarheit gewinnen.

Die ansteigende Satzmelodie der üblichen Erzählweise lässt ahnen, dass Menschen das Innehalten vergessen. Sie eilen weiter. Sie schaffen weiter und fügen gleich den nächsten Satz an. Es braucht das Innehalten, damit Sie Ihre Ernte einfahren können. Im Innehalten können Sie Kraft schöpfen und gleichzeitig prüfen, ob die Richtung stimmt. Ansonsten geschieht es leicht, dass Sie ins Hamsterrad geraten und das Empfinden haben, schon fünftausend Umdrehungen gelaufen zu sein. Die Bogensätze helfen hier heraus.

Bogensätze helfen aus dem Hamsterrad.

Die Aussagekraft steigt mit dem hörbaren Punkt am Ende des Aussagesatzes. Der Punkt signalisiert eine Pause. Der Angesprochene weiß und spürt dann, dass Ihre Aussagen Struktur haben. Er geht davon aus, dass er vom geordneten Satz auch auf eine innere Ordnung schließen kann. Und tatsächlich gibt es hier eine deutliche Wechselwirkung.

Bogensätze klingen einfach und logisch. Doch erfordern sie oft wochenlange Übung. Sie erfordern ein Umdenken und bringen eine Neuorientierung.

TIPP FÜR DEN ALLTAG

Bogensätze gehen

■ Ich gebe Ihnen eine Anregung, Bogensätze zu üben. Dafür bitte ich Sie aufzustehen und die folgenden fünf Sätze zu sagen und gleichzeitig zu gehen. Bleiben Sie beim Punkt bitte stehen. Halten Sie inne. Achten Sie darauf, dass Sie mit Ihrer Aufmerksamkeit nur bei diesem Satz bleiben. Dann werden Sie leicht die Satzmelodie am Satzende senken. Die Versuchung ist groß, schon an den nächsten Satz zu denken. Bleiben Sie mit Ihrer Aufmerksamkeit bei diesem einen Satz. Dann haben Sie gute Chancen, die Satzmelodie am Satzende in einem Bogen wieder abzusenken. Nach dem Punkt und der minimalen Pause sagen und gehen Sie den zweiten Satz. Machen Sie das mit allen fünf Sätzen. Spüren Sie bitte jeweils, was Sie gerade sagen. So üben Sie, Ihre Aufmerksamkeit zu bündeln. Das ist gleichzeitig eine wirksame Konzentrationsübung.

Das sind Beispiele für die fünf Übungssätze. Sie sprechen die einzelnen Sinne an. Sagen Sie jeweils, was Sie in Ihrer nahen Umgebung wahrnehmen:
- Ich spüre den Boden unter meinen Füßen.
- Ich sehe einen Blumenstrauß.
- Ich rieche den Duft der Blumen.
- Ich höre Lachen.
- Ich habe den Geschmack eines Apfels im Mund.

■ Sie können diese Übung auch mit anderen Sätzen machen. Wichtig ist, dass Sie kurze, einfache Sätze bilden und einige Male wirklich am Satzende stehen bleiben. Senken Sie in der zweiten Satzhälfte konsequent die Stimme ab. Dies erfordert eine hohe Aufmerksamkeit.

Füllen Sie die Pause zwischen den Sätzen bitte mit Ihrer Aufmerksamkeit. Bleiben Sie erst noch bei dem ersten Satz. Bereiten Sie sich dann – in der Pause – gedanklich auf den nächsten Satz vor. Halten Sie dabei die innere Sammlung. Und dann sagen Sie den nächsten Satz.

Die Bogensätze werden Sie bei all Ihren Erzählungen, Darstellungen und Berichten brauchen können. Sie werden Ihren Aussagen Gewicht und Bedeutung geben. Üben Sie sie immer wieder einmal, allein im stillen Kämmerlein oder auch gemeinsam mit den Kindern.
Kleine Kinder machen bei ihren Aussagen immer Bogensätze. Damit sind sie klar und präsent. Sie übernehmen dann von Erwachsenen deren ansteigende Satzmelodie. Es ist zu wünschen, dass ihre Erzieherinnen um die große Bedeutung der Bogensätze wissen und diese in ihr Sprechen und Denken integrieren. Sie haben eine große Wirkung auf die Ausstrahlung und Wirksamkeit eines Menschen. Auch hier sind Erzieherinnen Vorbilder für die ihnen anvertrauten Kinder.

Bogensätze in Sprechen und Denken integrieren

Geben Sie klare Anweisungen – und vieles wird leicht

Kinder brauchen klare Anweisungen. Dann können sie sie leicht befolgen. Oftmals heißt es, dass Kinder nicht folgen. Nun, sie können nur dann folgen, wenn jemand sie klar führt und ihnen entsprechend klar sagt, was er von ihnen will. Klare Anweisungen machen Kindern und auch Erwachsenen das Leben leicht.
Es gibt zahlreiche als Aufforderung gemeinte Sätze, die den Gesprächspartner kurzfristig verwirren. Der Angesprochene weiß erst nach einigem Nachdenken, was der Sprecher wahrscheinlich gemeint hat. Missverständnisse und Fehlinterpretationen sind hier leicht möglich.

Frage oder Bitte?

Zu den schwammigen Formulierungen gehören zahlreiche als Aufforderung gemeinte Sätze, die in Wahrheit keine Aufforderungen sind. Sie sind vielfach eine bunte Mischung aus Fragesätzen, Bitten und auch Aussagesätzen.
So ist beispielsweise der folgende Satz sowohl eine Frage als auch eine Bitte: „Räumst du bitte das Spiel auf?!“ Auf der Ebene der Sprachstruktur enthält er folglich eine doppelte, widersprüchliche Botschaft.
Als Bitte klingt dieser Satz so: „Bitte räume das Spiel auf!“ Als Frage klingt er hingegen so: „Räumst du das Spiel auf?“
Kinder lernen dem Tonfall und der Mimik zu entnehmen, was der Erwachsene vermutlich von ihnen will. So lernen sie, widersprüchliche Botschaften der Erwachsenen zu entschlüsseln und das zu tun, was die Erwachsenen – sprich Eltern und Erzieherinnen – vermutlich sagen würden, wenn sie klar wären.
In diesen Mischbotschaften schwingt oftmals noch eine weitere, dritte Botschaft mit: eine Emotion. Dies kann Ungeduld oder auch schon Ärger sein. Dann werden die Botschaften richtig kompliziert und verwirrend. Oftmals sind dann Kinder überfordert und außerstande zu handeln. Daraufhin werden Erwachsene manchmal laut, und eine unglückliche Spirale nimmt ihren Lauf.
Die Lösung ist einfach: Es gilt, einfache und klare Sätze zu bilden. Dann ist ein wertschätzender, leichter Umgang miteinander möglich. Kinder freuen sich, wenn sie klare, wohlwollende Botschaften bekommen. Dann können sie leicht mitmachen.

Emotion

Drei Satzarten

Wir haben im Deutschen drei Arten von Sätzen: die Aussagesätze mit den Bogensätzen, die Fragesätze und die Aufforderungssätze. Es ist für Erzieher/-innen von großer Bedeutung, dass sie sich bei jeder Aussage bewusst machen, was sie mit ihr erreichen wollen. Wer nicht weiß, ob er eine Frage stellt oder eine Aufforderung ausspricht, der weiß kaum, was er im Leben will. Folglich wird er unsicher wirken und Dinge erreichen und bewirken, die er nicht

wirklich anstrebt. Und doch bewirkt er sie durch seinen großen Mangel an Klarheit.
Was sagen Sie einem Kind, wenn Sie wollen, dass es seinen Anorak anzieht? Sprechen Sie es dabei mit seinem Namen an? Halten Sie einen Moment inne. Nehmen Sie sich bitte ein Blatt Papier und schreiben Sie Ihre Variante auf.
Die einzige klare Anweisung ist: „Julian! Bitte zieh deinen Anorak an!" Bitte achten Sie dabei darauf, dass Sie den Namen wohlwollend und wertschätzend aussprechen.
Üblich sind verschiedene schwammige Formulierungen, die alle miteinander keine klaren Aufforderungen sind. Ich betrachte einige der häufig gebrauchten Sätze:

- „Kannst du deinen Anorak anziehen?" Dieser Satz ist eine Frage und stellt dabei Julians Können in Frage.
- „Ich möchte, dass du deinen Anorak anziehst!" ist eine Aussage, gemischt mit einem Ausrufezeichen. Der Sprecher kann dies noch lange „möchten". Dieser Satz löst kaum einen Handlungsimpuls aus.
- „Würdest du bitte deinen Anorak anziehen?!" Dieser Satz ist eine Mischung aus einer Frage mit einer Aufforderung. Der Konjunktiv mit „würde" nimmt nochmals Klarheit. Es bleibt eine vermeintlich höfliche, jedoch schwache Botschaft.

Ein klarer Satzbau ordnet die Gedanken und das Leben.

Erlauben Sie sich Klarheit und Eindeutigkeit. Es bedeutet für die meisten Erwachsenen eine große Umstellung, Aufforderungen glasklar zu formulieren. Die eigene Klarheit hat eine große, klärende Wirkung auf das eigene Leben. Wer klar weiß, was er will, und dies auch klar sagen kann, der wird klar und zielstrebig seine Ziele erreichen. Der klare und eindeutige Satzbau hilft dabei. Er ordnet die Gedanken.
So geht die Wirkung klarer Aufforderungen weit über die einzelnen konkreten, klaren Aufforderungen hinaus. Dies hilft den Erzieherinnen selbst und auch den Kindern. Diese werden sich später leicht tun, ihrerseits als zukünftige Führungskräfte und Eltern ihren Mitarbeiterinnen und Kindern klare Anweisungen zu geben.

Die Fülle der nicht erledigten Aufgaben brachte Irmgard oft in Eile

Irmgard leitet eine mehrgruppige Kindertagesstätte mit zahlreichen Mitarbeiterinnen. Als ich sie kennen lernte, war sie eine freundliche und dabei etwas hektisch wirkende Frau. Sie wurde immer wieder nervös, wenn ihre Mitarbeiterinnen nicht das machten, was sie von ihnen wollte. Sie meinte, ihnen klare Anweisungen zu geben, und konnte sich nicht erklären, warum sie dennoch oft nicht mitmachten. Sie sagte, dass die Stimmung im Team insgesamt gut sei. Sie wollte eine freundliche und höfliche Chefin sein. Das war sie schon – nur musste sie am Ende vieles selbst machen, nachdem die Arbeit sonst liegen geblieben wäre. Sie war etwas ratlos. Die Fülle der nicht erledigten Aufgaben brachte sie oft in Eile.
Sie erkannte, dass sie ihre Anweisungen oft als Fragen formulierte. Sie lernte, ihre Aufträge klar als Aufträge zu formulieren und Wünsche als Wünsche zu formulieren. Die Mitarbeiterinnen wussten von da an, woran sie waren. Nun konnten sie mitmachen. Gleichzeitig wurde Irmgard selbst klar. Sie machte sich bewusst, was sie wirklich wollte. Solange sie Fragen gestellt hatte, wenn sie Aufforderungen zu machen glaubte, hatte es ihr an Klarheit und Zielstrebigkeit gefehlt. Der klare Satzbau brachte sie in ihrer persönlichen Entwicklung deutlich weiter.

Zwei Jahre später erlebe ich Irmgard als klar, selbstbewusst und zielstrebig. Dabei geht sie schrittweise sicher voran und strahlt eine wohltuende Gelassenheit und Ruhe aus.

Nun sind Sie dran – hier kommen wieder zwei Tipps für Sie.

TIPPS FÜR DEN ALLTAG

- Gönnen Sie sich Bogensätze. Bilden Sie kurze, vollständige Sätze. Kommen Sie auf den Punkt! Dies bedarf einiger Übung. Es klingt ganz leicht. Doch ist es das nicht. Sie werden es schaffen. Und es lohnt sich! Übung macht den Meister. Entdecken Sie die wohltuende, ordnende Wirkung! Ich wünsche Ihnen Freude dabei!

- Wählen Sie einige konkrete Situationen, in denen Sie jemandem eine Anweisung geben. Wie machen Sie dies bis jetzt? Prüfen Sie, ob die Anweisungen wirklich klar und wohlwollend sind! Finden Sie klare, wohlwollende Anweisungen.
Probieren Sie Ihre neuen Formulierungen in wenigen Situationen aus. Wie geht es Ihnen dabei? Welche Erfahrungen machen Sie damit? Was können Sie optimieren?

Stärken entwickeln mit der Kraft der Sprache

Jeder Mensch hat die Gaben mit auf seinen Lebensweg bekommen, die für seine Lebensaufgabe gerade recht sind. Am Anfang sind sie noch klein. Und so gilt es, sie zu erkennen und zu entwickeln. Dies geschieht, indem Kinder Gelegenheit bekommen, ihre Neigungen und Fähigkeiten zu leben und zu entwickeln. Bekanntlich macht die Übung den Meister.

Der bewusste Umgang mit der Sprache hilft dabei, die Stärken eines Menschen zu entwickeln. Dies gilt für Kinder ebenso wie für Erwachsene. Erziehern/-innen, denen dies bewusst ist, können für sich selbst und in der Begleitung der Kinder aus dieser Kraftquelle schöpfen.

Vom Können und vom Nicht-Können

Modalverben

Die Modalverben bergen große Schätze. Ich kenne sie aus der Schule als ein langweiliges und trockenes Kapitel. Ich staube sie ab und hole ihren Glanz hervor.
Das Verb „können" gehört wie auch „müssen", „dürfen", „sollen", „wollen", „mögen" und „brauchen" zu den Modalverben. Die Modalverben kommen in der Alltagssprache reichlich vor. Sie stehen vor Verben und modifizieren die Aussage. Daher haben sie ihren Namen. Aus „Ich begleite Kinder" kann werden: „Ich kann Kinder begleiten", „Ich will Kinder begleiten", „Ich muss Kinder begleiten", „Ich soll Kinder begleiten" und „Ich möchte Kinder begleiten". Dieses Modifizieren gilt entsprechend auch für die Verneinungen: „Ich will Kinder nicht begleiten", „Ich muss Kinder nicht begleiten", „Ich kann Kinder nicht begleiten" usw.

Es ist interessant und aufschlussreich zu hören, wer welche Modalverben gebraucht und auch in welcher Form und wie oft. Der Gebrauch der einzelnen Modalverben folgt wie auch andere Elemente des Satzbaus und des Wortschatzes alten persönlichen Mustern. Sie modifizieren das tägliche Handeln und prägen die innere Einstellung zu diesem Handeln. Es ist möglich, durch eine bewusste Sprache alte sprachliche Muster auszumustern und mit ihnen alte, einschränkende Verhaltensweisen hinter sich zu lassen.

Können

Im Hinblick auf das Entwickeln der Stärken haben alle Modalverben eine große Bedeutung. Ich greife stellvertretend für die anderen Modalverben das „können" heraus. Hier gibt es viel zu entdecken.

„Ich kann nicht", sagen die einen. „Ich kann", sagen die anderen. Die einen begrenzen sich, und die anderen erlauben sich Erfolg: Die drei Wörter „Ich kann nicht" begleiten viele Menschen. Sie sagen sie in Hunderten von Situationen aus purer Gewohnheit. „Ich kann jetzt nicht mehr länger mit dir plaudern. Ich muss jetzt zu meiner Tante fahren." Oder: „Ihr könnt jetzt nicht mehr länger spielen. Ihr müsst jetzt aufräumen." Hier wird sichtbar, wie nah „nicht können" und „müssen" beieinanderliegen. Sie sind tatsächlich wie miteinander verheiratet. Auch „man" und „schnell" finden sich in diesem sprachlichen Kontext bei vielen Menschen wieder.

Solche Sätze sind weit verbreitet. Sie gehören in die Ausdrucksweise der Menschen, die sich selbst begrenzen. Und davon gibt es viele.

Quelle: Die Kraft der Sprache, 80 Karten für den täglichen Sprachgebrauch

Dabei ist es einfach, diese Sätze zu wandeln: „Es war schön, mit dir zu plaudern. Lass uns an einem anderen Tag weiter plaudern. Ich werde jetzt zu meiner Tante fahren." Der Satz mit dem Spielen kann auch so klingen: „Bitte beendet eurer Spiel. Räumt eure Spiele danach bitte wieder in das Regal."

Einschränkende Formulierungen wandeln

Es lohnt sich, wach zu werden für einen der größten Erfolgsverhinderer. Wer ungezählte Male an einem Tag denkt und fühlt „Ich kann nicht", der wird auch erleben, dass er etwas nicht kann. Ich lade Sie ein, eine hohe Sensibilität zu entwickeln für diese einschränkenden Formulierungen. Lernen Sie, sie zu wandeln und neu zu denken!

Ich lade Sie ein, Sätze mit „Ich kann nicht" zu sammeln und zu wandeln. Sie werden merken, wie zahlreich sie sind: „Ich kann gerade nicht kommen. Ich muss jetzt schnell noch etwas fertig machen“, „Ich kann/du kannst doch nicht einfach …“, „Ich kann das nicht“ usw.

„Ich kann nicht“ hat viele Bedeutungen.

Viele dieser „Ich kann nicht“-Sätze haben in Wirklichkeit eine andere Bedeutung. Sie werden es merken, wenn Sie für die alten Sätze neue Formulierungen wählen. Sie werden merken, dass das „Ich kann nicht“ manchmal heißt: „Ich habe keine Lust“, und andere Male: „Ich traue mich nicht.“ Es gibt noch weitere mögliche Bedeutungen. Sie werden Sie selbst finden.
Und wenn Sie dennoch einen Satz mit „können“ verneinen wollen, dann fügen Sie bitte ein „noch“ ein: „Ich kann noch nicht …“ Damit sagen Sie, dass Sie etwas noch lernen werden.

Ich empfehle Ihnen den bewussten Gebrauch von „können“ in der bejahenden Form: „Ich kann“, „Du kannst“. Dieser Sprachgebrauch lenkt den Blick auf die Stärken.
Es ist ein großes Glück, wenn ein Mensch tief in seinem Herzen weiß: „Ich kann, ich will, und ich schaffe das.“ Dieses innere Fühlen setzt Kräfte frei. Jeder Mensch darf jederzeit damit beginnen, diese Kräfte für sich in Anspruch zu nehmen. Wissen Sie, wie oft Sie „können“ und „nicht können“ sagen?
Machen Sie sich bitte immer wieder bewusst, dass Sie sich damit selbst etwas Gutes tun und dass Sie gleichzeitig ein Vorbild für die Kinder sind. Sie übernehmen Ihren Sprachgebrauch mit all Ihren Sprach- und Denkmustern. So haben Sie viele wundervolle Möglichkeiten, einen stärkenden Einfluss auf die Kinder zu nehmen. Erlauben Sie es sich, ihn wahrzunehmen.

Stärkender Einfluss auf Kinder

Benennen Sie die Stärken

Jedes Wort wirkt. Es wirkt immer, ob wir nun von etwas sprechen, was wir haben wollen, oder von etwas, das wir nicht haben wollen. Allein indem wir es benennen oder auch nur denken, fördern wir es und laden es in unser Leben ein.
Dies können wir uns zunutze machen und eben bewusst von dem sprechen, was wir fördern und mehren wollen. Es ist natürlich wesentlich, dass das, wovon wir sprechen, realistisch ist. Es wird beispielsweise niemand ein begnadeter Tänzer, allein indem er es sich einredet.
Jeder Mensch hat Stärken und Schwächen. Es gilt, die Stärken zu sehen und ihnen Aufmerksamkeit zu schenken.

Jedes Wort wirkt

Stärken stärken

Indem wir den Stärken Aufmerksamkeit schenken, geben wir Energie hinein. Unsere eigene Sichtweise ermöglicht uns in der Folge, Dinge und Entwicklungen zu sehen, die uns vorher möglicherweise entgangen wären.

Ich habe von Kitas gehört, in denen die Erzieherinnen um die Wirkung der Gedanken und der klar gerichteten Aufmerksamkeit wissen. Sie setzen dieses Wissen gezielt ein, um Kinder in ihrer Entwicklung zu bestärken. Alle Kolleginnen, die mit einem Kind arbeiten, kommen einmal im Monat zusammen und sprechen in dieser Zeit einzig von den Neigungen und Stärken eines Kindes. Sie benennen, welche konkreten, guten Entwicklungen sie in den letzten vier Wochen beobachtet haben. Danach sprechen sie von den Anlagen und Neigungen, die in dieser Zeit neu sichtbar geworden sind. Dementsprechend fördern sie es in den nächsten vier Wochen. In der Zwischenzeit beobachten sie das Kind und sehen, wie es sich entwickelt.

Die Erzieherinnen wollen es nicht in eine bestimmte Richtung formen. Sie schauen achtsam auf seine Ent-Wicklung und sehen, welche Neigungen und Stärken nach und nach sichtbar werden und sich herauskristallisieren.
Die Erzieherinnen sehen, was sich formt, und formulieren es. Dadurch geben sie der guten Entwicklung Kraft. So bestärken sie die Stärken in ihrer Entwicklung.
Es ist wichtig, dass Sie sich als Erzieherinnen die Wirkung Ihrer Gedanken und Gespräche bewusst machen. Woran denken Sie? Denken Sie mehr an Schwächen oder an Stärken und Möglichkeiten?

Das Plaudern vor der Kita

Eltern erzählen einander auf dem Spielplatz und vor der Kita und auch bei anderen Gelegenheiten viel von ihren Kindern. Es ist interessant, wovon sie sprechen. Vielfach tauschen sie die Schwierigkeiten aus, die sie mit ihren Kindern erleben. Es ist in unserer Gesellschaft eher üblich, von den Schwächen als von den Stärken zu sprechen.
Es ist natürlich in Ordnung, sich zu informieren und auszutauschen. Doch ist es bedeutsam, dabei das rechte Maß zu finden. Es ist sinnvoll, wenn jemand dann von Schwierigkeiten und Schwächen spricht, wenn er eine Lösung oder einen Rat finden will. Vielfach erzählen Eltern immer wieder und wieder von den gleichen Schwierigkeiten und Ärgernissen und drehen sich damit im Kreis. Es ist leichtfertig, diese belastenden Themen als bequeme Gesprächsthemen zu nehmen. Sie haben eine nachteilige Wirkung auf die Eltern und auf die Kinder.
Diese Erfahrung hatte Beatrix wiederholt gemacht. Sie war Mutter von zwei Kindern im Kindergartenalter. Sie hatte oft zusammen mit anderen Müttern vor der Kita gestanden und mit ihnen von den Unarten ihrer Kinder gesprochen. Sie schütteten einander ihr Herz aus, womit ihre Kinder sie anstrengten und was mit ihnen so schwierig war. Die eine erzählte, dass ihr Kind beim Zubettgehen ewig trödelte und auch morgens trödelte, sodass sie oft gerade noch rechtzeitig und dann in Hetze zur Kita kamen. Eine andere erzählte immer wieder davon, dass ihr Kind in Therapie sei, weil es entwicklungsverzögert sei usw. Die Mütter ahnten nicht, was sie dabei wirklich taten: Sie gaben mehr und mehr Aufmerksamkeit in diese für sie unangenehmen Themen und steigerten sie dadurch. Es ist in unserer Gesellschaft eher schicklich, von den Schwierigkeiten und Fehlern zu sprechen als von den Stärken.
In einem Elternabend sprach die Leiterin der Kita dieses Thema an. Sie machte den Eltern die Kraft und Wirkungsweise ihrer Gedanken und ihrer Sprache bewusst. Sie ermunterte sie, weiterhin miteinander zu plaudern und dabei von nun an von den guten Seiten der Kinder zu sprechen. Die Wirkung war phänomenal. Die Eltern begannen sich zu erzählen, wo sie bei ihren eigenen Kindern und auch bei anderen Anlagen und Fähigkeiten sahen. Sie tauschten sich aus, was ihren Kindern Freude machte und was sie entdeckten und lernten.
Die Eltern hatten damit eine unsichtbare Schranke durchschritten. Sie fingen auch an, ihre eigenen Stärken und Fähigkeiten mit neuen Augen zu sehen. Die Eltern fragten einander, von wem die Kinder dieses oder jenes mitbekommen haben. Auch die Großeltern rückten deutlich in den Blick. Denn manche Begabung fand sich bei ihnen und nicht bei den Eltern.
Beatrix erzählte mir davon. Sie konnte es kaum fassen, wie viel Potenzial auf diese Weise frei geworden war. Früher hatte sie mehr die Schwächen im Blick gehabt, die es zu überwinden galt. Nun sah sie in erster Linie die Stärken. Sie freute sich, von ihnen zu sprechen. Sie wusste um die stärkende Wirkung guter Gedanken. Sie blühte auf, und mit ihr ihre Kinder. Sie war der Erzieherin ihrer Kinder dankbar für ihren wertvollen Hinweis.

Glauben Sie an eine gute Entwicklung

Der Glaube eines Menschen in ein Kind setzt in ihm Kräfte frei. Wenn er seine Worte in einfache Sätze fasst, dann kann das Kind sie sich gut einprägen. Wörter haben eine große Kraft, insbesondere wenn er sie bewusst wählt und an ihren Wahrheitsgehalt glaubt.

Kinder blühen auf, wenn sie in einer Atmosphäre stärkender Sätze groß werden. Solche Sätze sind ein kostbarer Proviant für die Reise durch das Leben. Sie tun immer gleichzeitig dem Kind gut und dem, der sie sagt und ehrlich fühlt.

Proviant für die Reise durchs Leben

Solche Sätze können sein:

- „Du bist in Ordnung, so wie du bist."
- „Es ist schön, dass es dich gibt!"
- „Ich glaube an dich. Du wirst deinen Weg finden."
- „Du kannst gut ..."
- „Du bist ein begabter Junge/ein begabtes Mädchen. Du wirst deinen Weg finden."
- „Es wird sich fügen."

In solchen Sätzen ist eine starke Kraft enthalten. Aus ihnen können Kinder ein Leben lang Kraft schöpfen. Als Erzieherinnen können Sie den Kindern solche Kraft spendenden Sätze mit auf den Lebensweg geben.

TIPP FÜR DEN ALLTAG

Erlauben Sie sich auch selbst solche Sätze. Erleben Sie ihre wohltuende Wirkung. Wollen Sie sich solche Sätze selbst schenken? Ich gebe Ihnen eine Anregung für den Morgen als eine tägliche Übung: Gehen Sie ins Bad und schauen Sie in den Spiegel. Schauen Sie sich freundlich an und schenken Sie sich einen dieser Sätze. Sagen Sie: „Guten Morgen, Sandra (setzen Sie bitte Ihren eigenen Namen ein), du bist in Ordnung, so wie du bist!"

Machen Sie dies mehrere Wochen. Spüren Sie die Wirkung. Beobachten Sie, was in dieser Zeit in Ihrem Leben geschieht. Es ist hilfreich, wenn Sie diese Sätze selbst für sich annehmen können. So machen Sie es den Kindern leicht, diese stärkenden Botschaften von Ihnen anzunehmen und Ihnen zu glauben.

Schenken Sie sich Kraft

Carsten schenkt einem großen Jungen einen heilsamen Satz

Kai war 14 Jahre alt. Er ging jeden Tag nach der Schule in den Hort. Er kam aus einer sozial schwierigen Umgebung.
Carsten, der Erzieher, nahm mittags jedes einzelne Kind am Eingang des Horts in Empfang. Er gab jedem die Hand, sprach es mit seinem Namen an und schaute es an. Dazu sagte er: „Es ist schön, dass du da bist!" Er fühlte und empfand diesen Satz bei jedem Kind ganz und gar ehrlich. Er wusste, dass die Kinder hier am Nachmittag gut aufgehoben waren.
Manchmal kamen die Kinder nacheinander an. An anderen Tagen kamen mehrere gleichzeitig an. Dann stellten sie sich in einer Reihe an und warteten auf die Begrüßung.
An einem Tag geschah etwas Denkwürdiges. Der 14-jährige Kai stand in der Reihe an. Er war ein großer, stämmiger junger Mann. Er gab Carsten die Hand und schaute ihm in die Augen. Er hörte wie jeden Tag: „Kai! Es ist schön, dass du da bist!" An diesem Tag stellte er dem Erzieher eine Frage: „Carsten, warum sagst du das jeden Tag?" Carsten antwortete ihm: „Ich freue mich, dass du da bist. Und das sage ich dir!" Kai standen die Tränen in den Augen und er sagte: „Das tut gut! Das hat mir vorher noch niemand in meinem Leben gesagt. Danke!"
Seitdem weiß Carsten noch mehr, wie wichtig und wie heilsam diese ehrlich empfundene Begrüßung ist. Kai hat ihm mit seinem Dank ein Geschenk gemacht.

Du bist …

Alle unsere Wörter haben eine Wirkung. Dies gilt auch für all die Wörter, die einem „Ich bin …" oder einem „Du bist …" folgen. Mit ihnen können wir uns selbst und andere aufbauen oder auch herunterziehen.

Wir haben die Wort-Wahl.

Was kommt bei Ihnen nach einem „Ich bin …" oder einem „Du bist …"? Wir haben die Wort-Wahl. Ich biete Ihnen schöne, stärkende Sätze an: „Du bist ein Schatz!", „Du bist fleißig!", „Du bist eine wunderbare Frau!", „Du bist ein erfahrener Erzieher!", „Du bist eine liebevolle Mutter!", „Du bist ein wunderbares Kind!"
Spüren Sie selbst die Wirkung der „Du bist …"-Sätze. Sie gehen tief hinein. Das gilt natürlich gleichermaßen für „Du bist …"-Sätze mit einer beschimpfenden Aussage. Was hilft es, unsere Stärken und die Stärken von Kindern und anderen Erwachsenen zu sehen und zu stärken, wenn wir sie gleichzeitig versehentlich durch gegenläufige Botschaften wieder zunichte machen?
Machen Sie sich bitte bewusst, welche Sätze Sie mit „Du bist …" gebrauchen. Sie haben immer eine starke Wirkung. Streichen Sie schwächende „Du bist …"-Formulierungen und nehmen Sie den einen oder anderen aufbauenden Satz in Ihre Sprache auf. Diese Sätze sind kostbar – für Sie und für die Kinder.

TIPPS FÜR DEN ALLTAG

- **Lenken Sie Ihren Blick auf Ihre Stärken**

Bilden Sie zwanzig Sätze, die mit „Ich kann gut …" beginnen. Wenn Sie Ihre eigenen Stärken gefunden haben, dann lenken Sie Ihren Blick auf die Stärken eines Menschen, den Sie begleiten. Das kann ein Kollege, ein Mitarbeiter, ein Kind oder dessen Vater oder Mutter sein. Finden Sie auch hier zwanzig Sätze mit „Er/Sie kann gut …".
Wie geht es Ihnen dabei, zwanzig Sätze zu finden? Gönnen Sie es sich, Stärken bei sich und anderen reichlich zu sehen. Es wird Ihnen selbst gut tun!

Die Energie folgt der Aufmerksamkeit. Es wird sich etwas tun, wenn Sie Ihre Aufmerksamkeit auf das Können lenken. Beobachten Sie, was in der Folge geschehen wird. Machen Sie sich die Wirkung Ihres selbst gelenkten Denkens und Fühlens bewusst.

■ **Lenken Sie Ihre Aufmerksamkeit für vier Wochen auf den Gebrauch von „können" und „nicht können".**
Sagen Sie eher „können" oder „nicht können"? Schreiben Sie einige Sätze mit „nicht können" auf. Wandeln Sie diese Sätze. Finden Sie neue Formulierungen ohne „nicht". Das ist eine gute und wirksame Übung. So werden Sie sich innerlich auf das „Können" einlassen.
Beobachten Sie in dieser Zeit bitte, was in Ihrem Leben geschieht. Entdecken Sie die Wechselwirkungen von Sprache und Erleben. Freuen Sie sich!

FAZIT

Jedes Wort wirkt und schafft Wirklichkeit. Es ist eine der beglückendsten Gaben der Menschheit, dass wir durch unser Denken und Sprechen gleichzeitig Geschöpfe sind und auch Schöpfer.
Wir leben in einer Zeit der globalen Wandlung. Jeder Einzelne hat dabei die Möglichkeit und auch die Verantwortung, Neues mitzugestalten. Er kann und darf das in die Welt hineinbringen, was er sich und ihr wünscht. Mit seinem Denken und Sprechen formt er auf diese Weise eine neue Wirklichkeit.
Das Lingva Eterna Sprachtraining erinnert an dieses uralte Wissen und weist einen Weg, achtsam mit dieser Macht umzugehen, die jeder Einzelne und auch eine Gesellschaft durch die Sprache und den täglichen Sprachgebrauch hat.
Hören Sie bitte auf zu glauben, dass die Umstände Sie an Ihrem Glück hindern oder dass andere den Anfang machen sollen und Sie ja angeblich nichts oder nur wenig ausrichten können. Beginnen Sie, an sich und an die Kraft zu glauben, die auch Ihnen innewohnt. Erlauben Sie sich selbst, diese Kraft in Dankbarkeit und Demut anzunehmen und von ihr Gebrauch zu machen.
Schaffen Sie sich Schritt für Schritt einen Wort-Schatz an, der wirklich ein Schatz ist. Gönnen Sie sich eine Sprache, die die Seele nährt, Ihre eigene und die der Ihnen anvertrauten Kinder und deren Eltern.
Es ist für Kinder ein großes Glück, wenn sie mit einer wertschätzenden, klaren und zielorientierten Sprache groß werden. Es lässt sie wachsen und gedeihen und im Leben ihre Bestimmung finden. Und all dies geschieht, indem Sie auf Ihre eigene Sprache achten, die Ihnen gut tut.

Ich wünsche Ihnen beim bewussten Umgang mit der Sprache Leichtigkeit, Freude und viele Wunder-volle Erfahrungen!

5 Sich gesund fühlen, heißt stark zu sein – Gesundheit fördern durch betriebliche Gesundheitsförderung

5.1 Zur Einstimmung

5.2 Die gesundheitliche Situation von Erzieherinnen: ein Überblick

5.3 Was ist Gesundheitsförderung?

5.4 Von der Gesundheitsförderung zum betrieblichen Gesundheitsmanagement

5.5 Betriebliche Gesundheitsförderung in der Kita ganz praktisch

5.6 Der Prozess der Veränderung

5.7 Und zum Schluss: Grundregeln

Das Innere Team diskutiert zum Thema „Wie gehe ich mit einem Problem in der Kita um?“.

5.1 Zur Einstimmung

„Ich fühle mich stark und gesund, wenn ich mich an meinem Arbeitsplatz mit den Kindern und meinen Kolleginnen wohlfühle und wenn ich auch in meiner Freizeit noch genug Kraft habe, mich um meine Familie zu kümmern, mich mit meinen Freundinnen treffen kann und Zeit für meine Hobbys habe." Dieses sagte Julia, eine Erzieherin, auf die Frage, was für sie Gesundheit ist. Wenn wir uns gesund fühlen, fühlen wir uns in der Regel auch stark, den Alltag mit all seinen vielfältigen Aufgaben zu bewältigen. Aber immer mehr Menschen fühlen sich durch die zunehmende Arbeitsdichte und die Veränderungen in der Arbeitswelt gefordert.

Das gilt auch für das Berufsbild der Erzieherinnen, das in den vergangen Jahren einen großen Wandel erlebt hat. Vermehrte Anforderungen, wie die Einführung von Bildungsempfehlungen, Dokumentationspflicht, Umsetzung von Qualitätssystemen und die Umstellung auf neue Finanzierungskonzepte, wirken auf das pädagogische Personal der Kindertagesstätten. Hinzu kommen Belastungen, wie ein hoher Lärmpegel, fehlendes und unzureichendes erwachsenengerechtes Mobiliar oder unzureichende Räumlichkeiten. Sicherlich sind diese Faktoren von Kita zu Kita verschieden und wirken sich unterschiedlich auf das persönliche Wohlergehen am Arbeitsplatz der Erzieherinnen aus. Die Gesundheit und das Wohlergehen von Erzieherinnen in Kindertagesstätten sind in der letzten Zeit häufiger in die Öffentlichkeit geraten. Die Qualität der Arbeit in Kindertagestätten ist von hoher Bedeutung, da sie die erste Bildungsinstanz sind und somit eine Schlüsselfunktion für die frühkindliche Bildung einnehmen.

Gesunde Erzieherinnen sind wichtig, um den Betreuungs- und Erziehungsauftrag zu gewährleisten.

Um dem Bildungs-, Betreuungs- und Erziehungsauftrag von Kindertagesstätten gerecht zu werden, bedarf es gesunder und motivierter Mitarbeiterinnen in den Einrichtungen. Deshalb ist es wichtig, der Gesundheit am Arbeitsplatz mehr Bedeutung einzuräumen und Rahmenbedingungen zu schaffen, unter denen ein gesundes Arbeiten und Lernen möglich ist und die Freunde hieran auch noch nach vielen Berufsjahren vorherrscht.

Wie können aber nun die Bedingungen in Kindertagesstätten so verändert werden, dass belastende Faktoren verringert und gesundheitliche Ressourcen in den Einrichtungen gefördert werden? Eine Antwort hierauf kann die Einführung einer betrieblichen Gesundheitsförderung sein. Betriebliche Gesundheitsförderung ist eine zentrale Strategie für die Schaffung gesundheitsfördernder Arbeitsbedingungen. Sie ermöglicht es Kindertagesstätten, ihre Rahmen- und Arbeitsbedingungen im Hinblick auf die Gesundheit der Mitarbeiterinnen systematisch zu verbessern und trägt somit auch zur Attraktivität der Einrichtungen bei. Maßnahmen der betrieblichen Gesundheitsförderung können als umfassende Strategie einen Beitrag zur Verringerung arbeitsbedingter Belastungen und zur Verbesserung der persönlichen Kompetenz leisten.

In diesem Kapitel wird ein kurzer Einblick über die gesundheitliche Situation der Erzieherinnen gegeben. Es wird der Frage nachgegangen, was der Begriff Gesundheitsförderung bedeutet. Die betriebliche Gesundheitsförderung wird beschrieben und praxisnahe, erprobte Methoden der Umsetzung aufgeführt. Dabei geht es weniger um einzelne, individuelle Maßnahmen, sondern es wird hier ein Prozess der Veränderung im sozialen System beschrieben. Checklisten und Tipps sollen Lust machen, diesen Prozess einzuläuten und gemeinsam die Kindertagesstätten zu einem gesunden Ort für alle zu entwickeln.

5.2 Die gesundheitliche Situation von Erzieherinnen: ein Überblick

Wie sehen die Anforderungen an das pädagogische Personal in den Kitas nun im Einzelnen aus? In welchen Bereichen entstehen welche Belastungen? Was empfinden die Mitarbeiterinnen selbst als besonders herausfordernd? Fragen, denen verschiedene Studien nachgingen. Sie kommen zu sehr ähnlichen bzw. ergänzenden Ergebnissen.

Gestiegene Belastungen

Deutlich wird, dass die Anforderungen wachsen. Die Gewerkschaft für Erziehung und Wissenschaft untersuchte 2007 die verschiedenen Aufgaben, denen Mitarbeiterinnen in Kindertagesstätten gerecht werden müssen. Das Ergebnis: Neben dem Bildungs-, Erziehungs- und Betreuungsauftrag müssen die Mitarbeiterinnen immer mehr versuchen, familiäre Defizite auszugleichen. Darüber hinaus ist in den letzten Jahren der Arbeitsaufwand durch Dokumentations- und Verwaltungsaufgaben gestiegen. Außerdem beeinflussen Faktoren wie die räumliche und materiale Ausstattung die Arbeitsteilung unter den Kolleginnen und die Partizipationsmöglichkeiten das Ausmaß der gefühlten Arbeitsbelastungen (Gewerkschaft für Erziehung und Wissenschaft, 2007).

Attiya Khan von der Technischen Universität Dresden wertete neben ihrer eigenen Studie weitere Untersuchungen (Buch/Frieling, 2004; Botzet/Frank, 1998; Hoffmann-Steuernagel, 1999; Rudow, 2004; Khan, 2005) aus. Demnach sind Erzieherinnen zahlreichen gesundheitlichen Belastungen ausgesetzt. Diese sind:

- Lärm
- keine erwachsenengerechten Möbel
- Zwangshaltungen
- zu schweres Heben und Tragen
- Raumsituationen und Umgebung
- Überforderung durch zu viele verschiedenen Anforderungen
- Arbeitsdichte

Diesen Studien ist zudem die Erkenntnis gemeinsam, dass letztlich nicht einzelne, prägnante Belastungen die Gesundheit am Arbeitsplatz beeinträchtigen. Ausschlaggebend ist vielmehr das Zusammenwirken einer Vielzahl von Belastungen.

Zusammenwirken vieler Stressoren

Viele Stressoren sind strukturell und organisatorisch mit den Rahmenbedingungen der Kindertagestätten verbunden (Khan, 2004; Thinschmidt, 2009). Auch ein ungünstiger Personalschlüssel und zu große Gruppen spielen eine wichtige Rolle. Dies bedeutet Zeitmangel, wenig Besprechungszeiten und kaum Zeit für Elterngespräche.
Im Einzelnen können sich Belastungen im Arbeitsfeld Kita aus den folgenden Bereichen ergeben:

Arbeitsumgebung
- *Lärm*
- *Mobiliar*
- *Raumbelüftung*
- *Räumliche Bedingungen (Größe und Anzahl der Räume)*
- *Arbeitsmaterial (Spiel- und Beschäftigungsmaterial)*
- *Chemische Stoffe (Desinfektions- und Reinigungsmittel)*

Organisatorische Bedingungen
- *Art und Größe der Kita*
- *Pädagogisches Konzept*
- *Gruppengröße (Anzahl der Kinder und Zusammenarbeit mit anderen Personen)*
- *Gruppenzusammensetzung (Altersbereich der zu betreuenden Kinder, offene Arbeit)*
- *Anzahl der Mitarbeiter/-innen im Team (Ausgleich von Krankheitszeiten und Urlaub)*
- *Arbeitszeit und Pausenregelung*

Anforderung aus der Arbeitsaufgabe
- *Aufgabeninhalte (Komplexität, Vielfalt, Sinnhaftigkeit, Kontrollmöglichkeit)*
- *Informationsdichte/Anzahl parallel auszuführender Aufgaben*
- *Zeitdruck (Vor- und Nachbereitungszeiten für pädagogische Arbeiten, Zeit für die direkte Arbeit mit und an dem Kind)*
- *Daueraufmerksamkeit (Beaufsichtigung der Kinder)*
- *Physische Belastungen (Heben und Tragen der Kinder, ungünstige Körperhaltung)*
- *Stimmliche Belastungen*
- *Emotionale Anforderungen (Diskrepanz zwischen äußerer und innerer Gefühlslage)*
- *Berufliche Weiterentwicklung (Fort- und Weiterbildung)*
- *Gefahrenquellen (Treppen, Nässe, Spielzeug und Ausstattung)*

Soziale Bedingungen
- *Sozialstruktur der Kinder und der Eltern (Migrationshintergrund, Schichtzugehörigkeit)*
- *Teammerkmale (Altersstruktur, Teilzeitstellen, Ausbildung)*
- *Betriebsklima (Kommunikation, Zusammenarbeit, persönliche Akzeptanz, sozialer Rückhalt)*
- *Führung (Führungsstil, Transparenz, Fairness)*
- *Soziale Kontakte (zu den Kindern, den Eltern, Kollegen/-innen und anderen Akteuren)*

▷

Gesellschaftliche Bedingungen
- *Gesellschaftliche Anforderungen (Bildungsauftrag)*
- *Kulturelle Normen*
- *Wirtschaftliche Lage (Arbeitsplatz[-un-]sicherheit, Arbeitsmarktsituation)*
- *Berufsstatus und -ansehen*
- *Bezahlung*

(Thinschmidt, 2009, S. 8)

Die Summe von unterschiedlichen Belastungen wirkt auf die Gesundheit ein.

Oft ist es die Summe von unterschiedlich erlebten Belastungen, die auf die Gesundheit einwirken kann. Die persönliche Vorgeschichte und Einflüsse außerhalb des Arbeitslebens wirken natürlich ebenfalls auf die gesundheitliche Situation, sie können jedoch selten erfasst werden.
Diese Belastungen ziehen wiederum gesundheitliche Beschwerden und Probleme nach sich. Kopfschmerzen, Schmerzen im Bewegungsapparat und Rückenbereich, Schlaflosigkeit, Magen- und Darmbeschwerden bis hin zur totalen Erschöpfung können die Folge sein.

Ressourcen des Erzieherinnenberufs

Vieles wirkt auch gesundheitsfördernd.

Trotz der genannten Widrigkeiten erleben Erzieherinnen ihren Beruf aber durchaus auch positiv. Sie haben eine hohe Bindung an ihren Beruf und schätzen die Vielfalt an Anforderungen, die abwechslungsreiche Tätigkeiten und den hohen Handlungsspielraum (Berger et al., Hepting/Hüfner, 2004). Der hohe Handlungsspielraum und ein hohes Maß an Kreativität sind für die Motivation wichtige Faktoren. Die Arbeit mit den Kindern wird ebenfalls als sehr positiv bewertet, weil sie sie in ihrer Entwicklung unterstützen und begleiten können.
Der soziale Rückhalt bei den Kolleginnen und im Team und das gute Betriebsklima in den Einrichtungen tragen ebenfalls zu einer hohen Arbeitszufriedenheit bei (Hepting/Hüfner, 2004). Fragen Sie sich:

- Was macht Ihnen Spaß an Ihrem beruflichen Alltag in der Kita?
- Was lässt Sie nach Feierabend guter Dinge nach Hause gehen?
- Wo sehen Sie in Ihrem Alltag große Belastungen?

FAZIT

Erzieherinnen erleben in ihrem Berufsalltag eine Menge an Belastungen, die zu körperlichen und psychischen Beeinträchtigungen führen können. Gleichzeitig gibt es aber auch gesundheitsfördernde Ressourcen in diesem Berufsfeld.

5.3 Was ist Gesundheitsförderung?

In diesem wie auch in anderen Kapiteln wurde ein kurzer Einblick zur gesundheitlichen Situation von Erzieherinnen gegeben. Es wurden die Belastungen aufgezeigt, aber auch die positiven Seiten des Berufs benannt. Nun soll es nun darum gehen, aufzuzeigen, was Gesundheitsförderung und vor allem betriebliche Gesundheitsförderung bedeuten.

Gesundheit ist ein Begriff mit einer großen Bandbreite an Bedeutung und jede wird auf die Frage „Was bedeutet für Sie Gesundheit?" eine andere Antwort haben. Für die meisten Menschen ist Gesundheit die Voraussetzung für Zufriedenheit oder gar für Glück. Viele bezeichnen Gesundheit als „das höchste Gut" und können sich ihr Leben ohne Gesundheit nicht vorstellen. Der Versuch, Gesundheit zu definieren, stößt jedoch schnell an Grenzen.

Der Blick der Weltgesundheitsorganisation

Definition von Gesundheit

Einen wesentlichen Beitrag zur Definition von Gesundheit hat die Weltgesundheitsorganisation (WHO) geleistet. Neben den körperlichen Faktoren hat sie erstmals auch die seelischen und sozialen Bedingungen für Gesundheit erfasst. Darüber hinaus sagt sie auch, dass Gesundheit in enger Beziehung zum eigenen Handeln und zur Persönlichkeitsentwicklung steht. Hierzu schauen wir uns noch einmal an, wie es in der Ottawa-Charta der WHO von 1986 heißt (siehe S. [illegible]).

> *Um ein umfassendes körperliches, seelisches und soziales Wohlbefinden zu erlangen, ist es notwendig, dass sowohl einzelne als auch Gruppen ihre Bedürfnisse befriedigen, ihre Wünsche und Hoffnungen wahrnehmen und verwirklichen sowie ihre Umwelt meistern bzw. verändern können. In diesem Sinne ist die Gesundheit als ein wesentlicher Bestandteil des alltäglichen Lebens zu verstehen und nicht als vorrangiges Lebensziel. Gesundheit steht für ein positives Konzept, das in gleicher Weise die Bedeutung sozialer und individueller Ressourcen für die Gesundheit betont wie die körperlichen Fähigkeiten.*
> *(WHO, 1986)*

Aus dieser Definition möchte ich einige wichtige Punkte herausstellen.

Gesundheit ist wesentlich mehr als die Abwesenheit von Krankheit.

- Gesundheit ist ein Stadium, das Menschen Wohlbefinden und Lebensfreude vermittelt. Dahinter steht vor allem die Vorstellung, die eigene Lebensführung und die Umwelt verändern zu können. Aus lern- und entwicklungstheoretischer Sicht steht damit der Begriff der Selbstwirksamkeit, der Erfahrung eigener Wirksamkeit mit positiver Einstellung zu den alltäglichen Herausforderungen, Annahme der eigenen Person und eine optimistische Erwartung an die soziale Umwelt im Vordergrund. Gesundsein zeigt sich in einer erlebenden, planvoll und zielgerichtet handelnden Person.
- Die Person steht nicht für sich allein, sie befindet sich in ständiger Beziehung mit ihrer materiellen und sozialen Umwelt. Gesundheit ist immer im Lebenszusammenhang der Person zu betrachten und zu bewerten.
- Gesundheitsförderung bezieht sich nicht nur auf die Person, also auf das Verhalten, sondern auch auf die umgebende Umwelt (Familie, Stadtteil, Arbeitsumfeld u. a.), also die Verhältnisse.
- Gesundheit ist Menschrecht und eine gesellschaftliche Verpflichtung.
- Gesundheit ist kein festgeschriebener Zustand, sondern muss immer wieder ausbalanciert werden.
- Gesundheit wird hier als lebenslange Entwicklungsaufgabe verstanden.

Empowerment

Ein weiteres wichtiges Kernstück der Gesundheitsförderung wird hier beschrieben, und zwar „Empowerment“. Moderne Gesundheitsförderung setzt auf Empowerment, also auf die Stärkung der Persönlichkeit und ihre Befähigung, in sozialen Gruppen gemeinsam Veränderungen durchzusetzen. Empowerment geht davon aus, dass Menschen ihre Fähigkeiten dann am besten entfalten können, wenn sie soziale Handlungsmöglichkeiten bekommen und an ihnen beteiligt werden. Empowerment richtet sich an die Stärken jedes Einzelnen und die Kraft der Selbstorganisation von Individuen, Gruppen und Institutionen.

Das Konzept der Salutogenese

Der Ansatz der WHO markiert einen Perspektivwechsel, der die Zweiteilung in „gesund“ oder „krank“ aufgibt. Maßgeblich für diesen Paradigmenwechsel war ein neues Erklärungsmodell von Gesundheit des jüdischen Arztes Aron Antonovsky. Er entwickelte das Modell der Salutogenese (saluto = Gesundheit; genese = Schöpfung) zur Erklärung von Gesundheit. Der Ansatz stellt Krankheit und Gesundheit als ein Kontinuum dar. Im Rahmen des Gesundheit-Krankheit-Kontinuums kann ein Mensch zu jedem Zeitpunkt seines Lebens eine bestimmte Position zwischen den Polen Gesundheit und Krankheit einnehmen. Hierbei können die körperliche und die psychische Gesundheit zugrunde gelegt werden. Entscheidend für das Gesundbleiben eines Menschen – sogar unter belastenden oder gefährdenden Lebensbedingungen – sind sogenannte „Schutzfaktoren“, auch Widerstandsressourcen genannt. Zu den Schutzfaktoren gehören beispielsweise Strategien der Stressbewältigung, soziale Unterstützung, aber besonders auch die persönlichen Ressourcen, wie ein gutes Selbstwertgefühl, das Gefühl von Kompetenz und die Überzeugung, durch eigenes Tun etwas bewirken zu können.

Bei dem Thema Gesundheit und Gesundheitsförderung stellen sich auch immer die Fragen:

- Wie sehe ich selbst die eigene Gesundheit?
- Was kann ich für meine Gesundheit tun? Was sind meine „Schutzfaktoren“? Wie gestalte ich mein Umfeld und meine Lebensbedingungen, um gesund zu bleiben?
- Ist Gesundheitsförderung auch eine Frage meiner Kolleginnen?
- Bin ich der Überzeugung, dass ich auch schwierige Situationen und Anforderungen in meinem Beruf bewältigen kann?

Dabei ist es wichtig, sich seine Erfolge bewusst zu machen und der Frage nachzugehen: „Was ist gut gelaufen?“ Vielleicht regen diese Fragen auch zu einer Diskussion im Team an.

FAZIT

Gesundheitsförderung steht für eine umfassende Sichtweise. Sie bezieht die körperliche, soziale und psychische Gesundheit des Menschen mit ein. Sie zielt auf die Selbstwirksamkeit, also die Fähigkeit, sein Leben und sein Umfeld so zu gestalten, dass es dem Wohlbefinden dient. Dabei steht nicht nur die eigene Person im Mittelpunkt, sondern auch die Verhältnisse des Lebensumfelds. Gesundheit muss als ein dynamischer Prozess betrachtet werden, um den sich immer wieder bemüht werden muss.
Sie betont die Schutzfaktoren und nicht ausschließlich die Risikofaktoren. Und vor allem sind das Zusammenwirken in der Gruppe und die gemeinsame Gestaltung der Lebensverhältnisse grundlegend.

5.4 Von der Gesundheitsförderung zum betrieblichen Gesundheitsmanagement

Rechtlicher Rahmen

Die oben beschriebenen Ansätze fließen in die betriebliche Gesundheitsförderung ein. Der rechtliche Rahmen wird durch Arbeitsschutzgesetz und Arbeitssicherheitsgesetz gegeben. Seit 1996 gelten diese auch für Kindertagestätten. Leider findet in Kindertagesstätten das Arbeitsschutzgesetz kaum Aufmerksamkeit. Durch den Wandel der Arbeit treten immer mehr psychosoziale Aspekte von Tätigkeiten auf, bei denen die Herangehensweise des klassischen Arbeitsschutzes nicht mehr ausreicht (vgl. Slesina et al., 1998).

Der Betrieb bietet sich als Ort für Maßnahmen der Gesundheitsförderung sehr gut an, da mit Veränderungen der Arbeitsbedingungen Einfluss auf die Gesundheit von Beschäftigten genommen werden kann.

Der Setting-Ansatz

Die Weltgesundheitsorganisation benennt in ihrer Erklärung hierzu den Setting-Ansatz.
Ein „Setting“ bezeichnet diejenigen Lebensbereiche, in denen Menschen den größten Teil ihrer Zeit verbringen. Dieses sind Betriebe, Schulen, Kindertagesstätten, Stadtteile, Familien u. a. mehr. Diese Lebensbereiche können einen starken Einfluss auf die Gesundheit haben. Maßnahmen zur Gesundheitsförderung, die beim Setting ansetzen, gelten als besonders erfolgversprechend, denn:

- Verhaltensveränderungen sind nur möglich und langfristig stabil, wenn sie in den Alltag integriert werden können und mit den jeweiligen Gewohnheiten und Werten übereinstimmen;
- in den Settings können Rahmenbedingungen gezielt verändert werden, welche die Gesundheit fördern können;
- alle Beteiligten können in den Prozess der Veränderung einbezogen werden.

Kernstück der betrieblichen Gesundheitsförderung

Der „Setting-Ansatz“ ein Kernstück der betrieblichen Gesundheitsförderung. Hier können Rahmenbedingungen verändert werden, sodass sich Erzieher/-innen, Kinder und Eltern wohlfühlen.

Für das Bildungssystem Kindertagesstätten lassen sich – in Anlehnung an die Ottawa-Charta Kapitel – fünf Ebenen aufzeigen, denen mögliche Handlungsfelder zugeordnet werden können.

Handlungsebene	Aufgaben und Ziele	Mögliche Handlungsfelder
Ebene des Individuums/der Person	■ Stärkung der Persönlichkeit ■ Erweiterung der Handlungskompetenz ■ Suchen, Erproben und Ermöglichen eines gesunden Lebensstils	■ Förderung gesundheitlicher Kompetenzen, Körperpflege, Qualität von Ernährung, Bewegung und Kleidung, Schutz vor Erkrankungen und Verletzungen
Ebene der Gruppen	■ Schaffung von Kooperationsformen und Arbeitsgemeinschaften ■ Teamentwicklungsprozesse ■ Befähigung, eigene Interessen zu verwirklichen	■ Bereitschaft zur Teamarbeit ■ Gruppendruck und Widersprüche aushalten ■ Konflikte bewältigen ■ Probleme lösen ■ Eltern und Kinder an Planungen beteiligen
Ebene der Organisation	■ Entwicklung eines gesunden Kita-Profils ■ Gestaltung der Einrichtung durch Kulturpflege und Organisationsentwicklung	■ Instandhaltung der Räume, Qualität der Luft- und Lichtverhältnisse, Schutz vor Schadstoffen, angemessene Ausstattung, erwachsenengerechtes Mobiliar ■ Selbstorganisation stärken, Reflexion der eigenen Arbeit und des Arbeitsalltags
Ebene der Lebenswelt/Umwelt	■ Schaffung gesundheitsförderlicher Lebenswelten für Kindertagesstätten durch Öffnung, Vernetzung und Entwicklung von Ressourcen	■ Kommunikation und Kooperation suchen und pflegen ■ Zusammenarbeit mit anderen Einrichtungen, Ressourcen des Stadtteils nutzen
Ebene der Gesellschaft und Politik	■ Gesundheitsförderung und Kindertagesstätten in den Blickwinkel der Politik bringen	■ Lobbyarbeit für Erzieher/-innen, Kinder und Eltern ■ Eintreten für eine verstärkte Gesundheitsförderung in Kindertagesstätten ■ Gesundheitsschutz und Ausbildung von Erziehern/-innen verstärken

Aufgaben und Handlungsfelder im Setting „Kindertagesstätten" (Maasberg, 2004, S. 89–92)

Durch die Vielfalt von Handlungsoptionen bietet der Setting-Ansatz die Möglichkeit für eine ganzheitliche Betrachtung. Die wichtigste Neuerung dieses Ansatzes ist, dass die Wechselwirkungen zwischen Individuum, sozialem System sowie kulturellen, ökonomischen und ökologischen Bedingungen einbezogen werden.

Vorgehensweise der betrieblichen Gesundheitsförderung

Neben den beschriebenen Ansätzen gibt es für die betriebliche Gesundheitsförderung noch weitere wichtige Vorgehensweisen (vgl. Europäisches Netzwerk für betriebliche Gesundheitsförderung, 2007, S. 4).

Diese sind:

- Die Mitarbeiterinnen und Mitarbeiter müssen einbezogen werden (Partizipation);
- betriebliche Gesundheitsförderung muss bei allen wichtigen Entscheidungen und in allen Betriebsbereichen berücksichtigt werden (Integration);
- alle Maßnahmen und Programme müssen systematisch durchgeführt werden (Bedarfsanalyse, Zielsetzung, Planung von Maßnahmen, Umsetzung, Kontrolle und Bewertung);
- betriebliche Gesundheitsförderung beinhaltet sowohl Verhaltens- als auch verhältnisorientierte Maßnahmen. Sie verbindet den Ansatz der Risikoreduktion mit dem des Ausbaus von Schutzfaktoren und Gesundheitspotenzialen (Ganzheitlichkeit).

An betrieblicher Gesundheitsförderung sollten alle beteiligt sein.

Hieran wird deutlich, dass sich betriebliche Gesundheitsförderung an die ganze Einrichtung mit all ihren Personen wendet. Für Kindertagesstätten bedeutet dies, dass in einem gesundheitsfördernden Prozess alle Mitarbeiterinnen, die Leitung, die Eltern und Kinder, aber auch Trägervertreter beteiligt sein sollten. Gesundheitsförderung wird als ein Prozess gesehen, der systematisch erfolgt und kontinuierlich weitergeführt wird, um die Organisation dauerhaft gesundheitsfördernd zu verändern. Natürlich soll die Gesundheit des Einzelnen gefördert werden, aber vielmehr noch sollen die Rahmenbedingungen so verbessert werden, dass Belastungen wie Lärm, ungünstige Arbeitsanforderungen und psychische Belastungen abgebaut und Ressourcen wie Arbeitszufriedenheit, sozialer Rückhalt und Motivation gefördert werden.

Individuelle Maßnahmen

Nun mag vielleicht jemand sagen: „Das ist schon wieder eine Aufgabe. Wir haben schon so viel zu tun und nun soll ich mich noch hier einbringen!" Diese Gedanken sind durchaus berechtigt. Funktioniert Gesundheitsförderung bei Mitarbeiterinnen, die sowieso schon so viele Anforderungen zu bewältigen haben? Ja, es kann funktionieren. Zum einen hat sich gezeigt, dass, wenn Mitarbeiterinnen ihr „Expertinnenwissen" für die eigene Gesundheit einsetzen und gemeinsam nach Lösungen suchen, Maßnahmen entwickelt werden, die genau zu der Kindertagesstätte passen und nicht „aufgesetzt" sind. Aber was noch wichtiger ist, dass hier das Prinzip der Selbstwirksamkeit greift. Die Personen erleben sich als aktiv Handelnde, die ihre Umgebung gemeinsam gesundheitsfördernd gestalten.

FAZIT

Maßgeblich beteiligt an der Entwicklung der betrieblichen Gesundheitsförderung waren die Resolution der WHO und die Arbeiten von Aron Antonovsky. Gesundheitsförderung setzt auf die Entwicklung und Verbesserung der gesundheitlichen Schutzfaktoren, die auch die Arbeitsbedingungen verbessern. Darüber hinaus ist die Beteiligung aller Mitarbeiterinnen ein wesentliches Kernstück. Betriebliche Gesundheitsförderung beinhaltet sowohl Verhaltens- als auch Verhältnisänderung, und ihre Maßnahmen sollten systematisch durchgeführt werden. Den eher vorbeugenden Ansatz zur Verhinderung von arbeitsbedingten Erkrankungen, Gefährdungen und Unfällen verfolgen das Arbeitsschutzgesetz und das Arbeitssicherheitsgesetz. Sie bilden den rechtlichen Rahmen zur Umsetzung des betrieblichen Arbeitsschutzes.

5.5 Betriebliche Gesundheitsförderung in der Kita ganz praktisch

Betriebliche Gesundheitsförderung ist ein geplanter und kontinuierlicher Prozess.

Wie lassen sich nun die doch eher theoretischen Überlegungen in die Praxis umsetzen? Wie kann ein Prozess in der Kita angeschoben werden, der alle beteiligt und der nachhaltig Rahmenbedingungen verbessert? Wie bereits erwähnt, sollten Maßnahmen und Programme systematisch entwickelt und aufgebaut werden. In diesem Kapitel werden Ansätze und Methoden des Projektmanagements beschrieben, Umsetzungsstrategien aufgezeigt und ganz konkrete Materialen an die Hand gegeben, sodass die Kitas hier vielleicht eine Hilfestellung bei der Umsetzung eigener Ideen und Projekte bekommen können.

Projektmanagement – von der Idee zum Projekt

Gute Ideen verlaufen oft im Sande.

Viele kennen das Problem: Immer wieder bringen Teams oder auch Einzelpersonen gute Ideen in den Kita-Alltag ein. Ideen, aus denen ein Projekt erwachsen könnte. Mit viel Elan und Kreativität werden die ersten Schritte in die Wege geleitet – aber dann verläuft das Vorhaben im Sande. Zeitdruck und der enorme Arbeitsanfall blockieren die weitere Arbeit am Projekt. Oft ist aus dem Kreise der Mitarbeiterinnen zu hören: „Oh, ein Projekt, das haben wir schon oft probiert."

So real die Hindernisse bei der Umsetzung interessanter Projekte sind – mit gutem Projektmanagement könnten viele bewältigt werden.

Als erstes gilt es, typische Fehler zu vermeiden, die das Vorhaben vorzeitig enden lassen:

- Der Zeitaufwand eines Projektes wird nicht realistisch eingeschätzt.
- Das Projekt passt nicht zur aktuellen Situation der Kindertagesstätte.
- Das Projekt findet keine eindeutige Zustimmung im Team.
- Es fehlt an klarer Kommunikation im Team über Planung, finanziellen Rahmen, Dauer und Zuständigkeiten.
- Es fehlt an der notwendigen Qualifikation.
- Zu viele Projekte laufen gleichzeitig.

Diese Fehler können umgangen werden, wenn ein Projekt systematisch und kompetent entwickelt und durchgeführt wird.

Fehler vermeiden durch kluges Management

Projekte systematisch entwickeln und durchführen

Gut entwickelte und durchgeführte Projekte können einen großen Beitrag zur Gesundheitsförderung in Kindertagesstätten leisten. Zudem tragen sie auch zur Organisationsentwicklung bei. Auch das Modellprojekt „Kitas fit für die Zukunft" wurde mit Methoden aus dem Projektmanagement durchgeführt.

Hinweis

Folgende Maßnahmen können Kindertagesstätten bei der Planung und Umsetzung von Projekten helfen:

- *Entwicklungsvorhaben müssen so geplant werden, dass sie Aussicht auf Umsetzung und somit auf Erfolg haben.*
- *Die Projekte müssen überschaubar bleiben.*
- *Es gilt, den richtigen Zeitpunkt zu wählen und sich nicht mit einem zusätzlichen Projekt zu überfordern.*
- *Unterstützungsstrukturen müssen geschaffen werden – im Team, bei der Leitung, durch Kooperationspartner.*

Gesundheitsfördernde Veränderungsprozesse werden überwiegend mit Maßnahmen des Projektmanagements entwickelt.

Was ist ein gutes Projekt?
Wie werden Projekte zur Gesundheitsförderung im Setting Kindertagesstätten geplant und was ist in diesem Sinne überhaupt ein Projekt?

> *Ein Projekt ist ein Vorhaben, das durch bestimmte Faktoren gekennzeichnet ist. Hierzu gehört, dass es einmalig ist, und zwar in Bezug auf den zeitlichen Rahmen, die zeitliche Einbindung, den finanziellen Rahmen und auch die personellen Ressourcen. Routineaufgaben sind keine Projekte. Zudem erfordert ein Projekt eine Projektleitung und ist häufig mit personellen, sozialen, finanziellen, terminlichen und qualitativen Risiken verbunden.*
> *(Sabo, 2003, S. 186)*

Projekte nach dieser Definition haben – im Gegensatz zu Projekten, die in einzelnen Gruppen durchgeführt werden – die gesamte Organisation einer Kindertagesstätte im Blick.

Diese Projekte zeichnen sich durch folgende Eigenschaften aus:

- Einmaligkeit
- eindeutige Aufgabenstellung und Zielformulierung
- definierter Anfang und Ende
- Definition von Teilaufgaben und Zuständigkeiten
- begrenzter Ressourceneinsatz
- Kooperationen zwischen verschieden Abteilungen und Vernetzungspartnern

Eine klare Aufgabenformulierung ist erfolgversprechend.

Gerade eine klare Aufgabenformulierung kann für ein Projekt der Gesundheitsförderung erfolgsentscheidend sein. Formulierungen wie „Wir wollen das Wohlbefinden für alle steigern" können ins Uferlose führen. Hier ist es sinnvoll, Teilziele zu bestimmen, wie z. B. eine Lärmreduzierung im Essensraum. In der Praxis bestätigt sich immer wieder der Grundsatz: Was genau definiert ist, ist auch planbar und umsetzbar.

Planbares Vorgehen bedeutet immer auch Kontrolle der Abläufe – sie ist ein wichtiger Aspekt jedes guten Projektmanagements.

Die Eingrenzung des Projektes
Folgende acht Schlüsselfragen helfen, ein Projekt näher zu umschreiben, einzugrenzen und zu strukturieren:

- **Für wen?**
  Für welche Zielgruppe in der Kita ist das Projekt gedacht? Für die Erzieherinnen, für die Kinder oder für die Eltern?
- **Wer?**
  Wer führt das Projekt durch? Die Mitarbeiterinnen oder die Leitung? Bewährt hat sich bei einer Entwicklung und Umsetzung von Projekten der Einsatz einer Projektgruppe oder eines Gesundheitszirkels.
- **Mit wem?**
  Wer kann Mitglied der Projektgruppe oder des Zirkels werden? Welche Kooperationspartner gehören dazu?
- **Was?**
  Was ist die Ausgangssituation? Was stört? Was belastet? Was soll verändert werden?
- **Wie?**
  Wie soll vorgegangen werden? Gibt es bereits gute Praxismodelle zur Orientierung? Oder müssen für die Kita eigene Maßnahmen entwickelt werden?
- **Wann?**
  Wann wird mit dem Projekt begonnen (Überforderung vermeiden), wann soll es beendet sein?

Die Projektleitung

Kommunikation und Teamfähigkeit

Wer die Leitung eines Projektes übernimmt, muss über Fähigkeiten in der Planung, Koordinierung, Kontrolle und Dokumentation verfügen. Um ein Projekt zu entwickeln, den Ablauf zu kontrollieren und es auf seine Wirksamkeit hin zu überprüfen, ist ein hohes Maß an Kommunikation und Teamfähigkeit bei allen Beteiligten erforderlich. Die Leitung sollte außerdem zu Projektbeginn die zeitlichen, personellen und finanziellen Ressourcen sichergestellt haben. Ebenso wichtig ist es, die gesamte Einrichtung und eventuell auch den Träger darüber zu informieren, dass ein gesundheitsförderliches Projekt entwickelt und umgesetzt wird. Fortlaufende

Informationen über Projektstand und Erfolge bilden die Grundlage für Transparenz und Akzeptanz.

Die Projektplanung

Die besondere Herausforderung oder auch der besondere Reiz der Projektarbeit ist, dass in der Regel Neuland betreten wird. Auch bei der besten Planung ist es daher nicht immer klar, ob ein Projekt gelingt und zum Ziel führt. Um den Überblick zu behalten, haben sich „Meilensteinsitzungen" als hilfreich erwiesen: Nach jedem Teilschritt wird noch einmal ein Blick auf das Ganze geworfen um festzustellen, ob mit den geplanten Mitteln und Ressourcen die Gesamtumsetzung des Projektes noch immer realistisch ist. Da das Setting „Kindertagesstätte" relativ überschaubar ist, kann hier oft noch eingegriffen und umgesteuert werden, wenn das Projekt aus dem Ruder läuft.

Meilensteinsitzungen zur Überprüfung

Die Erfahrungen haben gezeigt, dass die personellen Ressourcen für eine übergreifende Projektarbeit nicht immer bereitgestellt werden können. Der Arbeitsalltag von Erzieherinnen ist in der Regel zeitlich sehr angespannt und die Haushaltslage lässt nur begrenzte finanzielle Ressourcen zu. Aber auch kleine, unaufwendige Projekte, die mit „Bordmitteln" zu bewältigen sind, können sehr erfolgreich sein und die Motivation aller Beteiligten fördern. Jedes auch noch so kleine, gut geplante Projekt kann zur Gesundheitsförderung im Setting Kita beitragen.

Der Projektablauf

Für einen geplanten Projektablauf in der Gesundheitsförderung hat sich der sogenannte „Public Health Action Cycle" oder auch „Aktionszyklus" bewährt. Dieser Ansatz beschreibt ein geplantes Vorgehen in aufeinander abgestimmten Schritten. Er wird wie folgt durchgeführt:

Aktionszyklus

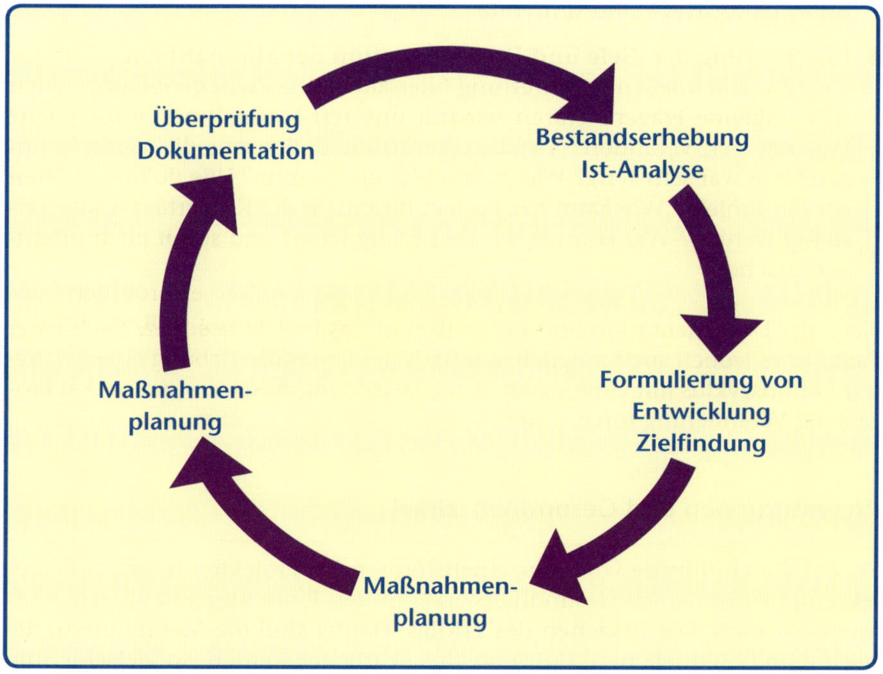

Aktionszyklus „Gesunde Kita"

- **Bestandserhebung/Ist-Analyse**
  Was wird bereits getan, wo liegt Entwicklungsbedarf?
  In diesem ersten Schritt wird ermittelt, welche gesundheitsrelevanten Bereiche für alle zufriedenstellend sind, in welchen es Probleme gibt und wo eine Veränderung wichtig und am schnellsten umsetzbar ist. Hierbei ist zu untersuchen, ob an bestehende Maßnahmen angeknüpft werden kann und wie sich bereits gemachte Erfahrungen einbeziehen lassen. Instrumente und Methoden einer Bedarfserhebung können z. B. die Befragung von Mitarbeiterinnen, Gefährdungsanalysen oder Zukunftswerkstätten sein.

- **Formulierung der Entwicklungsbedarfe/Benennung von Zielen**
  Eine klare Zielformulierung braucht Zeit.
  Auf Grundlage der Bestandserhebung werden konkrete Ziele erarbeitet und formuliert. Je nach Kindertagesstätte kann das Ziel auf Verhältnisänderung oder Verhaltensänderung gerichtet sein. Diesem Punkt sollte viel Zeit gewidmet werden, denn eine klare Zielformulierung ist für den weiteren Projektverlauf wesentlich. Dabei kann ein Ziel auch in mehrere Teilziele unterteilt werden.

- **Planung von Maßnahmen zur Zielerreichung**
  Planung ist Feinabstimmung der Zielformulierung.
  Bei der Planung hilft die möglichst genaue Beantwortung von Fragen wie diesen: Wie erreichen wir unsere Ziele? Welche Teilziele müssen eingehalten werden? Wer kann unterstützen? Mit welchen Methoden wollen wir arbeiten (z. B. Fortbildungen, bauliche Maßnahmen)?

- **Durchführung der Maßnahmen**
  Durchführung kann bereits Erfolge einläuten.
  Für die Umsetzung geplanter Maßnahmen muss klar sein: Wer ist verantwortlich für welchen Teil der Umsetzung? Gibt es einen Zeitplan, bis wann bestimmte Maßnahmen umgesetzt werden sollten? Ist der Zeitplan realistisch oder muss er verändert werden? Wie sichern wir eine transparente Kommunikation zwischen Erzieherinnen, Kindern und Eltern? Welche Informationswege sind sinnvoll?

- **Überprüfung der Ziele und Dokumentation der Maßnahmen**
  Erfolge festhalten und nach außen zeigen
  Für eine abschließende Bewertung oder auch eine Zwischenbilanz eignen sich folgende Fragen: Waren wir mit unseren Maßnahmen erfolgreich? Was hat sich verändert? Woran erkennt die Zielgruppe die Veränderungen? Was war schwierig? Was ging schief und warum? Wie dokumentieren wir das Projekt? Wie kann das Projekt innerhalb der Kindertagesstätte verstetigt werden? Wie können wir den Erfolg feiern und somit auch öffentlich machen?

Veränderungsprozess fortführen

Nach der Dokumentation und Evaluation ist das Projekt beendet. Nach einer Pause ist es jedoch auch möglich, auf Basis der Bestandserhebung einen weiteren Aktionszyklus mit einer neuen Aufgabe in Gang zu setzen und so den Prozess der Veränderung fortzuführen.

Projektgruppen und Gesundheitszirkel

Bei der Durchführung von gesundheitsfördernden Projekten haben sich Projektgruppen und auch Gesundheitszirkel in den Einrichtungen als sehr hilfreich erwiesen. Die Ursachen des Erfolgs: Häufig sind die Maßnahmen, die nach dem beschriebenen Aktionszyklus bearbeitet werden, so vielschichtig, dass sie nicht von einer Person bewältigt werden können. Zudem lassen sich

Veränderungen in Organisationen von Gruppen leichter herbeiführen als von Einzelnen. Und in Gruppen ist es auch leichter, verschiedene Lösungen für ein Problem zu entwickeln. Außerdem ziehen viele Mitarbeiterinnen das Arbeiten in Gruppen vor – gerade bei Hürden in der Umsetzung können Kolleginnen motivierend wirken oder unterstützend eingreifen. Und: Ist eine ganze Gruppe mit einem Projekt befasst, muss es nicht unbedingt auf „Eis" gelegt werden, wenn eine Person ausfällt.

Gesundheitszirkel: „Problemlösegruppen" in Kindertagesstätten

Um Projekte und Maßnahmen der Gesundheitsförderung in Kindertagestätten zu initiieren und umzusetzen, haben sich Projektgruppen und Gesundheitszirkel bewährt.

Wie arbeiten Gesundheitszirkel? Gesundheitszirkel verstehen sich als temporäre betriebliche Problemlösegruppen für den Bereich Gesundheit im jeweiligen Setting. Entstanden sind sie etwa Mitte der 80er-Jahre im Rahmen der Weiterentwicklung des Arbeitsschutzgesetzes. Die Gesundheitszirkel basieren in Konzept, Methode und Struktur auf Qualitätszirkeln, werden aber aus einer anderen Intention heraus gebildet: Ziel ist die Entwicklung von gesundheitsfördernden Maßnahmen, um Belastungen abzubauen.

Gesundheitszirkel sind zeitlich begrenzte, lösungsorientierte und partizipative Arbeitsgruppen.

In einem Zirkel sollten möglichst Personen aus allen Bereichen des Betriebes bzw. der Einrichtung vertreten sein. Zur Problemlösung wird das Expertenwissen aller Beteiligten genutzt. Auf diese Weise wird die Partizipation der Menschen in einer Einrichtung sichergestellt.

Gesundheitszirkel setzen sowohl an den Verhältnissen als auch am Verhalten an. Das heißt: Zum einen sollen Lösungen für die betrieblichen Belastungsfaktoren (Verhältnisse) entwickelt werden, zum anderen sollen die Teilnehmerinnen Wissen und Kompetenzen erwerben, um selbst besser mit Belastungen und Stress umgehen zu können (Verhalten). Weiterhin wird versucht, den Beteiligten den Zusammenhang zwischen eigenem Verhalten und strukturellen Bedingungen zu verdeutlichen, womit eine Problemerkennung und -lösung erleichtert wird.

Gesundheitszirkel setzen sich in der Regel aus sechs bis zehn Mitgliedern zusammen. Die Teilnahme an diesem Gremium sollte freiwillig sein. Die Sitzungen finden in einem regelmäßigen Turnus statt, haben eine Dauer von 90 bis 120 Minuten und werden moderiert. Die Zahl der Sitzungen kann, muss aber nicht, begrenzt werden. Gesundheitszirkel können Teil eines kontinuierlichen Verbesserungsprozesses sein. Als Ergebnis der Gruppenarbeit entstehen konkrete Lösungen, umsetzbare Maßnahmen und praxiswirksame Ergebnisse.

Moderation von Gesundheitszirkeln

Interne oder externe Moderation

Für den Erfolg eines Gesundheitszirkels ist die Moderation von zentraler Bedeutung. Moderatorinnen und Moderatoren können entweder von außen hinzugezogen werden oder aus der Einrichtung selbst kommen. Externe Moderatorinnen haben den Vorteil, dass sie nicht ins Gruppengeschehen involviert sind. Die Aufgaben einer (externen) Moderation sind im Einzelnen:

- Einladung der Gruppenmitglieder
- Einladung von zusätzlichen Expertinnen und Experten oder anderen Akteuren der Kindertagesstätte
- Sicherstellung des organisatorischen/technischen Rahmens (Termine, Räume, Moderationsmaterial usw.)
- Leitung der Gesundheitszirkelsitzungen mit den Mitteln der teilnehmeraktivierenden Gesprächsführung
- Anwendung von Visualisierungs- und Moderationstechniken
- Ergebnissicherung der Sitzungen, Sicherstellung einer Ergebnisdokumentation (Protokoll)

Soziale und kommunikative Kompetenz

Die Arbeit der Moderation erfordert dabei weniger Fachwissen über Arbeitsalltag und Arbeitsthemen als vielmehr soziale und kommunikative Kompetenz. Hierzu gehören unter anderem: Zuhören, Strukturieren, Hinterfragen, wertschätzend Kommunizieren und positiv Verstärken können. Auch die Fähigkeit, sich im richtigen Moment einzubringen oder zurückzunehmen und Verbindlichkeit in den Vereinbarungen herzustellen, sollte die moderierende Person mitbringen. Hinzu kommt das notwendige Beherrschen von Techniken zur systematischen Problemlösung und zur Aktivierung kreativer Potenziale.

Zusammenarbeit in den Gesundheitszirkeln

Eine gute Zusammenarbeit bedarf manchmal ein paar Regeln.

Die Zusammenarbeit in den Gesundheitszirkeln ist eine Voraussetzung für die Entwicklung von Lösungsschritten und Maßnahmen. Um ein konstruktives Miteinander zu gestalten, wäre es gut, einige Tipps zu beachten. Wenn Sie möchten, können Sie die folgenden Regeln auch für Ihren Gesundheitszirkel kopieren.

Die Regeln für eine Zusammenarbeit im Gesundheitszirkel lauten:

- Die Vertraulichkeit der Gespräche wird gewahrt.
- Die Selbstbestimmung jedes Einzelnen bleibt unangetastet.
- Alle Beteiligten sind für den Verlauf und den Ertrag der Gruppenarbeit selbst verantwortlich.

Demzufolge bemühen sich alle,

- sich aktiv zu beteiligen,
- konstruktive Kritik zu üben und dabei auf die richtige Form zu achten,
- tolerant und nicht wertend zu sein gegenüber anderen Meinungen,
- die anderen ausreden zu lassen,

- „private“ Seitengespräche zu vermeiden,
- selbst möglichst auf die eigenen Redebeiträge zu achten,
- konsensbereit zu sein,
- sich aktiv am Prozess zu beteiligen und die erarbeiteten Ziele in der Praxis umzusetzen,
- abzusagen, wenn man einmal nicht teilnehmen kann.

Die oft knappen personellen Ressourcen und die an den Öffnungszeiten der Kindertagesstätten orientierten Arbeitszeiten gestalten es nicht immer leicht, einen regelmäßigen Termin für die gemeinsamen Sitzungen zu finden. Da es im Arbeitsfeld Kita keinen optimalen Zeitpunkt gibt, sollten Tage mit möglichst geringen Hürden gewählt werden.
Bei kleinen Einrichtungen mit bis zu zwölf Beschäftigten bietet es sich an, alle Mitarbeiterinnen in die Planungsgruppe einzubeziehen. Es hat sich gezeigt, dass während der Arbeit in den Gesundheitszirkeln Prozesse angestoßen werden können, die zur Teamentwicklung beitragen. Eine Minderheit der Belegschaft von diesem Prozess auszuschließen, birgt die Gefahr, Konflikte in der Einrichtung auszulösen.
In größeren Einrichtungen sollte die Zusammensetzung des Gesundheitszirkels alle Bereiche abdecken und die persönlichen Interessen der Mitarbeiter/-innen berücksichtigen.

Zusammensetzung des Zirkels sollte alle Bereiche abdecken.

Um einen dauerhaften Erfolg der Projekte und Maßnahmen zu gewährleisten, sollten übergeordnete Personen, wie Fachberaterinnen und Vertreterinnen des Trägers in den Prozess der Veränderung einbezogen werden. Der Träger als Arbeitgeber übernimmt die gesetzliche Verantwortung für die Gesunderhaltung am Arbeitsplatz und muss eventuellen Investitionen zustimmen. Weiterhin ist eine Information des Trägers und der Fachberaterinnen sinnvoll, weil Gesundheitszirkel Zeit für eine angemesse Bearbeitung von Problemen und Lösungsschritten benötigen, hierzu gehören die Gruppensitzungen sowie die Vor- und Nachbereitungszeiten.

Hinweis

Für einen langfristigen Erfolg ist es entscheidend, alle Beteiligten im Kita-Alltag maximal in den Prozess einzubeziehen. Information ist hierbei das A und O. So sollte in den Teambesprechungen über den Verlauf des Projektes informiert und das Protokoll der Gesundheitszirkelsitzungen an alle verteilt werden. In Einrichtungen, in denen es wenig gemeinsame Besprechungszeiten gibt oder sich die Dienstpläne überschneiden, kann die Arbeit des Gesundheitszirkels auf Informationstafeln publik gemacht werden. Eine andere Möglichkeit ist, dass nicht teilnehmende Kolleginnen von Kolleginnen aus dem Gesundheitszirkel gezielt informiert werden.

5.6 Der Prozess der Veränderung

Wie bereits beschrieben, kommt es bei der Projektplanung und Durchführung wesentlich darauf an, einen Weg mit aufeinander abgestimmten Schritten zu beschreiben. An dieser Stelle folgen nun konkrete Methoden zur Umsetzung dieser einzelnen Schritte.

Vorab jedoch eine Checkliste mit den wichtigsten Fragen zur Vorbereitung eines Projektes:

- **Bestandserhebung: Wie lässt sich die Ausgangslage in der Kita ermitteln?**
  - Welche Probleme gibt es?
  - Welche Auswirkungen hat das jeweilige Problem für die verschiedenen Akteure in der Kita (Kinder, pädagogisches Personal, nicht pädagogisches Personal und Eltern)?
  - Welche möglichen Ursachen spielen eine Rolle?
  - Welche Bedeutung hat das Problem für Einzelne und Gruppen?
  - In welchem Bereich sehen wir den dringendsten Handlungsbedarf und warum?

⇩

- **Zielsetzung: Wie können wir unsere Ziele bestimmen und festlegen?**
  - Wie sieht eine Zukunftsvision aus, in der das Problem behoben oder die Situation verbessert ist?
  - Welche dieser Wünsche sind realisierbar?
  - Welches ist das Leitziel?
  - Welche Teilziele können formuliert werden?

⇩

- **Maßnahmenplanung (Lösungen finden): Wie können wir unsere Ziele erreichen?**
  - Welche Ideen für die Erreichung des Zieles gibt es?
  - Was machen wir bereits und worauf können wir aufbauen?
  - Welche Erfahrungen und Kompetenzen können genutzt werden?
  - Wo können wir eventuell weitere Unterstützung bekommen?
  - Welche ist für alle Beteiligten die beste Lösung?

⇩

- **Durchführung: Wie können Maßnahmen umgesetzt werden?**
  - Welche Teilschritte sind für die Umsetzung erforderlich?
  - Wer übernimmt welche Aufgaben bis wann?

⇩

- **Auswertung: Wie überprüfen wir den Erfolg unserer Maßnahmen?**
  - Woran können wir merken, ob wir unsere Ziele erreicht haben?
  - Wenn wir ein Ziel nicht erreicht haben: Was war der Grund? War das Ziel zu groß, passte es zeitlich nicht?
  - Wie können wir dokumentieren, was wir erreicht haben?

Die Bestandsaufnahme: Wie lässt sich die Ausgangslage in der Kita ermitteln?

Ist-Analyse

Die Ermittlung der Ausgangslage – die Ist-Analyse – ist der Grundstein für die gesundheitsförderliche Entwicklung einer Kita. Es ist sinnvoll, möglichst alle Beteiligten an dieser Erhebung zu beteiligen, um ein möglichst umfassendes Bild zu bekommen. Genauso wichtig ist es, für diesen ersten Schritt genügend Zeit einzuplanen.

Bei der Bestandsaufnahme kann zunächst einmal alles benannt werden, von großen räumlichen Faktoren bis hin zu „kleineren" Belastungen, wie z. B. dem permanenten Klingeln des Telefons zu ungünstigen Zeiten.

Neben dem Auflisten der Belastungsfaktoren ist es sinnvoll, auch zu schauen, was es bereits Gutes in einer Einrichtung gibt und woran angeknüpft werden kann.

Die Erhebung der Ausgangssituation kann mithilfe verschiedener Methoden erfolgen. Aktive Beteiligungsmöglichkeiten bieten z. B. die Zukunftswerkstatt oder Befragungen von Mitarbeiterinnen. Auch eine Gefährdungsbeurteilung kann eine gute Grundlage bieten. Es gibt aber auch weniger aufwendige Methoden wie die Kartenabfrage. Bei der Umsetzung sind immer Aufwand und Nutzen abzuwägen.

Aufwand und Nutzen abwägen

TIPPS FÜR DEN ALLTAG

Kartenabfrage – Visualisierungstechnik

Ist die Moderation festgelegt?

Anzahl der Teilnehmenden: bis 25

Zeitaufwand: ab 90 Minuten

Material: Pinnwände, Karten und Stifte für alle Teilnehmenden, Reißzwecken

Durchführung:

1. Jeder Teilnehmende bekommt einen Stift und mehrere Moderationskarten, die alle die gleiche Farbe haben sollten, damit nicht einzelne Karten aufgrund ihrer Farbe besonders hervortreten. Die Moderatorin schreibt an eine Pinnwand oder Wandzeitung die Leitfrage, zu der gearbeitet werden soll.
   - Themenorientiert: Welche Themen beschäftigen uns besonders?
   - Problemorientiert: Welche Probleme haben wir?

2. Die Teilnehmenden haben etwa 10 bis 15 Minuten Zeit, ihre Gedanken auf die Karten zu schreiben. Dabei beachten sie folgende Regeln: pro Karte nur ein Gedanke, pro Gedanke maximal drei Zeilen.

3. Anschließend erhält jeder Gelegenheit, die eigenen Karten kurz zu erläutern und sie selbst oder durch die moderierende Person an die Pinnwand heften zu lassen. Dabei bietet es sich an, die Karten möglichst nach Sinneinheiten zu ordnen. Dies erleichtert die spätere Zusammenstellung der Kartengruppen. Die Zuordnung nach Sinneinheiten erfolgt durch Entscheidung der Gruppe. Die Moderatorin kann diese Arbeitsphase durch Vorschläge unterstützen.

   Hinweis:
   Sollten die Teilnehmenden sehr viele Karten geschrieben haben oder sollte nur wenig Zeit zur Verfügung stehen, bietet sich die Regel an, dass jeder zunächst die wichtigsten drei Karten vorstellt. Nach dem Zusammentragen aller Karten in der ersten Runde erhalten die Teilnehmenden die Gelegenheit, in einer zweiten Runde jene Karten zu ergänzen, die ihnen zusätzlich besonders wichtig sind.

4. Nach dem Zusammentragen aller relevanten Karten nimmt die Gruppe durch Überprüfung der Sinneinheiten die endgültige Festlegung der Kartengruppen vor und findet gemeinsam für jede Kartengruppe eine Überschrift oder einen Oberbegriff.

Themenspeicher und Punkteabfrage

Diese Metaplantechnik ist eine einfache und effektive Visualisierungsmethode und gleichzeitig eine Weiterführung der Kartenabfrage. Sie dient dazu, eine schnelle Bestandsaufnahme zu aktuellen Themen aus der Sicht aller Beteiligten zu erstellen und Prioritäten zu setzen.

Anzahl der Teilnehmenden: sechs bis zwölf

Zeitaufwand: etwa zwei bis vier Stunden (je nach Personenzahl und Themenumfang)

Material: Pinnwände, Karten und Stifte für alle Teilnehmenden, Reißzwecken, Klebepunkte.

Durchführung:
1. Bestimmung einer Moderatorin oder eines Moderators
2. Sammlung der Themen per Kartenabfrage und Zusammenstellung der Karten nach Sinneinheiten
3. Thematische Kartengruppen endgültig festlegen, Oberbegriffe für Kartengruppen finden

Diese drei ersten Punkte werden nach der oben beschriebenen Kartenabfrage durchgeführt. ***Danach werden Themenspeicher zu den Oberbegriffen erstellt.*** Die Erstellung des Themenspeichers bedeutet, dass die Oberbegriffe samt der gesammelten Themen nach folgendem Schema zusammengestellt werden:

4. Rangfolge bzw. Prioritätensetzung vornehmen, z. B. per Punkteabfrage: Hier wird eine Rangfolge der Wichtigkeit der Themen erstellt. Dies kann per Abstimmung erfolgen oder über eine Punktabfrage, bei der die Teilnehmenden ihre favorisierten Themen durch Klebepunkte markieren.

Möglich ist die Ein-Punkt-Abfrage (jede Teilnehmende darf nur einen Klebepunkt vergeben), die sich bei wenigen Themennennungen anbietet oder dann, wenn von allen eine eindeutige Entscheidung getroffen werden soll.

5. Das wichtigste Thema für die Präzisierung des Zieles festlegen: Auf der Basis der Punktabfrage wird das wichtigste Thema der Einrichtung festgelegt. Es bildet eine entscheidende Grundlage für die Zielentwicklung. Dies könnte folgendermaßen aussehen:

Nummer	Thema	Punkte	Rang
1	Lärm	* * * *	3
2	Arbeitsorganisation	* * * * *	2
3	Personalräume	* * *	4
4		* * * * * * *	1
...			

Themenspeicher und Punkteabfrage (vgl. Seifert, 1996)

Zielsetzung: Wie können wir unsere Ziele bestimmen und festlegen?

Genaue Ziele formulieren

Ohne eine genaue Zielformulierung lässt sich die Frage, ob Maßnahmen zur Gesundheitsförderung die Zielgruppe erreichen und zu den angestrebten Ergebnissen führen, nicht plausibel beantworten. Es reicht nicht aus anzunehmen, das eigene Vorgehen sei vermutlich sinnvoll, hilfreich und förderlich für alle. Entscheidend für die Steuerung und Evaluation von Projekten ist, genaue Maßnahmen- oder Projektziele zu formulieren, um anschließend prüfen zu können, ob und in welchem Grad die gesetzten Ziele in einem vorgegebenen Zeitraum erreicht wurden.

Überprüfbare Ziele müssen bestimmte Kriterien erfüllen: Sie müssen konkret, spezifisch und messbar sein. Gleichzeitig müssen sie realistisch sein, damit keine Überforderung entsteht und sich schnellst-möglich Erfolge einstellen. Zur Anleitung und Orientierung bei der Zielformulierung sind die sogenannten S.M.A.R.T.-Kriterien besonders geeignet.

Je genauer die Zieldiskussion in der Projektgruppe oder im Gesundheitszirkel geführt wird und je konkreter die Ziele formuliert werden, desto größer ist die Wahrscheinlichkeit, dass die angestrebten Ergebnisse auch erreicht werden. Zudem sind konkrete Zielvereinbarungen die Voraussetzung für die Ergebniskontrolle. Je klarer die Resultate benannt werden können, desto besser lässt sich die Wirksamkeit von gesundheitsfördernden Maßnahmen in der Evaluation belegen.

Wirksamkeit der Maßnahmen belegen

Bei der Gesundheitsförderung im Setting muss nachgewiesen werden können, dass sich Verhältnisse oder Verhalten positiv verändert und gesundheitsfördernde Aktivitäten zugenommen und/oder belastende Faktoren abgenommen haben. Ziele sind nur mit Beteiligung der Zielgruppen zu erreichen.

TIPPS FÜR DEN ALLTAG

„Smarte" Ziele finden (S. M. A. R. T.)

Bei der Formulierung der Zielsetzung von gesundheitsfördernden Maßnahmen hat sich die S. M. A. R. T.-Regel als Instrument in der Praxis bewährt. Wer seine Ziele nach dieser Regel formuliert, unterstützt ihre Erreichbarkeit. S. M. A. R. T. steht für:

S = spezifisch
Was und wie viel soll genau erreicht werden? Das „S" steht vielfach auch für „schriftlich festgehalten und präzisiert".

M = messbar
Welches sind die Messkriterien, an welchem Maßstab soll die Zielerreichung gemessen und kontrolliert werden?

A = attraktiv
Ist das Ziel anspruchsvoll und erreichbar? Oftmals wird das „A" auch mit „akzeptabel" oder „aktiv beinflussbar" gleichgesetzt. Das bedeutet: Die Ziele sind für einen Einzelnen oder für eine Einrichtung sinnvoll und können umgesetzt werden.

R = realisierbar oder realistisch
Ist das gesteckte Ziel unter Berücksichtigung der gegebenen Umstände und der vorhandenen Ressourcen erreichbar?

T = terminiert
Ist eine Frist gesetzt, innerhalb derer das genannte Ziel erreicht werden soll? Bieten sich zum Erreichen des Zieles überschaubare und terminierte Zwischenziele an?

Erstellen Sie einen Zielbaum

Mit der Zielbaum-Methode lässt sich eine Feinabstimmung der Ziele einer Organisation bzw. Einrichtung vornehmen. Sie geht dabei von dem Bild eines Baumes aus. Der Baum ist gegliedert in Richtziele (Stamm), Grobziele (Äste) und Feinziele (Zweige). Zusätzlich können von der Ebene der Feinziele die Aufgaben (Blätter) einzelner Mitarbeiterinnen bzw. Abteilungen abgeleitet werden.

Dieses streng systematische und recht aufwendige Verfahren kann zur Präzisierung übergeordneter Ziele eingesetzt werden. Es eignet sich zudem zur Leitbildentwicklung einer Einrichtung einschließlich der schrittweisen Operationalisierung bis auf die Aufgabenebene.

Auf der Aufgabenebene ist die Methode hilfreich bei der zielorientierten Arbeitsplanung, denn sie setzt geplante Arbeitsvorhaben zu den jeweiligen Zielen in Beziehung und erleichtert die Prioritätensetzung.

Das komplexe Geflecht wird durchschaubar.

Vorteil dieser Methode ist, dass das komplexe Geflecht aller Zielebenen durchschaubar wird. So können die einzelnen Mitarbeiterinnen nachvollziehen, in welcher Weise ihre Aufgaben mit den übergreifenden Zielen bzw. der Leitidee ihrer Einrichtung zusammenhängen. Dies wirkt sich in der Regel positiv auf das Zugehörigkeitsgefühl und die Motivation der Mitarbeiterinnen aus.

TIPP FÜR DEN ALLTAG

Die Zielbaum-Methode

Anzahl der Teilnehmenden: alle an der Umsetzung Beteiligten

Zeitaufwand: je nach Umfang der Ziele und Anzahl der Mitarbeiterinnen einen oder mehrere Tage

Material: Visualisierungsmaterial: Pinnwände, Karten, Reißzwecken, Stifte, Klebepunkte

Durchführung:
1. Vorstellung der Methode, Erläuterung der einzelnen Zielebenen
2. Entwicklung eines Leitbildes
3. Ableitung der einzelnen Zielebenen: Richt-, Grob- und Feinziele
4. Wenn gewünscht: Ableitung der Aufgabenbereiche
5. Auswahl der zu bearbeitenden Ziele

Da diese Methode ziemlich komplex ist, werden hier einige Begriffe erläutert, damit bei der Vorstellung und Einhaltung von Arbeitsschritten nicht zu viel Verwirrung geschieht.

Entwicklung eines Leitbildes
Diese visionäre, zukunftsorientierte Ebene beschreibt das einigende Vorgehen aller Mitarbeiter/innen. Es ist in der Regel abstrakt und nicht direkt erreichbar, daher erfolgt eine Konkretisierung nach verschiedenen Zielkategorien.

Ableitung der Zielebenen
- Richtziele: Diese geben die Zukunftsziele an, auf die langfristig hingewirkt werden soll.
- Grobziele: Auf dieser Konkretisierungsebene werden von den Richtzielen Schwerpunkte/Tätigkeitsbereiche abgeleitet, in denen die Organisation/Einrichtung aktiv sein will bzw. bereits ist. Formulierungshilfe: „Unsere Kita organisiert … bietet an … betreibt … unterstützt … vernetzt …"
- Feinziele: Auf dieser Ebene erfolgt eine konkrete Auflistung von Aktivitäten, Angeboten usw., die unmittelbar oder in naher Zukunft angestrebt werden.

Ableitung der Aufgabenbereiche
Von den Feinzielen können konkrete Aufgaben abgeleitet werden. Eventuell können hier bereits Zuständigkeiten festgelegt werden.

Auswahl der zu bearbeitenden Ziele
Per Punktabfrage wird das wichtigste Ziel gefunden und weiter präzisiert.

Lösung wählen: Für welchen Weg entscheiden wir uns?

Sind verschiedene Lösungsmöglichkeiten entwickelt, muss eine Entscheidung getroffen werden. Das folgende Vorgehen kann hierbei hilfreich sein:

TIPP FÜR DEN ALLTAG

Prioritäten setzen

Dieses Verfahren hilft, eine Bewertung der möglichen Lösungen vorzunehmen und sich nicht in zeitaufwendigem Aktionismus zu verlieren.

Anzahl der Teilnehmenden: alle Beteiligten

Zeitaufwand: ca. 60 Minuten

Material: Stellwände, Filzstifte, Klebepunkte, Karten

Durchführung:
Auf einer Pinnwand wird ein Raster gezeichnet mit den Begriffen: Wichtigkeit, Dringlichkeit und Lösbarkeit (siehe Tabelle unten). Alle Lösungsmöglichkeiten sind auf diese Begrifflichkeiten zu prüfen und einzuordnen.
Jede Mitarbeiterin bekommt Klebepunkte, um die jeweils favorisierte Lösung zu bewerten. Je nach Punktezahl kann eine Rangordnung der Lösungen oder der Lösungsschritte vorgenommen werden.
Gerade zu Beginn eines Projekts sollten Lösungen gewählt werden, die schnell umzusetzen sind und die dringendsten Probleme beheben können.

Lösungen/Maßnahmen	Wichtigkeit	Dringlichkeit	Lösbarkeit
Hausglocke		*********	**********
Räder der Teewagen		******	******
Decken abhängen	**		
Essensraumgestaltung	**********		****
Anmeldung	*****		
…			

Prioritäten setzen: Oberthema „Lärm"

Eine Vorlage für eine solche Tabelle finden Sie im Serviceteil dieses Buches auf Seite 255.

Durchführung: Wie können Maßnahmen umgesetzt werden?

Wer macht was?

Um zu einer Umsetzung zu kommen, ist die Klärung der Vorgehensweise wichtig. Dazu gehört: Alle erforderlichen Einzelschritte, die für die Veränderung nötig sind, müssen geplant, angeordnet und durchgeführt werden. Es muss festgelegt werden, wer, was, wie, mit wem, bis wann durchführt. Hilfreich kann ein Umsetzungsplan sein, der allen Beteiligten und auch Dritten ermöglicht, die Schritte nachzuvollziehen.

Tätigkeit	Wer?	Mit wem?	Bis wann?	Bemerkung
Hausglocke	Nadine	—	nächstes Teamgespräch	Rechnung einreichen
Gummiräder Teewagen	Aylin	Julianes Vater fragen (arbeitet im Baumarkt)	nächster Monatserster	—
…				

Durchführung von Maßnahmen

Eine Vorlage für diese Tabelle finden Sie im Serviceteil dieses Buches auf Seite 255.

Erläuterungen zur Tabelle

Tätigkeiten: Hier werden die kleinschrittigen Tätigkeiten aufgeführt, die für das Gesamtvorhaben wichtig sind. Die Tätigkeiten sollten realistisch, konkret und nachvollziehbar sein.

Wer? Hier sollten nur wirklich anwesende Personen stehen. Findet sich in der Gruppe niemand, der oder die die Kompetenz für eine gewünschte Tätigkeit hat, muss sich zumindest eine Person finden, die die „Patenschaft" für das Vorhaben übernimmt. Er/sie kann sie dann weitergeben, behält aber die Verantwortung.

Mit wem? Hier können Kooperationspartner mit aufgeführt werden.

Bis wann? Diese Spalte sollte eine realistische Zeiteinschätzung enthalten und nicht weiter als drei Monate in die Zukunft reichen. Sollte für ein Vorhaben mehr Zeit benötigt werden, kann man es in kleinere Schritte unterteilen, die in einer kürzeren Zeit zu bewältigen sind.

Bemerkung: Alles, was zusätzlich zu erledigen ist, kann hier vermerkt werden. Ob der Träger informiert worden ist, ob die Eltern von einem Vorhaben wissen u. v. m.

TIPPS FÜR DEN ALLTAG

- Für eine optimale Projektsteuerung sollte die Durchführungsphase längerer Projekte in Etappen aufgestellt werden. Meilensteinsitzungen erleichtern die Steuerung. Meilensteine sind Haltepunkte in der Durchführungsphase, an denen rückblickend der bisherige Verlauf des Projektes überprüft wird, vorhandene Probleme besprochen werden und vorausblickend die Feinplanung der folgenden Etappe erfolgt. Es empfiehlt sich, die Meilensteine regelmäßig auf die Durchführungsphase des Projektes zu verteilen.

- Für jeden Meilenstein können bereits in der Grobplanungsphase einige wichtige Zwischenziele formuliert werden, die alle zusammen chronologisch der Erreichung der Projektziele dienen. Die Zwischenziele der ersten Etappe werden in der anschließenden Feinplanung ergänzt und präzisiert.

- Wenn ein Projekt zeitlich gegliedert ist und Meilensteine als regelmäßige Haltepunkte gesetzt sind, kann ein Projekt systematisch gesteuert werden. Auch auf Veränderung lässt sich schneller reagieren und eine Fehlplanung rechtzeitig korrigieren.

Auswertung: Wie überprüfen wir den Erfolg unserer Maßnahmen?

Vergleich Ist- mit Soll-Zustand

Um die durchgeführten Maßnahmen auswerten zu können, ist ein Vergleich der aktuellen Ist-Analyse mit dem festgelegten Sollzustand erforderlich. Dabei sind Fragen zur Zufriedenheit aller Beteiligten und zur Überprüfung der festgelegten Ziele hilfreich.
Um die Ziele für die Zukunft abzusichern, muss überprüft werden, ob sie durch die gewählte Lösung dauerhaft erreicht werden können bzw. was zur Absicherung der Ergebnisse noch getan werden kann.

Sinnvolle Fragebögen
Im Rahmen der Selbstevaluation können Fragebögen entwickelt werden, die einmal zu Beginn des Projektes ausgegeben werden und ein weiteres Mal nach Beendigung. Es können damit alle Mitarbeiterinnen befragt werden.
Der Fragebogen sollte kurz und präzise formuliert sein (1 bis 3 Seiten).

- Die Fragen müssen verständlich gestellt sein. Sollten Sie geschlossene Fragen verwenden, d. h. Fragen, die nur mit vorgegebenen Antwortformaten beantwortet werden können, müssen die Antwortvorgaben zur Frage und zur Zielgruppe passen. Beispiel:
  - Fühlen Sie sich in den Teamsitzungen gehört?
    a) Immer.
    b) Häufig.
    c) Manchmal.
    d) Selten.
    e) Nie.
  - Haben Sie Veränderungen festgestellt?
    a) Nein.
    b) Ja.
    Wenn ja, welche? ________________________________
- In jeder Frage kann nur ein Sachverhalt behandelt werden, d. h. entweder die Lärmbelastung oder der Umgang mit den Eltern.

- Bei geschlossenen Fragen mit Alternativvorschlägen sollte darauf geachtet werden, dass eine zusätzliche Kategorie angeboten wird, die eine andere Antwort als die vorgegebenen zulässt. Beispiel:
  a) Trifft alles nicht zu, weil …
  b) Weiß nicht.

Am leichtesten wird die Feststellung des Umsetzungserfolges fallen, wenn der Zielzustand „gemessen, gewogen“ oder gezählt werden kann. (Beispiel: Im Essensraum wurden Lärmschutzplatten angebracht, erzieherinnengerechtes Mobiliar wurde angeschafft). Etwas schwieriger werden solche Maßnahmen zu messen sein, wenn es um Verhaltensänderung von Menschen geht (Beispiel: die Art der Informationsweitergabe, der Umgang mit Kritik oder die Gestaltung des Dienstplans). Der wesentliche Unterschied zwischen beiden Fällen liegt in der „Objektivierbarkeit“ von Messergebnissen. Aber auf jeden Fall ist es sinnvoll, ausgehend vom kleinteiligen Zielzustand einige Kriterien festzulegen, die nach einer Zeit überprüft werden können.

Ist der Zielzustand messbar?

Wann ist die Arbeit der Gesundheitszirkel beendet?

Mit der Entscheidung zur Umsetzung der Maßnahmen hat ein Zirkel in der Regel seinen Auftrag erfüllt. Jetzt muss sich zeigen, ob die Lösungen und Verbesserungen im Alltagsbetrieb greifen und die gewünschten Erfolge erzielt werden können. Erfolgreich sind Maßnahmen immer dann, wenn sie im Alltag der Kindertagesstätte greifen und den Arbeits- und Lebensort für alle gesundheitsförderlicher gestalten. Jede Maßnahme, die entwickelt wurde, kann hierzu ein Beitrag sein. Ob eine Maßnahme erfolgreich war, müssen alle Beteiligten beurteilen. Die Evaluation hilft, die eigene Arbeit zu bewerten, Erfolge zu erkennen und wichtige Erkenntnisse für zukünftige Projekte zu gewinnen.

Je nach Ausgangssituation wird sich die Gruppe nach einer festgelegten Zeit noch einmal zusammensetzen und anhand eines erstellten Evaluationsbogens seine Erfolgsmessung vornehmen.

Erfolge messen durch Evaluation

Neben dem Abschluss der thematischen Arbeit geht auch ein intensiver Prozess der Zusammenarbeit zu Ende. Diese Prozesse können sehr teamstärkend sein. Gemeinsam hat man für ein Problem Lösungen gesucht und umgesetzt. Die Teilnehmerinnen konnten erleben, dass sie selbst für gesunde Arbeitsbedingungen einstehen können. Hier greifen dann wieder die Ansätze der Selbstwirksamkeit und des Empowerment. Die Arbeit in den Zirkeln kann allerdings auch mit neuen Herausforderungen weitergehen!

Eine gute Zusammenarbeit gestalten

Auch wenn davon auszugehen ist, dass die Zirkelmitglieder lösungsorientiert und sachbezogen miteinander arbeiten, kann es dennoch manchmal zu Störungen kommen. Vielleicht, weil ein Lösungsvorschlag weniger interessant erschien oder jemand sich auf einmal für eine Aufgabe zuständig sieht, die er/sie gar nicht ausführen möchte. Je schneller hier diese Störungen oder Ärgernisse angesprochen werden, desto größer ist die Chance, dass die Gruppe zur konstruktiven Arbeit zurückkehren kann.

Störungen ansprechen

Wie lassen sich Stimmungen und Haltungen der Gruppenmitglieder herausfinden? An dieser Stelle kann ein Blitzlicht ein aktuelles Stimmungsbild liefern.

TIPPS FÜR DEN ALLTAG

Der Ablauf eines Blitzlichts

- Die Moderation bittet die Gruppenmitglieder um eine kurze und spontane Äußerung zu einer Frage.
- Die Frage selbst bezieht sich immer auf das „Hier und Jetzt", z. B.: „Wie ist eure/Ihre momentane Stimmung?" Oder: „Wie geht es euch/Ihnen im Moment hier in der Gruppe?"
- Aussagen werden nicht bewertet und nicht kommentiert.
- Es sollen sich alle Gruppenmitglieder äußern. Wer die Frage nicht beantworten will, sollte dies zumindest sagen.
- Längere Beiträge sollten unterbrochen werden und durch Hilfestellung in ein Blitzlicht verwandelt werden. „Bitte sage es in einem Satz."
- Auch die Moderation sollte sich äußern, allerdings als letztes.

Wenn die Moderation durch das Blitzlicht einen Klärungs- oder Veränderungsbedarf hört, muss dies aufgegriffen und thematisiert werden. Störungen haben Vorrang und müssen soweit bereinigt werden, dass die Gruppe sich wieder ihrem eigentlichen Anliegen zuwenden kann – der Gestaltung von gesundheitlichen Projekten.

5.7 Und zum Schluss: Grundregeln

Gut geplant ist halb gewonnen!

Planung ist alles – denn ohne Plan läuft gar nichts! Jede Kindertagesstätte legt selbst fest, welche Themen und Arbeitsbereiche bearbeitet werden sollen. In einem Projektplan werden Ziele festgeschrieben. Sinnvoll ist es, diese Ziele in Teilziele zu untergliedern, die Verantwortlichkeiten, einen Zeitrahmen, den Finanzbedarf und eventuell auch die Evaluationsmaßnahmen aufzuführen.
Dieser Plan sollte möglichst allen Beteiligten und Akteuren in der Kindertagesstätte bekannt gemacht werden. Er sollte immer wieder überprüft, ergänzt und gegebenenfalls angepasst werden.

Was Sie bei der Planung beachten sollten

Beherzigen Sie bei der Planung Ihrer Projekte immer die folgenden Regeln. Damit erreichen Sie die gesetzten Ziele bestmöglich, ohne sich zu verzetteln.

Weniger ist manchmal mehr

Step by step

Bei der Planung und Umsetzung von Gesundheitsförderung kommt es weniger darauf an, große Projekte und Maßnahmen zu planen und umzusetzen. Vielmehr ist es das Ziel, möglichst wenige „Baustellen" zur gleichen Zeit aufzumachen und sich kleine Schritte in der Umsetzung vorzunehmen. Diese können dann so bearbeitet werden, dass sich niemand überfordert fühlt. Das Prinzip „step by step“ hat sich bewährt!

Die Projekte müssen zur Kita passen

Stress vermeiden

Bei der Planung von gesundheitsfördernden Projekten ist eine wichtige Frage: „Passt diese Maßnahme zum jetzigen Zeitpunkt zu unserer Einrichtung und zu unseren Bedürfnissen?“ Nicht immer stimmen Vorhaben und Zeitpunkt überein. In Stresszeiten, wie z. B. der Weihnachtszeit oder während der Neuaufnahme von Kindern, können zusätzliche Projekte noch mehr Stress bedeuten und das würde einem gesundheitsfördernden Prozess zuwiderlaufen.

Aller Anfang kann schwer sein

Strukturen reduzieren Druck.

Anfangs können manche Mitarbeiterinnen der Kindertagesstätte einen erhöhten Arbeitsdruck empfinden. Der Druck lässt jedoch nach, wenn die ersten Strukturen wie Planungsgruppe, Informationssysteme usw. aufgebaut sind und deutlich wird: Es geht voran und die ersten Maßnahmen wurden erfolgreich umgesetzt. Wichtig ist, dass die Mitarbeiterinnen erleben, dass sie das Tempo selbst bestimmen können.

Nicht immer läuft es wie geschmiert

Externe Unterstützung

Während des Prozesses kann es immer wieder zu „zähen“ Phasen kommen und es kann für die Mitarbeiterinnen so aussehen, als ob das Projekt nicht vorankomme. Mithilfe externer Unterstützung können die Ursachen hierfür analysiert und Lösungen entwickelt werden, die eventuelle Blockaden beseitigen.

Erfolge müssen gefeiert werden

Skeptiker bekehren

Zu einem gelungenen Gesundheitsförderungsprozess gehört, sich und seine Arbeit nach Abschluss eines Teilprojektes zu feiern. Dies ist eine Möglichkeit, die Erfolge in der Planungsgruppe deutlich zu machen und eventuellen Skeptikerinnen zu zeigen, was Gesundheitsförderung in der Kita bewirken kann. Zudem drückt eine Feier auch die Wertschätzung der gemeinsamen Arbeit aus.

Nebeneffekte sind wichtig

Veränderungen im Blick

Veränderungen geschehen oft „nebenbei“ – deshalb lohnt es sich, aufmerksam zu bleiben, um wichtige Erfolge nicht zu übersehen. So können im Gesundheitszirkel beispielsweise verschiedene Bedarfe im Bereich der Arbeitsplatzgestaltung erhoben, Lösungen entwickelt und umgesetzt werden. Der Nebeneffekt: Durch die Zusammenarbeit oder die neue Gestaltung des Arbeitsplatzes kann sich das Teamklima spürbar verbessern und ein „Wir-Gefühl“ entstehen. Ein schöner Erfolg!

Häufig gestellte Fragen

Häufig sind es dieselben Fragen, die sich Mitarbeiterinnen im Laufe der Projektarbeit stellen. Hier sind einige davon – mit kurzen Antworten.

Können wir überhaupt etwas erreichen, wenn wir kleine Schritte gehen?

Ja, jede Aktivität, die ein Ziel verfolgt, bewirkt etwas. Selbst wenn ein Ziel einmal nicht sofort erreicht wird: Möglicherweise regt die eigene Arbeit andere an, sie kommen auf eigene Ideen, etwas zu verbessern.

Wie kommen wir zu Lösungsideen?

Bessere Lösungen in Gruppen

Die Erfahrung zeigt: Eine Gruppe von Menschen findet eher zu guten Lösungen als einzelne Personen. In einer Gruppe kommen verschiedene Perspektiven zusammen und jede verfügt über anderes Hintergrundwissen, das für die Problemlösung nützlich sein kann.
Viele Beispiele haben gezeigt, dass alle Beteiligten kreative und auch sehr pragmatische Lösungsideen haben und gerne bereit sind, bei der Umsetzung mitzuwirken.

Wie überprüfen wir, ob wir das Richtige tun?

Grundsätzlich erkennt man die Richtigkeit seines Tuns daran, dass es mehrere Personen gibt, die etwas verändern wollen und sich auf eine Vorgehensweise verständigen. Fehler sind dabei nicht ausgeschlossen und dürfen auch sein. Denn gerade aus Fehlern kann man lernen, und sie lassen sich in der Regel korrigieren.

Jedes Projekt ist ein Experiment

Jedes Projekt ist ein Experiment. Die Ergebnisse werden zeigen, ob es erfolgreich war. Wichtig ist, immer das Ziel im Auge zu behalten.

Wie stellen wir ein gutes Verhältnis zwischen Aufwand und Nutzen her?

Jede Aktivität bindet Arbeitskraft. Die Einzelne hat nur begrenzte Möglichkeiten. In einem Gesundheitszirkel oder in einer Projektgruppe können die Aktivitäten auf mehreren Schultern verteilt werden.
Wenn der Gesundheitszirkel weitere Unterstützung bei der Umsetzung benötigt, können vielleicht auch Eltern oder andere Akteure aus dem Stadtteil behilflich sein.
Immer ist zu bedenken: Utopien und zu große Projekte brauchen Zeit und oft auch Geld und können nur mit großen Ressourcen bewältigt werden.

Lassen sich bestehende Aktivitäten der Kindertagestätte in ein Projekt der Gesundheitsförderung integrieren?

Gesundheitsförderung ist ein breites Feld. Viele Aktivitäten, die in Kindertagesstätten bereits stattfinden, lassen sich in dieses Schwerpunktthema integrieren. Welche Projekte gut zu integrieren sind, hat auch mit der Frage zu tun, ob sie zum Bildungs- und Betreuungsauftrag der Kita passen.

FAZIT

Um die Gesundheit am Arbeitsplatz Kita nachhaltig zu fördern, ist es sinnvoll, möglichst alle Mitarbeiterinnen an dem Prozess der Veränderung teilhaben zu lassen, denn sie sind Experten, wenn es um ihre Gesundheit geht. Gleichzeitig werden sie befähigt für ihre Gesundheit einzutreten. Dieses kann das Gefühl stärken: „Ich kann etwas für mich, für meine Kolleginnen und für den Lebensraum Kita tun.“ Damit sind sie Vorbilder für Kinder und Eltern.
Gesundheitsförderung in der Kita ist ein kontinuierlicher, planvoller und aufeinander aufbauender Veränderungsprozess. Dabei sind es oft nicht die großen Vorhaben, sondern eher die kleinen und permanenten Schritte, die zum Erfolg führen. Das Prinzip „step by step“ kann eine gesundheitsfördernde Kita wachsen lassen. Manchmal ist es notwendig, Partner in diesem Prozess zu haben, die ihre Unterstützung anbieten. Diese Partner können Krankenkassen, die Berufsgenossenschaft, die Unfallkassen und viele mehr sein (mehr dazu auf Seite 253). Aber auch der Träger kann und Fachberaterinnen können unterstützen. Es lohnt sich, sich gemeinsam für die Gesundheit am Arbeitsplatz Kindertagesstätte einzusetzen.

6 Zum Vertiefen

6.1 Materialien

6.2 Literaturtipps

6.3 Verwendete Literatur

6.4 Die Autoren dieses Buches

6.1 Materialien

Materialien zum Kapitel: Das Innere Team – Ein Bild für meine tägliche Arbeit

Kopiervorlage: Ihr Inneres Team

Materialien zu Kapitel 1: Gefühle, Stress und psychische Gesundheit

Zehn Fragen für ein lösungsorientiertes Selbstinterview

1. Welche Themen nehme ich nach Feierabend mit nach Hause?

2. Woran denke ich zuletzt, wenn ich einschlafe?

3. Woran denke ich als erstes, wenn ich aufwache?

4. Woran erkennen meine Kollegen, dass ich ausgeglichen bin?

5. Wie würden Kollegen meine momentane Stimmung beschreiben?

6. Was soll anders werden?

7. Welche meiner Fähigkeiten können behilflich sein?

8. Wie könnte ich erreichen, dass sich nichts ändert?

9. Wenn sich über Nacht meine Probleme in Luft auflösen würden, woran würde ich dies am folgenden Tag merken?

10. Woran würden meine Kollegen merken, dass mein Problem sich in Luft aufgelöst hat?

Materialien zu Kapitel 4: Eine Sprache, die die Seele nährt

Lingva Eterna Tipps für den Alltag

- **Schaffen Sie sich ein Wortschatz-Buch an.**
  Wählen Sie für jede Woche ein Wort, dem Sie erhöhte Aufmerksamkeit schenken wollen. Schreiben Sie in der folgenden Woche Ihre Beobachtungen in dieses Buch. Welche Wirkung hat Ihre gewandelte Sprache?
- **Finden Sie jemanden, der Sie auf Ihren Sprachgebrauch aufmerksam macht.**
  Bitten Sie ihn oder sie um seine oder ihre Mithilfe. Allein werden Sie Ihre gewohnte Ausdrucksweise kaum merken. Kinder sind aufmerksame und geduldige Lehrer. Sie werden Freude haben, Sie beispielsweise auf Ihre Sätze mit „man“ hinzuweisen. Das ist gleichzeitig eine großartige Übung für die Kinder.
- **Hängen Sie sich eine Wort-Karte auf.**
  Wählen Sie eine Karte aus dem Kartensatz. Bringen Sie diese Karte an einer für Sie gut sichtbaren Stelle an. Schenken Sie dieser Redewendung und der Alternative eine Woche lang Ihre Aufmerksamkeit. Sie können die Karte an einem Magnetseil aufhängen oder auch mit einer Klammer an einem Wollfaden oder einer Plastikschnur befestigen. So lädt sie jeden ein, sie anzufassen und sie von beiden Seiten zu lesen. Das Spielerische macht das Lernen leicht.
- **Denken Sie laut und hören Sie sich sprechen.**
  Denken Sie laut und wiederholen Sie bitte jeden Satz mehrfach, bis Sie jedes Wort kennen. Hören Sie sich sprechen und nehmen Sie dabei jedes einzelne Wort wahr. So werden Sie auch merken, ob Sie „man“ sagen und ob Ihre Sätze vollständig sind oder nicht.
  Fühlen Sie die Wirkung jedes einzelnen Satzes. Wandeln Sie bei Bedarf Ihre Wortwahl. Entwickeln Sie Wort für Wort eine Sprache, die Ihnen gut tut.
- **Integrieren Sie die drei A in Ihren Alltag:**
  - mit dem Namen ansprechen
  - anschauen und den Blickkontakt aufnehmen
  - und eine kurze Atempause
- **Sprechen Sie Namen wohlwollend aus**
  Haben Sie einen großen oder kleinen Menschen in Ihrer Umgebung, der für Sie eine Herausforderung ist?
  Ich lade Sie zu einem Experiment ein. Sagen Sie seinen Namen zweimal und lassen Sie den Namen in sich nachklingen. Welche Wirkung hat er auf Sie?
  Üben Sie nun, diesen Namen immer wieder wohlwollend zu sagen, z. B. auch mithilfe eines Wollfadens, aus dem Sie den Namen der Person legen. Beobachten Sie, welche Wirkung Ihr wachsendes Wohlwollen auf Sie selbst und auf den Umgang mit diesem Menschen hat.
- **Schenken Sie dem Wort „achtsam“ Raum**
  Betrachten Sie Ihren persönlichen Sprachgebrauch. Kommt das Wort „achtsam“ darin vor? Schreiben Sie zehn Sätze auf, in denen Sie das Wort „achtsam“ gebrauchen können. Prüfen Sie dann, ob Sie sich mit diesen Sätzen wohlfühlen. Integrieren Sie einen oder zwei dieser Sätze in Ihren privaten und beruflichen Alltag. Gebrauchen Sie sie täglich.
- **Füllwörter**
  Lenken Sie Ihren Blick auf die Füllwörter. Es erfordert einige Aufmerksamkeit, Füllwörter hinter sich zu lassen. Es bewährt sich, für eine Zeit nur ein einziges Füllwort zu beachten und diesem dafür ein hohes Maß an Aufmerksamkeit zu schenken. Erfahrungsgemäß wächst auf diese Weise die Aufmerksamkeit auch für andere Füllwörter.

Wählen Sie eines der Füllwörter, beispielsweise das Wort „eigentlich". Beobachten Sie sich:
- Wie oft gebrauchen Sie es?
- Was wollen Sie damit jeweils sagen?
- Hat es eine Bedeutung?
- Hören Sie es bei anderen?

Fasten Sie für vier Wochen das Wort „eigentlich". Beobachten Sie die Wirkung in Ihrem Leben. Wählen Sie nach diesen vier Wochen, ob und wann Sie das Wort „eigentlich" wieder gebrauchen wollen.

- **Dürfen**
  Wie oft gebrauchen Sie das Wort „dürfen"? Gebrauchen Sie es in erster Linie in der bejahenden Form? Oder eher in der verneinenden Form mit „nicht dürfen"?
  Gönnen Sie sich und anderen das „dürfen" in der bejahenden Form. Was dürfen Sie alles? Und was dürfen Ihre Mitmenschen?

- **Beobachten Sie die Wirkung Ihres bewussten Sprachgebrauchs!**

- **Gönnen Sie sich Bogensätze**
  Bilden Sie kurze, vollständige Sätze. Kommen Sie auf den Punkt!

- **Geben Sie klare Anweisungen**
  Wählen Sie einige konkrete Situationen, in denen Sie jemandem eine Anweisung geben. Wie machen Sie dies bis jetzt? Prüfen Sie, ob die Anweisungen wirklich klar und wohlwollend sind! Finden Sie klare, wohlwollende Anweisungen.

- **Lenken Sie Ihren Blick auf Ihre Stärken**
  Bilden Sie zwanzig Sätze, die mit „Ich kann gut ..." beginnen. Wenn Sie Ihre eigenen Stärken gefunden haben, dann lenken Sie Ihren Blick auf die Stärken eines Menschen, den Sie begleiten. Finden Sie auch hier zwanzig Sätze mit „Er/Sie kann gut ...".
  Die Energie folgt der Aufmerksamkeit. Es wird sich etwas tun, wenn Sie Ihre Aufmerksamkeit auf das Können lenken!

- **Erlauben Sie sich zu „können".**
  Lenken Sie Ihre Aufmerksamkeit für vier Wochen auf den Gebrauch von „können" und „nicht können". Sagen Sie eher „können" oder „nicht können"?
  Schreiben Sie einige Sätze mit „nicht können" auf. Wandeln Sie diese Sätze. Finden Sie neue Formulierungen ohne „nicht". Das ist eine gute und wirksame Übung. So werden Sie sich innerlich auf das „können" einlassen.

Entdecken Sie immer wieder neu, welche Wirkung ein gezielt gewandelter Sprachgebrauch in Ihrem Leben hat! Erkennen Sie die Wirkung und freuen Sie sich! Geben Sie dieses kostbare Wissen von der Kraft der Sprache weiter!

Sprachkarten – Denkmuster aktiv wandeln

Lingva Eterna® für Kinder und Erwachsene. 96 Karten und Blankokarten für eigene Ideen, 5. Auflage, Erlangen, Lingva Eterna Verlag, 2010.

Dieser Kartensatz beleuchtet vier einengende Denkmuster: das Problemdenken, das Vermeidungsdenken, das Opferdenken und das unklare Wischiwaschi-Denken. Sie finden sich im Satzbau und in der Wortwahl wieder.
Mit diesem Kartensatz können Erzieherinnen bei sich und bei den Kindern gezielt folgende innere Einstellungen fördern:

- selbstbestimmtes, eigenständiges Denken und Handeln
- zielstrebiges Denken und Handeln
- lösungsorientiertes Denken und Handeln
- Klarheit und Eindeutigkeit

Im Folgenden sehen Sie ein Beispiel für das Vermeidungsdenken mit drei möglichen sprachlichen Varianten.

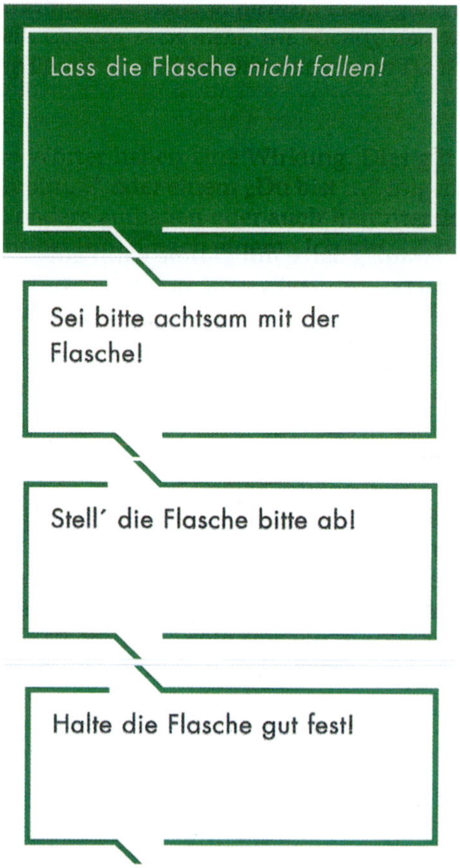

Entdecken Sie gemeinsam mit den Kindern die Wirkung dieser Sätze. Finden Sie gemeinsam weitere eigene Beispiele. Hierfür gibt es Blankokarten.

Dieser Kartensatz hat eine Anleitung für Erwachsene und für Kinder. Er entspricht den Richtlinien der Montessori-Pädagogik.

Materialien zu Kapitel 5: Sich gesund fühlen heißt stark zu sein

Partner für die betriebliche Gesundheitsförderung in Kindertagesstätten

Partner	Angebote	Wo bekommt man Infos
Träger und Verbände	■ Fortbildungen und Beratung	
Fachberaterinnen	■ Fachliche Beratung und organisatorische Hilfe	
Unfallversicherungsträger Unfallkassen oder Berufsgenossenschaft für Gesundheitsdienst und Wohlfahrtspflege	■ Unfallversicherungsträger für die Beschäftigten und/oder Kinder ■ Beratung von Einrichtungen in Fragen des Arbeits- und Gesundheitsschutzes ■ Prävention von Arbeitsunfällen, Berufskrankheiten und arbeitsbedingten Gesundheitsgefahren ■ Ausbildung von Sicherheitsbeauftragten	Adressen können beim Träger erfragt werden
Betriebsärztlicher Dienst des Trägers oder Verbandes	■ Durchführung von arbeitsmedizinischen Vorsorgeuntersuchungen und Gefährdungsbeurteilungen	Informationen beim Träger
Krankenversicherungsträger	■ Angebote von Kursen wie Rückenschule, Stressbewältigung und Ernährungsberatung ■ Projektförderung	Informationen bei der jeweiligen Krankenkasse
Gewerkschaften GEW Verdi	■ Beratung zu Arbeit, Tarif- und Sozialfragen	Beim Träger erfragen
Personalrat/Betriebsrat	■ Sollte evtl. bei größeren Aktionen mit einbezogen werden	

Arbeitsbedingte Belastungsfaktoren – Arbeitsblatt

Welche möglichen Belastungen ergeben sich in den Bereichen:

Mechanische, physikalische oder chemische und biologische Schadstoffe: Beispiel: Reinigungsmittel
Körperliche Anforderungen: Beispiel: fehlender Wickeltisch, Möbel
Psychische Belastungen: Beispiel: zu viele Aufgaben auf einmal, Konflikte im Team oder mit Eltern
Arbeitszeiten: Beispiel: Pausenregelungen
Arbeitsumgebung: Beispiel: Licht, Raumtemperatur
Betriebliche Rahmenbedingungen: Beispiel: Mitarbeiterraum, Raum um Leitungsaufgaben zu erledigen
Brand- u. Explosionsgefahren:
Andere Belastungen:

Diese Tabelle soll lediglich eine Anregung sein.

Prioritäten setzen

Lösungen/Maßnahmen	Wichtig	Dringlich	Lösbar

Durchführung von Maßnahmen

Tätigkeit	Wer?	Mit wem?	Bis wann?	Bemerkung

6.2 Literaturtipps

Literaturtipps zu Kapitel 1: Gefühle, Stress und psychische Gesundheit

Studien und wissenschaftliche Studien zur psychischen Gesundheit von Erzieherinnen:

Khan, Attiya et al.: Gesundheitsförderung und Arbeitsschutz. Erzieherinnen in Kindertagesstätten, Berlin/Heidelberg, Springer, 2006.

Khan, Attiya: Gesundheitsförderung für Erzieherinnen: Evaluation von Gesundheitszirkeln, Saarbrücken, VDM Verlag, 2007.

Manz, Rolf: Psychische Belastungen am Arbeits- und Ausbildungsplatz – ein Handbuch. Phänomene, Ursachen, Prävention, hrsg. vom Bundesverband der Unfallkassen, München, 2005.
Online abrufbar unter www.ergonassist.de/Publikationen/Psych.Belastung_GUV_I_8628.pdf (27.04.2010)

Schad, Martina: Erziehung (k)ein Kinderspiel. Gefährdungen und Belastungen des pädagogischen Personals in Kindertagesstätten, hrsg. von der Unfallkasse Hessen (Schriftenreihe der Unfallkasse Hessen, Band 7), Frankfurt, Universum Verlagsanstalt, 2003.

Literatur zum Thema Mobbing

Leymann, Heinz: Mobbing: Psychoterror am Arbeitsplatz und wie man sich dagegen wehren kann, Reinbek, Rowohlt, 1993.

Literatur zum Theam Burnout

Burisch, Matthias: Das Burn-out-Syndrom. Theorie der inneren Erschöpfung, Berlin, Springer, 2006.

von Cramm, Dagmar: So geht's – Radieschen, Apfel, Knusperkeks – Ernährungserziehung im Kindergarten (kindergarten heute spot), Freiburg i. Br., Herder, 2005.

Praxisorientierte Literatur zum Thema Emotionen und Stress

Baer, Udo und Frick-Baer, Gabriele: Bibliothek der Gefühle, 2. Auflage, Weinheim, Beltz, 2009. Insbesondere der erste Band „Das ABC der Gefühle" ist zu empfehlen. Diese Sammlung von „Interviews mit Gefühlen" kann ich Ihnen als Anregung, als emotionale Pralinenschachtel für die persönliche und professionelle Arbeit mit Seelenzuständen ans Herz legen.

Greine, Rita: Stress war gestern. Mehr Gelassenheit im Kita-Alltag, Berlin, Cornelsen Sriptor, 2008.

Satir, Virginia: Meine vielen Gesichter. Wer bin ich wirklich?, 10., überarbeitete Auflage, München, Kösel, 2009.

Literatur zum Thema Feinfühlingkeit

Remsperger, Regina: Feinfühligkeit im Umgang mit Kindern (kindergarten heute spezial), Freiburg i. Br., Herder, 2008.

Literaturtipps für die Arbeit mit Kindern in Hinblick auf die Förderung der sozialen und emotionalen Kompetenz und Kinderbücher

Bauer, Jutta: Königin der Farben, Weinheim, Beltz, 1998.

Bauer, Jutta: Schreimutter, Weinheim, Beltz, 2000.

Braun, Gisela und Wolters, Dorothee: Das große und das kleine Nein, Mülheim, Verlag an der Ruhr, 1997.

Elschenbroich, Donata: Weltwissen der Siebenjährigen, München, Goldmann, 2001.

Geisler, Dagmar: Das bin ich von Kopf bis Fuß: Selbstvertrauen und Aufklärung für Kinder, Bindlach, Loewe, 2003.

Hüther, Gerald und Nitsch, Cornelia: Wie aus Kindern glückliche Erwachsene werden, München, Gräfer und Unzer, 2008.

Kreul, Holde: Ich und meine Gefühle: Emotionale Entwicklung für Kinder ab 5, Bindlach, Loewe, 2004.

Kreul, Holde: So mutig bin ich! Selbstvertrauen für Kinder ab 5, Bindlach, Loewe, 2005.

Pfeffer, Simone: Emotionales Lernen. Ein Praxisbuch für den Kindergarten, Weinheim, Beltz, 2002.

Scheerbaum, Peter et al.: Paula und die Kistenkobolde (inkl. CD), Augsburg, beta, 2005.

Wustmann, Corina: Resilienz. Widerstandsfähigkeit von Kindern in Tageseinrichtungen fördern (Beiträge zur Bildungsqualität), Berlin, Cornelsen Scriptor, 2004.

Literatur zum Thema Inneres Team für Kinder

Heine, Helme: Der Club, Middelhauve, München, 2001.

Literatur zum Thema Inneres Team für Erwachsene

Schulz von Thun, Friedemann und Stegemann, Wibke: Das innere Team in Aktion. Praktische Arbeit mit dem Modell, Reinbek, Rowohlt, 2004.

Schulz von Thun, Friedemann: Miteinander reden (Band 1): Störungen und Klärungen. Allgemeine Psychologie der zwischenmenschlichen Kommunikation, 45. Auflage, Reinbek, Rowohlt, 2006.

Schulz von Thun, Friedemann: Miteinander reden (Band 3): Das „innere Team" und situationsgerechte Kommunikation, 14. Auflage, Reinbek, Rowohlt, 1998.

Literatur zum Thema Emotionale Freiheit Techniken

Wells, Steve/Lake, David: Pocket-Guide EFT, Emotionale Freiheit Techniken, Ahlerstedt, Param Verlag, 2006.

Linktipps

www.stressnostress.ch/

www.kinder-ernaehrung.ch

Literaturtipps zu Kapitel 2: Psychomotorik ist kein Kinderspiel

Decker-Voigt, Hans-Helmut: Aus der Seele gespielt. Eine Einführung in die Musiktherapie, Berlin, Goldmann, 1991.

Greenspan, Stanley I. et al.: Mein Kind lernt anders. Ein Handbuch zur Begleitung förderbedürftiger Kinder, Mannheim, Patmos, 2001.

Kiesling, Ulla: Sensorische Integration im Dialog. Verstehen lernen und helfen, ins Gleichgewicht zu kommen, Dortmund, verlag modernes lernen, 1999.

Milz, Helmut: Der wiederentdeckte Körper, München, dtv, 1994.

Pikler, Emmi: Laßt mir Zeit: Die selbständige Bewegungsentwicklung des Kindes bis zum freien Gehen, 3. Auflage, München, Richard Pflaum Verlag, 1988.

Literaturtipps zu Kapitel 3: Ernährung

Botta Diener, Marianne: Essen. Geniessen. Fit sein. Das erste Wohlfühl-Ernährungsbuch für Frauen in der Schweiz, 2., aktualisierte Auflage, Zürich, Beobachter-Buchverlag, 2008.

Der Brockhaus Ernährung. Gesund essen, bewusst leben, 3., vollst. überarbeitete Auflage, Mannheim, Brockhaus i. d. Wissenmedia, 2008.

Deutsche Gesellschaft für Ernährung e. V. DGE (Hrsg.): D-A-CH Referenzwerte für die Nährstoffzufuhr, Frankfurt am Main, Umschau/Braus, 2000.

Deutsche Gesellschaft für Ernährung e. V. DGE (Hrsg.): DGE Beratungsstandards, 1. Auflage, Bonn, 2009.

Floto-Stammen, Sonja: WAS IST WAS Band 127: Ernährung, Nürnberg, Tesslof Verlag, 2009.

KiTa spezial: Ernährung in Kindertageseinrichtungen, Sonderausgabe 2/2002, Kronach, Carl Link Verlag, 2002

KiTa spezial: Gesundheit und Ernährung in Kindertagesstätten, Sonderausgabe 2/2006, Kronach, Carl Link Verlag, 2006

Lück, Gisela: Kosmolino Experimentierbuch – Richtige Ernährung: Äpfel, Limo, Eier – was im Essen steckt, Stuttgart, Kosmos, 2008.

Reininger, Susanne: Willi wills wissen: Warum richtige Ernährung nicht fett macht!, Frankfurt, Baumhaus Verlag, 2007.

Schröder, Eva-Maria: Gesunde Mutter – gesundes Kind: Richtige Ernährung während Schwangerschaft und Stillzeit, Stuttgart, Hirzel, 2001.

Schröder, Eva-Maria: Obst und Gemüse in der Kinderernährung, in: KiTa spezial: Gesundheit und Ernährung in Kindertagesstätten, Sonderausgabe 2/2006, s. S. 14–18

Linktipps

www.dge.de
www.machmit-5amtag.de
www.fitkid-aktion.de
www.jobundfit.de
www.familienhandbuch.de
www.was-wir-essen.de
www.aid.de
www.fke-do.de

Literaturtipps zu Kapitel 4: Eine Sprache, die die Seele nährt

Mechthild R. von Scheurl-Defersdorf führt beim Verlag Herder teilweise noch den Autorennamen Roswitha Defersdorf.

Bücher

von Scheurl-Defersdorf, Mechthild R.: In der Sprache liegt die Kraft. Klar reden, besser leben, Neuauflage, Freiburg i. Br., Herder, 2011.

Defersdorf, Roswitha: Drück mich mal ganz fest. Geschichte und Therapie eines wahrnehmungsgestörten Kindes, 19. Auflage, Freiburg i. Br., Herder, 2010.

Defersdorf, Roswitha: Deutlich reden, wirksam handeln. Kindern zeigen, wie Leben geht, 12. Auflage, Freiburg i. Br., Herder, 2010.

Defersdorf, Roswitha: Frischer Wind für die Partnerschaft. Besser miteinander reden, Neuauflage, Freiburg i. Br., Herder, 2009.

Kartensätze

von Scheurl-Defersdorf, Mechthild R.: Die Kraft der Sprache, 80 Karten für den täglichen Sprachgebrauch, 8. Auflage, Erlangen, LINGVA ETERNA Verlag, 2009.

von Scheurl-Defersdorf, Mechthild R.: Sprachkarten – Denkmuster aktiv wandeln, 5. Auflage, Erlangen, LINGVA ETERNA Verlag, 2010

Hörbuch mit 2 CDs

von Scheurl-Defersdorf, Mechthild R./von Stockert, Theodor: In der Sprache liegt die Kraft, klar und wertschätzend führen, Erlangen, LINGVA ETERNA Verlag, 2010

Linktipp

www.LINGVA-ETERNA.de

Literaturtipps zu Kapitel 5: Sich gesund fühlen heißt stark zu sein

Berufsgenossenschaft für Gesundheitsdienst und Wohlfahrtspflege BGW: Ein Hort der Gesundheit, in: BGW mitteilungen, 4/2009. Online abrufbar unter www.bgw-online.de/internet/generator/Inhalt/OnlineInhalt/BGW-Mitteilung/2009/4-2009/Artikel/Gesund__im__Betrieb/Kinderhort1.html (27.04.2010).

Gesetzliche Unfallversicherungsträger der öffentlichen Hand in Nordrhein-Westfalen und BGW (Hrsg.): Lärmprävention in Kindertageseinrichtungen, erarbeitet vom Kooperationskreis „Lärmprävention in Bildungseinrichtungen", Köln, 2007.

Khan, Attiya: Gesundheitsförderung für Erzieherinnen: Evaluation von Gesundheitszirkeln, Saarbrücken, VDM Verlag 2007.

von Krause, Juliane et al.: Gesundes Arbeiten in Kindertagesstätten, hrsg. vom Bayerischen Gemeindeunfallversicherungsverband/der Bayerischen Landesunfallkasse und ver.di Bayern, München, 2006. Online verfügbar unter www.guvv-bayern.de/Internet_I-Frame/Files/PDF/ki_ta.pdf

Landesvereinigung für Gesundheitsförderung e. V. Schleswig-Holstein, Techniker Krankenkasse, Unfallkasse Schleswig-Holstein: Rück(g)rat – Ergonomie und Bewegung im Kindergarten, Kiel, 2007.

Technologieberatungsstelle beim DGB NRW e. V. (Hrsg.): Altersgerechtes Arbeiten in Kindertagesstätten. Online abrufbar unter www.bib-nrw.de/bib/index,id,745.html (27.04.2010).

Linktipps

www.quint-essenz.ch
www.sichere-kita.de

6.3 Verwendete Literatur

Verwendete Literatur in Kapitel 1: Gefühle, Stress und psychische Gesundheit

Baer, Udo und Frick-Baer, Gabriele: Bibliothek der Gefühle, 2. Auflage, Weinheim, Beltz, 2009.

Bauer, Joachim: Spiegelneurone. Nervenzellen für das intuitive Verstehen sowie für Lehren und Lernen, in: Caspary, Ralf (Hrsg.): Lernen und Gehirn. Der Weg zu einer neuen Pädagogik, 3. Auflage, Freiburg, Herder, 2006, S. 36–53.

Becker, Peter und Minsel, Beate (Hrsg.): Psychologie der seelischen Gesundheit. Band 2: Persönlichkeitspsychologische Grundlagen, Bedingungsanalysen und Förderungsmöglichkeiten, Göttingen, Hogrefe, 1986.

Becker, Peter: Psychologie der seelischen Gesundheit. Band 1: Theorien, Modelle, Diagnostik, Göttingen, Hogrefe, 1982.

Böhmer, Nicole und Näpel, Alessa: Gesundes Arbeiten in Kindertagesstätten – Status Quo und Ansatzpunkte für das Gesundheitsmanagement, in: Fröhlich-Gildhoff, Klaus et al. (Hrsg.): Forschung in der Frühpädagogik. Band 2, Freiburg, FEL-Verlag, 2010.

Burisch, Matthias: Das Burn-out-Syndrom. Theorie der inneren Erschöpfung, Berlin, Springer, 2006.

Ebert, Sigrid (2002). Nach der KMK-Rahmenvereinbarung: Implikationen für einen erweiterten Bildungsbegriff in der Ausbildung von Erzieherinnen und Erziehern, in: Fthenakis, Wassilios E. und Oberhuemer, Pamela (Hrsg.): Ausbildungsqualität. Strategiekonzepte zur Weiterentwicklung der Ausbildung von Erzieherinnen und Erziehern, Neuwied, Luchterhand, 2002, S. 47–62.

Forney, Dea. S. et al.: Burn-out among career development professionals: Preliminary findings and implications, in: Personnel and Guidance Journal, Nr. 60, 1982, S. 435–439.

Fthenakis, Wassilios E. (Hrsg.): Elementarpädagogik nach PISA. Wie aus Kindertagesstätten Bildungseinrichtungen werden können, Freiburg i. Br., Herder, 2003.

Fthenakis, Wassilios E.: Neudefinition von Bildung und Sicherung von hoher Bildungsqualität: von Anfang an – ein Plädoyer für die Stärkung prozessualer Qualität, Berlin, Verlag das Netz, 2009.

Gewerkschaft Erziehung und Wissenschaft (Hrsg.): Wie geht's im Job? Kita-Studie der GEW, Frankfurt am Main, 2007.

Greif, Siegfried: Streß in der Arbeit – Einführung und Grundbegriffe, in: Greif, Siegfried, Bamberg, Eva und Semmer, Norbert (Hrsg.): Psychischer Streß am Arbeitsplatz, Göttingen, Hogrefe, 1991, S. 1–28.

Hansen, Hartwig: Respekt – der Schlüssel zur Partnerschaft, in: Psychologie heute, September 2008, Stuttgart, Klett Cotta, 2008.

Klann-Delius, Gisela: Sich seiner Gefühle bewusst werden, in: von Salisch, Marina: Emotionale Kompetenz entwickeln, Stuttgart, Kohlhammer, 2002.

König, Karsten/Pasternack, Peer: elementar und professionell. Die Akademisierung der elementarpädagogischen Ausbildung in Deutschland, Wittenberg, Institut für Hochschulforschung (HoF) an der Martin-Luther-Universität Halle-Wittenberg, 2008.

Kogel, Katrin: Kompetenzen der Erzieherinnen. Oder die Frage: Wer genügt wann und wie den bildungstheoretischen Anforderungen?, in: klein & groß, Heft 7-8/2007, S. 45–49.

Krenz, Armin (Hrsg.): Psychologie für Erzieherinnen und Erzieher. Grundlagen für die Praxis, Berlin, Cornelsen Scriptor, 2007.

Krenz, Armin: Die Erzieherin als Person, in: Krenz, Armin (Hrsg.): Psychologie für Erzieherinnen und Erzieher, Berlin, Cornelsen Scriptor, 2007, S. 12–41.

Krenz, Armin: Die Persönlichkeit der Erzieherin. Dreh- und Angelpunkt jeder guten Pädagogik, in: klein & groß, 06/2009, S. 50–53.
Krenz, Armin: Die Persönlichkeit der Erzieherin. Dreh- und Angelpunkt jeder guten Pädagogik, in: klein & groß, 06/2009, S. 50–53.
Krenz, Armin: Kinder brauchen Seelenproviant, München, Kösel, 2008.

Kuhn, Karl: Psychische Gesundheit. Vortrag in der Bundesanstalt für Arbeitsschutz und Arbeitsmedizin, 28.–29.3.2006 in Bonn. Online abrufbar unter www.dnbgf.de/fileadmin/texte/589_Psychische_Gesundheit.ppt (27.04.2010).

Lazarus, Richard S.: Psychological stress and the coping process, New York, Mc.Graw-Hill, 1966.

Leymann, Heinz: Mobbing: Psychoterror am Arbeitsplatz und wie man sich dagegen wehren kann, Reinbek, Rowohlt, 1993.

Maslach, Christina: Burn-out – The Cost of Caring, Englewood Cliffs (N.J.), Prentice-Hall, 1982.

Müller-Timmermann, Eckhart: Überlastungsprophylaxe, in: Krenz, Armin (Hrsg.): Psychologie für Erzieherinnen und Erzieher, Berlin, Cornelsen Scriptor, 2007, S. 402–423.

Oevermann, Ulrich: Wissenschaft als Beruf. Die Professionalisierung wissenschaftlichen Handelns und die gegenwärtige Universitätsentwicklung, in: Die Hochschule – Journal für Wissenschaft und Bildung, Jg. 14, Heft 1, 2005, S. 15–49.

Olafsson, R. F. und Johansdottir, H. L.: Coping with Bullying in the workplace: the effect of gender, age and type of bullying, in: British Journal of Guidance and Councelling, Nr. 32, 2004, S. 319–333.

Olweus, Dan: Aggression in the schools: bullies and whipping boys, Washington, D.C., Hemisphere Publishing Corporation, 1978.

Pasternack, Peer: Elementar- bzw. Frühpädagogik an deutschen Hochschulen, Institut für Hochschulforschung (HoF) an der Martin-Luther-Universität Halle-Wittenberg, 2008. Online abrufbar unter www.erzieherin-online.de/beruf/ausbildung/pasternack_fruehpaed.pdf (27.04.2010).

Pasternack, Peer: Frühpädagogische Studiengänge im (inter-)nationalen Vergleich. Vortrag auf der nifbe-Fachtagung „Neue Wege gehen: Professionalisierung in der Elementarpädagogik", 26.10.2009, Osnabrück. Online abrufbar unter http://nifbe.de/media/Vortrag%20Peer%20Pasternack.pdf (27.04.2010).

Petermann, Franz und Wiedebusch, Silvia: Emotionale Kompetenz bei Kindern, 2. überarbeitete und erweiterte Auflage, Göttingen, Hogrefe-Verlag, 2008.

Remsperger, Regina: Feinfühligkeit im Umgang mit Kindern (kindergarten heute spezial), Freiburg i. Br., Herder, 2008.

Robert Bosch Stiftung (Hrsg.): Frühpädagogik Studieren – ein Orientierungsrahmen für Hochschulen, Stuttgart, 2008. Online abrufbar unter www.bosch-stiftung.de/content/language1/downloads/RBS_Studie_Inhalt_PiK_rz.pdf (27.04.2010).

Rudow, Bernd: Belastungen und der Arbeits- und Gesundheitsschutz bei Erzieherinnen. Kurzfassung des Projektberichtes, Institut für Gesundheit und Organisation (IGO), Mannheim & Mühlhausen/Thür., 2004. Online abrufbar unter http://www.gew-bw.de/Binaries/Binary8302/040510_Belastung_Erzieher_Kurz.pdf (20.03.2010).

Saarni, Carolyn: Development of emotional competence, New York, Guilford Press, 1999.

Saarni, Carolyn: Die Entwicklung von emotionaler Kompetenz in Beziehungen, in: von Salisch, Maria (Hrsg.): Emotionale Kompetenz entwickeln, Berlin, Kohlhammer, 2002, S. 3–30.

von Salisch, Maria: Der Ton macht die Musik, der Gesichtsausdruck ist die Botschaft. Nonverbale Kommunikation und ihre Entwicklung, in: Fundiert – Wissenschaftsmagazin der Freien Universität Berlin, 02/2001.

Satir, Virginia: Meine vielen Gesichter. Wer bin ich wirklich?, 10., überarbeitete Auflage, München, Kösel, 2009.

Schaufeli; Wilmar B. und Enzmann, Dirk: The Burn-out Companion to Study and Practice, London, Taylor & Francis, 1998.

Schmidbauer, Wolfgang: Die hilflosen Helfer. Über die seelische Problematik der helfenden Berufe, Reinbek, Rowohlt, 1977.

Schneewind, Julia/Föhring, Andrea: Kompetenzerfahrung und Studienerwartungen von Studierenden des Studiengangs Elementarpädagogik der FH-Osnabrück, Berlin, 2009.

Schneewind, Julia/Landowsky, Anja: Kindergarten plus. Konzeption und praktische Ausgestaltung eines Programms zur Förderung der sozialen und emotionalen Kompetenz, unveröffentlicht, 2003.

Schneewind, Julia: Die Welt erschließt sich auch über Gefühle – Zur Entwicklung emotionaler Kompetenz im Kindergarten, in: Weber, Sigrid (Hrsg.): Die Bildungsbereiche im Kindergarten. Basiswissen für Ausbildung und Praxis, Freiburg, Herder, 2008, S. 29–49.

Schuster, Beate: Mobbing, in: Schuler, Heinz und Sonntag, Karlheinz (Hrsg.) Handbuch der Arbeits- und Organisationspsychologie. Handbuch der Psyschologie, Göttingen, Hogrefe, 2007, S. 149–154.

Schuster, Beate: Zu brav oder zu böse? Mobbing Opfer und Abgelehnte im Prisoner's Dilemma-Paradigma, in: Zeitschrift für Sozialpsychologie, Nr. 30, 1999, S. 179–193.

Völkel, Petra: Entwicklung und Bildung in der frühen Kindheit aus konstruktivistischer Perspektive, in: Balgo, Rolf und Lindemann, Holger (Hrsg.): Theorie und Praxis systemischer Pädagogik. SYSIPHOS – Beiträge zur systemischen Pädagogik, Heidelberg, Carl Auer, 2006, S. 46–62.

von Wehrmann, Ilse: Deutschlands Zukunft: Bildung von Anfang an, Berlin, Verlag das Netz, 2008.

Weltgesundheitsorganisation (WHO Europa): Ottawa-Charta zur Gesundheitsförderung, autorisierte Übersetzung von Hildebrandt/Kickbusch, 1986. Online abrufbar unter: www.euro.who.int/AboutWHO/Policy/20010827_2?language=German (03.05.2010).

Zapf, D. et al.: Emotionsarbeit in Organisationen und psychische Gesundheit, in: Musahl, H.-P. und Eisenhauer, T. (Hrsg.). Psychologie der Arbeitssicherheit. Beiträge zur Förderung von Sicherheit und Gesundheit in Arbeitssystemen, Heidelberg, Asanger, 2000, S. 99–106. Aktualisierte Form von 2002 online abrufbar unter: http://web.uni-frankfurt.de/fb05/psychologie/Abteil/ABO/forschung/emoarbeit_lit5.pdf (30.03.2010).

Zimbardo, Philip G. und Gerrig, Richard J.: Emotionen, Stress und Gesundheit. Zehn Schritte zum persönlichen Wohlbefinden, in: dies.: Psychologie, 16., aktualisierte Auflage, München, Pearson, 2004, S. 547–597.

Verwendete Literatur in Kapitel 2: Psychomotorik ist kein Kinderspiel

Behörde für Soziales, Familie, Gesundheit und Verbraucherschutz Hamburg (Hrsg.): Hamburger Bildungsempfehlungen für die Bildung und Erziehung von Kindern in Tageseinrichtungen, 3. Auflage, Hamburg, 2009. Online verfügbar unter: http://www.hamburg.de/contentblob/118066/data/bildungsempfehlungen.pdf (02.05.2010).

Brooks, Charles V. W.: Erleben durch die Sinne (Sensory awareness), Paderborn, Junfermann, 1979.

Bundy, Anita C. et al.: Sensorische Integrationstherapie. Theorie und Praxis, Berlin, Springer, 1998.

Decker-Voigt, Hans-Helmut: Aus der Seele gespielt. Eine Einführung in die Musiktherapie, Berlin, Goldmann, 1991.

Feudel, Elfriede: Durchbruch zum Rhythmischen in der Erziehung, Stuttgart, Klett, 1949.

Gascke, Susanne: Megaweihnachten, in: Die Zeit, Nr. 52, 17.12.2009.

Gindl, Barbara: Anklang. Die Resonanz der Seele: Über ein Grundprinzip therapeutischer Beziehung, Paderborn, Junfermann, 2002.

Greenspan, Stanley I. et al.: Mein Kind lernt anders. Ein Handbuch zur Begleitung förderbedürftiger Kinder, Mannheim, Patmos, 2001.

Hegi, Fritz: Improvisation und Musiktherapie. Möglichkeiten und Wirkungen freier Musik, Paderborn, Junfermann, 1997.

Heimlich, Ulrich: Einführung in die Spielpädagogik, 2. Auflage, Bad Heilbrunn, Klinkhardt, 2001.

Hengsbach, F.: Die Zukunft liegt in der personennahen Arbeit, in: Frankfurter Rundschau, 18.09.2002, S. 14.

Hodgkinson, Tom und Schwarz, Benjamin: Anleitung zum Müßiggang, Frankfurt am Main, Rogner & Bernhard bei Zweitausendeins, 2004.

Kiesling, Ulla: Sensorische Integration im Dialog. Verstehen lernen und helfen, ins Gleichgewicht zu kommen, Dortmund, verlag modernes lernen, 1999.

Kiphard, Ernst J.: Motopädagogik, Dortmund, verlag modernes lernen, 1979.

Köckenberger, Helmut: Wie kommt Montessori auf das Rollbrett? Bewegtes Lernen – Bewegungsräume. In: Praxis der Psychomotorik. Zeitschrift für Bewegungserziehung, Heft 2, 2002, S. 110–115.

Kluge, Friedrich: Etymologisches Wörterbuch der deutschen Sprache, 22. Auflage, Berlin/New York, Walter de Gruyter, 1989.

Lapierre, Andre/Aucouterier, Bernard: Die Symbolik der Bewegung. Psychomotorik und kindliche Entwicklung, München, Ernst Reinhardt Verlag, 1998.

Lorenz, Konrad: Die angeborenen Formen möglicher Erfahrung, in: Zeitschrift für Tierpsychologie 5 (2), 1943, S. 235–409

Merleau-Ponty, Maurice: Phänomenologie der Wahrnehmung, Berlin, de Gruyter, 1966.

Milz, Helmut: Der wiederentdeckte Körper, München, dtv, 1994.

Neubaur, Caroline: Übergänge. Spiel und Realität in der Psychoanalyse Donald W. Winnicotts, Frankfurt am Main, Athenäum (Beltz), 1987.

Passolt, Michael: Hyperaktivität zwischen Psychoanalyse, Neurobiologie und Systemtheorie, 2., erw. und korr. Auflage, München, Ernst Reinhardt Verlag, 2004.

Passolt, Michael: Psychomotorik fängt bei mir an, in: Praxis der Psychomotorik, Nr 4./November 2006, S. 212–224.

Pikler, Emmi: Laßt mir Zeit: Die selbständige Bewegungsentwicklung des Kindes bis zum freien Gehen, 3. Auflage, München, Richard Pflaum Verlag, 1988.

Rosa, Hartmut: Interview in: Die Zeit, Nr. 1, 30.12.2009, S. 35.

Schulz von Thun, Friedemann: Praxisberatung in Gruppen. Erlebnisaktivierende Methoden mit 20 Fallbeispielen, Weinheim, Beltz, 1998.

Schumacher, Karin/Calvet, Claudine: Synchronisation. Musiktherapie bei Kindern mit Autismus, Göttingen, Vandenhoeck&Ruprecht, 2008, DVD

Seewald, Jürgen: Leib und Symbol – ein sinnverstehender Zugang zur kindlichen Entwicklung, München, Fink, 1992

Strogatz, Steven: Synchron. Vom rätselhaften Rhythmus der Natur, Berlin, Berlin Verlag, 2002.

Sylva, Kathy et al.: The Effective Provision of Pre-School Education Project – Zu den Auswirkungen vorschulischer Einrichtungen in England, in: Faust, Gabriele et al. (Hrsg.): Anschlussfähige Bildungsprozesse im Elementar- und Primarbereich, Bad Heilbrunn, Klinkhardt, S. 154–167.

Vieser, Michaela: Tee mit Buddha. Mein Jahr in einem japanischen Kloster, München, Piper, 2009.

Wild, Rebeca: Mit Kindern leben lernen – Sein zum Erziehen, Weinheim, Beltz Verlag, 1998

Wils, Lex: Spielenderweise. Hantieren von kreativen Prozessen bei Hilfeleistung und Schulung, Wuppertal, Hans Putty Verlag, 1977.

Wiseman, Richard: Wie Sie in 60 Sekunden Ihr Leben verändern, Frankfurt am Main, Fischer, 2010.

Wittstock, Sabine: Stimmig sprechen – stimmig leben. Körper – Sprache – Mimik, München, Beust, 2001.

Verwendete Literatur in Kapitel 3: Ernährung

Alexy, Ute/Kersting, Mathilde: Was Kinder essen – und was sie essen sollten, München, Hans Marseille Verlag, 1999

Biesalski, Hans-Konrad (Hrsg.): Ernährungsmedizin, 3. Auflage, Stuttgart, Thieme Verlag, 2004

Deutsche Gesellschaft für Ernährung e. V. (DGE) unter: www.dge.de

Deutsche Gesellschaft für Ernährung e. V. DGE (Hrsg.): D-A-CH Referenzwerte für die Nährstoffzufuhr, Frankfurt am Main, Umschau/Braus, 2000.

Deutsche Gesellschaft für Ernährung e. V. DGE (Hrsg.): DGE Beratungsstandards, 1. Auflage, Bonn, 2009.

Deutsche Gesellschaft für Ernährung e. V. DGE (Hrsg.): DGE aktuell 25/98, Pressemitteilung, Bonn, 27.10.1998.

Schröder, Eva-Maria: Gesunde Mutter – gesundes Kind: Richtige Ernährung während Schwangerschaft und Stillzeit, Stuttgart, Hirzel, 2001.

Schröder, Eva-Maria: Obst und Gemüse in der Kinderernährung, in: KiTa spezial: Gesundheit und Ernährung in Kindertagesstätten, Sonderausgabe 2/2006, S. S. 14–18

5 am Tag e. V. , Servicebüro: Carl-Reuther-Str. 1, 68305 Mannheim, unter: http://www.machmit-5amtag.de/

Verwendete Literatur in Kapitel 4: Eine Sprache, die die Seele nährt

von Scheurl-Defersdorf, Mechthild R.: In der Sprache liegt die Kraft. Klar reden, besser leben, Neuauflage, Freiburg i. Br., Herder, 2011.

Defersdorf, Roswitha: Drück mich mal ganz fest. Geschichte und Therapie eines wahrnehmungsgestörten Kindes, 19. Auflage, Freiburg i. Br., Herder, 2010.

Defersdorf, Roswitha: Deutlich reden, wirksam handeln. Kindern zeigen, wie Leben geht, 12. Auflage, Freiburg i. Br., Herder, 2010.

Kartensätze

von Scheurl-Defersdorf, Mechthild R.: Die Kraft der Sprache, 80 Karten, 10. Auflage, Erlangen, LINGVA ETERNA Verlag, 2010.

von Scheurl-Defersdorf, Mechthild R.: Sprachkarten – Denkmuster aktiv wandeln, 5. Auflage, Erlangen, LINGVA ETERNA Verlag, 2010.

Verwendete Literatur in Kapitel 5: Sich gesund fühlen heißt stark zu sein

Antonovsky, Aaron: Health, Stress and Coping, San Francisco, Jossey-Bass, 1979.

Arbeitsgemeinschaft der Spitzenverbände der Krankenkassen: Gemeinsame und einheitliche Handlungsfelder und Kriterien der Spitzenverbände der Krankenkassen zur Umsetzung von § 20 Abs. 1 und 2 SGB V, Bergisch-Gladbach, 2003.

Arbeitsgemeinschaft der Spitzenverbände der Krankenkassen: Leitfaden Prävention, Bergisch Gladbach, 2006.

Bals, Thomas et al. (Hrsg.): Gesundheitsförderung in pädagogischen Settings. Ein Überblick über Präventionsansätze in zielgruppenorientierten Lebenswelten, Weinheim, Juventa, 2008.

Berufsgenossenschaft für Gesundheitsdienst und Wohlfahrtspflege BGW: Moderation von Projektgruppen und Gesundheitszirkeln. Ein Ratgeber, RGM 12, Hamburg, 2004.

Buch, M. und Frieling, E.: Belastungs- und Beanspruchungsoptimierung in Kindertagesstätten. Eine Studie der Universität Kassel in Kooperation mit der Unfallkasse Hessen zum Gesundheitsschutz in Kindertagesstätten, Institut für Arbeitswissenschaft an der Gesamthochschule Kassel, Kassel, 2002.

Bundeszentrale für gesundheitliche Aufklärung (BZgA): „Früh übt sich ...." Gesundheitsförderung im Kindergarten. Impulse, Aspekte und Praxismodelle, Band 16, Köln, 2002.

Europäisches Netzwerk für betriebliche Gesundheitsförderung: Luxemburger Deklaration zur Betrieblichen Gesundheitsförderung in der Europäischen Union, in der Fassung von Januar 2007. Online verfügbar unter http://www.netzwerk-unternehmen-fuer-gesundheit.de/fileadmin/rs-dokumente/dateien/Luxemburger_Deklaration_10_09.pdf (03.05.2010).

Gesundheitsförderung Schweiz: Quintessenz. Online abrufbar unter: www.quint-essenz.ch/de (27.04.2010)

Grossmann, Ralph und Scala, Klaus: Gesundheit durch Projekte fördern. Ein Konzept zur Gesundheitsförderung durch Organisationsentwicklung und Projektmanagement, 4. Auflage, Weinheim, Juventa 2006.

Hepting, Sigrid und Hüfner, Gerhard: Mitarbeiterinnen in Kindertagesstätten. Teil 1: Berufszufriedenheit und Veränderungswünsche, hrsg. vom Bayerischen Lehrer- und Lehrerinnenverband e. V., o. O., 2004. Online abrufbar unter www.bllv.de/fg-sozialpaedagogok/befragung_erzieher_01.pdf (24,05,95 (27.04.2010).

Hurrelmann, Klaus und Laaser, Ulrich (Hrsg.): Handbuch Gesundheitswissenschaften, Weinheim, Juventa, 2006.

Khan, Attiya: Gesundheitszirkel in Kindertagesstätten: Manual für die Moderation, Saarbrücken, VDM Verlag, 2008.

Liebald, Christiane: Leitfaden zur Selbstevaluation und Qualitätssicherung, hrsg. vom Bundesministerium für Familie, Senioren, Frauen und Jugend, Bonn, 1998.

Maasberg, Angelika: Überprüfung erprobter Settingansätze auf ihre Eignung zur Übertragung auf das Setting Kindertagesstätte, in: Richter, A. et al. (Hrsg.): Gesund in allen Lebenslagen. Förderung von Gesundheitspotenzialen bei sozial benachteiligten Kindern im Elementarbereich, Frankfurt am Main, ISS Institut für Sozialarbeit und Sozialpädagogik, 2004, S. 89 – 92.

Ministerium für Schule, Jugend und Kinder des Landes Nordrhein-Westfalen (Hrsg.): Gesunde Kinder in NRW. Gesundheitsförderung im Elementarbereich. Informationen für Erzieher in Kindertageseinrichtungen, Düsseldorf, 2004. Online abrufbar unter www.nordrheinwestfalendirekt.de/broschuerenservice/download/1203/Druckreife%20Vorlage.pdf (27.04.2010).

Richter, Antje, Holz, Gerda und Altgeld, Thomas (Hrsg.): Gesund in allen Lebenslagen, Förderung von Gesundheitspotenzialen bei sozial benachteiligten Kindern im Elementarbereich, Frankfurt am Main, ISS Institut für Sozialarbeit und Sozialpädagogik, 2004.

Rudow, Bernd: Belastungen im Erzieher/-innenberuf, in: Bildung & Wissenschaft, Heft 6, 2004, S. 6–11.

Sabo, Peter: Projekte/Projektmanagement, in: Bundeszentrale für gesundheitliche Aufklärung (Hrsg.): Leitbegriffe der Gesundheitsförderung, 4. Auflage, Schwabenheim a. d. Selz, Fachbuchverlag Peter Sabo, 2003, S. 186–189.

Sächsisches Staatsministerium für Soziales (Hrsg.): Gesund aufwachsen in Sachsen. Ein Handbuch für Erzieherinnen und Erzieher in Kindertagesstätten, Dresden, 2007.

Schad, Martina: Erziehung (k)ein Kinderspiel. Gefährdungen und Belastungen des pädagogischen Personals in Kindertagesstätten, hrsg. von der Unfallkasse Hessen (Schriftenreihe der Unfallkasse Hessen, Band 7), Frankfurt, Universum Verlagsanstalt, 2003.

Seibt, Reingard et al.: Gesundheitsförderung und Arbeitsfähigkeit in Kindertagesstätten. Einfluss gesundheitsförderlicher Maßnahmen auf die Arbeitsfähigkeit von Beschäftigten in Kindertagesstätten und Beiträge zur Netzwerkbildung. Dortmund usw., Wirtschaftsverlag NW, 2005.

Seifert, Josef W.: Visualisieren, präsentieren, moderieren, 23. Auflage, Offenbach, Gabal, 2009.

Slesina, Wolfgang: Evaluation betrieblicher Gesundheitszirkel, in: Pfaff, Holger, Slesina,Wolfgang (Hrsg.): Effektive betriebliche Gesundheitsförderung. Konzepte und methodische Ansätze zur Evaluation und Qualitätssicherung, Weinheim, Juventa, 2001, S. 75–96.

Thinschmidt, Marleen: Notwenigkeit von Arbeits- und Gesundheitsschutz sowie Gesundheitsförderung bei Personal in Kindertageseinrichtungen, in: Erzieherinnengesundheit – Handbuch für Kita-Träger und Kita-Leitung, hrsg. v. Sächsisches Staatsministerium für Soziales und Verbraucherschutz, 2. überarb. Aufl., Dresden, Sächsisches Staatsministerium für Soziales und Verbraucherschutz, 2009.

Weltgesundheitsorganisation (WHO Europa): Glossar Gesundheitsförderung. Gamberg, Verlag für Gesundheitsförderung, 1998.

Weltgesundheitsorganisation (WHO Europa): Ottawa-Charta zur Gesundheitsförderung, autorisierte Übersetzung von Hildebrandt/Kickbusch, 1986. Online abrufbar unter: www.euro.who.int/AboutWHO/Policy/20010827_2?language=German (03.05.2010).

6.4 Die Autoren dieses Buches

Petra Büchter (1957), Dipl. Soz.
Weiterbildung als Supervisorin und Organisationsentwicklerin
Referentin für Gesundheitsförderung bei der HAG und freiberufliche Dozentin
Kontakt: Petra.buechter@gmx.de
Lieblingstätigkeit zum Entspannen: ein gutes Buch lesen und kochen für nette Menschen
Größte Belohnung nach getaner Arbeit: ein gutes Essen mit netten Gesprächen, soviel Bewegung wie möglich an der frischen Luft.

Eileen Chiles (1983)
Sozialassistentin und Studierende im Bachelor Studiengang Elementarpädagogik an der FH Osnabrück
Kontakt: Eileen.chiles@fh-osnabrueck.de
Lieblingstätigkeit zur Entspannung: Ein Waldspaziergang, am allerbesten mit der ganzen Familie
Größte Belohnung nach getaner Arbeit: ganz viel Qualitätszeit mit meiner Familie ohne Druck im Nacken zu haben, Picknicksachen packen und ab nach draußen.

Andrea Föhring, Dipl.-Psych. (1979)
Psychologin
Wissenschaftliche Mitarbeiterin an der Fachhochschule Osnabrück im Projekt Professionalisierung, Transfer und Transparenz im frühpädagogischen Praxis- und Ausbildungsfeld, in Kooperation mit nifbe
Schwerpunkt: Entwicklungspsychologie
Kontakt: a.foehring@fh-osnabrueck.de
Lieblingstätigkeit zur Entspannung: Kochen
Größte Belohnung nach getaner Arbeit: abends alleine eine Runde im See schwimmen.

Thorsten Landowsky (1974)
Diplom-Betriebswirt, Wirtschaftspädagoge
Dozent an der Fachhochschule Osnabrück, freiberuflicher Trainer und Teamcoach
Schwerpunkt: Kommunikations- und Teamtraining
Kontakt: t.landowsky@fh-osnabrueck.de
Lieblingstätigkeit zur Entspannung: Durch den Wald joggen und dabei laut singen.
Größte Belohnung nach getaner Arbeit: mit meinem Sohn spielen.

Mechthild R. von Scheurl-Defersdorf (sie führt beim Verlag Herder teilweise noch den Autorennamen Roswitha Defersdorf), Dipl. Phil. (1952)
Sprachwissenschaftlerin, Vorstand der LINGVA ETERNA Stiftung für bewusste Sprache und Leiterin des LINGVA ETERNA Instituts für bewusste Sprache, Erlangen
Sie hält im gesamten deutschsprachigern Raum Vorträge und Seminare und bildet Dozenten aus.
Schwerpunkt: Sprache und Persönlichkeitsentwicklung
Kontakt: info@lingva-eterna.de
Lieblingstätigkeit zur Entspannung: ein ausführlicher Spaziergang durch die Natur.
Größte Belohnung nach getaner Arbeit: ein köstlich duftendes und wohlschmeckendes Essen mit anregenden Gesprächen mit einem lieben Menschen.

Julia Schneewind, Prof. Dr. Phil. (1977)
Kleinkindpädagogin und Erziehungswissenschaftlerin, Professorin an der Fachhochschule Osnabrück im berufsbegleitenden Bachelor-Studiengang Elementarpädagogik.
Schwerpunkt: Professionalisierung von Erzieherinnen, soziale und emotionale Kompetenzen.
Kontakt: j.schneewind@fh-osnabrueck.de
Lieblingstätigkeit zur Entspannung: ein ausgiebiges Bad mit Buch und Schokolade.
Größte Belohnung nach getaner Arbeit: in Ruhe mit meinem Mann sein wunderbar gekochtes Abendessen genießen.

Rupert Schoch (1953)
Gymnasiallehrer für Sport und Deutsch, Motopäde, Mototherapeut, Musiker an der Fachschule für Heilerziehungspflege
Schwerpunkt: Rhythmik, Psychomotorik, Inklusion
Kontakt: purmail@freenet.de
Lieblingstätigkeit zur Entspannung: Gitarre spielen
Größte Belohnung nach getaner Arbeit: mein Sohn nennt das „chillen".

Eva-Maria Schröder, Dr. oec. troph. (1953)
Ernährungs- und Gesundheitswissenschaftlerin (M. Public Health), Fachjournalistin
Leiterin des Ernährungs-Services in Tutzing/Starnberger See (www.ernaehrungsberatungs-service.de)
Schwerpunkt: freie Journalistin, Fachberatung für Firmen, Agenturen und Redaktionen, Fachtexte
Kontakt: drschroed1@aol.com
Lieblingstätigkeit zur Entspannung und größte Belohnung nach getaner Arbeit: Natur und frische Luft, Sport, gutes Essen und so oft wie möglich Segeln!